TRATADO DE FONOLOGÍA Y FONÉTICA ESPAÑOLAS

BIBLIOTECA ROMÁNICA HISPÁNICA
FUNDADA POR
DÁMASO ALONSO
III. MANUALES, 74

Sánchez Pacheco, 85, Madrid
www.editorialgredos.com

PRIMERA EDICIÓN, 1993
SEGUNDA EDICIÓN, 1999
2.ª REIMPRESIÓN

Diseño gráfico e ilustración:
Manuel Janeiro

Depósito Legal: M. 38582-2006
ISBN 84-249-2247-6
Impreso en España. Printed in Spain
Encuadernación Ramos
Gráficas Cóndor, S. A.
Esteban Terradas, 12. Polígono Industrial. Leganés (Madrid), 2006

ANTONIO QUILIS

TRATADO DE FONOLOGÍA Y FONÉTICA ESPAÑOLAS

GREDOS

BIBLIOTECA ROMÁNICA HISPÁNICA

PRÓLOGO

1. El tiempo transcurre y la Ciencia lo acompaña en su evolución lenta y constante. Desde la publicación del *Manual de pronunciación española* de Tomás Navarro Tomás [1], hasta el momento actual, la evolución de la lingüística ha sido enorme y con ella, la de la vieja fonética: la consolidación de determinadas perspectivas teóricas, el nacimiento de otras, y un espectacular desarrollo tecnológico han originado una profunda transformación no sólo en la metodología que se debe aplicar hoy en la investigación del nivel de la expresión, sino también en su perspectiva didáctica; y, lógicamente, todos estos hallazgos han dado como resultado importantes modificaciones y precisiones en el contenido de esta materia.

La aparición del estructuralismo lingüístico y su inmediata aplicación al español, en la materia que ahora nos concierne, a través de la *Fonología española* de Emilio Alarcos Llorach [2], supuso un cambio radical en el estudio de la clásica fonética: ahora, cobraba

[1] La primera edición del *Manual de pronunciación española* apareció en Madrid, en 1918, publicado por la Junta para la Ampliación de Estudios del Centro de Estudios Históricos, en las Publicaciones de la Revista de Filología Española; hace ahora ochenta y un años. Fue corregida y aumentada en sucesivas ediciones hasta la cuarta de 1932. Las siguientes, publicadas en su mayoría por el Consejo Superior de Investigaciones Científicas, han sido reproducciones de ésta.

[2] La primera edición apareció en Madrid en 1950, publicada por la Editorial Gredos. Fue revisada y aumentada hasta la cuarta de 1965; las siguientes, publicadas por la misma casa, han sido reimpresiones de ésta.

sentido la posibilidad de la existencia de una *i* abierta y otra cerrada, de una *i* relajada y otra nasal, de una *i* semiconsonante y otra semivocal, porque la nueva fonología [3] nos venía a decir que todas esas íes eran variantes de una sola unidad, /i/, que pertenecía a un sistema en el que se distinguía de otras unidades, a la vez que se relacionaba con ellas.

La reciente teoría de la comunicación y los avances de la tecnología, en diferentes ramas de la ciencia, han permitido conocer aspectos del sonido ignorados antes. La nueva acústica ha hecho posible el estudio de la onda sonora, o lo que es lo mismo, saber lo que ocurre desde la boca del hablante hasta el oído del oyente; la síntesis del lenguaje nos ha dado a conocer los índices acústicos de cada sonido, es decir, sus componentes mínimos, indispensables, para que lo reconozcamos como tal; y ambos, el análisis y la síntesis, han sido elementos fundamentales en el estudio y comprensión del reconocimiento y descodificación de cada onda acústica que llega a nuestro cerebro. Nuestra *Fonética acústica de la Lengua española* [4] constituye la aportación al español de toda esa nueva dimensión del sonido.

No debemos olvidar tampoco la importancia que ha tenido en estos estudios la aparición de la cinerradiografía; ella ha permitido convertir el estatismo de la antigua radiografía, en la que cada sonido se analizaba aislado de su contorno, fuera del decurso, como un pez fuera del agua, en el cinematismo que permite analizar cada movimiento de los órganos articulatorios, calcular el volumen de las cavidades que configuran el tracto vocal, examinar los procesos asimilatorios, captar el lugar y modo de articulación, etc. [5]

[3] O *fonémica*.

[4] La primera edición apareció en Madrid, en 1981, publicada por la Editorial Gredos.

[5] Imágenes cinerradiográficas son todos los perfiles articulatorios que aparecen en este libro y eran ya los esquemas articulatorios que presentábamos en nuestra *Fonética y fonología españolas para estudiantes angloamericanos* (escrita en colaboración con Joseph A. Fernández), desde su primera edición, en 1964, y también fueron la base de nuestra *Fonética española en imágenes*, Madrid, 1970.

Lógicamente, la conjunción de las actuales teorías y de las recientes técnicas ha sido la fuente de las nuevas aportaciones de nuestra disciplina, que han modificado, necesariamente, opiniones o afirmaciones, más empíricas que comprobadas, dadas las limitaciones experimentales de otrora [6]. Hoy, esta materia, tanto en su aspecto teórico, como de resultados y aplicaciones, poco tiene que ver con la fonética de hace medio siglo.

2. En este libro, hemos seguido las directrices que nos marcamos hace muchos años [7]: a) la necesidad de establecer, en primer lugar, una jerarquización en el material fónico: partir del sistema, de la fonología, para llegar luego a la fonética, al habla. b) Después, en este nivel de análisis, tener muy presente cómo se desarrolla el proceso de comunicación: la fase productora del sonido por medio de los órganos articulatorios, su transmisión en forma de onda acústica a través del aire, su llegada al oído, y, por último, su descodificación e interpretación en el cerebro.

De acuerdo con lo anteriormente expuesto, partiremos del fonema; luego, describiremos y daremos la distribución de sus alófonos, atendiendo a lo que ocurre en el español general; a continuación, estudiaremos la articulación de cada sonido, luego su estructura acústica y, cuando sea preciso, los problemas de su reconocimiento.

3. Pero el español es una lengua de más de trescientos ochenta millones de hablantes, y cada uno de ellos posee su verdadero español. En amplias regiones o en pequeños recintos, afloran hechos fonéticos que hay que conocer: unos son conservación de sonidos perdidos hace siglos en otras zonas; otros son la repetición de cambios acaecidos en épocas pretéritas de la historia de la lengua; los hay que siguen las directrices de determinadas evoluciones de las lenguas románicas, y algunos son el resultado de un cambio antes no observado. Sabedores de esta riqueza de variantes, nos

[6] Véase para más detalles Quilis, *1985*, 9-15.

[7] Véase Quilis, *1967*.

hemos creído obligados a recoger los fenómenos más importantes que se conservan o que aparecen en nuestros dialectos, y a intentar una explicación de ellos, siempre dentro de los cauces objetivos de la Ciencia, ya se llame ésta fisiología, acústica, psicofonética, estructura de la lengua, o caminos más amplios, como pueden ser los universales lingüísticos, o los cambios similares en otras lenguas.

4. Los trabajos que se han publicado en estos años pasados sobre distintos aspectos de la fonética y de la fonología españolas son numerosísimos, aunque, lamentablemente, la cantidad no acompañe, en muchos casos, a la calidad: hasta 1984, pueden encontrarse en nuestra *Bibliografía de fonética y fonología españolas* [8]; en este libro que ahora damos a la luz, sólo citamos aquellas obras que consultamos expresamente.

Y hasta aquí nuestro trabajo. Creemos, o por lo menos lo hemos intentado, haber hecho con él algo útil, pensando en los millones de hispanohablantes repartidos por cuatro mundos y en nuestra común Lengua española.

Segunda edición, Madrid, 12 de octubre de 1999.

[8] Madrid, C.S.I.C., CPh, IX, 1984, 481 págs.

I

FONOLOGÍA

1.1. EL PROCESO DE COMUNICACIÓN

La comunicación fue definida, desde el punto de vista psicológico, por S. S. Stevens (*1950*, 689-690), como la «respuesta discriminatoria de un organismo a un estímulo». C. Cherry (*1961*, 6-7) matizó esta amplia definición, puntualizando que no es estrictamente una respuesta, sino más bien la relación que se establece entre la transmisión de los estímulos y la evocación de las respuestas, señalando, además, que en la noción de estímulo es necesario distinguir, por lo menos, entre el lenguaje humano y los signos comunicativos de los animales, por un lado, y entre las lenguas, los códigos y los sistemas de signos lógicos, por otro. Para Dubois *et alii* (*1973*, 96), «La *comunicación* es el intercambio verbal entre un sujeto hablante, que produce un enunciado destinado a otro sujeto hablante, y un interlocutor del que él solicita ser escuchado y/o una respuesta explícita o implícita (según el tipo de enunciado). La comunicación es intersubjetiva. Desde el punto de vista psicolingüístico, es el proceso en el curso del cual la significación que un locutor asocia a los sonidos es la misma que la que el oyente asocia a estos mismos sonidos».

Los lingüistas y los teóricos de la comunicación la definen como la transmisión de un lugar a otro de una determinada información.

Todos los elementos que intervienen en esta transmisión integran el *sistema de comunicación*, constituido por:

1. Un *emisor* o *fuente de información*, que es el origen de lo que se va a comunicar; en nuestro caso, el hombre. La fuente de información debe seleccionar los distintos signos que forman un conjunto de alternativas que denominamos, de un modo general, un *alfabeto*, (letras, números, palabras impresas, alfabeto Morse, etc.). Esta selección de signos, convenidos previamente con el objeto de comunicar una información, constituye el *mensaje*.

2. Un *destino*, donde se recibe el mensaje. En nuestro caso, el *destinatario* último también es el hombre.

3. La fuente de información y el destino están unidos en el espacio o en el tiempo por medio de un *canal* de transmisión, que es el medio material usado para la viabilidad de la información. En la comunicación oral, el canal es el aire portador de las ondas acústicas; en la comunicación escrita, el lugar donde se escribe. Este canal puede tener una dimensión espacial (información visual o acústica), temporal (escritura, grabaciones sonoras), o una combinación de ambas. Al mismo tiempo, puede ser: natural, cuando el receptor es un órgano de percepción del hombre (o más de uno), y artificial, cuando el receptor inmediato es una máquina (magnetófono, por ejemplo) [1].

4. El *transmisor* hace pasar la información desde el emisor o fuente hasta el canal. La operación que realiza el transmisor es la llamada *codificación*, es decir, la conversión del mensaje estructurado en un código. El *código* es un conjunto de reglas no ambiguas, previamente convenidas, por medio de las cuales los mensajes se convierten de una representación en otra. Este código está formado por una serie de señales: signos gráficos en el código del len-

[1] Otro sistema de comunicación es, por ejemplo, el telégrafo: la fuente proporciona un sistema de letras; el transmisor las transforma en combinaciones de puntos, rayas e intervalos; el canal es el aire o el hilo conductor; el receptor transforma la señal de puntos, rayas e intervalos en letras, y la información llega a su destino.

guaje escrito; gestos o símbolos, en cuanto convencionales, como los de la circulación; en las lenguas naturales, está constituido por los fonemas, los morfemas y las reglas combinatorias de estos elementos entre sí.

El transmisor es, en el caso de la comunicación oral, el aparato vocal (fonador) del hombre, que transforma la información en ondas sonoras; en la comunicación escrita, sería el acto de escribir.

5. Un *receptor*, entre el canal y el destino, que realiza una nueva transformación al invertir la información transmitida en su forma original; es decir, realiza una operación inversa a la del transmisor: la *descodificación* del mensaje. En la comunicación oral, el receptor es el oído, que transforma las ondas sonoras en actividad nerviosa en su punto de destino; en la comunicación escrita, son los ojos del lector.

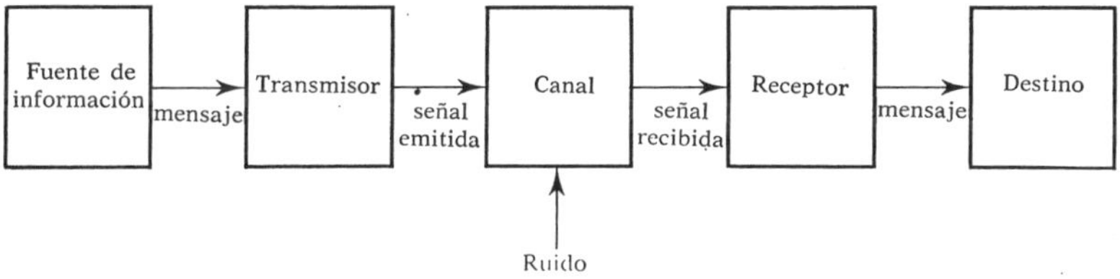

FIG. 1.1. Esquema de la comunicación

En el caso de la comunicación hablada, el proceso es como sigue: en el cerebro del sujeto emisor, se produce la codificación: los fenómenos extralingüísticos se estructuran lingüísticamente de acuerdo con el código de la lengua empleada; esta codificación se traduce en una secuencia de fonemas diferenciados, que son transferidos en forma de impulsos nerviosos a los órganos fonadores, los que, a su vez, originan una onda acústica. Esta onda llega al oído del sujeto receptor en forma de estímulos acústicos que se transmiten al cerebro; en él, tiene lugar la descodificación del mensaje, que precede a la interpretación del mismo.

En cualquier sistema de comunicación, pueden aparecer defectos que originen una pérdida de información. Estos defectos o errores se producen en la codificación o en la descodificación del mensaje; sus causas pueden ser varias: el imperfecto conocimiento del código por parte de alguno de los polos de la comunicación; algún defecto en el propio código, como pueden ser las ambigüedades [2]; por algún defecto en el propio canal. Todos estos errores se conocen con el nombre de *ruido*. Si un sistema de comunicación tiene muchas posibilidades de errores, se dice que es ruidoso, y, lógicamente, cuanto más elevado es el ruido en el sistema, más difícil es el logro de una buena información. Para prevenir o solucionar los problemas que se derivan de la aparición de ruidos está la redundancia.

La *redundancia* es una propiedad de las lenguas, de los códigos y de los sistemas de signos que se origina por una serie de reglas superfluas, que contribuyen a facilitar la comunicación, a pesar de todos los factores de inseguridad que puedan surgir. Las lenguas naturales han llegado a tener tal número de reglas fonológicas, sintácticas, léxicas, que algunas pueden ser violadas sin un detrimento serio para la comunicación [3]; claro es que cuanto más las rompamos, más bajas son las posibilidades de una comunicación con éxito. Las reglas que se duplican o complementan a otra proporcionan un gran margen de seguridad. Se pueden incumplir algunas reglas, pero no todas, si queremos permanecer dentro de la comunidad social, cuyo vínculo de unión es, como se sabe, la lengua.

El proceso de comunicación en las lenguas naturales se ve complicado por una serie de factores que es menester tener en cuenta. En primer lugar, las unidades del lenguaje están jerarquizadas: las unidades de nivel inferior se reúnen para formar unidades de nivel superior: los fonemas, en morfemas; los morfemas en lexías, etc. En cada nivel, estas unidades tienen una cierta frecuencia de apari-

---

[2] En español, por ejemplo, la primera y tercera personas de algunos tiempos verbales (*Cuando venía, se hizo de noche*), las homofonías, etc.

[3] Por ejemplo, en español, en un mensaje como *Los perros corren*, hay cuatro marcadores para la significación de plural: los dos morfemas {-s}, el morfema {-n} y la misma forma del artículo *los* (frente al singular *el*).

ción, que condiciona la posibilidad combinatoria de las unidades del nivel inferior, a partir de las cuales se construyen las unidades superiores correspondientes. En segundo lugar, hay que tener en cuenta el aspecto psicológico del comportamiento humano, que reacciona más favorablemente a determinadas series de estímulos que a otras [4].

1.2. EL SIGNO LINGÜÍSTICO

Uno de los principios fundamentales de la lingüística moderna es que *la lengua es un sistema de signos* [5]. Efectivamente, el lenguaje humano es un sistema de comunicación que utiliza determinados signos previamente convenidos. Estos signos, por su carácter de arbitrarios [6], se diferencian de otros, parcialmente motivados [7]; son los denominados *signos lingüísticos*.

El signo lingüístico es para Saussure la unión de un *concepto* y de una *imagen acústica*. Es una «entidad psíquica de dos caras» que puede representarse por el siguiente esquema:

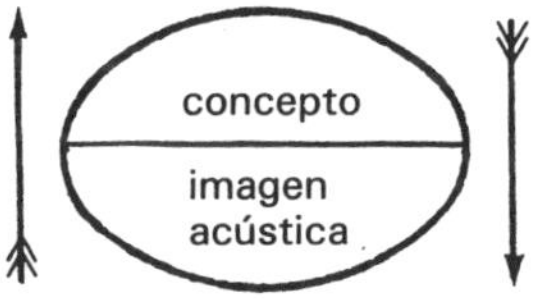

FIG. 1.2.

Estos dos elementos están íntimamente unidos y se reclaman recíprocamente.

---

[4] Vid. G. Ungeheuer, *1967*, 161-163.

[5] F. de Saussure, *1945*, 60.

[6] La idea de 'gato' no está ligada a la serie de sonidos, /g/ + /á/ + /t/ + /o/, que utilizamos para expresarla; por otra parte, la misma idea se expresa en diferentes lenguas de forma distinta: lat. *cattus*, fr. *chat*, ingl. *cat*, etc.

[7] El índice, la señal, el símbolo.

Como puede haber equívocos en la terminología, ya que muchas veces se entiende por signo sólo la imagen acústica, olvidando el concepto, y dado que el signo lingüístico es una unidad lingüística constituida como tal entidad por dos términos unidos por el lazo de la asociación, Saussure prefiere reemplazar *concepto* e *imagen acústica*, por *significado* y *significante*, respectivamente. Es decir, que el «signo lingüístico = significado + significante»:

FIG. 1.3.

Un signo lingüístico como *mesa* está formado por un significante /mésa/, es decir, por la suma de unos elementos fónicos (/m/ + /é/ + /s/ + /a/), y por un significado, que sería la idea o el concepto que nosotros tenemos de lo que es una «mesa».

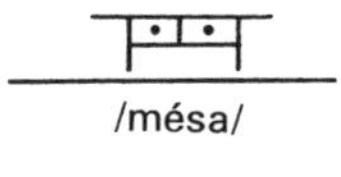

FIG. 1.4.

También para Hjelmslev (*1966*, 55), «toda lengua se presenta inmediatamente como un sistema de signos, es decir, como un sistema de unidades de expresión a las cuales está unido un contenido». Es decir, que de modo paralelo a Saussure, el lingüista danés distingue en la lengua dos planos:

a) la *expresión* o aspecto significante: la ordenación de los elementos fónicos;

b) el *contenido* o significado, aspecto conceptual, que es objeto de un determinado mensaje.

Contenido y expresión forman una *solidaridad*, es decir, se condicionan uno al otro y se mantienen unidos por la función del signo.

Las palabras, ejemplificando con los mismos términos de Hjelmslev, son signos, pero también son signos determinadas partes de una palabra. Por ejemplo, en latín /-ī/ es un signo de genitivo (*pater Paulī*) y un signo de pasiva (*amarī*). Una palabra como *des-torn-ill-ad-or-e-s* es un signo que se compone de siete signos diferentes más pequeños. Un signo puede conllevar sólo un elemento de expresión y un elemento de contenido: por ejemplo, *-s*, en *gatos* es un elemento de expresión /s/ que lleva unido un elemento de contenido 'plural'; o puede estar compuesto por dos o más elementos, tanto en el plano de la expresión como en el del contenido: por ejemplo, el signo francés *-ra* en *aimera*, se compone de dos elementos de expresión: *r* y *a* unidos a cuatro elementos de contenido: 'futuro', 'indicativo', 'tercera persona', 'singular'.

Ahora bien, tanto el contenido como la expresión poseen una *forma* y una *sustancia*:

a) La *forma* es la estructura relacional abstracta que cada lengua impone a la misma sustancia;

b) La *sustancia*, definida negativamente por Hjelmslev, es todo lo que no es forma, es decir, la «materia», el medio en el que se hacen las distinciones. Para Saussure, es la realidad semántica o fónica considerada independientemente de toda utilización lingüística.

Veamos con algún ejemplo cómo operan forma y sustancia en los planos del contenido y de la expresión:

1. En el plano de la expresión: en la figura 1.5., están representados por medio de las líneas F_1 y F_2 los dos formantes que, como veremos más adelante, constituyen el timbre de las vocales. Podemos pronunciar un continuum sonoro vocálico desde [i] hasta [u], sin interrupción, moviendo la lengua, el maxilar inferior y los labios: es lo que representan los dos formantes (F_1 y F_2) de la figura. Ese continuum acústico, y amorfo, que sería la sustancia de

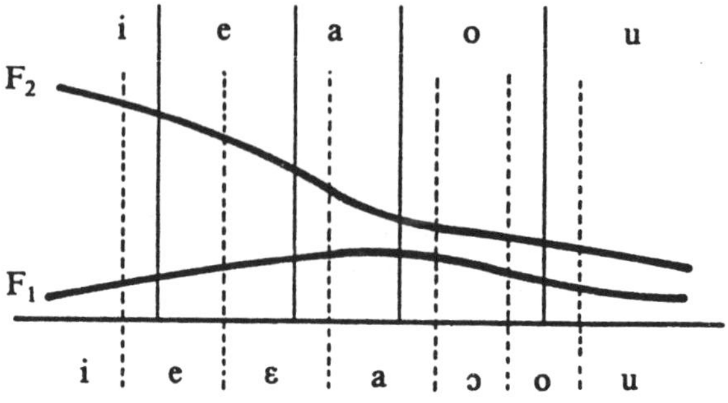

Fig. 1.5.

la expresión, es delimitado en las diferentes lenguas de modo diferente, como indica la mencionada figura y el cuadro que reproducimos a continuación:

<table>
<tr><th>Español</th><th>Portugués</th></tr>
<tr><td>i</td><td>i</td></tr>
<tr><td rowspan="2">e</td><td>e</td></tr>
<tr><td>ɛ</td></tr>
<tr><td>a</td><td>a</td></tr>
<tr><td rowspan="2">o</td><td>ɔ</td></tr>
<tr><td>o</td></tr>
<tr><td>u</td><td>u</td></tr>
</table>

Es decir, la delimitación de la sustancia a través de la forma da en español cinco unidades: /i/, /e/, /a/, /o/, /u/ (separadas en la figura 1.5. por las líneas verticales continuas) y en el portugués del Brasil siete: /i/, /e/, /ɛ/, /a/, /ɔ/, /o/, /u/ (separadas por las líneas verticales de puntos).

En la expresión, por lo tanto, la forma viene dada por los tipos de combinaciones fonológicas posibles: *piso / peso / paso / poso / puso* o *mal / sal / tal / cal / chal.*

La sustancia será la materia fónica organizada conforme a la manifestación de la forma lingüística.

2. En el plano del contenido:

La sustancia del significado es igualmente amorfa. Para Saussure, estaba formada por toda la masa de pensamientos y de emociones que tienen en común los hombres, independientemente de la lengua que hablen: sustancia nebulosa e indiferenciada a partir de la cual se forman los significados en las diferentes lenguas, por la asociación convencional de un significante con una cierta parte de esa sustancia conceptual. Nosotros conocemos los colores *rojo*, *naranja*, *amarillo*, *verde*, *azul*, *añil* y *violeta*. Cada uno de esos colores fija un límite en la sustancia «color», que por sí misma es imprecisa y cuyos límites se confunden como se confunden los extremos de cada color en las franjas del arco iris: son un continuum de ondas luminosas. En español, realizamos esa división, y tenemos un color azul que, en el sistema, se opone a los demás colores (azul marino, azul celeste, etc., son subdivisiones de *azul*). Sin embargo, en ruso existen dos palabras («sinii» y «goluboi») que tomadas en conjunto recubren la misma área semántica de nuestro «azul» sólo; están en el sistema en el mismo orden que las palabras «verde» y «amarillo»: es decir, son verdaderas referencias de colores, y no distinciones de matices en el seno de un mismo color.

Lo mismo ocurre en latín, donde existen dos tipos de negro: *niger* 'negro brillante', y *ater* 'negro mate' y dos tipos de color blanco: *albus* 'blanco brillante' y *candidus* 'blanco mate'.

La realidad extralingüística de los colores, que existe en todas las lenguas, es la misma, pero es a través de la forma de ese significado como concebimos esa realidad y como agrupamos, separamos y clasificamos el mundo que nos rodea.

Otro ejemplo:

El concepto de «edad» según Coseriu (*1977*, 77-78) tiene una estructura léxica diferente en latín y en español:

<table>
<tr><th>Latín</th><th>Español</th></tr>
<tr><td>senex</td><td rowspan="3">viejo</td></tr>
<tr><td>vetulus</td></tr>
<tr><td>vetus</td></tr>
<tr><td>iuvenis</td><td rowspan="2">joven</td></tr>
<tr><td>novellus</td></tr>
<tr><td>novus</td><td>nuevo</td></tr>
</table>

Senex se aplica a personas («miles senex»), *vetulus* a animales («canis vetulus»), *vetus* a cosas («urbs vetus»), mientras que en español, *viejo* lo aplicamos a los tres; *iuvenis* se aplica a personas («miles iuvenis»), *novellus* a animales («canis novellus») y *novus* a cosas («urbs nova»), mientras que en español tenemos: *joven*, para personas y animales («soldado», «perro») y *nuevo* para cosas («ciudad»).

Como vemos, del mismo modo, la forma del contenido, en diferentes lenguas, delimita la sustancia del contenido.

La lengua es una forma y no una sustancia, es uno de los principios saussureanos más fecundos de la lingüística actual [8]. Sobre él basa el mismo Hjelmslev su distinción [9].

[8] Utilizamos el símil clásico del juego del ajedrez: el tablero y las piezas del ajedrez están formados por un material cualquiera (madera, marfil, barro, etc.) que no influye para nada en el juego. Las piezas se definen por sus relaciones recíprocas y, en general, por las reglas del juego y no por la sustancia de que están hechas o por su aspecto exterior. Es decir, la sustancia no importa, lo que importa es la relación formal de una pieza con otra.

[9] Ahora bien, entre los dos lingüistas, no existe una correspondencia exacta de

1.3. CARACTERÍSTICAS DEL SIGNO LINGÜÍSTICO

Según Saussure, el signo lingüístico presenta las siguientes características:

1. *El signo lingüístico es arbitrario.* ¿Cuál es la relación entre significante y significado? Es una relación convencional. El concepto de «mesa» lo expresamos en español por la expresión /mésa/, pero en francés es *table*, en alemán *Tisch*, en tagalo *dúlang*, etc.; es decir, los significantes son diferentes en cada lengua. Por eso, tiene que existir un acuerdo entre los usuarios del signo, que reconocen la relación entre el significante y el significado, y la respetan cuando emplean ese signo.

Gracias a ese conocimiento que los hablantes tienen de los signos de su propia lengua, es posible la comunicación entre ellos. Todos poseen «la clave» del código mediante la cual se expresan; conocen sus signos y sus reglas de combinación para crear infinitos mensajes. Por esto puede hablarse de *código* en otros sistemas sígnicos diferentes del lenguaje verbal, como el código de las señales de tráfico, de las banderas, etc.

---

la forma y de la sustancia. Hjelmslev avanza más en su análisis: la *sustancia* de Saussure (la realidad extralingüística semántica o fónica) corresponde a la *materia* de Hjelmslev («una entidad únicamente definida por el hecho de que contrae una función con el principio estructural de la lengua y con todos los factores que hacen que las lenguas difieran unas de otras», *1971*, 31; esta materia es amorfa). En Saussure, un signo es por un lado opositivo y, por ello, está caracterizado y delimitado; por otro lado, es negativo y relativo, por lo que no se puede definir en él mismo, sino por sus relaciones con los demás. La *sustancia* de Hjelmslev coincide con la *forma* de Saussure en el sentido del carácter opositivo del signo. La *forma* de Hjelmslev es el sistema relacional que define los signos o las unidades, es decir, la *forma* saussureana en el sentido de carácter negativo y relativo del signo. Por eso, la sustancia de Hjelmslev aparece «por el hecho de que la forma está proyectada sobre la materia, como una red abierta proyecta su sombra sobre una superficie no dividida que se encuentra bajo ella» (*1971*, 36). De ahí que la sustancia sea la *manifestación* de la forma en la materia.

2. *El carácter lineal del significante.* El significante, por ser de naturaleza articulatoria y acústica, sólo se desarrolla en el tiempo y, por consiguiente, representa una extensión mensurable en una sola dimensión. Todo el mecanismo de la lengua depende de este principio, que es uno de los factores que permiten la delimitación y clasificación de los elementos lingüísticos. Decía Saussure (*1945*, 133): «Por oposición a los significantes visuales (señales marítimas, por ejemplo), que pueden ofrecer complicaciones simultáneas en varias dimensiones, los significantes acústicos no disponen más que de la línea del tiempo; sus elementos se presentan uno tras otro; forman una cadena. Este carácter se destaca inmediatamente cuando los representamos por medio de la escritura, en donde la sucesión en el tiempo es sustituida por la línea espacial de los signos gráficos».

3. *La inmutabilidad del signo.* Decía Saussure (*1945*, 135-139) que «Si, con relación a la idea que representa, aparece el significante como elegido libremente, en cambio, con relación a la comunidad lingüística que lo emplea, no es libre, es impuesto». La lengua, en cualquier época, aparece como una herencia de la precedente: «El acto por el cual, en un momento dado, fueran los nombres distribuidos entre las cosas, el acto de establecer un contrato entre los conceptos y las imágenes acústicas [...] jamás ha sido comprobado». Toda sociedad ha conocido siempre la lengua como un producto heredado de las generaciones precedentes.

Algunas consideraciones ponen de manifiesto la inmutabilidad del signo lingüístico: en primer lugar, su mismo carácter de arbitrario, admitido por la colectividad, que no lo podría modificar, aunque se lo propusiera, porque, en segundo lugar, la cantidad de signos necesarios para constituir cualquier lengua es innumerable y su sistema demasiado complejo.

4. *La mutabilidad del signo lingüístico.* «El tiempo que asegura la continuidad de la lengua tiene otro efecto, en apariencia contradictorio con el primero: el de alterar más o menos rápidamente

los signos lingüísticos, de modo que, en cierto sentido, se puede hablar a la vez de la inmutabilidad y de la mutabilidad del signo». Los factores que influyen en estos cambios son numerosos y pueden originar transformaciones, tanto en el nivel fonológico como en el gramatical o en el léxico semántico. Así, por ejemplo, «El latín *necare* 'matar' se ha hecho en francés *noyer* 'ahogar' y en español *anegar*. Han cambiado tanto la imagen acústica como el concepto; pero es inútil distinguir las dos partes del fenómeno; basta con consignar globalmente que el vínculo entre la idea y el signo se ha relajado y que ha habido un desplazamiento en su relación (Saussure *1945*, 140-141).

1.4. FONOLOGÍA Y FONÉTICA

Lo dicho anteriormente, justifica que la disciplina que se ocupa del estudio de los sonidos del lenguaje se divida en:

a) *Fonología*, que estudia la forma de la expresión, y

b) *Fonética*, que estudia la sustancia de la expresión. Se pueden definir del siguiente modo:

La fonología estudia los elementos fónicos de una lengua desde el punto de vista de su función en el sistema de la comunicación lingüística.

La fonética estudia los elementos fónicos de una lengua desde el punto de vista de su producción, de su constitución acústica y de su percepción.

Cuando el hombre habla, emite sonidos; pero hay que tener presente que los sonidos no son realizados de igual manera por todos los individuos de una misma colectividad, y que no todos los sonidos tienen en todo momento el mismo lugar articulatorio, sino que muchas veces se encuentran modificados por el contexto fónico que los rodea. Así, por ejemplo, un sonido como la consonante oclusiva velar sorda [k] [10] tendrá una posición articulatoria más posterior, más hacia el velo del paladar, cuando una vocal posterior [u] siga a esta consonante, como en la palabra [kúna] *cuna*; si, por el contrario, en vez de seguir una vocal posterior, sigue una vocal anterior, [i], el lugar que ocupa la lengua al articular la [k] es mucho más anterior, más hacia el paladar duro, como en [kílo] *quilo*; y una posición intermedia entre las dos aparecerá cuando vaya seguida de una vocal central baja [a], como en [kása] *casa*. A pesar de estas diferencias de lugar articulatorio, al oído español medio siempre le parece percibir el mismo tipo de sonido: una /k/, y que esta /k/, para la función comunicativa, inteligible, de la lengua, y aun para la intención del hablante, está por encima de todos los otros matices.

Otro ejemplo: en español, tenemos un trío de consonantes, /b/, /d/, /g/, que en unos contornos fonéticos determinados, como veremos más adelante [11], se realizan como oclusivos, es decir, formando un cierre completo de los órganos articulatorios, como en [kómba] *comba*, [dóṇde] *dónde*, [póŋgo], *pongo*; pero en otros contornos, se realizan como fricativas, es decir, con los órganos articulatorios medio cerrados, como en [lóβo] *lobo*, [lóδo] *lodo*, [láγo] *lago* [12]. Tanto las realizaciónes oclusivas [b], [d], [g], como las fricativa [β], [δ], [γ] [13] son percibidas por un oído medio casi de la misma forma; es más, en una palabra como [báso] *vaso*, la consonante inicial [b] se puede realizar como fricativa en un contexto determinado, [el βáso] [14] *el vaso*, por ejemplo, y como oclusiva

[10] *Oclusiva*: los órganos articulatorios se cierran, impidiendo que el aire salga al exterior; *velar*: se articula haciendo entrar en contacto la parte posterior de la lengua contra el velo del paladar; *sorda*: las cuerdas vocales no vibran. Véase el capítulo VI.

[11] En el capítulo VI.

[12] O [lóƀo], [lóđo], [lág̵o], según el alfabeto fonético que se utilice. A él, nos referiremos más adelante.

[13] O [ƀ], [đ], [g̵].

[14] O [el ƀáso].

en otro, [úm báso] *un vaso*, sin que por ello varíe la significación de la palabra *vaso*. De aquí se deduce que en español, para la comunicación, lo que interesa es una consonante tipo, una consonante modelo, como /b/.

Como vemos, estas diferencias no llevan consigo un cambio de significado; pero si en una palabra como /kápa/ *capa* sustituimos /p/ (oclusiva bilabial sorda) por /b/ (oclusiva bilabial sonora), el resultado es bien diferente: /kába/ *cava*; y si realizamos la sustitución por /m/ (oclusiva bilabial nasal), resulta /káma/ *cama*; las diferencias de significado que se han realizado al variar un pequeño rasgo —sonoro por sordo en el primer caso: /kápa/-/kába/, oral por nasal en el segundo: /kába/-/kama/— son evidentes.

Algunos lingüistas pretendieron hacer de la fonología y de la fonética ciencias independientes y tratarlas por separado; pero desde hace muchos años, se vuelve a ver en estos dos aspectos fónicos del lenguaje un todo, algo así como una montaña con dos vertientes inseparables que requieren un mutuo apoyo para su existencia. Describir sólo la fonética de una lengua no tiene el mismo alcance ni extensión que cuando al mismo tiempo se examina la función que esos elementos desempeñan en el sistema de la lengua. El pretender describir sólo el aspecto fonológico de una lengua sin tener para nada en cuenta el fonético es absurdo, y más que esto, un imposible. El valor y desarrollo de la fonología y de la fonética se condicionan mutuamente. De ahí que algunos lingüistas hayan otorgado a la fonología la denominación de *fonética funcional* [15].

1.5. EL PRINCIPIO DE PERTINENCIA

Si tenemos, por ejemplo, las palabras *comba*, *coba*, *copa*, *beso* y *peso*, lo primero que nos preguntamos es si entre estas palabras

[15] Para esta cuestión, son importantes los trabajos de E. Coseriu, *1954*; J. von Laziczius, *1947*; E. Fischer-Jørgensen, *1952*.

existen elementos que las diferencien. Inmediatamente, cualquier hispanohablante puede observar que *coba* es diferente de *copa* y *beso* de *peso*, y también nos diría que *comba*, por la *m*, se diferencia de *coba*. Si preguntásemos a una persona no especialista en lingüística si en *comba*, *coba* y *beso* se produce la misma *b*, contestaría sin lugar a dudas que sí. Ahora bien, entre estas tres palabras no se produce, en términos de sustancia, la misma *b*: la de *comba* y *beso* (si está precedida de pausa) es [b] oclusiva, y la de *coba*, [β] [16] fricativa; es decir, que *comba* es [kómba] y *coba* es [kóβa] [17]. ¿Qué sucede si pasamos la *b* de *comba* a *coba*? Tendríamos: [kóba]; y no ha ocurrido nada, porque la palabra sigue significando lo mismo; quizá alguien pueda notar algo, como si hubiese un cierto énfasis o una pronunciación no corriente, pero nada más; lo mismo ocurre entre [ése βéso] *ese beso* y [umbéso] *un beso*; *beso* sigue significando lo mismo. Por el contrario, si en *coba* ponemos, en lugar de *b*, *p* da *copa* o *t* da *cota* etc.; nos vamos encontrando con palabras de distinto significado. Esto nos indica que entre las cinco palabras enunciadas al principio, se producen sólo dos unidades diferenciales /p/ y /b/ y diremos que la diferencia entre ambas es *pertinente* o *relevante*, mientras que las diferencias entre las dos *b* de *comba* y *coba* dependen, en primer lugar, del contorno, y, en segundo lugar, del modo de pronunciar esas palabras; son, por lo tanto, diferencias *no pertinentes* o *no relevantes*.

«El principio de pertinencia nos permite distinguir lo que, en cada lengua o en cada uso, es esencial, porque es distintivo, y lo que es contingente, es decir, determinado por el contexto o por diversas circunstancias» (Martinet, *1965*, 39), y lo que es contingente y esencial varía mucho de una lengua a otra.

---

[16] O [ƀ].

[17] O [kóƀa].

1.6. EL FONEMA

En los ejemplos señalados anteriormente, hemos visto que, al cambiar en una secuencia *b* por *p*, o viceversa, cambiaba el significado de la palabra: *coba / copa*, *beso / peso*. Sin embargo, aunque sean distintas las pronunciaciones de *b* en *un beso* y *ese beso*, el significado de *beso* es el mismo. En el primer caso, decimos que /b/ y /p/ son fonemas; en el segundo, las distintas pronunciaciones de /b/ son variantes de ese fonema.

Son muchas las definiciones acuñadas para el fonema [18] desde distintos puntos de vista: como una unidad mental o psicológica [19], como una realidad física [20], como una realidad ficticia abstracta [21], como una realidad algebraica [22].

Podríamos hoy definir el fonema del siguiente modo: la unidad lingüística más pequeña, desprovista de significado, formada por un haz simultáneo de rasgos distintivos.

En una palabra como *gatita*, podemos hacer sucesivas divisiones: la primera en morfemas: *gat-it-a*: morfema lexical {*gat-*}, que

---

[18] Vid. Twaddell, *1935* y Kramský, *1974*.

[19] Por ejemplo, para J. Baudouin de Courtenay, es «la equivalencia psíquica del sonido del lenguaje»; por lo tanto, para él sería un sonido imaginado, intencional, oponible al sonido emitido, como un fenómeno psicofonético a un hecho fisicofonético. Citado en Trubetzkoy, *1964*, 41.

[20] D. Jones, *1950*, 31, lo define como «una familia de sonidos en una lengua dada que tienen carácter afín, y son empleados de tal manera, que nunca un miembro aparece en una palabra en el mismo contexto fonético que cualquier otro miembro».

[21] Twaddell, *1935*, 37-51.

[22] Hjelmslev propone el término *cenema* («unidad vacía, desprovista de sentido») en lugar de fonema; hace abstracción de la naturaleza fónica del lenguaje; las unidades deben ser entidades no nombradas, es decir, nombradas arbitrariamente y carentes de designación natural; las unidades de la expresión no deben definirse en términos de sustancia, sino en términos de relación.

contiene el significado de toda la palabra ('felino doméstico'); morfema afijo {*-it-*}, con el significado de 'diminutivo', y {*-a*}, morfema gramatical, con el significado de 'género femenino'. La siguiente división, y última, es: *g-a-t-i-t-a*; cada una de estas unidades es indivisible en la secuencia fónica, y no tiene ningún significado [23].

1.7. LOS RASGOS DISTINTIVOS

En el sistema fonológico español, los fonemas /p/, /t/ y /k/ forman un conjunto que se puede caracterizar por los siguientes tres rasgos fonéticos comunes: son consonantes, son oclusivos [24] y son sordos [25]. Estos rasgos desempeñan una función distintiva. Si analizamos las palabras /kása/ *casa* y /gása/ *gasa*, el rasgo de sonoridad es el que permite distinguirlas, puesto que /k/ y /g/ son consonantes oclusivas y velares [26]. Si comparo /kása/ *casa* y /pása/ *pasa*, el rasgo velar es el que distingue /k/ de /p/ bilabial.

De este modo, los fonemas mencionados poseen los siguientes rasgos articulatorios:

/p/: consonántico, oclusivo, bilabial, sordo;

/t/: consonántico, oclusivo, dental, sordo;

/k/: consonántico, oclusivo, velar, sordo;

Los rasgos distintivos son las unidades inferiores al fonema. Tanto para Martinet (*1965*, 69) como para Jakobson, el rasgo distinti-

---

[23] Aquí coincide el último fonema, /a/, con el morfema {-a} de género; lo mismo que puede coincidir el fonema /s/ con el morfema {-s} de plural. Pero en el nivel de análisis de la expresión, esta /a/ es igual que /t/ o que /g/: no tiene ningún significado.

[24] El cierre en algún lugar de la cavidad bucal impide, momentáneamente, la salida de aire al exterior. Vid. § 6.1.

[25] Las cuerdas vocales no vibran; en los sonoros, las cuerdas vocales vibran. Vid. § 2.6.1.

[26] Ambos se articulan con la parte posterior de la lengua contra el velo del paladar. Vid. § 2.6.4.

vo, y no el fonema, es la unidad básica de la fonología. Jakobson (*1939*, 315) decía: «El fonema forma una unidad [...], pero es una unidad compleja: el fonema se descompone en unidades distintivas». Según Jakobson, Fant y Halle (*1952*, 3) «Los rasgos distintivos combinados en un haz simultáneo forman un fonema», y en Jakobson y Halle (*1967*, 10), se escribe: «El análisis lingüístico desmonta gradualmente las unidades complejas del discurso en *morfemas*, los componentes últimos del mismo dotados de significado propio, y desmenuza estos vehículos semánticos mínimos hasta llegar a los últimos de sus elementos constitutivos capaces de diferenciar unos morfemas de otros. Estos elementos son los llamados *rasgos distintivos*. Por consiguiente, hay que separar dos unidades en el lenguaje y en el análisis lingüístico: por un lado, el nivel semántico [...] y, por otro, el nivel de los *rasgos distintivos* (nivel *fonológico*), que corresponde a las unidades simples y complejas cuya función consiste tan sólo en diferenciar, agrupar, delimitar o poner de relieve las diversas unidades significativas». Como vemos, los rasgos distintivos aparecen siempre combinados con otros, simultáneamente, en un haz, el fonema, cuya realización lleva consigo otros rasgos no distintivos.

Los rasgos distintivos, como veremos más adelante, pueden ser definidos en el nivel articulatorio:

/p/: consonante, oclusivo, bilabial, sordo,

o en el nivel acústico:

/p/: no vocálico, consonántico, oral, denso, grave, interrupto, sordo.

El sistema fonológico de una lengua se manifiesta en una *matriz de rasgos distintivos*.

Junto al rasgo distintivo, hay que considerar el *rasgo redundante*, que ayuda a identificar un rasgo o una combinación de rasgos distintivos, e incluso en condiciones de emisión o de audición deformadas puede llegar a sustituir a los rasgos pertinentes en la descodificación del mensaje. En español, por ejemplo, el rasgo «bilabial» de [m], en posición silábica implosiva o postnuclear, es redundante, ya que sólo puede aparecer en esa posición cuando va seguida de otra consonante bilabial: [um béso] *un beso*, [um péso] *un peso*, [bémba] *bemba* (pero [bénda] *venda* y no *[bémda]). También la intensidad es un rasgo redundante para la producción y percepción del acento, como veremos más adelante (§ 13.8); en este caso, el rasgo distintivo es la frecuencia del fundamental [27].

Es necesario insistir, con Jakobson (*1963*, 90), en que no deben confundirse los rasgos distintivos y redundantes por un lado, con los rasgos pertinentes y no pertinentes, por otro: el tomar los rasgos redundantes por no pertinentes y «los rasgos distintivos por los únicos pertinentes, está en vías de desaparecer de la lingüística, y es una vez más la teoría de la comunicación, [...], la que ayuda a los lingüistas a superar la tendencia a ver los rasgos distintivos y redundantes como pertinentes y no pertinentes, respectivamente».

---

[27] Como dicen Jakobson y Halle, *1967*, § 2.3., el hablante aprende a reaccionar principalmente ante los rasgos distintivos; pero en el acto verbal, aparecen, además de éstos, otros rasgos que conllevan información o que ayudan a identificar un rasgo. Junto con los redundantes, ya mencionados, están:

1.° Los *rasgos configurativos*, que señalan la división del enunciado en unidades gramaticales de diferentes grados de complejidad, especialmente en frases y palabras, bien poniendo de relieve tales unidades e indicando su jerarquía, bien delimitándolas e integrándolas.

2.° Los *rasgos expresivos* (o *enfáticos*), que ponen un énfasis relativo en diferentes partes del enunciado, o en diferentes enunciados, y sugieren las actitudes emocionales del hablante.

3.° Los *rasgos sincréticos* (o *rasgos complejos*): son aquéllos que presentándose como simples desde el punto de vista funcional, no lo son desde el punto de vista físico o fisiológico. En el sistema vocálico español, /i/ se opone a /u/ como *agudo, no bemolizado*, a *grave, bemolizado*; en la mencionada lengua, estas dos oposiciones (*agudo / grave, no bemolizado / bemolizado*) no funcionan separadas, siempre van juntas (no existe, como en francés, al lado de ellas, un /y/ agudo, bemolizado) y se producen al mismo tiempo: éste es un caso de rasgo sincrético o complejo. Como el sicretismo implica redundancia, en español, la bemolización es redundante.

1.8. CONMUTACIÓN Y SUSTITUCIÓN

Como forma de identificar las unidades lingüísticas sin recurrir a la sustancia, L. Hjelmslev (*1972*, 93) estableció la prueba de la *conmutación* [28]: el cambio de un elemento de cualquier nivel (fonema, morfema) por otro, en el plano de la expresión, lleva consigo un cambio análogo en el plano del contenido, y viceversa. Se produce la conmutación, si al reemplazar en *casa* /k/ por /g/ se obtiene una nueva lexía: *gasa*. Estas unidades, cuyo cambio ha afectado al otro plano de la lengua, se llaman *conmutables*, y se clasifican como *invariantes*. La prueba de la conmutación se realiza en el paradigma [29], en posiciones, por lo tanto, bien determinadas.

El cambio de un elemento por otro en el plano de la expresión que no conlleva ningún cambio en el del contenido se llama *sustitución*, y a los elementos en cuestión *variantes*. Es decir, hay conmutación entre invariantes y sustitución entre variantes. En español, /f/ y /s/ son conmutables (*rifa / risa*), mientras que una *b* oclusiva (como en *comba*) o fricativa (como en *lobo*) son sustituibles [30].

Ahora bien, surgen dos cuestiones:

a) una es la de la adscripción de esos elementos conmutables a una misma unidad, en este caso, a un mismo fonema. Veamos un ejemplo: tengamos en español: /bóka/, /póka/, /lóka/, /tóka/, etc., por un lado, y, por otro, /béka/, /péka/, /séka/, /méka/, etc.; por la prueba de la conmutación, al cambiar en la primera serie los elementos /b/, /p/, /l/, /t/, entre sí hemos obtenido nuevas lexías; lo mismo ha ocurrido en la segunda serie al cambiar

[28] Ya conocida y utilizada por los fonólogos de Praga.

[29] Vid. § 1.9.

[30] La *conmutación* es uno de los fenómenos de la *mutación*; el otro es la *permutación*: si la *conmutación* es el cambio de un elemento por otro en el paradigma, la *permutación* es el cambio de un elemento por otro en el sintagma (vid. § 1.9.); por ejemplo: *lama / mala*, *sol / los*.

/b/, /p/, /s/, /m/; esta prueba nos confirma la existencia de unas invariantes, pero no nos asegura que la invariante /b/ de *boca* sea la misma que la de *beca* o que la invariante /p/ de *poca* sea la misma que la de *peca*. Sólo puede asegurar la identificación de estas invariantes en un mismo fonema su análisis en rasgos distintivos.

b) La otra cuestión es la de la variación del inventario de fonemas, según las posiciones que ocupen: en el portugués del Brasil, por ejemplo, existen siete fonemas vocálicos en posición tónica; en posición átona interior de palabra, se reducen a cinco, y en posición final, sólo ocurren tres. En español, en posición prenuclear aparecen *ch*, *ll*, *ñ*, *y* (*macho*, *maño*, *mallo*, *mayo*), mientras que en posición postnuclear no aparecen, etc.

Realizar la conmutación, según hemos dicho más arriba, en el eje paradigmático, es útil para establecer el inventario de los fonemas en una posición dada, pero tampoco asegura que en posiciones diferentes se trate del mismo fonema; por ejemplo, /p/ en *poca* y en *apto*, o /s/ en *sol* y *los*. También en este caso, la solución al problema viene dada por el análisis en rasgos distintivos, con algunas implicaciones, como la neutralización, que veremos más adelante.

1.9. RELACIONES SINTAGMÁTICAS Y RELACIONES PARADIGMÁTICAS

Hjelmslev (*1966*, 56) define la *relación* como «la función que existe en los signos o entre los elementos en el interior de una cadena: los signos o los elementos están unidos entre ellos en la cadena».

Saussure entendía por *sintagma* toda combinación de elementos en la cadena hablada [31]; de ahí que *relación sintagmática* sea toda relación que existe entre dos o más unidades que aparecen en la cadena hablada.

[31] En virtud del principio de la linealidad del lenguaje, los elementos que constituyen un sintagma son sucesivos, nunca coexisten en un punto dado del mismo.

Por *paradigma* se entiende la relación virtual que existe entre dos o más unidades de la lengua si, y solamente si, son susceptibles de poder sustituirse entre sí en un mismo sintagma: *relación paradigmática*.

Veamos un ejemplo: en el enunciado *la casa blanca es bonita*, tenemos:

a) La posibilidad de realizar sustituciones en sus elementos:

$$\left\{\begin{array}{l}\text{la}\\ \text{esta}\\ \text{mi}\\ \text{aquella}\end{array}\right\}\ \text{casa blanca es bonita}$$

$$\text{la}\ \left\{\begin{array}{l}\text{barca}\\ \text{mesa}\\ \text{silla}\\ \text{perla}\end{array}\right\}\ \text{blanca es bonita}$$

Las relaciones entre *la*, *esta*, *mi*, *aquella*, o entre *barca*, *silla*, *mesa*, *perla*, son paradigmáticas.

b) Las relaciones más o menos estrechas que existen entre estos elementos en el orden sintagmático: en español, podemos realizar la siguiente separación: *la casa blanca / es bonita*; pero no *la / casa blanca es bonita*, ni *la casa / blanca es bonita* [32].

Del mismo modo, en una secuencia como /mésa/ *mesa*, la unidad significante /m/ está en relación paradigmática con /b/ (/bé-

[32] Desde los puntos de vista de la psicolingüística y de la didáctica de la lengua, las *asociaciones paradigmáticas* y *sintagmáticas* son útiles porque facilitan el establecimiento de asociaciones formales, tanto semánticas como morfológicas, entre las palabras. Así, se produce una *asociación paradigmática* (relación que se establece, como hemos visto, entre dos palabras que pueden sustituirse en el mismo contorno) cuando el informante responde ante el estímulo léxico *agua*, con *vino*. Se produce una *asociación sintagmática* (relación que se establece entre dos palabras que están próximas en la cadena hablada) cuando se responde al estímulo *agua*, con *beber*.

sa/), con /p/ (/pésa/), etc., pero en relación sintagmática con /e/, /s/, /a/:

/m - ésa/
/p /
/b /

Los elementos que se pueden relacionar en un mismo paradigma forman una *categoría.* En los paradigmas *tal - mal - sal*, o *col - sol - rol, t, m, s* pertenecen a la categoría de las consonantes, y *a*, *o* a la de las vocales. Del mismo modo, *barca*, *mesa*, *silla*, *perla* pertenecen a la categoría del sustantivo, y *la*, *esta*, *mi*, *aquella* a la de los determinantes.

1.10. OPOSICIÓN Y CONTRASTE

Según Trubetzkoy (*1964*, 33) «Dos cosas sólo pueden ser diferenciadas una de otra en la medida en la que se oponen una a otra, es decir, en la medida en la que existe entre ellas una relación de oposición».

La *oposición* fonológica es la diferencia que existe entre dos o más unidades distintivas [33]. La diferencia de significación entre /kása/ *casa* y /gása/ *gasa*, se debe a la oposición entre /k/ y /g/; esta oposición, basada en el rasgo de sonoridad, permite distinguir muchos otros pares de palabras: /kíso/ *quiso* y /gíso/ *guiso*, /pekár/ *pecar* y /pegár/ *pegar*, /tóka/ *toca* y /tóga/ *toga.*

La práctica fonológica que evita toda referencia al significado (como gran parte del estructuralismo norteamericano) utiliza el término *par mínimo* (o *pareja mínima*) para referirse a dos unidades significativas (morfemas, palabras) que contengan los mismos fone-

[33] El *Projet de terminologie standardisée* de la Escuela de Praga definió la oposición como «la diferencia fónica susceptible de servir en una lengua dada para la diferenciación de las significaciones intelectuales».

mas, menos uno, en el mismo orden: *casa /gasa*, *quiso / guiso*, *pecar / pegar*, *toca/ toga* [34]. Como vemos, aplicamos la prueba de la conmutación, estudiada más arriba, para comprobar si al cambiar una unidad fónica por otra cambia el significado de la palabra.

El *contraste* es la diferencia fonológica que existe entre dos unidades fonológicas contiguas. Por ejemplo, en español, pueden darse las secuencias consonánticas /pt/ o /bd/ en *apto* y *abdicar*, por ejemplo, pero no aparecen secuencias como */pb/ o */td/. La diferencia que aparece entre sílabas acentuadas e inacentuadas es también un contraste: *hábito / habito / habitó*.

La oposición es una relación de orden paradigmático. El contraste es una relación de orden sintagmático.

Podemos decir que toda unidad se puede definir: a) por su oposición a todos los otros elementos con los que se relaciona paradigmáticamente, b) por sus propiedades combinatorias (sintagmáticas).

1.11. CLASIFICACIÓN DE LAS OPOSICIONES FONOLÓGICAS, SEGÚN TRUBETZKOY

En fonología, las unidades guardan entre sí determinadas relaciones en virtud de las cuales se organiza un sistema. El fonema no está aislado en la lengua, sino que forma parte, junto con otros fonemas, del sistema fonológico.

Para conocer sus relaciones, Trubetzkoy (*1964*, 68-87) elaboró la siguiente clasificación, advirtiendo previamente que es necesario establecer el inventario completo de los fonemas de la lengua en cuestión y determinar sus rasgos distintivos.

Hay que tener en cuenta, según el mismo Trubetzkoy, que «una oposición no supone sólo particularidades por las cuales los términos de la opo-

[34] También puede darse un *par submínimo*, cuando dos términos se diferencian por más de un fonema: *bota / seta*.

Se utiliza el par submínimo en aquellos casos en los que es difícil encontrar un par mínimo.

sición se distinguen uno de otro, sino también las particularidades que son comunes a los dos términos de la oposición. Estas particularidades pueden ser llamadas una *base de comparación*. Dos cosas que no poseen ninguna base de comparación, es decir, ninguna particularidad común (por ejemplo, un tintero y el libre albedrío) no forman una oposición» (pág. 69). De este modo, tendremos las siguientes oposiciones fonológicas:

1. Según sus relaciones con todo el sistema de oposiciones: a) Oposiciones bilaterales y multilaterales; b) Oposiciones proporcionales y aisladas.

a) En las *oposiciones bilaterales*, la base de comparación sólo es propia de los dos términos y no aparece en ningún otro término del mismo sistema. En las *oposiciones multilaterales*, la base de comparación no se limita exclusivamente a los dos términos de la oposición en cuestión, sino que se extiende también a otros términos del sistema [35].

Trubetzkoy ejemplifica la diferencia entre estos dos tipos de oposición por medio de algunas letras del alfabeto latino: la oposición de las letras *E* y *F* es bilateral, «pues el conjunto de los rasgos comunes a estas dos letras (línea vertical y dos barras horizontales de izquierda a derecha en la extremidad superior y en el centro) no se encuentra en ninguna otra letra latina». Por el contrario, la oposición en *P* y *R* es multilateral, ya que el semicírculo superior dirigido hacia la derecha también se da en *B*.

En español, la oposición entre los fonemas /k/-/x/ es bilateral, ya que sus propiedades comunes (orales, velares, sordas) no aparecen reunidas en ningún otro fonema de la lengua. También es bilateral la oposición /t/-/θ/, ya que son los únicos fonemas orales, dentales y sordos del español, y /p/-/f/: consonantes, sordas, labiales; /b/-/m/: consonantes, sonoras, labiales; /e/-/i/: vocales, sonoras, anteriores.

La oposición /e/-/u/ es multilateral, ya que la base de comparación de ambos (ser vocales y sonoras) aparece en otros fonemas (/i/, /o/, /a/). La oposición /b/-/d/ también es multilateral, porque también las oposiciones /b/-/g/ y /d/-/g/ tienen la misma base de comparación (consonantes oclusivas, orales, sonoras).

b) En la *oposición proporcional*, la relación existente entre sus términos es idéntica a la relación entre los términos de otra oposición (o de

[35] Las oposiciones bilaterales reciben también la denominación de *unidimensionales*, mientras que las multilaterales se llaman también *pluridimensionales*.

muchas otras oposiciones) del mismo sistema. Por ejemplo, la oposición /p/-/b/ es proporcional, puesto que la relación entre ellos es la misma que la que existe entre /t/-/d/ y /k/-/g/. También las oposiciones entre /n/ *n* y /n̬/ o /ɲ/ *ñ*, en *cana* / *caña*, por ejemplo, y /λ/ o /l̬/ *ll* y /l/ *l*, en *pollo* / *polo*.

En la *oposición aislada*, la relación existente entre sus términos no se da entre los términos de otra oposición, por ejemplo, /r/-/l/, /r/-/r̄/, /a/-/e/, /a/-/o/, /a/-/i/, /a/-/u/.

Como hemos visto, los principios de clasificación se refieren al sistema de los fonemas: en la oposición bilateral o multilateral, lo que es común a los términos de la oposición se encuentra sólo en ellos o en otros términos del sistema; en la oposición proporcional o aislada, la misma relación se encuentra o no en otras oposiciones del mismo sistema.

2. Según la relación que existe entre los términos de la oposición, éstas pueden ser: privativas, graduales y equipolentes.

a) Las *oposiciones privativas* son aquellas en las que uno de los términos de la oposición se caracteriza por la presencia de una marca y el otro por la ausencia de esta marca: por ejemplo, sonoro/sordo, nasalizado/no nasalizado, labializado/no labializado, etc. El término de la oposición caracterizado por la presencia de la marca se llamará *término marcado*, y el que está caracterizado por la ausencia de la marca, *término no marcado*. Por ejemplo: /p/-/b/, /t/-/d/, etc.; /b/, /d/ son los términos marcados: presencia de sonoridad [36].

b) Las *oposiciones graduales* son aquellas en las que los términos están caracterizados por diferentes grados de la misma propiedad. Por ejemplo, las vocales /i/, /e/, /a/ por un lado, y /u/, /o/, /a/, por otro, están caracterizados por diferentes grados de abertura: /i/-/e/, /u/-/o/, /e/-/a/, /o/-/a/. Estas oposiciones son relativamente raras y menos importantes que las privativas.

c) Las *oposiciones equipolentes* son aquellas cuyos dos miembros son lógicamente equivalentes, es decir, no pueden ser consideradas ni como dos grados de una misma propiedad, ni como la presencia o ausencia de una propiedad. Por ejemplo, en español, /p/-/k/, /i/-/u/, etc.

3. Con relación a la extensión de su poder distintivo, las oposiciones pueden ser constantes o neutralizables.

---

[36] El rasgo marcado se señala por medio de «+», y el no marcado, por «—».

Como ya dijimos anteriormente, no todas las oposiciones se realizan en todas las posiciones secuenciales: las *oposiciones constantes*, *fijas* o *no neutralizables* se producen en cualquier posición de la palabra: por ejemplo, /s/ y /θ/ en el dialecto castellano: *sumo/zumo*, *haz/as* o /a/ y /e/ en posición tónica o átona *paso/peso*, *pasó/pesó*.

La *oposición neutralizable* es la que no funciona en ciertas posiciones: por ejemplo, /r/ y /r̄/ funcionan en posición prenuclear, *pero/perro*, pero no en posición postnuclear: *mar*: [már], [már̄].

En una oposición neutralizable, las situaciones fónicas en las que la oposición se produce se llaman *posiciones de neutralización*, mientras que aquéllas en las que la oposición se mantiene se llaman *posiciones de pertinencia*; referidas a los fonemas /r/ y /r̄/, las posiciones de neutralización son las postnucleares, y las de pertinencia las prenucleares.

1.12. EL FONEMA Y SUS REALIZACIONES. LA DISTRIBUCIÓN

Para Hjelmslev, el fonema es una unidad *invariante*, determinada por medio de la conmutación. El fonema, o la invariante, en su realización en la cadena hablada, tiene distintas manifestaciones o *variantes*.

Estas variantes pueden ser:

a) *Variantes combinatorias o contextuales*: cuando las realizaciones de un fonema (dos o más) no aparecen nunca en el mismo contorno; por ejemplo, el fonema /b/ tiene en español dos realizaciones: [b] oclusiva y [β], o [ƀ], fricativa; la primera aparece después de una pausa y de una consonante nasal: [bómba] *bomba*, y la segunda en los demás contornos: [bóβa], o [bóƀa], *boba*; estos dos elementos son variantes combinatorias de /b/.

Las variantes combinatorias reciben también el nombre de *alófonos*, y la distribución combinatoria en la que se hallan, *distribución complementaria*. En el ejemplo dado, tanto [b] como [β], o [ƀ], serían alófonos de /b/, en distribución complementaria [37].

[37] Se da el nombre de *distribución* a la restricción que sufren las unidades lingüísticas en función de los contextos en que pueden aparecer. Esto quiere decir

Otros lingüistas amplían el término alófono a toda variante de un fonema, no sólo combinatoria, sino también libre [38]. De este modo, cada fonema llega a tener, en teoría, un número infinito de alófonos, aunque en la práctica, sean sólo unos cuantos, los que se repiten con asombrosa mimesis. Todos tienen en común los rasgos distintivos del fonema y, además, una serie de rasgos redundantes [39].

b) *Variantes libres*: cuando las realizaciones de un fonema (dos o más) aparecen en el mismo contorno. Estas variantes también se llaman *estilísticas* o *facultativas*, ya que resultan de la elección más o menos consciente del hablante. Por ejemplo, en el español de Madrid, el fonema /s/ puede realizarse en posición postnuclear como [s], [h] o [x] en *mosca*; las realizaciones velar o apical de *rr* en el español de Puerto Rico; las realizaciones africadas o fricativas de *ch* en el español de Panamá, etc. Cada una de esas realizaciones son variantes libres. Se encuentran en *distribución equivalente.*

c) *Variantes individuales:* cuando las realizaciones de un fonema pueden dar indicaciones sobre el hablante, pero no son el resultado de una elección por su parte; por ejemplo, el yeísmo más o menos africado y ensordecido de algunos hablantes madrileños.

Todo fonema tiene su *campo de dispersión*, es decir, sus realizaciones no deben sobrepasar los límites acústicos y articulatorios (*márgenes de seguridad*) que están condicionados por los campos de dispersión de los demás fonemas del sistema fonológico de la lengua.

Los fonemas se representan siempre entre barras oblicuas: //; los alófonos o sonidos, entre corchetes: [ ]. Así, /b/ será fonema, y [b] alófono o sonido [40].

---

que la aparición de cada unidad en determinadas posiciones en relación con otras unidades no es arbitrario. Gleason, *1967*, 48, por ejemplo, define la distribución de una unidad como «la suma de todos los contextos en los que puede encontrarse por oposición a todos aquellos en los que no puede encontrarse».

[38] Y, a veces, también individual o social.

[39] Nosotros empleamos el término *alófono* en este sentido.

[40] *Observación importante*: es un error muy grave confundir los conceptos de

1.13. REGLAS PARA LA DETERMINACIÓN DE LOS FONEMAS

Trubetzkoy (*1964*, 47-53) estableció las siguientes reglas para la determinación de un fonema:

Primera regla: «Si dos sonidos de la misma lengua aparecen exactamente en el mismo contorno fónico y si pueden ser sustituidos uno por otro sin que se produzca por ello una diferencia en la significación intelectual de la palabra, estos dos sonidos sólo son variantes facultativas [41] de un fonema único». Como ejemplo, véase el apartado b) del epígrafe anterior.

Segunda regla: «Si dos sonidos aparecen exactamente en la misma posición y no pueden ser sustituidos uno por otro sin modificar la significación de las palabras, o sin que la palabra llegue a ser irreconocible, entonces estos dos sonidos son realizaciones de dos fonemas diferentes». En una palabra como *caso*, la sustitución de *a* por *o* entraña un cambio de significación: *coso*, mientras que el cambio por *u* da lugar a una palabra inexistente: **cuso*.

Tercera regla: «Si dos sonidos de una lengua, emparentados entre sí desde el punto de vista acústico o articulatorio, no se presentan nunca en el mismo contorno fónico, hay que considerarlos como variantes combinatorias del mismo fonema». Véase, como ejemplo, el apartado a) del epígrafe anterior.

---

fonema, alófono y grafía: FONEMA es /b/ en /bóte/ *bote* y en /báso/ *vaso*; al conmutarlo por /p/, da /póte/ *pote* y /páso/ *paso*.

El ALÓFONO O SONIDO (según operemos desde la Fonología o desde la Fonética) es la realización del fonema por un hablante, en un momento dado, en un contorno fónico: son los casos de [b] en [úm bóte] *un bote* y de [β], o [ƀ], en [el βóte], o [el ƀóte], *el bote*; ambos son alófonos de /b/.

La GRAFÍA O LETRA es la representación, más o menos afortunada, de un fonema en la escritura. Así, el fonema /b/ se escribe *b* en *bote,* o *v* en *vaso;* el fonema /k/ se representa por *k* en *kilo,* por *c* en *casa* /kasa/, por *qu* en *queso* /keso/.

[41] O variantes libres.

Cuarta regla: Dos sonidos, aunque satisfagan las condiciones de la tercera regla, no pueden «ser considerados como variantes de un mismo fonema si en la lengua en cuestión pueden encontrarse uno al lado del otro [...], y esto en las condiciones en las que uno de los dos sonidos aparece aisladamente». Por ejemplo, en inglés, [r] y [ə] tienen rasgos muy parecidos, por lo que podríamos inclinarnos a considerarlos como variantes combinatorias del mismo fonema, pero es imposible por el hecho de que en palabras como *profession* (pron. *prəfešn*) los sonidos *r* y *ə* se encuentran uno al lado del otro y que en otras palabras un *ə* aislado aparece en el mismo contorno fónico (por ejemplo, *perfection*, (pron. *pəfekšn*)».

1.14. NEUTRALIZACIÓN Y ARCHIFONEMA. DESFONOLOGIZACIÓN

La *neutralización* se produce cuando una oposición fonológica deja de ser pertinente en ciertas posiciones de la cadena hablada. Así, en español, los fonemas vibrantes /r/ *r* y /r̄/ *rr* forman una oposición en situación intervocálica prenuclear, en interior de palabra: *pero* / *perro*, *coro* / *corro*, pero cuando se encuentran situados después de su núcleo silábico (posición postnuclear o implosiva) no funciona esta oposición: en una palabra como *cortar*, podemos pronunciar tanto [kortár], con /r/ simple de *pero*, como [kor̄tár̄], con /r̄/ múltiple de *perro*; el significado de *cortar* no ha cambiado por ello. En esta posición, ha desaparecido el carácter distintivo de la oposición: se ha neutralizado.

El resultado de la neutralización es el *archifonema*, que es el conjunto de rasgos distintivos comunes a los dos fonemas de la oposición neutralizada. El archifonema de la oposición /r/-/r̄/ es /R/, que tiene como rasgos comunes con los fonemas neutralizados el de líquido y vibrante.

Los archifonemas se transcriben por medio de letras mayúsculas, y como se trata del nivel fonológico, deben ir entre barras;

la transcripción fonológica de nuestro ejemplo sería: /koRtáR/ [42].

La neutralización se distingue de la simple ausencia de un fonema en una posición dada: *distribución defectiva*. Así, en español, nunca aparece /r/ en posición inicial de palabra: siempre es /r̄ósa/ *rosa*, nunca */rósa/; en el español europeo peninsular, nunca aparece /l/ después de /t/ en una secuencia tautosilábica: silabican *at-lántico*, y no *a-tlántico*, como lo hacen en Canarias e Hispanoamérica.

La *desfonologización* se produce cuando dos fonemas se realizan como un único sonido en cualquier posición de la cadena hablada; es el caso, por ejemplo, de la pronunciación [poǰo], o [póyo], para *pollo* y *poyo*, en algunas zonas del español.

1.15. LAS CORRELACIONES

Jakobson *(1929,* 118) definió el sistema fonológico como «un conjunto de oposiciones que pueden servir para distinguir significaciones lexicales y morfológicas». Las oposiciones no son todas diferentes: tienden a organizarse en pequeños sistemas. El rasgo de sonoridad origina oposiciones como *p/b, t/d, k/g*; estos son *pares correlativos*, y la *correlación* es el conjunto de oposiciones que se caracterizan por el mismo rasgo distintivo: el de sonoridad en el caso anterior. Este rasgo constituye la *marca de la correlación*. De esta forma, se pueden establecer correlaciones de sonoridad /p/ - /b/, /t/ - /d/, /k/ - /g/, de nasalidad: /b/ - /m/, /d/ - /n/, /ǰ/ -/ɲ/[43]; de interrupción: /p/ - /f/, /t/ - /θ/, /k/ - /x/, etc.

Cuando se produce más de una correlación, los fonemas que participan en esos pares correlativos se articulan en *haces de correlación*. Así, en español, tenemos:

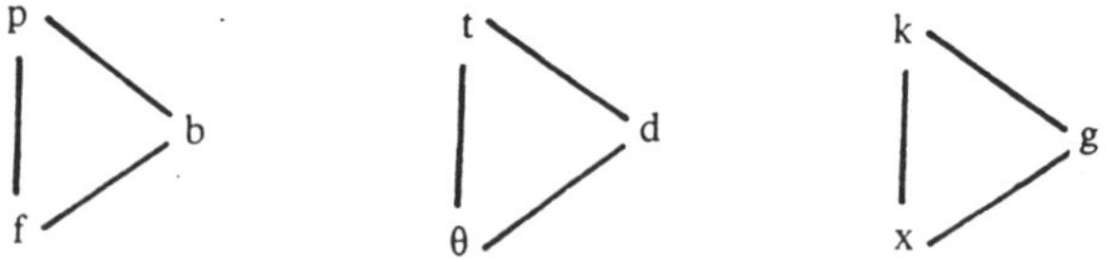

en los que se dan las correlaciones de sonoridad y de interrupción.

---

[42] En este caso, el archifonema /R/ tiene dos variantes libres, [r] y [r̄], en posición postnuclear.

[43] O /y/-/ŋ̯/.

1.16. FRECUENCIA DE LOS FONEMAS ESPAÑOLES

La frecuencia de los fonemas españoles, según el recuento realizado por A. Quilis y M. Esgueva (*1980*), sobre la lengua hablada es la siguiente [44]:

RANGO	VOCALES		CONSONANTES	
	Fonema	*Frecuencia relativa de ocurrencia %*	*Fonema*	*Frecuencia relativa de ocurrencia %*
1	e	14,67	s	8,32
2	a	12,19	N	4,86
3	o	9,98	t	4,53
4	i	7,38	d	4,24
5	u	3,33	l	4,23
6			k	3,98
7			r	3,26
8			m	3,06
9			n	2,78
10			p	2,77
11			b	2,37
12			R	1,93
13			θ	1,45
14			g	0,94
15			x	0,57
16			f	0,55
17			r̄	0,43
18			ǰ	0,41
19			λ	0,38
20			t͡ʃ	0,37
21			D	0,31
22			G	0,28
23			ɲ	0,25
24			B	0,03
	Totales	47,55	Totales	52,30

[44] En el cuadro, como veremos más adelante, N, R, D, G, B representan los archifonemas resultantes de la neutralización de los fonemas nasales, vibrantes y oclusivos, situados en posición postnuclear. Además, /ǰ/ = /y/; /λ/ = /l̮/; /t͡ʃ/ = /ĉ/; /ɲ/ = /n̮/.

1.17. DIVISIÓN DE LA FONOLOGÍA

1. La *fonología sincrónica* estudia el sistema fonológico en un estado determinado de una lengua.

2. La *fonología diacrónica* estudia los cambios fonológicos, la transformación del sistema fonológico de un estado de lengua en otro (son los fenómenos de fonologización, desfonologización y transfonologización).

3. La *fonología general* pretende elaborar las leyes que rigen los sistemas fonológicos de las lenguas.

4. La *fonología contrastiva* estudia las diferencias y semejanzas de los sistemas fonológicos de dos o más lenguas.

1.18. DIVISIÓN DE LA FONÉTICA

1. La *fonética descriptiva*, *estática* o *sincrónica* describe un estado de lengua. Puede ser: a) *especial,* si se refiere a una sola lengua; b) *comparada,* si se ponen en relación dos o más lenguas; c) *general,* si describe, en función del habla, las posibilidades articulatorias y auditivas del hombre.

2. La *fonética histórica*, *evolutiva* o *diacrónica* describe y explica las transformaciones que se producen en sucesivos estados de la lengua. Puede ser: a) *especial,* si se refiere a una sola lengua; b) *comparada,* si se refiere a dos o más lenguas.

3. La *fonética articulatoria* estudia el comportamiento de los órganos articulatorios que intervienen en la fonación.

4. La *fonética acústica* estudia la onda sonora de los sonidos del lenguaje y describe sus índices acústicos.

5. La *fonética auditiva* se interesa por la percepción del sonido.

6. La *fonética psicológica* estudia el comportamiento del oyente ante determinados estímulos acústicos relacionados con el habla.

1.19. APLICACIONES DE LA FONOLOGÍA Y DE LA FONÉTICA

Como hemos visto en el anterior § 1.18, la fonología y la fonética constituyen uno de los niveles en los que dividimos el estudio de una lengua: es la concreción, el soporte y el vehículo de los aspectos morfosintáctico y léxicosemántico. No es necesario, por lo tanto, justificar su presencia en la descripción de una lengua.

1.19.1. Dentro del campo de la lingüística, la fonología y la fonética son importantes en:

1.19.1.1. La *ortofonía*, entendida como la corrección de los defectos de pronunciación de los sonidos de una lengua. Tiene su línea principal de actuación sobre la lengua materna, desde el punto de vista de la norma lingüística; es decir, lo que tradicionalmente se conocía como el arte de pronunciar correctamente. Su aplicación requiere un profundo conocimiento de la lengua general, de las variantes diastráticas y diatópicas, y de las normas que pueden existir en las diferentes regiones de una lengua dada. Se trataría de corregir:

a) casos de vulgarismos, como, por ejemplo, la pronunciación de *acabau* por *acabado* [45], *pa* por *para*, *qué ta dao* por *qué te ha dado*, etc.; la acentuación de *méndigo*, *périto* por *mendigo*, *perito*; la configuración de determinadas curvas de entonación, etc.;

b) casos de desviación de la norma general, en determinados estilos formales de elocución, por tratarse de fenómenos marcadamente dialectales (*ustez* «usted», *azto* «acto»; *mohka*, *mojka* «mosca»); por ignorancia o desconocimiento de los mecanismos de la lengua (posición de las pausas en el discurso, utilización de unos patrones entonativos por otros, articulación de fonemas); por tratarse de innovaciones personales o de grupos profesionales (políticos, locutores de radio; en ambos, se puede dar el desconocimiento

[45] Prescindimos aquí de las transcripciones fonológicas y fonéticas.

de la lengua), que pueden llegar a perturbar la transmisión de la información (utilización sistemática de acentos enfáticos, empleo de patrones de entonación que no existen ni en la lengua general ni en los dialectos).

1.19.1.2. En el estudio de segundas lenguas, al facilitar su aprendizaje; se debe estudiar primero el aspecto fonológico para corregir las falsas pronunciaciones; éstas pueden afectar al sistema y a la adquisición de las nuevas unidades; por ejemplo, como los hablantes filipinos no tienen /f/ o /r̄/ en su sistema los asimilan a su /p/ y a su /r/, respectivamente; ellos tienden a decir: *puente* por «fuente», *poro* por «forro», *pera* por «perra», etc. El empleo de pares mínimos es el procedimiento más aconsejable. En segundo lugar, se deben corregir aquellos sonidos que forman parte de la norma de la lengua general; por ejemplo, la pronunciación de /b/, /d/, /g/ como oclusivas o como fricativas, según su distribución. Paralelamente, hay que ir introduciendo los patrones acentuales y los entonativos.

1.19.1.3. Es imprescindible hoy la aplicación de esta disciplina para dotar de *alfabetos* a las lenguas que no poseen un código escrito; para hacer este trabajo, es necesario realizar la descripción del sistema fonológico de la lengua en cuestión, partiendo del estudio articulatorio, acústico y funcional de sus sonidos. Conocida su fonología, se establece su alfabeto, y, nuevamente, las ciencias fónicas deben ocuparse de dotarla de los signos necesarios de puntuación —pensemos, por ejemplo en las lenguas tonales—, y tendrán que intervenir activamente en todo el posterior proceso de *alfabetización*.

1.19.2. Estas disciplinas, además, juegan un papel muy importante en otros dominios científicos tan distintos de nuestra materia como pueden ser la Medicina, la Psicología, el Derecho, la Ingeniería, etc.

1.19.2.1. Su relación con la Medicina y con la Psicología se establece cuando se estudian los llamados *trastornos del lenguaje*, amplia denominación que abarca una variada gama de perturbaciones —que pueden llegar hasta la enfermedad—, como la afasia, la agnosia, la dispraxia, la disartria, o simplemente, las sorderas, los trastornos de fluidez o de articulación, etc.

Estos trastornos [46], cuyo origen puede estar tanto en el oído, como en la articulación, como en el propio cerebro, se pueden dividir, de un modo muy general, en trastornos de producción del lenguaje y trastornos de recepción.

Desde el punto de vista médico, de los primeros se encargará el foniatra, y de los segundos, el audiólogo; ambos necesitan tener los suficientes conocimientos de fonética como para poder no sólo efectuar el diagnóstico y evaluar el alcance de la enfermedad, sino para aplicar un tratamiento adecuado.

Dentro del dominio de la Psicología, los que realizan la llamada terapia del lenguaje necesitan dominar esta materia y las herramientas que pone en sus manos —transcripción de fonemas, de sonidos, estudio y función de las curvas de entonación, etc.— para identificar el tipo de trastorno ante el que se encuentran, su gravedad, y los procedimientos para su corrección.

Veamos algunos ejemplos:

1) Trastornos relacionados con la producción del lenguaje; enfermedades de los órganos de la fonación *(foniatría)*:

a) el paladar hendido o corto, su parálisis o su mal funcionamiento puede dificultar la articulación de las consonantes velares [k], [g], [x] o dar origen a problemas relacionados con la oralidad o la nasalidad de los sonidos: si durante la emisión de los sonidos orales, se deja escapar por las fosas nasales parte del aire que, en condiciones normales, debería salir sólo por la boca, se origina una nasalización indebida de las vocales y también de las consonantes orales; su origen puede ser orgánico, como ya hemos indicado (fisuras en el paladar, paladar corto, parálisis del velo), o funcional (afectación, hábitos incorrectos del habla, debilidad mental, audición dañada);

---

[46] Para más información, véase Quilis y Hernández, *1990*.

b) la aparición de pausas irregulares puede ser debida a una disartria o a una afasia (*disprosodia*);

c) una entonación expresiva inapropiada acompaña al habla del esquizofrénico, y un uso indebido de la misma (patrón de afirmación, cuando debe ser de duda) aparece en el afásico; la entonación monótona, sin modulación, puede deberse a un ataque inflamatorio de la laringe, a trastornos psicomotores, a fallos del control auditivo, a parálisis cerebral o a la epilepsia.

2) Trastornos relacionados con la recepción (*audiología*):

a) la distorsión en la acentuación de las palabras o las alteraciones en la intensidad de la voz pueden deberse a errores del control auditivo cerebral;

b) si se produce algún daño en las células receptoras del órgano de Corti, que son las responsables de las frecuencias altas, el oído no responde a ellas;

c) el sarampión, las paperas, la meningitis, el uso excesivo de drogas pueden tener un efecto directo y perjudicial sobre la cóclea. Ésta también puede deteriorarse si se expone el oído a ruidos muy elevados durante largos periodos de tiempo (en fábricas o discotecas).

1.19.2.2. Capítulo aparte, por su dificultad e importancia, es la enseñanza de un código de comunicación [47] a los *sordomudos*: en él, coinciden la conversión de los fonemas en unidades sígnicas discretas, realizadas con las manos, con la ayuda, a veces, del movimiento corporal o de los gestos de la cara, y la elaboración de determinadas estructuras sintácticas. Por otro lado, el conocimiento de la articulación del sonido permite, en muchos casos, enseñar a hablar al sordo, y un estudio audiológico profundo puede descubrir en él restos de audición que posibiliten, en mayor o menor medida, el aprovechamiento del oído.

1.19.2.3. En el campo del Derecho, hay dos actividades en las que la Fonología y la Fonética tienen una decisiva aplicación:

[47] Véase el reciente y excelente estudio de Rodríguez González, *1992*.

a) establecer el grado de semejanza o de diferencia de marcas comerciales, pues de una u otra, según los casos, pueden derivarse perjuicios económicos;

b) identificar a una persona mediante sus rasgos acústicos, que son como la huella de su voz; es importante en casos de amenazas, chantajes, terrorismo, tráfico de drogas, etc. (Vid. Quilis, *1999*).

1.19.2.4. Mención especial merece el papel que desempeñan la fonología y la fonética acústica en la *tecnología del habla* o *tecnología de las comunicaciones*; veamos algunos ejemplos:

a) la transmisión de los sonidos y su reconocimiento dependen tanto del canal como de la estructura acústica de los elementos fónicos: si el canal de transmisión, por ejemplo, no alcanza una gama de frecuencias superior a los 2.000 Hz., algunos sonidos, como la [s] del dialecto castellano, no se percibirán.

b) Hoy, la síntesis del lenguaje permite crear sonidos y secuencias de sonidos a nuestra voluntad; pero esta creación implica la posibilidad de cambiar los valores de los parámetros acústicos de los sonidos con el fin de conocer los elementos acústicos mínimos que permiten su transmisión, su reconocimiento y, si es necesario, su mejora.

c) Esta síntesis permite la creación de mensajes orales que se activan y se transmiten bajo determinados estímulos: la aparición de fuego en alguna sección de un edificio puede convertirse en una voz que indique el suceso y su localización; los datos atmosféricos —presión, temperatura, velocidad del viento, humedad, etc.—, que son numéricos, pueden convertirse en expresión hablada, con su inmediata aplicación, por ejemplo, en la navegación aérea; en el manejo de máquinas muy complejas, la activación de algunos mandos por medio de la voz permite ocupar las manos en otras maniobras; el reconocimiento automático del habla para utilizarlo como clave secreta, o para que un ordenador escriba en tiempo real la secuencia de lengua hablada que recibe a través de un micrófono, sustituyendo así a la máquina de escribir; la lectura de un texto y su conversión en voz, en tiempo real, a través de un ordenador;

la conversión de un mensaje telefónico hablado en mensaje escrito en la pantalla del teléfono receptor permitirá a un sordo leer lo que dicen al otro lado del hilo, y, del mismo modo, un mudo, por medio de un teclado y un ordenador, podrá crear un mensaje que se convierta en señal oral y pueda ser transmitida a través del teléfono; etc.

1.20. LA TRANSCRIPCIÓN FONOLÓGICA Y LA TRANSCRIPCIÓN FONÉTICA

En el estudio y descripción de cualquier lengua, es necesario recoger y transcribir los materiales que se van a analizar.

La transcripción pretende reflejar lo más exactamente posible el plano de la expresión o del significante, tanto en el nivel de la lengua como en el del habla. En el primer caso, hablamos de transcripción fonológica. En el segundo, de transcripción fonética. Evidentemente, la transcripción fonológica es imprescindible, pues refleja el sistema que organiza el nivel de habla.

La transcripción fonológica es un medio importante que contribuye a analizar la constitución fonológica de una lengua; por ejemplo, cuando se trata de establecer la estadística del empleo de las unidades fonológicas, y de sus agrupaciones, o de examinar su rendimiento funcional.

La transcripción fonética es imprescindible cuando hay que transcribir determinadas formas de la lengua en las que no se puede vislumbrar la regularidad de su estructura, ni su sistema: el habla de un niño muy pequeño, de un afásico, etc.; cuando se investiga en el campo de la dialectología, etc.

Para las transcripciones se usan los llamados *alfabetos fonéticos* que, tomando, en general, como base las letras del alfabeto latino, pretenden representar lo más fielmente posible las unidades fónicas de la lengua.

Hay varios alfabetos. En este libro, utilizamos el *Alfabeto Fonético Internacional* (AFI), cada vez más extendido, y el alfabeto de la *Revista de Filología Española* (RFE), el más empleado en los países de habla española. Cuando los signos difieren, siempre indicamos a cual de los dos alfabetos pertenecen.

Reproducimos a continuación los fonemas, las grafías que los representan en la ortografía, los alófonos de cada fonema y los ejemplos que muestran su distribución. En el caso de las vocales, los símbolos utilizados son comunes a los dos alfabetos.

Fonemas	Alófonos	Grafías	Ejemplos
Vocales			
/i/	[i]	*i*	/pípa/ [pípa] *pipa*
			/pisáR/ [pisár] *pisar*
	[ĩ]		/mímo/ [mĩ́mo] *mimo*
	[j]		/biéne/ [bjéne] *viene*
	[i̯]		/áire/ [ái̯re] *aire*
/e/	[e]	*e*	/pépa/ [pépa] *Pepa*
			/pesáR/ [pesár] *pesar*
	[ẽ]		/méma/ [mẽ́ma] *mema*
/a/	[a]	*a*	/pápa/ [pápa] *papa*
			/pasáR/ [pasár] *pasar*
	[ã]		/máma/ [mã́ma] *mama*
/o/	[o]	*o*	/pópa/ [pópa] *popa*
			/posáR/ [posár] *posar*
	[õ]		/móno/ [mṍno] *mono*
/u/	[u]	*u*	/púpa/ [púpa] *pupa*
			/puxáR/ [puxár] *pujar*
	[ũ]		/múNdo/ [mṹn̪do] *mundo*
	[w]		/buéno/ [bwéno] *bueno*
	[u̯]		/áuto/ [áu̯to] *auto*

Consonantes

AFI	RFE	AFI	RFE		
/p/	/p/	[p]	[p]	*p*	/kápa/ [kápa] *capa*
/t/	/t/	[t]	[t]	*t*	/páta/ [páta] *pata*
/k/	/k/	[k]	[k]	*c* + *a, o, u*	/kóka/ [kóka] *coca*
				qu + *e, i*	/késo/ [késo] *queso*
				k	/kílo/ [kílo] *kilo*

Fonemas		Alófonos		Grafías	Ejemplos
AFI	RFE	AFI	RFE		
/b/	/b/	[b]	[b]	*v, b*	/bóNba/ [bómba] *bomba*
		[β]	[ƀ]		AFI: /la bóba/ [la βóβa] *la boba*
					RFE: /la bóba/ [la ƀóƀa] *la boba*
/d/	/d/	[d]	[d]	*d*	/dóNde/ [dóṇde] *dónde*
					/tóldo/ [tóḷdo] *toldo*
		[ð]	[đ]		AFI: /ése dédo/ [ése ðéðo] *ese dedo*
					RFE: /ése dédo/ [ése đéđo] *ese dedo*
/g/	/g/	[g]	[g]	*g+a, o, u*	/gáNga/ [gáŋga] *ganga*
				gu+e, i	/gíso/ [gíso] *guiso*
					/géȓa/ [géȓa] *guerra*
		[ɣ]	[g̮]		AFI: /béga/ [béɣa] *vega*
					RFE: /béga/ [bég̮a] *vega*
/f/	/f/	[f]	[f]	*f*	/fófo/ [fófo] *fofo*
/θ/	/θ/	[θ]	[θ]	*c+e, i*	/θeθína/ [θeθína] *cecina*
				z+a, o, u	/aθuθáR/ [aθuθár] *azuzar*
/s/	/s/	[s]	[s]	*s*	/sóso/ [sóso] *soso*
/ǰ/	/y/	[ǰ]	[y]	*y;*	AFI: /máǰo/ [máǰo] *mayo*
				hi- + vocal	RFE: /máyo/ [máyo] *mayo*
		[d͡ʒ]	[ŷ]		AFI: /ǰó/ [d͡ʒó] *yo*
					/kóNǰuxe/ [kóŋd͡ʒuxe] *cónyuge*
					/el ǰélo/ [eḷ d͡ʒélo] *el hielo*
					RFE: /yó/ [ŷó] *yo*
					/kóNyuxe/ [kóŋŷuxe] *cónyuge*
					/el yélo/ [eḷ ŷélo] *el hielo*
/x/	/x/	[x]	[x]	*g + e, i*	/xitáno/ [xitáno] *gitano*
				j+a, e, i, o, u	/xosé/ [xosé] *José*
/t͡ʃ/	/ĉ/	[t͡ʃ]	[ĉ]	*ch*	AFI: /mut͡ʃát͡ʃo/ [mut͡ʃát͡ʃo] *muchacho*
					RFE: /muĉáĉo/ [muĉáĉo] *muchacho*
/m/	/m/	[m]	[m]	*m*	/káma/ [káma] *cama*
/n/	/n/	[n]	[n]	*n*	/kána/ [kána] *cana*
/ɲ/	/n̮/	[ɲ]	[n̮]	*ñ*	AFI: /káɲa/ [káɲa] *caña*
					RFE: /kán̮a/ [kán̮a] *caña*
/-N/	/-N/	[-m]	[-m]	*n, m*	/úN bóNbo/ [ű́m bómbo] *un bombo*
		[-ɱ]	[-m̯]	*n*	AFI: /úN faról/ [ű́ɱ faról] *un farol*
					RFE: /úN faról/ [ű́m̯ faról] *un farol*
		[-ṇ]	[-ṇ]	*n*	/úN diéNte/ [ű́ṇ djéṇte] *un diente*
		[-ṇ]	[-ṇ]	*n*	/úN θíne/ [ű́ṇ θíne] *un cine*

Fonemas AFI	Fonemas RFE	Alófonos AFI	Alófonos RFE	Grafías	Ejemplos
		[-n]	[-n]	*n*	/úN sól/ [ű̃n sól] *un sol*
		[n̨]	[n̨]	*n*	AFI: /úN t͡ʃíko/ [ű̃n̨ t͡ʃíko] *un chico*
					RFE: /úN ĉíko/ [ű̃n̨ ĉíko] *un chico*
		[-ŋ]	[-ŋ]	*n*	/úN kóNgo/ [ű̃ŋ kóŋgo] *un Congo*
/l/	/l/	[l]	[l]	*l*	/lílas/ [lílas] *lilas;* /el sól/ [el sól] *el sol*
		[ḷ]	[ł̣]		/el tóldo/ [eḷ toḷdo] *el toldo*
		[ḷ]	[ḷ]		/el θíne/ [eḷ θíne] *el cine*
					AFI: /el t͡ʃíko/ [el̨ t͡ʃíko] *el chico*
		[l̨]	[l̨]		RFE: /el ĉíko/ [el̨ ĉíko] *el chico*
/ʎ/	/l̯/	[ʎ]	[l̯]	*ll*	AFI: /kaʎe/ [káʎe] *calle*
					RFE: /kál̯e/ [kál̯e/ *calle*
/r/	/r/	[r]	[r]	*r*	/péro/ [péro] *pero*
/r̄/	/r̄/	[r̄]	[r̄]	*r-; -rr-; n, l+r*	/pér̄o/ [pér̄o] *perro* [48]

[48] El uso de los símbolos «ǰ» y «r̄» en el AFI que aquí empleamos son el resultado de la propuesta que hicimos en 1964 a la International Phonetic Association: el símbolo «j» no convenía a nuestra fricativa palatal y, además, una larga tradición románica lo empleaba para la semiconsonante o para /i/ en función silábica prenuclear; el símbolo «r̄» por «rr», para evitar, y no abundar en las opiniones sobre la naturaleza geminada de nuestra vibrante múltiple.

		Bilabial		Labiodental		Dental		Interdental		Alveolar		Palatal		Velar	
		sor.	son.	sor.	son.	sor.	son.	sor.	son.	sor.	son.	sor.	son.	sor.	son.
Consonantes	Oclusiva	p	b			t	d							k	g
	Fricativa			f				θ		s			ǰ	x	
	Africada											t͡ʃ			
	Nasal		m								n		ɲ		
	Lateral										l		ʎ		
	Vibrante simple										r				
	Vibrante múltiple										r̄				

			Anterior	Central	Posterior
Vocales	Alta		i		u
	Media		e		o
	Baja			a	

Clasificación articulatoria de los fonemas españoles, según el AFI

		Bilabial		Labiodental		Dental		Interdental		Alveolar		Palatal		Velar	
		sor.	son.	sor.	son.	sor.	son.	sor.	son.	sor.	son.	sor.	son.	sor.	son.
Consonantes	Oclusiva	p	b			t	d							k	g
	Fricativa		β	f				θ	ð	s			ǰ	x	γ
	Africada											t͡ʃ	d͡ʒ		
	Nasal		m		ɱ		n̦		ṇ		n		ɲ, ᶇ		ŋ
	Lateral						l̦		ḷ		l		ʎ, ᶅ		
	Vibrante simple										r				
	Vibrante múltiple										r̄				

			Anterior	Central	Posterior
Vocales	Semi-consonante		j		w
	Semivocal		i̯		u̯
	Alta		i		u
	Media		e		o
	Baja			a	

Clasificación articulatoria de los sonidos españoles, según el AFI

	Bilabial		Labiodental		Dental		Interdental		Alveolar		Palatal		Velar	
	sor.	son.	sor.	son.	sor.	son.	sor.	son.	sor.	son.	sor.	son.	sor.	son.
Oclusiva	p	b			t	d							k	g
Fricativa			f				θ		s			y	x	
Africada											ĉ			
Nasal		m								n		n̬		
Lateral										l		l̬		
Vibrante simple										r				
Vibrante múltiple										r̄				

	Anterior	Central	Posterior
Alta	i		u
Media	e		o
Baja		a	

Clasificación articulatoria de los fonemas españoles, según la RFE

	Bilabial		Labiodental		Dental		Interdental		Alveolar		Palatal		Velar	
	sor.	son.	sor.	son.	sor.	son.	sor.	son.	sor.	son.	sor.	son.	sor.	son.
Oclusiva	p	b			t	d							k	g
Fricativa		ƀ	f				θ	đ	s			y	x	ǥ
Africada											ĉ	ŷ		
Nasal		m		m̯		n̦		ṇ		n		n̬		ŋ
Lateral						l̦		ḷ		l		l̬		
Vibrante simple										r				
Vibrante múltiple										r̄				

		Anterior	Central	Posterior
Semi-consonante		j		w
Semivocal		i̯		u̯
Alta		i		u
Media		e		o
Baja			a	

Clasificación articulatoria de los sonidos españoles, según la RFE

AFI	i	e	a	o	u	p	b	t	d	k	g	f	θ	s	ǰ	x	t͡ʃ	m	n	ɲ	l	λ	r	r̄
1. Vocálico - No vocálico	+	+	+	+	+	—	—	—	—	—	—	—	—	—	—	—	—	—	—	—	+	+	+	+
2. Consonántico - No consonántico	—	—	—	—	—	+	+	+	+	+	+	+	+	+	+	+	+	+	+	+	+	+	+	+
3. Denso - No denso	—	—	+	—	—					+	+				+	+	+			+		+		
4. Difuso - No difuso	+	—		—	+	+	+	+	+			+	+	+				+	+		+			
5. Grave - No grave	—	—	—	+	+	+	+			+	+	+				+		+	—	—				
6. Agudo - No agudo	+	+	—					+	+				+	+	+		+		—	+				
7. Nasal - Oral						—	—	—	—	—	—	—	—	—	—	—	—	+	+	+				
8. Continuo - Interrupto						—	±	—	±	—	±	+	+	+	±	+	—	+	+	+	+	+	—	—
9. Sonoro - Sordo						—	+	—	+	—	+	—	—	—	+	—	—	+	+	+				
10. Estridente - Mate						—	—	—	—	—	—	—	—	+	—	—	+							
RFE	i	e	a	o	u	p	b	t	d	k	g	f	θ	s	y	x	ĉ	m	n	n̮	l	l̮	r	r̄

Clasificación acústica de los fonemas españoles

II

FONÉTICA ARTICULATORIA

2.1. PRODUCCIÓN DEL SONIDO ARTICULADO

En la producción del sonido interviene un conjunto de órganos que se conoce con el nombre de *aparato fonador*. Estos órganos tienen, además, otras funciones estrictamente fisiológicas: la respiración, la deglución, etc. Lo importante es que una corriente de aire, que proviene de los pulmones, va a sufrir una serie de transformaciones a su paso por el aparato fonador y se va a convertir en sonidos propios para la comunicación humana.

El conjunto de órganos que intervienen en la fonación se pueden clasificar en tres grupos: 1. Órgano respiratorio o cavidades infraglóticas; 2. Órgano fonador o cavidad laríngea; 3. Cavidades supraglóticas.

2.2. CAVIDADES INFRAGLÓTICAS

Están formadas por los órganos propios de la respiración: pulmones, bronquios, tráquea. Los pulmones son los que desempeñan el papel más relevante. Su misión es doble: por un lado, fisiológica, en cuanto que son instrumento de la respiración, con toda la serie de transformaciones bioquímicas que en ellos se originan; por otro, el de servir de proveedores de la cantidad de aire suficiente para que el acto de la fonación se realice.

Los pulmones realizan constantemente dos movimientos: el de *inspiración,* absorbiendo aire, y el de *espiración,* expulsándolo. Durante este segundo movimiento se puede producir el sonido articulado.

El aire contenido en los pulmones va a parar a los bronquios, y de aquí a la tráquea, órgano formado por anillos cartilaginosos superpuestos, que desemboca en la laringe.

2.3. CAVIDAD LARÍNGEA U ÓRGANO FONADOR

La *laringe,* como puede verse en la figura 2.1, está situada inmediatamente por encima de la tráquea. Está compuesta por cuatro cartílagos: el *cricoides,* que tiene forma de anillo, constituye la base; el *tiroides* (llamado también *nuez* o *bocado de Adán),* en forma de escudo, va unido al cricoides por medio de dos cuernecillos; está abierto por su parte alta y posterior; los dos *aritenoides,* especie de pirámides pequeñas situadas sobre el engaste del cricoides;

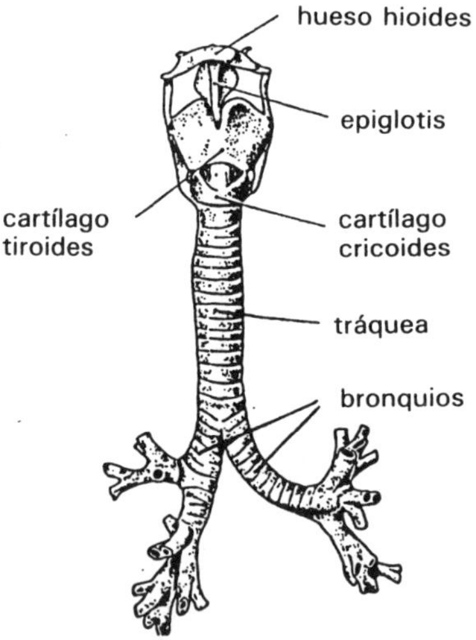

FIG. 2.1. Tráquea y laringe. Parte superior: el hioides cubre parcialmente la epiglotis; está situado sobre los cuernecillos del cartílago tiroides. Éste está sobre el cricoides. Parte inferior: la tráquea se divide en los bronquios y éstos, a su vez, en los bronquiolos

se mueven sobre él merced a un sistema de músculos. Desde los aritenoides parten los músculos que abren y cierran la glotis.

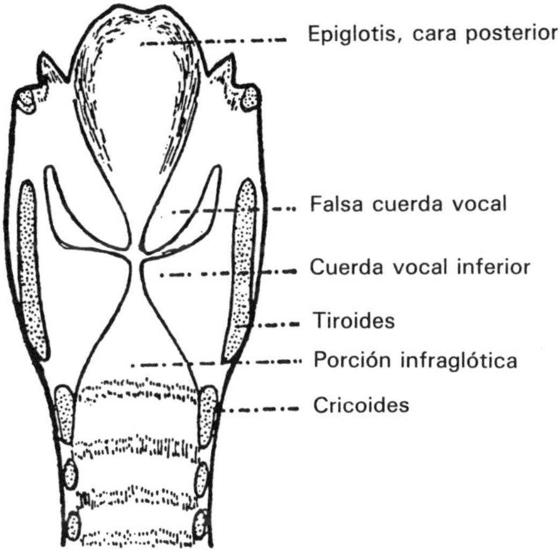

FIG. 2.2. Corte frontal de la laringe (segmento anterior del corte visto por su cara posterior). (Según TESTUT.)

En el interior de la laringe están situadas las *cuerdas vocales,* que son como dos tendones o dos pliegues. Están situadas horizontalmente en dirección anteroposterior. Por su parte anterior están

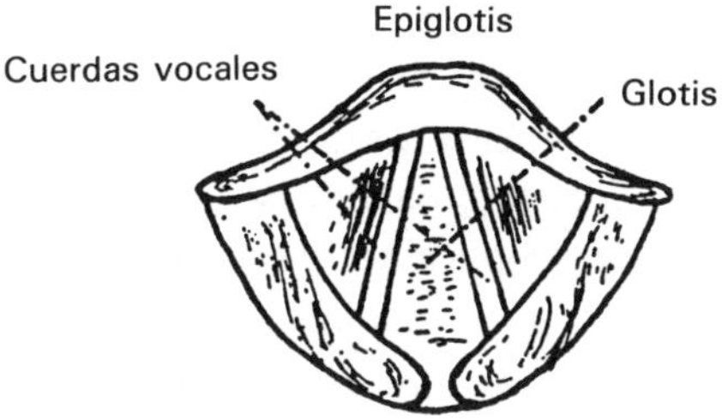

FIG. 2.3. Cuerdas vocales en actitud de reposo. (Según TESTUT.)

unidas al interior del cartílago tiroides, y por la posterior a los aritenoides. El paso que queda entre las cuerdas vocales cuando están abiertas recibe el nombre de *glotis*.

El movimiento de los aritenoides, realizado, como ya hemos dicho, por un sistema de músculos, puede variar la forma de la glotis

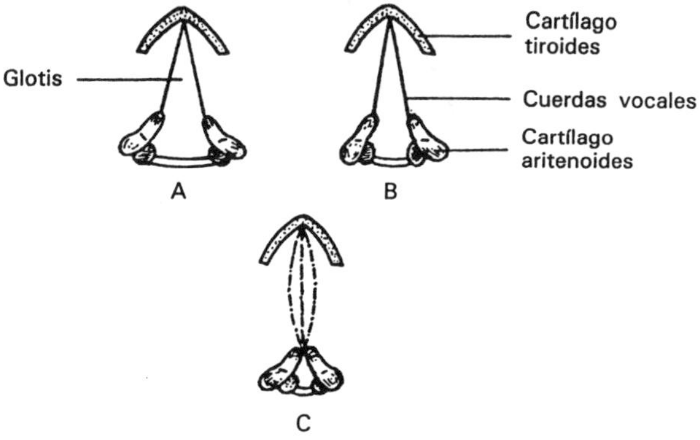

FIG. 2.4. *A:* cuerdas vocales durante la respiración. *B:* durante la emisión de una consonante sorda. *C:* en vibración. (Según TESTUT y STRAKA.)

haciendo que adopte diversas posiciones, de las que las más importantes aparecen esquemáticamente en la figura 2.4.

La acción de las cuerdas vocales produce la primera gran clasificación de los sonidos articulados: si las cuerdas vocales vibran, los sonidos son *sonoros,* como las vocales y algunas consonantes: [b, d, g, m, n, l, r], etc. Si no vibran, los sonidos son *sordos,* como [s, f, x, θ], etc.

¿Cómo se produce la vibración de las cuerdas vocales? Según el fonetista danés Svend Smith [1], cuando se va a iniciar la fonación, la glotis se cierra. Se produce entonces una presión del aire infraglótico contra los lados de la tráquea y contra la glotis *(a* de la figura 2.5), cuyos bordes se separan *(b* de la figura 2.5) dejando

[1] Cuya teoría está recogida en Malmberg, *1974,* y en Brosnahan-Malmberg, *1970.*

salir una determinada cantidad de aire, que pasa entre las cuerdas, las cuales, por su elasticidad interior, se aproximan nuevamente, pero por su parte inferior *(c* de la figura 2.5), llegando a cerrar la glotis *(d* de la figura 2.5). Esta oclusión se desplaza hacia lo alto *(e* y *f* de la figura 2.5); el mismo movimiento se repite una y otra vez: pequeñas masas de aire, una detrás de otra, pasan a través de la glotis, desplazando su punto de oclusión de abajo hacia arriba a medida que la presión del aire infraglótico tiende a separar

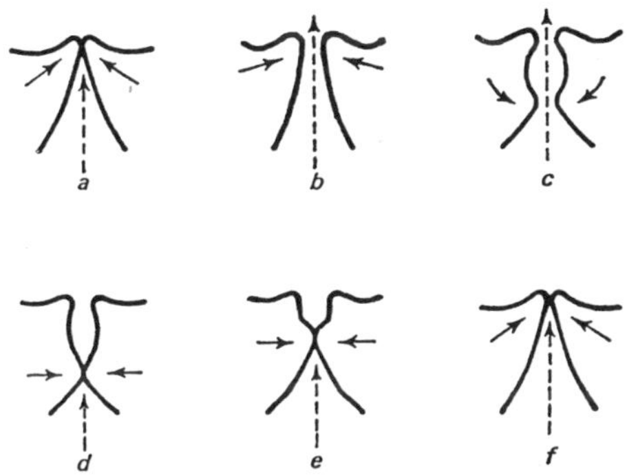

FIG. 2.5. Vibración de las cuerdas vocales. En *a,* la glotis está cerrada, pero actúa la presión del aire infraglótico sobre las cuerdas vocales. En *b,* la presión infraglótica separa las cuerdas vocales: se produce una salida rápida de una pequeña masa de aire. Al mismo tiempo, la glotis se cierra por debajo, debido a la tensión interior de las cuerdas vocales: *c* de la figura. Esa oclusión se desplaza hacia arriba *(d* y *e* de la figura), hasta que queda cerrada la glotis en su parte superior *(f* de la figura) y el ciclo se completa y comienza de nuevo. (Según Svend SMITH.)

las cuerdas vocales, que se cierran nuevamente después del paso de cada pequeña masa de aire. Estas interrupciones en la salida de la corriente de aire, debidas al cierre y abertura repetidos de la glotis y a la tensión de las cuerdas vocales, originan vibraciones de aire de la misma frecuencia fundamental que los cierres y aberturas de la glotis; por consiguiente, la frecuencia vibratoria de las cuerdas vocales y la frecuencia del fundamental de la onda sonora que se origina son iguales [2]. Como dice Malmberg *(1974,* 115), «La fase activa de la formación del tono es la tensión intencional de los músculos de la laringe contra la cual la presión del aire espiratorio ejerce una acción antagonista. El sonido es un efecto conjuntado de la presión infraglótica (la presión del aire por debajo de la glotis) y la tensión de las cuerdas vocales. Cuanto más fuerte es la tensión, tanto más alta es la frecuencia».

Las cuerdas poseen un sistema de finísimas fibras musculares que pueden modificar su grosor y su grado de tensión: unas cuerdas vocales gruesas originan una frecuencia fundamental baja, y viceversa. Esta diferencia de grosor puede ser intencionada o constitutiva del individuo: edad y sexo; uno de los promedios es el siguiente: la frecuencia media del fundamental en los niños es de 264 cps (ciclos por segundo); en las mujeres, de 223 cps y en los hombres de 123 cps. La voz de la mujer y del niño tiene un fundamental más alto que el del hombre, debido a que sus cuerdas vocales son más delgadas y cortas. Si la tensión es débil, la frecuencia del fundamental será débil, y viceversa.

La presión infraglótica también es importante: su aumento incide en la elevación de la frecuencia del fundamental. Así mismo, actúa sobre la amplitud de las vibraciones: cuanto mayor es la presión infraglótica, mayor es la amplitud de las vibraciones y el sonido es más fuerte.

2.4. CAVIDADES SUPRAGLÓTICAS

Al pasar la corriente de aire (vibrando o no, según haya sido la actuación de las cuerdas vocales) por la zona laríngea, entra en la cavidad de la faringe laríngea (o laringofaringe) y luego en la faringe oral, donde se va a producir otra gran división de los sonidos, según la *acción del velo del paladar:*

[2] Hay que tener en cuenta que nuestro aparato fonador es semejante a un instrumento de viento: la vibración (cierre y abertura) de las cuerdas vocales es la que produce las vibraciones del aire, las cuales, a su vez, originan el fundamental.

Si el velo del paladar está adherido a la pared faríngea, se producen los *sonidos articulados orales,* como [p, b, s, k], etc.

Si el velo del paladar desciende de la pared faríngea, se articulan los *sonidos consonánticos nasales,* como [m, n].

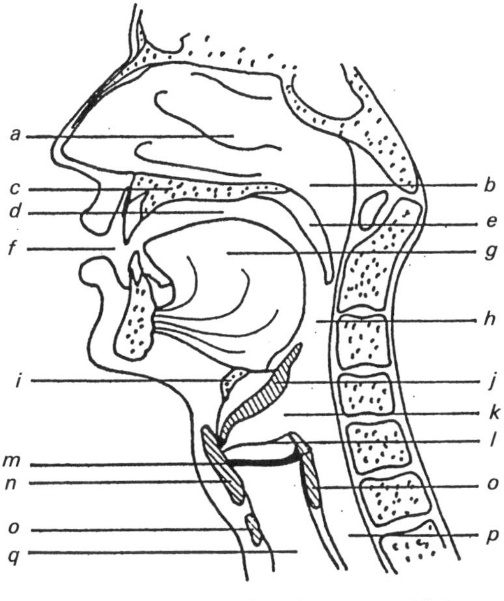

FIG. 2.6. Corte vertical de los órganos fonadores. *a:* cavidad nasal; *b:* faringe nasal; *c:* paladar duro; *d:* cavidad bucal; *e:* paladar blando o velo del paladar; *f:* cavidad labial; *g:* lengua; *h:* faringe oral; *i:* hueso hioides; *j:* epiglotis; *k:* faringe laríngea; *l:* bandas ventriculares; *m:* cuerdas vocales; *n:* cartílago tiroides; *o:* cartílago cricoides (parte anterior y parte posterior); *p:* esófago; *q:* tráquea. (Según HEFFNER.)

Si están abiertas simultáneamente la cavidad bucal y la cavidad nasal, se originan los *sonidos vocálicos nasales,* o mejor los *sonidos oronasales,* como [ã], [ẽ], etc.

Cuando el sonido es oral, la única gran cavidad existente es la bucal. Al poder cambiar fácilmente su volumen y su forma gracias a la movilidad de la lengua, de los labios y del maxilar inferior, se pueden originar diferentes cavidades de resonancia que son las que producen, al actuar como filtros, los distintos sonidos articulados.

La parte superior de la cavidad bucal está constituida por el *paladar,* dividido en dos zonas: la anterior, ósea, conocida con el nombre de *paladar duro,* y la posterior, con el nombre de *paladar*

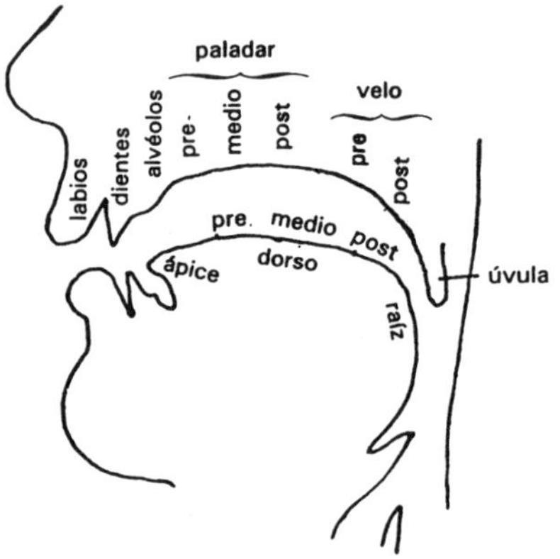

FIG. 2.7. Zonas bucales

blando o *velo del paladar.* En la parte inferior de la boca, está la lengua, órgano activo por excelencia (véase fig. 2.6).

Con el objeto de poder fijar el *lugar de articulación* de los sonidos, es necesario señalar unas zonas en cada uno de los órganos articulatorios anteriormente mencionados.

El *paladar duro* comienza inmediatamente por detrás de los *alvéolos* (fig. 2.7), y queda dividido en *prepaladar, mediopaladar* y *postpaladar.*

El *paladar blando* o *velo del paladar* está dividido en dos zonas: *zona prevelar* y *postvelar.*

La *lengua,* el órgano más móvil, se divide en su cara superior, o *dorso,* en *predorso, mediodorso* y *postdorso.* Su punta o extremo anterior, se llama *ápice,* opuesto a su *raíz,* en el extremo posterior, como muestra la figura 2.7.

Cerrando la cavidad bucal por su parte anterior encontramos, en primer lugar, los dientes superiores, *incisivos superiores,* y los inferiores, *incisivos inferiores.* Entre los incisivos superiores y el comienzo del paladar duro, existe una zona de transición conocida con el nombre de *alvéolos.* Y como últimos órganos que cierran la cavidad bucal, y que por su extraordinaria movilidad pueden cambiar fácilmente su volumen, modificando, por consiguiente, el timbre del sonido, se encuentran los *labios* (superior e inferior).

2.5. FENÓMENOS FONÉTICOS RELACIONADOS CON LA FONACIÓN

2.5.1. GASTO DE AIRE

2.5.1.1. El *gasto de aire,* según Straka *(1957),* no es el mismo para todos los sonidos: varía según la abertura del canal bucal, según la abertura de la glotis, según la intensidad con que se ha pronunciado el sonido y según la frecuencia del fundamental.

El *gasto de aire,* según Straka, *aumenta con el grado de cierre del canal bucal y con el grado de abertura de la glotis;* por eso, las vocales gastan menos aire que las consonantes, y, entre éstas, el gasto de aire es menor en las constrictivas que en las oclusivas en el momento final de la explosión. En las vocales, el gasto de aire aumenta desde [a], la más abierta, hasta [i], [u], las más cerradas. Las consonantes sordas gastan más aire que las sonoras, porque el canal bucal está más cerrado para las primeras que para las segundas, y también porque para las consonantes sordas la glotis es normalmente más ancha que para las sonoras y deja pasar más cantidad de aire.

El *gasto de aire es directamente proporcional a la intensidad del sonido:* cuanto mayor es la intensidad, tanto mayor es el gasto.

El gasto de aire es inversamente proporcional a la frecuencia vibratoria de las cuerdas vocales [3]: es tanto menor cuanto mayor

[3] Y, por lo tanto, a la frecuencia del fundamental.

es el número de vibraciones (sonido agudo), y viceversa (sonido grave). En la producción de un sonido grave, las cuerdas vocales están menos tensas, vibran más lentamente y con una amplitud mayor, dejando pasar más aire que si el mismo sonido fuese agudo; en este caso, las cuerdas vocales tienen una tensión mayor, sus vibraciones son más rápidas, con menor amplitud y, en definitiva, dejan pasar menos aire.

2.5.1.2. El gasto de aire puede originar cambios fonéticos. Para el español, el más importante es el que origina el *desplazamiento del acento a la vocal más abierta de dos vocales que se encuentran en hiato o de dos vocales que forman diptongo.* Son los casos de [pái̯s] *país,* [mái̯θ] *maíz,* [báu̯l] *baúl,* [áo̯ra] *ahora,* etc. (vid. más adelante, § 5.11.5). Este desplazamiento de acento se explica porque una vocal cerrada gasta más aire que una abierta y, si además, está acentuada (es más intensa) requiere aún más aire; se produce entonces un desequilibrio en el gasto de aire. El organismo trata de remediarlo desplazando la intensidad hacia la vocal más abierta que, al necesitar menos aire, puede soportar más fácilmente un gasto suplementario de aire debido al acento.

2.5.2. Acción de las cuerdas vocales en la producción de diversos tipos de articulación

2.5.2.1. *Sonoro, sordo y energía articulatoria*

Como ya hemos visto, cuando las cuerdas vocales vibran, se originan los *sonidos sonoros:* [i, e, a, o, u, b, d, g], etc.; si no vibran, los *sonidos sordos:* [p, t, k, f, s], etc.

La diferencia entre las consonantes sordas y las sonoras no reside sólo en el comportamiento de las cuerdas vocales, sino, según Straka *(1957),* en el *esfuerzo muscular de los órganos articulatorios,* es decir, en la fuerza o la energía con la que articulan los labios o la lengua. La cantidad de energía articulatoria es, en condiciones normales, sensiblemente la misma para todos los sonidos articulados; cuando articulamos una consonante sonora, una parte de esta energía va a parar a la laringe para hacer vibrar las cuerdas vocales y la otra se utiliza para la articulación bucal; si se pronuncia una consonante sorda, toda la energía se concentra en los órganos supraglóticos; por ello, la articulación bucal de las consonantes sordas es más enérgica, y la de las sonoras más débil. Esta diferencia de energía articulatoria se traduce en que las consonantes sordas son más cerradas que las sonoras: una [k] tiene una oclusión mayor (más fuerte, y con mayor contacto en sus lugares de articulación) que una [g]; la constricción de una [s] es mayor que la de una [z] [4]. Por ello, las consonantes sordas se llaman *fuertes* y las sonoras, *débiles* [5].

2.5.2.2. *Sonorización y ensordecimiento*

Cualquier sonido sonoro puede ensordecerse y cualquier sonido sordo puede sonorizarse.

La *sonorización* es una asimilación de una articulación sorda a una articulación sonora que se encuentra en su vecindad inmediata. Puede ser: *progresiva,* si la influencia se ejerce por un sonido sonoro que precede al sordo, como [ágto] [6] por [ákto] *acto; regresiva,* si el sonido sonoro que ejerce su influencia sigue al sordo, como [mís̬mo] *mismo;* sonorización *doble,* que es una combinación de las dos anteriores: la consonante sorda está situada entre dos sonidos sonoros, generalmente vocales, o vocales y [l] o [r], como fue la sonorización románica: lat. c u p a > esp. *cuba,* lat. p a t e r > *padre.* La sonorización se debe a un proceso de *lenición* o de debilitamiento articulatorio, que origina una falta de sincronización de los movimientos articulatorios: esto quiere decir que, en el caso de la asimilación progresiva, cuando cesa la articulación del segmento sonoro, las cuerdas vocales continúan vibrando, y sus vibraciones afec-

[4] Adelantamos aquí que [k] es sorda y [g] sonora. [s] es sorda, como en esp. *casa* o en fr. *poisson,* [z] es sonora, como en fr. *poison.*

[5] En latín, *fortis* y *lenis,* respectivamente.

[6] Y realizaciones fricativas de la velar, en las que no entramos ahora.

tan al sonido sordo: es un retraso en el cese de los movimientos de las cuerdas vocales con relación a los movimientos articulatorios. En el caso de la sonorización regresiva, las cuerdas vocales comienzan a vibrar antes del final de la consonante sorda, anticipando la sonoridad de la articulación siguiente: es una anticipación del comienzo de la vibración de las cuerdas vocales con relación a los movimientos articulatorios. En el tercer caso, las vibraciones laríngeas invaden por los dos lados la consonante sorda.

El *ensordecimiento* puede producirse por efecto de un refuerzo de la energía articulatoria, por ejemplo, en posición inicial después de pausa; por asimilación a una articulación sorda vecina, o por lenición, cuando el sonido sonoro se encuentra en posición final átona, antes de pausa.

2.5.2.3. *Ataque vocálico*

El ataque vocálico es la forma de comenzar a vibrar las cuerdas vocales en las articulaciones vocálicas que se encuentran normalmente en posición inicial de palabra. Es diferente según las lenguas. Puede ser:

a) ataque vocálico *suave* o *dulce (spiritus lenis):* cuando las cuerdas vocales pasan inmediatamente de la posición de abertura, durante la respiración, a la posición de fonación. Es lo que ocurre en las lenguas románicas y en las eslavas.

b) ataque vocálico *duro:* cuando las cuerdas vocales se cierran bruscamente: producen una oclusión completa, y, después, comienzan a vibrar. Es lo que ocurre en las lenguas germánicas y sajonas y, excepcionalmente, a veces, también en español. Se transcribe por medio del signo [ʔ]. Recibe también los nombres de *golpe de glotis, oclusión glotal, oclusión laríngea* [7].

---

[7] También puede hablarse de un ataque vocálico *aspirado (spiritus asper),* cuando las cuerdas vocales adoptan entre la posición de respiración y la de fonación una posición intermedia que permite la salida del aire: ello origina un ruido de fricación antes del comienzo de la sonoridad. Es lo que corresponde a la notación *h* del inglés *have* o del alemán *haben*.

2.6. CLASIFICACIÓN ARTICULATORIA DE LOS SONIDOS DEL LENGUAJE

La descripción de los órganos articulatorios realizada anteriormente nos sirve para poder clasificar un determinado sonido. Al mismo tiempo, a través de sus índices articulatorios (modo de articulación, lugar de articulación, etc.) podemos determinar sus rasgos que, en este caso, son los articulatorios.

2.6.1. Por la acción de las cuerdas vocales

Como hemos visto anteriormente, según vibren o no las cuerdas vocales, todos los sonidos se clasifican en *sonidos articulados sonoros* y *sonidos articulados sordos*. Entre los primeros, se encuentran todas las vocales y muchas consonantes, como por ejemplo [b, d, g, l, m, n], etc. Los segundos, los sordos, sólo se producen en español en los sonidos consonánticos, como, por ejemplo [p, t, k, s, f], etc.

2.6.2. Por la acción del velo del paladar

Por la acción del velo del paladar, los sonidos se clasifican en *orales* y *nasales*.

Los sonidos *orales* o *bucales* se producen cuando el velo del paladar se encuentra adherido a la pared faríngea, y entonces el

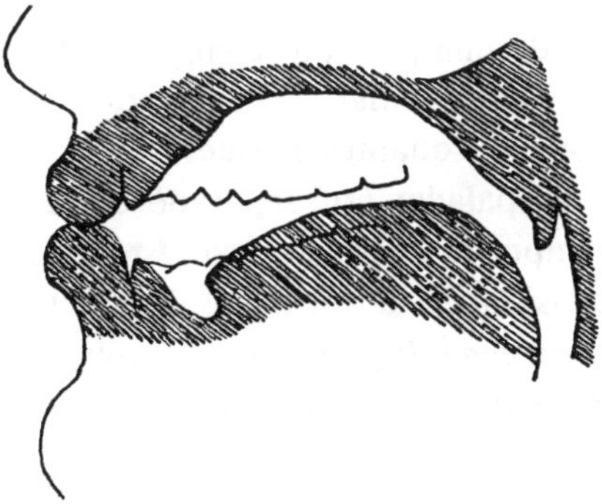

Fig. 2.8. Realización oclusiva del fonema /b/ de /koNbáte/ *combate*

aire sale solamente a través de la cavidad bucal; como, por ejemplo, [e, u, a, s, p, b], etc.

Los sonidos *nasales* se producen cuando el velo del paladar está separado de la pared faríngea, encontrándose, por lo tanto, abierto el conducto nasal. Puede ocurrir:

1) que el velo del paladar se encuentre abierto, y la cavidad bucal totalmente cerrada, como para la emisión de una [m], en cuyo caso el aire sale solamente a través de la cavidad nasal. La

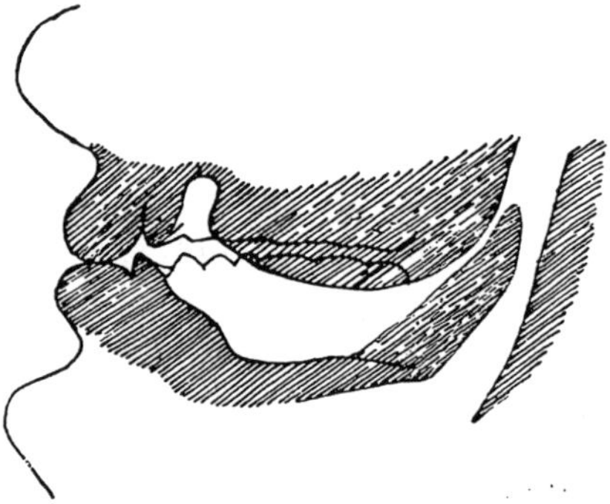

FIG. 2.9. Realización del fonema /m/ de /áma/ *ama*

emisión de una [b] y de una [m], por ejemplo, difieren únicamente en la acción del velo del paladar, como muestran las figuras 2.8 y 2.9. [m] y [n] son consonantes nasales.

2) que el velo del paladar esté separado de la pared faríngea, y que, al mismo tiempo, el conducto oral esté abierto, como, por ejemplo, para la emisión de la vocal nasalizada [ẽ] de la palabra [ũmã́nãmẽ́n̪te] *humanamente* (fig. 2.10); este tipo de sonidos vocálicos recibe el nombre de *oronasales*, o *vocales nasales*.

Conducto nasal cerrado (velo del paladar levantado)	*Sonidos orales*	
Conducto nasal abierto (velo del paladar caído	órganos bucales cerrados	*Sonidos nasales* (consonantes)
	órganos bucales abiertos	*Sonidos oronasales* (vocales)

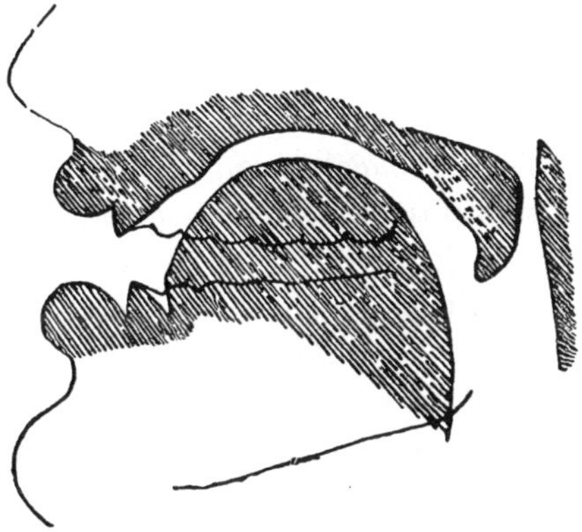

FIG. 2.10. Realización oronasal del fonema /é/ en [ũmã́nãmẽ́ṇte] *humanamente*

2.6.3. POR EL MODO DE ARTICULACIÓN

El *modo de articulación* es la modificación que el grado de abertura o de cierre de los órganos articulatorios produce en la corriente del aire fonador. Cuando la abertura es completa, el paso del aire es libre y las cavidades supraglóticas se limitan a modificar el timbre laríngeo. Los sonidos que se producen de este modo se llaman *vocales* [8]. Si el paso del aire se estrecha en algún lugar de la cavidad supraglótica, el sonido es *medio cerrado* o *continuo,* y aparece un

[8] También *vocoides.*

ruido (onda sonora no periódica), como en [s], [f], etc.; si se cierra, el sonido es *interrupto* o *cerrado* y sobreviene, en el momento de la abertura, una explosión, como en [p], [k], etc. Las articulaciones formadas de este modo, se denominan *consonantes* [9].

Los sonidos articulados se pueden dividir del modo siguiente:

1. Las VOCALES: como veremos más adelante, se clasifican en *altas, medias* y *bajas*. Cada una de ellas, puede ser, además, *cerrada* o *abierta*.

2. Las CONSONANTES se clasifican en:

1) *oclusivas,* cuando hay un cierre completo de los órganos articulatorios. También se llaman *explosivas*, *interruptas* o *momentáneas*. Las oclusivas en algunas lenguas pueden ser *aspiradas*. Esto ocurre cuando la explosión se realiza con la glotis abierta, dando lugar a que se oiga netamente el ruido de la espiración entre la explosión de la consonante y el comienzo de la vocal siguiente, como las [p, t, k] iniciales de palabra, en inglés [10]. Las que se pronuncian con la glotis cerrada son *no aspiradas,* como las españolas [p, t, k].

2) *fricativas,* cuando el sonido se forma por medio de un estrechamiento de los órganos articulatorios, sin que éstos lleguen nunca a juntarse. También se denominan *espirantes, constrictivas* y *continuas:* [f, θ, s, x], etc.

3) *africadas* (también llamadas *semioclusivas),* cuando al cierre completo de dos órganos articulatorios sucede una pequeña abertura por donde se desliza el aire contenido en el primer momento de cierre, percibiéndose claramente la fricación. Una consonante africada consta de dos momentos: un primer momento de oclusión, seguido de otro de fricación, con la peculiaridad de que ambos movimientos se deben dar en el mismo lugar articulatorio. Por ejemplo, las consonantes de *chucho*.

---

[9] También *contoides*.

[10] Aspiradas en [p^hin] *pin* 'alfiler', y en [k^hul] *cool* 'fresco', por ejemplo, pero no en [spin] *spin* 'vuelta', ni en [skul] *school* 'colegio'.

4) *nasales,* cuando la cavidad bucal está cerrada y el pasaje nasal abierto: [m, n].

5) *líquidas.* Forman un grupo especial que comprende: a) *laterales,* en cuya emisión el aire sale por un lado, o por los dos, de la cavidad bucal [l]; b) *vibrantes,* cuya característica es una o varias vibraciones del ápice de la lengua contra los alvéolos: [r, r̄].

2.6.4. Por el lugar de articulación

El *lugar de articulación* [11] es el sitio donde se aproximan o se ponen en contacto dos órganos articulatorios para producir el cierre o la abertura del conducto vocal; ello provoca la obstrucción o la constricción de la corriente de aire, que genera turbulencias y la modificación de la forma y del volumen, o sólo del volumen, del conducto vocal.

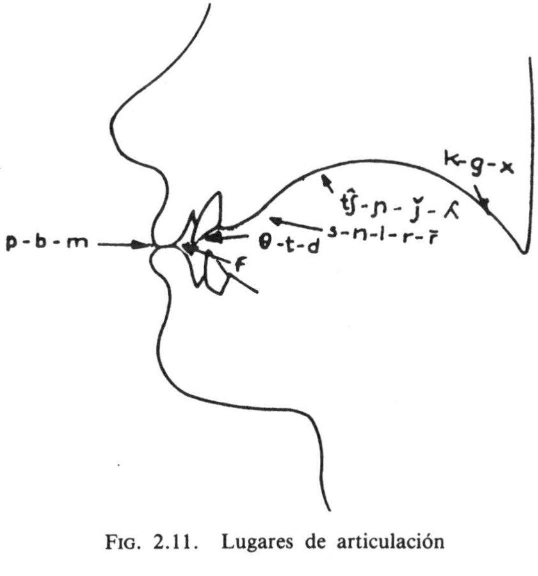

Fig. 2.11. Lugares de articulación

[11] *Punto de articulación* es un término que responde a una concepción prefonológica y atomista de la fonética; por otra parte, no refleja la realidad del sonido articulado, ni de su onda acústica.

1. Las VOCALES, como veremos más adelante, se clasifican en *anteriores, centrales* y *posteriores.*

2. Las CONSONANTES se clasifican en:

1) *labiales:* [p, b, m]
2) *labiodentales:* [f]
3) *linguodentales* o *dentales;* [t, d, n̦, l̦]
4) *linguointerdentales* o *interdentales:* [ð̌, θ, ṇ, ḷ]
5) *linguoalveolares* o *alveolares:* [s, n, r, r̄, l]
6) *linguopalatales* o *palatales:* AFI: [t͡ʃ, ɲ, ǰ, λ]; RFE: [ĉ, n̮, y, l̮]
7) *linguovelares* o *velares:* [k, g, x, ŋ].

2.7. DEFINICIÓN ARTICULATORIA DE UN FONEMA Y DE UN SONIDO

Una *vocal* se define articulatoriamente por: 1) el modo de articulación; 2) el lugar de articulación; 3) la acción del velo del paladar. En español, todas las vocales son sonoras, por lo que no se suele tener en cuenta la acción de las cuerdas vocales. Una vocal como [i] es *alta, anterior, oral;* [õ] es *media, posterior, nasal.*

Para definir una *consonante* se suele tener en cuenta: 1) el modo de articulación; 2) el lugar de articulación; 3) la acción de las cuerdas vocales; 4) la acción del velo del paladar. Así, por ejemplo, la consonante [p] de [páta] *pata,* es una *oclusiva, bilabial, sorda, oral;* la consonante [b] de [bóla] *bola,* es una *oclusiva, bilabial, sonora, oral;* la [m] de [mása] *masa,* es una *bilabial, sonora, nasal.*

Si se trata de un fonema, se define por medio de sus rasgos distintivos:

/i/: alto, anterior.
/o/: medio, posterior.
/p/: oclusivo, bilabial, sordo.

/b/: oclusivo, bilabial, sonoro.
/m/: bilabial, nasal.

2.8. INTEGRACIÓN DE LOS SONIDOS EN LA SÍLABA

Más adelante estudiaremos con detenimiento la sílaba. Aquí sólo daremos unas nociones sobre cómo se agrupan en ella los sonidos que la integran.

En la sílaba, existe una fase inicial o *explosiva* cuya realización va desde un cierre o estrechez hasta la abertura; la segunda fase es el centro o *núcleo silábico,* que reúne las siguientes propiedades: mayor abertura, mayor sonoridad, mayor intensidad, mayor perceptibilidad, etc. En español, el núcleo silábico coincide siempre con una vocal. La fase final de la sílaba recibe el nombre de *implosiva* y, al contrario que la inicial, tiende desde la abertura hasta el cierre o estrechez.

Los fonemas o los sonidos que se encuentran antes del núcleo silábico están en *posición explosiva* o en *posición silábica prenuclear;* son, por lo tanto, *explosivos* o *prenucleares.*

Los fonemas o los sonidos que se encuentran después del núcleo silábico están en *posición implosiva* o en *posición silábica postnuclear;* son, por lo tanto, *implosivos* o *postnucleares.*

Así, por ejemplo, una sílaba como *tres* está formada por una fase inicial [tr] que comienza con el cierre de una oclusiva dental sorda, [t], y continúa hacia una mayor abertura en la vibrante simple [r]. El momento máximo de audibilidad, sonoridad, intensidad y abertura, se produce en la vocal [é]; después de ella, se reduce la abertura, hasta un estrechamiento en la fricativa sorda [s], que se encuentra en la rama implosiva de la sílaba (véase figura 2.12).

En el ejemplo dado, [tr] son prenucleares o explosivos, mientras que [s] es postnuclear o implosivo.

FIG. 2.12. Integración de los sonidos en la sílaba.

2.9. BASE DE ARTICULACIÓN

La *base de articulación* es el conjunto de hábitos articulatorios y de características acústicas que afectan a todos los elementos del plano de la expresión de una lengua, y le imprimen carácter propio [12]. Estos hábitos de articulación no sólo se reflejan en la pro-

[12] Dos clásicos de la fonética de todos los tiempos, L. Roudet y B. Hála, caracterizaban la base de articulación del modo que exponemos a continuación: Roudet (*1910,* 37) decía: «Cuando comparamos idiomas diferentes, podemos comprobar que todos los sonidos de una misma lengua presentan caracteres acústicos que los distinguen de los sonidos de todas las otras lenguas. Hay entre ellos como una especie de parentesco fonético que permite reconocerlos fácilmente, incluso a distancia, cuando se está demasiado lejos para comprender las palabras que se articulan. Este parentesco acústico de los sonidos de una lengua es el resultado evidente de un carácter propio de los movimientos articulatorios. Los sujetos que hablan su lengua materna obedecen inconscientemente a ciertas tendencias, heredadas o adquiridas, que se manifiestan en todos los movimientos de los órganos de la palabra. Estas tendencias están relacionadas con la forma de la lengua y con la dirección de sus movimientos, con la actividad de los labios, del maxilar, del velo del paladar, de las cuerdas vocales». Para Hála (*1975,* 318) «las lenguas no se distinguen sólo por su manera de articular los sonidos del lenguaje, sino también por su aspecto sonoro, por su ritmo y por la modulación del discurso. [...] Los órganos del habla son aproximadamente los mismos en los hablantes de todas las nacionalidades, pero lo que difiere es el modo de su empleo, la manera de servirse de ellos».

nunciación del idioma, sino que influyen en la dirección que han de tomar los desarrollos diacrónicos del mismo.

Entre las lenguas europeas, el francés y el inglés son el ejemplo de dos lenguas cuyas bases de articulación son totalmente opuestas. Así, el francés posee una base *tensa* (fr. *mode tendu*) frente a la base *relajada* del inglés; esto quiere decir que el francés articula con gran energía articulatoria; por ello, sus vocales tienen un timbre estable, en sus consonantes está ausente la africación, el fundamental de la sílaba es relativamente estable, su ritmo es monosilábico, etc.; todos estos rasgos son opuestos a los del inglés. También se caracteriza el francés por una base *anterior*, frente a la base *posterior* del inglés. Las resonancias de los sonidos franceses tienden a ser anteriores (predominio de articulaciones dentales, apicales, palatales), manteniéndose la punta de la lengua baja y el dorso en forma convexa, con frecuente redondeamiento de los labios, mientras que el inglés favorece las resonancias posteriores; y, finalmente, se considera que el francés posee una base *creciente* (fr. *mode croissant*), frente a la base *decreciente* del inglés; es decir, que en vez de hacer el esfuerzo articulatorio al principio de la sílaba, sobreviniendo seguidamente una relajación, como ocurre en inglés, el esfuerzo empieza suavemente y aumenta de manera progresiva en francés; esto favorece las sílabas abiertas y hace que el francés tenga más tendencia a anticipar la vocal y no la consonante [13].

El conocimiento de la base de articulación de una lengua es importante teórica, pedagógica y diacrónicamente [14].

a) Desde el punto de vista teórico, es necesario conocer los rasgos característicos que configuran la base articulatoria de una lengua dada, tanto desde el punto de vista de los órganos articula-

[13] Para definir la base de articulación de una lengua, se han establecido recientemente distintos parámetros articulatorios, más o menos numerosos; por ejemplo, Kelz (*1974*) y Laver (*1980*)

[14] Vid. Straka (*1989*).

torios y de las tendencias motrices que manifiestan, como de sus rasgos acústicos y de los efectos auditivos que producen.

b) Desde el punto de vista pedagógico [15]: en la enseñanza de segundas lenguas, hay que partir necesariamente de la lengua materna y «este aprendizaje consiste en sustituir la base motriz y fónica de ésta por otra, es decir, por las costumbres articulatorias propias de la lengua que se aprende» (Straka, *1989*, 764) [16]. Un español tendrá dificultades para pronunciar, por ejemplo, las palabras francesas *une* o *un*, *chat* o *jamais* y para reconocer primero y reproducir después una oposición como *fait / fée*. Para un francés, serán complicadas palabras como *caza*, *rojo*, *montón*.

c) Desde el punto de vista de la historia de una lengua: en el sistema fónico de las lenguas, se producen, a veces, cambios que pueden ser debidos a influencias de otras lenguas existentes con anterioridad o posterioridad a la lengua dada: los cambios fonéticos pueden surgir en la lengua adoptada por una población que anteriormente hablaba otra lengua. Según Straka (*1989*, 765), «Como, en el plano individual, cuando se aprende una lengua extranjera, se conservan siempre, en parte por lo menos, los hábitos motrices de su lengua materna, se piensa que pudo ocurrir lo mismo en el plano general, cuando un pueblo adoptaba la lengúa de otro pueblo, ya sea un pueblo vencido la del vencedor, lo que es el caso más frecuente, bien un pueblo vencedor la del vencido en el caso en el que esta última fuese la lengua de una civilización o de una utilidad superior. En el primer caso, es la base motriz del *sustrato* étnico la que se habría conservado más o menos en la lengua tomada; en el segundo, es la del *superestrato*. [...] Es cierto que una lengua adoptada, después de un período de bilingüismo, por poblaciones que hayan hablado anteriormente otra lengua no puede esca-

[15] Vid., por ejemplo, Kelz (*1971*).

[16] Como dice Malmberg (*1971a*, 284), «Todo método general de pronunciación de una lengua, que no tiene en cuenta la lengua materna del alumno, nunca será apropiado y conducirá lentamente, incluso si llega a hacerlo, al objetivo propuesto».

par a la influencia de los hábitos motrices originarios de estas poblaciones, pero en los casos concretos, el problema tiene frecuentemente difícil solución, dado que no siempre conocemos estas costumbres, por lo menos suficientemente».

2.9.1. Base articulatoria del español

La Lengua española general tiene una base de articulación anterior, sonora, deslabializada, creciente, tensa, y de acción glótica normal.

1. Predominio de articulaciones en la zona anterior de la cavidad bucal: las consonantes labiales [17], dentales [18], alveolares [19] y prepalatales [20] suponen el 46, 53% del total de consonantes [21]; las vocales claramente anteriores, /i/, /e/, reúnen el 22,05% del total de las vocales. De aquí se desprende que el 68, 58% de todas nuestras articulaciones son anteriores [22].

2. Predominio de la sonoridad: el 77, 41% de todos los sonidos son sonoros [23].

3. Predominio de un resonador bucal sin acción labial. La labialización es concomitante con la posterioridad de las vocales, en [o], [u]: 13,31%.

4. Tiene una base de articulación creciente: aumento progresivo de la energía articulatoria desde el principio de la sílaba hasta su máximo en el núcleo; de ahí, entre otros factores, la tendencia a la sílaba abierta [24].

5. Tiene una base articulatoria tensa con mantenimiento de sus cinco vocales en cualquier posición de la palabra y situación acentual;

[17] Con un porcentaje del 8,23%. Porcentajes referidos al total de la población.

[18] Con un 11,08%.

[19] Con un 25,81%.

[20] Con un 1,41%.

[21] Sólo queda un 5,77% para las velares.

[22] Vid. Quilis (*1988*, 36).

[23] Vocales: 47,55%; consonantes sonoras: 29,85%.

[24] Las consonantes que se encuentran después del núcleo silábico tienden a debilitarse, a transformarse o a perderse.

sus vocales no presentan tendencia a la diptongación; no existe resonanica nasal[25].

6. Tiene una acción glótica normal: ausencia de ataque vocálico duro [26], oclusivas sordas no aspiradas [27], oclusivas sonoras siempre sonoras [28].

7. Desde el punto de vista acústico, en español, predominan los sonidos densos o compactos, agudos, sonoros, orales y mates. Las vocales, con un timbre muy estable.

2.10. FENÓMENOS FONÉTICOS RELACIONADOS CON LA COMBINACIÓN DE SONIDOS

El significante es lineal: en la cadena hablada, los sonidos no se pronuncian aislados, sino en íntimo y sucesivo contacto de unos con otros. Además, cuando hablamos, igual que cuando realizamos cualquier trabajo, procuramos obtener un resultado óptimo con un mínimo esfuerzo. Todo ello tiende a producir ciertas modificaciones en los sonidos que pronunciamos en el acto de habla. Estos fenómenos son:

2.10.1. ASIMILACIÓN

Cuando la modificación que sufre un fonema en contacto con otro es el resultado de adoptar uno de ellos alguno, o algunos, de los rasgos articulatorios del otro, que, de este modo, pasa a ser común a las dos unidades. La asimilación puede ser:

a) *progresiva:* cuando se produce un retraso en el abandono de la posición de los órganos articulatorios que actúan en la pro-

[25] Como, por ejemplo, en francés, portugués o en el inglés de los Estados Unidos, con su famoso «nasal twang».

[26] Frente a su presencia en las lenguas germánicas.

[27] Frente a las aspiradas, en posición inicial de palabra, en inglés o en alemán.

[28] Frente a su ensordecimiento, en posición inicial de palabra, en inglés o en alemán.

nunciación del primer sonido: es decir, cuando un sonido se asimila al que le precede. Es el caso de la evolución del lat. *mb* > esp. *m: palumba* > *paloma,* o de la pronunciación vulgar, muy extendida, de *tamién* por *también.*

b) *regresiva:* cuando se produce una anticipación de la posición articulatoria de los órganos fonadores a causa de la inmediata pronunciación del sonido que sigue; es decir, cuando el primer sonido se asimila al segundo. En español, por ejemplo, la *n* de *un* se articula como [m] por asimilación a [b] o [p]: [ű́m béso] *un beso;* se articula como [n] por asimilación a [l] o [s]: [ű́n sáko] *un saco;* se articula como [ŋ] por asimilación a [k], [g]: [ű́ŋ gáto]. La evolución del lat. *pt* > *tt* > esp. *t: septe* > *siete.* También es el caso de la nasalización de una vocal en la secuencia «vocal + consonante nasal», después o antes de pausa: [fĩ́] o [fĩ́n] *fin.*

c) *doble* o *recíproca:* cuando un sonido sufre la influencia de los dos que lo rodean, o se influyen mutuamente. Es un fenómeno muy corriente en la evolución de muchas lenguas. Por ejemplo, por la sonorización de las consonantes sordas intervocálicas, en latín [t] > [d]: lat. v i t a > esp. *vida,* primero con [d] oclusiva, enseguida [ð] fricativa, para desaparecer, por ej., en el español popular *vía* 'vida' (o fr. *vie).* O el cambio latino *ai* > *ei* > *e:* c a r r a r i a > *carraira* > *carrera.*

Los casos anteriormente estudiados responden a lo que se denomina *asimilación de contacto* o *asimilación* propiamente dicha; pero también puede darse la *asimilación a distancia* o *dilación:* cuando se produce una influencia entre sonidos que se encuentran distantes uno de otro en la cadena hablada. Son los casos de *armonía vocálica* y de *metafonía,* que nosotros distinguimos, aunque otros investigadores no lo hagan.

d) La *armonía vocálica* es un fenómeno de asimilación a distancia que funciona en el nivel morfológico y léxico (formación de palabras): la presencia de una vocal determinada en el radical condiciona el timbre de las restantes vocales. Así, en turco, los morfemas de plural son *-ler* o *-lar* según que la vocal de la palabra sea palatal o velar: *gül* 'rosa', *güller* 'rosas', pero *at* 'caballo', *atlar* 'caballos', *el* 'mano', *eller* 'manos'; *ayak* 'pie', *ayaklar* 'pies'. En gunu, lengua bantú, el prefijo de la clase 15, marcador del infinitivo, puede ser *gɔ* o *gu,* según las vocales que entran en la composición de la palabra: *gɔbɔlanɛna* 'llegar', pero *gubuleninie* 'llegado'. En fang, también lengua bantú, las vocales prefijos de una palabra se asimilan a la vocal radical:

— si la vocal radical es /e/ o /i/, la del prefijo es /e/ o /i/;
— si la vocal radical es /u/ u /o/, la del prefijo es /o/;
— si la vocal radical es /a/, la del prefijo es /e/.

Ejemplos:

singular:	*e-lé* 'árbol'	plural:	*bi-lé* 'árboles'
	a-beé 'kola'		*me-beé* 'kolas'
	a-bo 'pie'		*mo-bo* 'pies'
	a-nu 'boca'		*mo-nu* 'bocas'
	a-báá 'casa comunal'		*me-báá* 'casas comunales'
	a-bí 'excremento'		*me-bí* 'excrementos'

e) La *metafonía* es un fenómeno de asimilación a distancia que funciona sólo en el nivel fonético: es la modificación del timbre de una vocal por la influencia de una vocal vecina. Recibe también el nombre de *inflexión* (en al. *Umlaut).* Lat. f e c i > esp. *hice* (por la influencia de la *-i* cambió la *e* de f e c i en *i).* En leonés, es muy importante: toda *u, i* finales cierran la vocal tónica: *a > e; o > u; e > i:* lat. s a n c t u m > *sentu* (en lugar de *santu),* pero el femenino y el plural son *santa, santos; palu* es *pelu > pilu,* etc.

2.10.2. Diferenciación y disimilación

Los fenómenos de asimilación, sobre todo de asimilación de contacto, tienden a simplificar la pronunciación de los sonidos en la cadena hablada. Si este fenómeno actuase solo, tendría un efecto negativo sobre la lengua, porque si la base de la comprensión del mensaje es la diferencia que existe entre los sonidos que utilizamos, la comunicación llegaría a ser imposible. Por ello, cuando una tendencia asimiladora amenaza con eliminar una distinción fonológica, la lengua reacciona acentuando la diferencia que existe entre los dos sonidos, tanto articulatoria como acústicamente.

La *diferenciación* es todo cambio fonético que tiene por objeto acentuar o crear una diferencia entre dos sonidos vecinos. Por ejemplo, en español, en algunas zonas dialectales, el diptongo *ei* en *seis, peine,* etc., es pronunciado con una *e* muy abierta que puede llegar a *a (sais, paine);* el diptongo *ue* del español moderno en *fuego, puerta,* procede de un diptongo anterior *uo,* donde la *o,* vocal posterior, como *u,* ha pasado a la anterior *e.* Lo mismo en francés: el antiguo diptongo *ei* en *mei,* 'yo', *rei* 'rey' pasó a *oi,* pronunciado primero como [oi] y hoy como [wa].

La *disimilación* es todo cambio fonético que tiene por objeto acentuar o crear una diferencia entre dos sonidos vecinos, pero no contiguos. Son casos como el lat. p e r e g r i n u m > esp. popular *pelegrino,* lat. a r b o r > esp. *árbol,* lat. a r a t r u > esp. *arado,* con pérdida de un fonema [29].

2.10.3. Inversión y metátesis

La *inversión* es el cambio de lugar que se produce entre dos sonidos vecinos: son los casos del esp. popular *naide* por *nadie, culeca* por *clueca, premiso* por *permiso,* etc.

La *metátesis* es el cambio de lugar que se produce entre dos sonidos que no están contiguos. Lat. p e r i c u l u m > esp. *peligro* (a través de una forma intermedia *periglo);* lat. m i r a c u l u m > esp. *milagro;* esp. dialectal *flaire* por *fraile, niervo* por *nervio, incensio* por *incienso,* etc.

[29] Un caso particular de disimilación es la *haplología* (también llamada *hoplolalia* o *hapaxepía);* consiste en pronunciar sólo una vez un fonema o una sílaba cuando debería haber sido pronunciado dos veces en la palabra, generalmente compuesta: *tragicómico* por *tragicocómico, morfonología* por *morfofonología* o lat. *idololatres* > esp. *idólatra.*

III

FONÉTICA ACÚSTICA

3.0. ACÚSTICA DEL SONIDO

Entre la producción del sonido por los órganos articulatorios y su percepción por los auditivos media un espacio que es el de su transmisión a través de un medio portador, que, en nuestro caso, es el aire. Realmente, la naturaleza de la transmisión del sonido articulado no difiere en nada, desde el punto de vista físico, de la de cualquier otro.

En la producción de cualquier sonido existen ciertas fases sin las cuales éste no se puede realizar:

1. Una *fase productora o fuente:* creación de un movimiento vibratorio, por cualquier agente, en un cuerpo (sólido, líquido o gaseoso).

2. Una *fase de radiación,* que es la comunicación de este movimiento al cuerpo que nos va a servir de transmisor, de intermediario.

3. Una *fase de propagación* de este movimiento a través del cuerpo transmisor, en nuestro caso el aire.

4. Una *fase de recepción:* la llegada al oído de ese movimiento bajo la forma de cambios de presión en las partículas del aire; en el oído, el sonido ejerce su acción sobre los nervios auditivos, que, a su vez, provocan una determinada sensación sobre el cerebro.

5. Una *fase de percepción:* la identificación e interpretación de esas sensaciones que llegan al cerebro. Esta fase, a la que nos referiremos más adelante, está dentro del campo de la psicología experimental (o, más limitadamente, de lo que algunos llaman «psicofonética»).

Para que se pueda efectuar la transmisión del sonido es totalmente imprescindible la existencia de un medio portador, cualquiera que sea; en el vacío nunca se transmite. Éste es el límite máximo de incapacidad transmisora; pero entre los buenos conductores, como el aire, el agua, etc., y el vacío absoluto existen cuerpos que son muy malos transmisores: por ejemplo, los cuerpos blandos, como la cera, la manteca, o los cuerpos porosos, como el tejido, el algodón, etc.

El sonido se propaga a través del aire a una velocidad aproximada de 340 m.s. (metros por segundo).

3.1. LAS ONDAS SONORAS

El sonido se puede definir como la descodificación que efectúa nuestro cerebro de las vibraciones percibidas a través de los órganos de la audición. Estas vibraciones se transmiten a través del aire en forma de *ondas sonoras.*

Las ondas sonoras se originan, como hemos dicho, por la creación de un movimiento vibratorio en un cuerpo. Supongamos un diapasón. A causa de una percusión, sus puntas se ponen en movimiento y vibran, tal como lo muestra la fig. 3.1. Este movimiento produce una serie de choques contra las partículas de aire que hay a su alrededor. En la representación de la figura, las puntas del diapasón se mueven hacia afuera: ejercen una presión sobre las partículas de aire que hay a su alrededor y las comprimen *(compresión).* Estas partículas comprimen, a su vez, a las que están en su vecindad inmediata, y así sucesivamente. Cuando las puntas del diapasón han llegado a su punto de máxima separación, comienzan a moverse hacia adentro. Las partículas de aire que están próximas se mueven hacia atrás, produciéndose lo que se denomina *rarefacción*. Esta rarefacción arrastra de fuera adentro (de adelante hacia atrás), en capas sucesivas, las partículas de aire vecinas, que siguen el mismo camino que hicieron en la anterior compresión. Existen, por lo tanto, dos movimientos: el de compresión, debido a la presión del aire, y el de rarefacción, debido a la ausencia de presión;

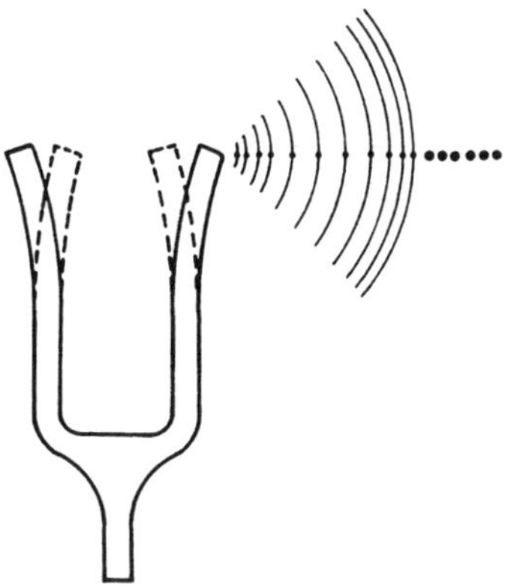

Fig. 3.1. Representación esquemática de un diapasón en vibración

estos dos movimientos se expanden esféricamente desde el punto de producción. De este modo se transmite el movimiento vibratorio a través del aire. Cada una de las partículas se mueve hacia adelante y hacia atrás, longitudinalmente, mientras que las ondas de compresión se mueven hacia adelante progresivamente. De este modo, el oído del oyente experimenta momentos sucesivos de presión y de ausencia de presión, que afectan al tímpano, resultando de ello la sensación de la percepción del sonido.

Cada partícula de aire se comporta como la bola de un péndulo. Si cuando el péndulo se encuentra en la posición de reposo *1* (fig. 3.2) recibe un impulso, rápidamente se pondrá en movimiento trasladándose desde la posición *1* a la posición *2*. La cantidad de impulso que ha recibido para iniciar su movimiento no le permite pasar del punto *2;* en este caso, el mencionado punto *2* es el de máximo alejamiento de su posición *1,* de reposo. Si hubiese recibi-

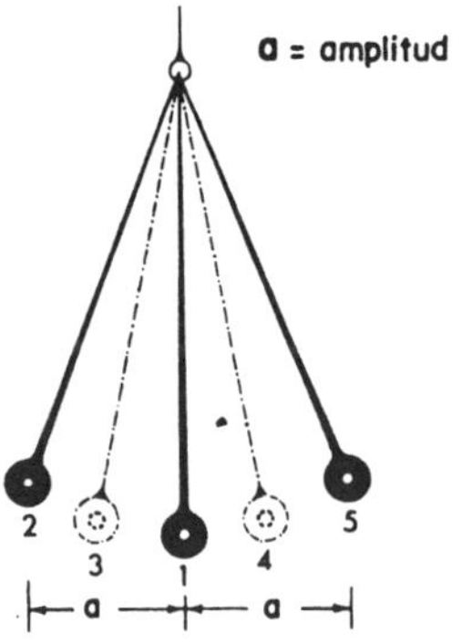

FIG. 3.2. Movimiento de un péndulo

do un impulso menor, no habría llegado al punto *2.* Cuando el péndulo ha llegado a este punto, comienza su movimiento de regreso hacia la posición de reposo, *1*, pero como viene animado por una fuerza inicial, y por una velocidad determinada, no se detendrá en el punto *1,* sino que lo sobrepasará, y llegará al punto *5,* que es de nuevo la posición de máximo alejamiento respecto al punto de reposo; de nuevo comenzará su camino de regreso hasta alcanzar el estado de reposo primitivo. Si no existiese el roce del aire, la acción de la gravedad, y toda otra serie de factores, el péndulo continuaría describiendo indefinidamente el movimiento *1-3-2-3-1-4-5-4-1.*

El camino recorrido por este péndulo en una ida y vuelta completas *(1-3-2-3-1-4-5-4-1,* de la fig. 3.2) recibe el nombre de *ciclo.*

El tiempo que se emplea en cada ciclo se denomina *período* de vibración [1]. El período determina la *frecuencia* de vibración, que

[1] Medido por la *longitud de onda,* que es el espacio en que se completa un ciclo cuando se representa gráficamente.

se puede definir como el número de ciclos que realiza este péndulo en una unidad de tiempo; como unidad de tiempo se toma el segundo, pero ello no quiere decir que las vibraciones tengan que durar necesariamente un segundo: pueden emplear un tiempo mayor o menor. Lo que indica la referencia convencional al segundo es que, en ese tiempo, el cuerpo hubiese realizado un número determinado de vibraciones. Así, el péndulo que tarda una centésima de segundo (1 c.s.; 1/100 o 0,01 segundo) en completar un ciclo de vibración vibrará a 100 ciclos por segundo (cps). O dicho de otro modo, 100 ciclos de 0,01 segundos se realizarán en 1 segundo.

El período, P, es inversamente proporcional a la frecuencia, F, y viceversa. De ahí que:

$$F = \frac{1}{P} = \frac{1}{0{,}01 \text{ seg.}} = 100 \text{ cps}$$

o

$$P = \frac{1}{F} = \frac{1}{100} = 0{,}01 \text{ seg.}$$

Cuanto menor sea el período, mayor será la frecuencia, y viceversa.

En la figura 3.3., señalamos el período (longitud de onda) de tres ondas. En la fig. 3.4, éste sería *6-1*.

La frecuencia se suele representar del siguiente modo: 1.000 cps (ciclos por segundo), o 1.000 Hz (Hertzios), o 1 KHz (Kilohertzio, múltiplo del hertzio).

La distancia desde la posición de reposo hasta el punto de máximo alejamiento (o de máxima presión) alcanzada por la bola del péndulo o por la partícula de aire en vibración (el punto *2* o el *5* de las figs. 3.2. ó 3.4.) recibe el nombre de *amplitud*. La amplitud es una medida de la fuerza de la onda. Su valor dependerá de la potencia con que el péndulo haya sido separado de su posición de reposo, o de la potencia de la presión de la onda sobre la partícula de aire: cuanto mayor sea esta potencia, mayor será la amplitud.

Al propagarse este movimiento oscilatorio, se origina una onda que llamamos 'sinusoidal'. Si nos fijamos en la fig. 3.4., veremos

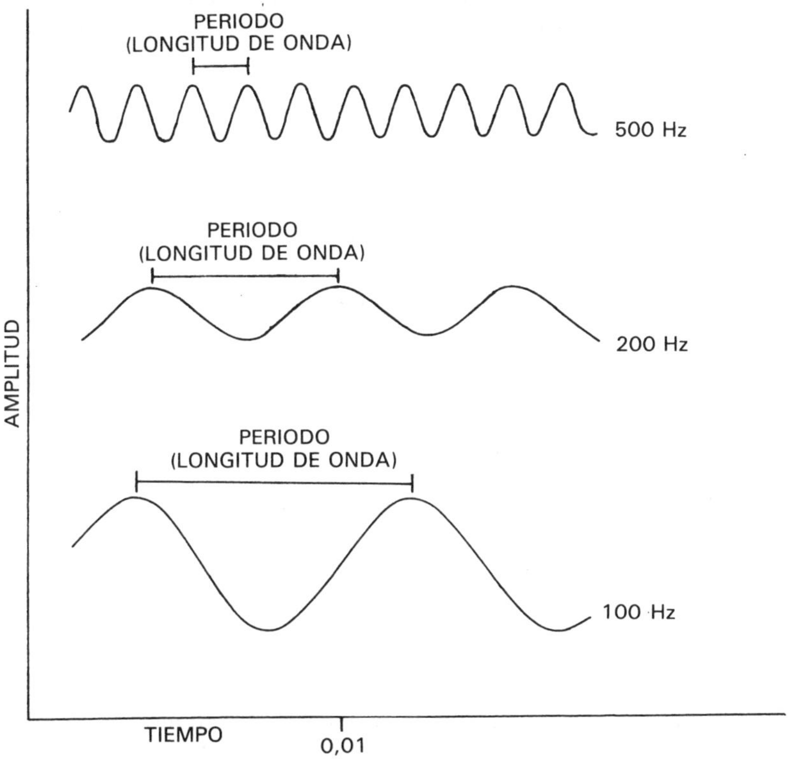

FIG. 3.3. Frecuencia vibratoria

cómo el movimiento pendular puede convertirse en una línea curva. Supongamos que por encima del punto *A* de apoyo del péndulo, y a una distancia infinita, existe un foco, el sol, por ejemplo, que proyecta la sombra de la bolita, animada de un movimiento constante, sobre una pantalla que se va deslizando con movimiento uniforme según el sentido de la flecha. Cuando el péndulo se encuentra en posición de reposo, su sombra se proyectará sobre el punto *1* de la pantalla. Si a medida que el péndulo se va desplazando hacia la izquierda se mueve también la pantalla, la trayectoria irá recorriendo la línea *1-2,* punto este último que corresponde al valor de la amplitud. Desde aquí, el péndulo va retrocediendo hacia su

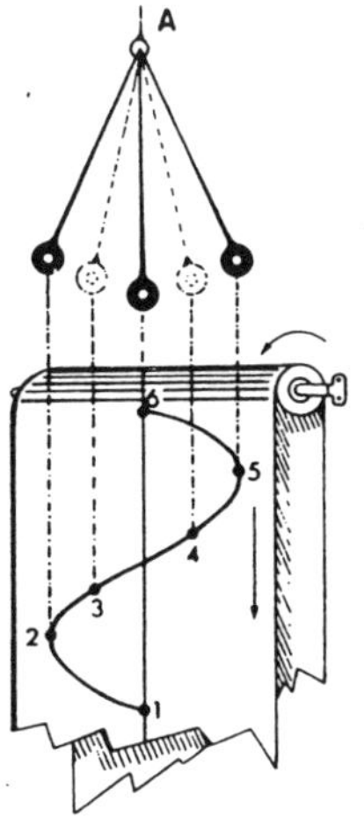

FIG. 3.4. Onda periódica simple originada por el movimiento vibratorio de un péndulo

antigua posición, iniciando también la curva el camino *2-3;* sobrepasa el punto de origen, pasa por el *4,* alcanza el *5,* que corresponde, como el *2,* a la proyección del punto de máximo alejamiento del centro (amplitud), hasta que llega al *6,* donde termina la vibración doble o ciclo. La curva así creada recibe el nombre de *sinusoidal,* porque es el resultado real del seno del ángulo que forma la bolita en sus desplazamientos.

En una onda sinusoidal, el *ciclo* es cada repetición completa de la forma de la onda: *6-5-2-1* de la fig. 3.4.

Como hemos dicho, las partículas de aire se ponen en movimiento por una fuerza externa que actúa sobre ellas, y cada partícula ejerce de nuevo una fuerza sobre las que se encuentran en su vecindad.

En el ejemplo de la fig. 3.1, el diapasón, cuando vibra, transmite determinada cantidad de energía a las partículas de aire que están a su alrededor, y éstas, a su vez, transmiten energía a otras, y así sucesivamente. Como es lógico, la energía capaz de mover las partículas de aire es tanto menor cuanto más alejadas se encuentren del diapasón. Lo que nos interesa es la energía que llega en un momento dado a un punto, es decir, la potencia acústica que se transmite a través de una superficie, y que denominamos *intensidad.* Se mide en watios por cm^2. Un sonido que tenga una intensidad de 10^{-16} watios/cm^2 es suficiente para producir un sonido audible.

Esta medida de la intensidad es una unidad fija, en la que se supone siempre la referencia a una unidad: 1 watio/cm^2. Pero también se pueden medir las intensidades sonoras sin relación a una unidad fija, utilizando otra unidad, que expresa una razón de intensidades, llamada *bel.*

La *intensidad* está en función de la amplitud y de la frecuencia, pudiendo decir que la intensidad acústica es a la vez proporcional al cuadrado de la amplitud y al cuadrado de la frecuencia.

3.2. LA ONDA COMPUESTA

En el párrafo anterior, hemos visto la creación de las ondas sonoras y la composición de la onda sinusoidal o periódica simple. Pero el movimiento ondulatorio simple, al igual que el péndulo simple, es una concepción teórica de difícil realización práctica, ya que en su estudio se considera la oscilación de un solo punto y se hace abstracción del medio que lo rodea; en la práctica, vibran sistemas de puntos materiales que no presentan una homogeneidad perfecta, ni en los que se puede prescindir de la influencia del medio en que se encuentran. Los movimientos vibratorios sonoros se aproximan al simple en mayor o menor grado, según las circunstancias en que se producen.

El sonido lingüístico que llega hasta nuestros oídos es siempre una onda compuesta, es decir, una onda que es el resultado de la adición de un número determinado de ondas simples.

Dos o más ondas simples pueden combinarse para originar una onda compuesta. Supongamos tres diapasones, muy próximos uno del otro, que vibran simultáneamente a 100, 200 y 300 cps y originan las tres ondas simples de la parte superior de la fig. 3.5. La

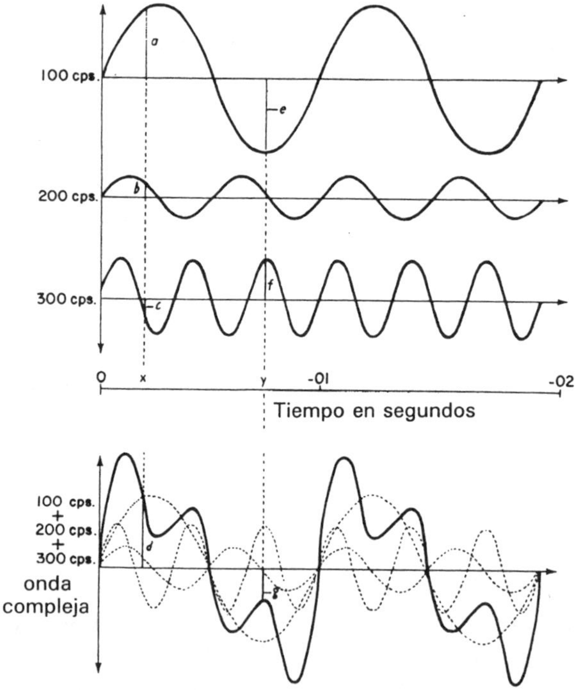

FIG. 3.5. Parte superior de la figura: tres ondas periódicas simples de 100, 200 y 300 cps. Parte inferior: onda periódica compuesta (línea de trazo continuo) resultante de la suma algebraica de las ondas simples (líneas de puntos)

suma de esas tres ondas simples origina la *onda compleja* o *compuesta* representada en la parte inferior de la mencionada figura (línea negra continuada, que en la figura aparece superpuesta a las ondas simples: líneas de puntos).

En un tiempo *x* (la línea de abscisas representa los tiempos), las dos primeras ondas sinusoidales se encuentran por encima de su eje (valor positivo, aumento de la presión), y sus valores en este tiempo están representados por las líneas *a* y *b;* la tercera sinusoide está por debajo del eje (valor negativo, disminución de la presión), y su valor viene representado por la línea *c.* El resultado de esta suma algebraica se encuentra representado en la línea *d* de la onda compuesta y cuyo valor es $a+b—c$. Del mismo modo, en un punto *y* del eje de tiempos, el valor de la primera sinusoide es negativo, y viene representado por la línea *e;* el de la segunda sinusoide no cuenta, ya que en ese momento su amplitud es cero; y el de la tercera es positivo, y viene representado por la línea *f.* El valor resultante es la línea *g* de la onda compuesta, que es negativo, ya que en esta suma algebraica el mayor sumando es negativo: $—g=—e+f$. Así, realizando sucesivas sumas algebraicas en cada momento, podremos obtener la onda compuesta.

Este método de análisis por el que una onda compuesta se considera como la combinación de un cierto número de ondas simples o tonos puros se conoce con el nombre de análisis de Fourier, matemático francés, que, en 1822, demostró que toda onda que repite periódicamente su perfil se puede descomponer en un número limitado de sinusoides que tengan su amplitud, su frecuencia y su fase diferentes. La frecuencia de cada una de estas ondas sinusoidales integrantes es múltiplo de la frecuencia fundamental (la más baja), y la onda compleja resultante tendrá su mismo período. Por ello, se denomina *onda compuesta periódica.*

En el caso analizado, la primera onda sinusoidal de 100 cps es el *primer armónico* o *frecuencia fundamental;* la de 200 cps, el *segundo armónico,* y la de 300 cps, el *tercer armónico.* El segundo y tercer armónicos son el doble y el triple del fundamental, porque en el tiempo que dura un período del fundamental, el segundo armónico tiene dos períodos, y el tercero, tres.

La impresión auditiva que percibimos de la frecuencia fundamental es lo que se denomina *tonía, tono* o *altura tonal,* que se sitúa en una escala de *bajo* a *alto.*

Desde el punto de vista lingüístico, la función contrastiva de la frecuencia fundamental en el nivel de la palabra también se de-

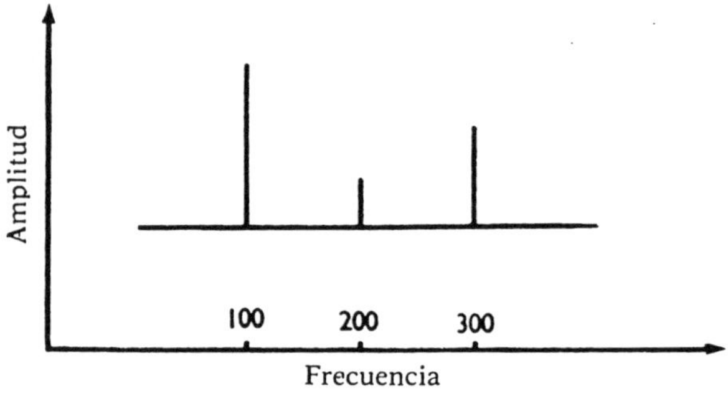

FIG. 3.6. Espectro de la onda compuesta de la figura 3.5

nomina *tono,* y las lenguas que poseen esta función, *lenguas tonales;* la función de la frecuencia fundamental en el nivel de la oración es la *entonación.*

El número, audibilidad y conformación de los armónicos da como resultado el *timbre* de un sonido. Cuando los armónicos de mayor amplitud son los más bajos, el timbre es *grave;* mientras que si son los superiores los que tienen una amplitud mayor, o hay concentración de armónicos de amplitud considerable en las frecuencias superiores, el timbre es *agudo.*

Un análisis más minucioso de una onda compuesta lleva consigo el indicar también las amplitudes de sus ondas simples integrantes. La fig. 3.6. muestra un gráfico en el que sobre el eje de ordenadas se han llevado los valores de las amplitudes de las tres ondas sinusoidales de la fig. 3.5. y en el de abscisas, la frecuencia en cps de cada una de ellas. Los gráficos que condensan estos dos valores de varias ondas simples componentes se denominan *espectros* del sonido. La fig. 3.6. es, por lo tanto, el espectro de la onda compuesta de la fig. 3.5.

En la onda periódica, como hemos visto, todas las componentes son múltiplos de la frecuencia fundamental, pero en las *ondas ape-*

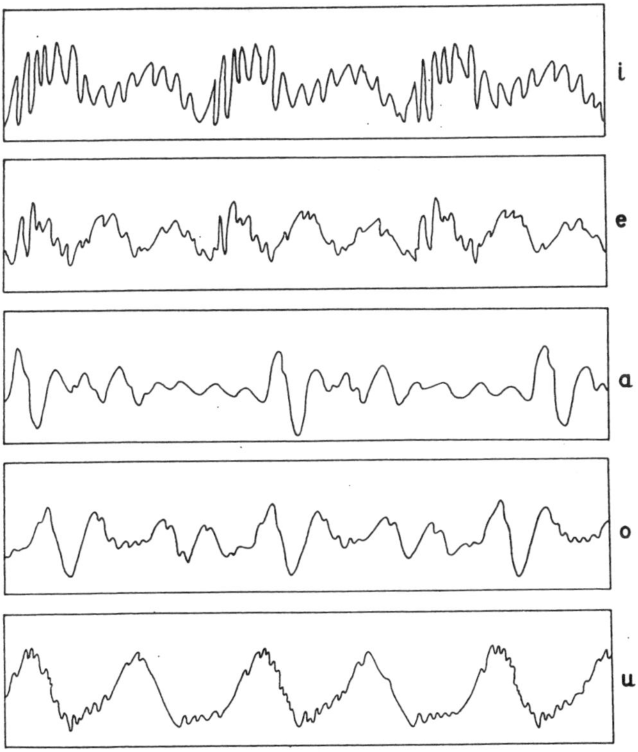

FIG. 3.7. Oscilograma de las cinco vocales [i, e, a, o, u]. Voz masculina

riódicas existen componentes de todas las frecuencias. Ésta es la causa de que la onda compuesta aperiódica tenga un perfil totalmente diferente de la periódica: no se repite el mismo perfil de un ciclo a lo largo del tiempo.

Las vibraciones aperiódicas originan cambios irregulares en la presión del aire, y, por lo tanto, los movimientos que producen en el tímpano también son irregulares, al contrario de lo que ocurría, como vimos, en las ondas periódicas [2].

En la fig. 3.7., aparecen las representaciones oscilográficas de las ondas compuestas periódicas, de las vocales [i, e, a, o, u]; el perfil de cada ciclo se repite a lo largo del tiempo.

La fig. 3.8. muestra un oscilograma de [s], onda compuesta aperiódica.

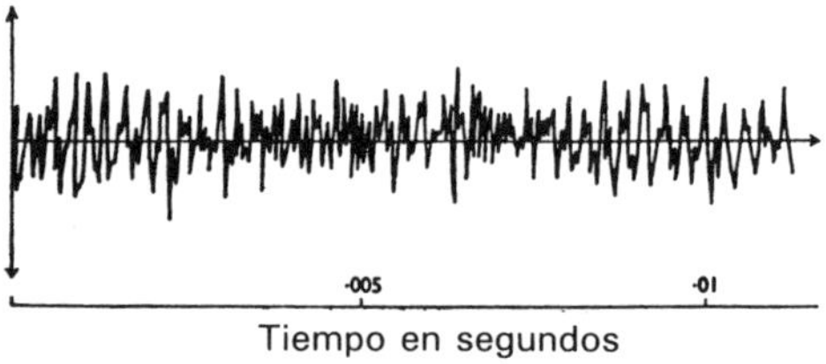

FIG. 3.8. Oscilograma de una onda compuesta aperiódica, [s]

Por último, la fig. 3.9. representa un sonograma (o espectrograma) de la palabra [kása]: en él contrastan notablemente la armonicidad de las vocales [a], frente a la inarmonicidad de la consonante [s]: todos los armónicos de las vocales guardan una proporción constante, lo que no sucede en la consonante.

3.3. RESONANCIA Y FILTROS

Toda fuente productora de sonido es un cuerpo que se mueve, vibra y origina cambios de presión (vibraciones) en las partículas del cuerpo que hay a su alrededor. Este cuerpo puede ponerse en movimiento por medio de un choque o un golpe o también por las vibraciones de otro cuerpo. Supongamos dos diapasones, A y

[2] La aperiodicidad de estas ondas es lo que hace que se perciban como un *ruido*.

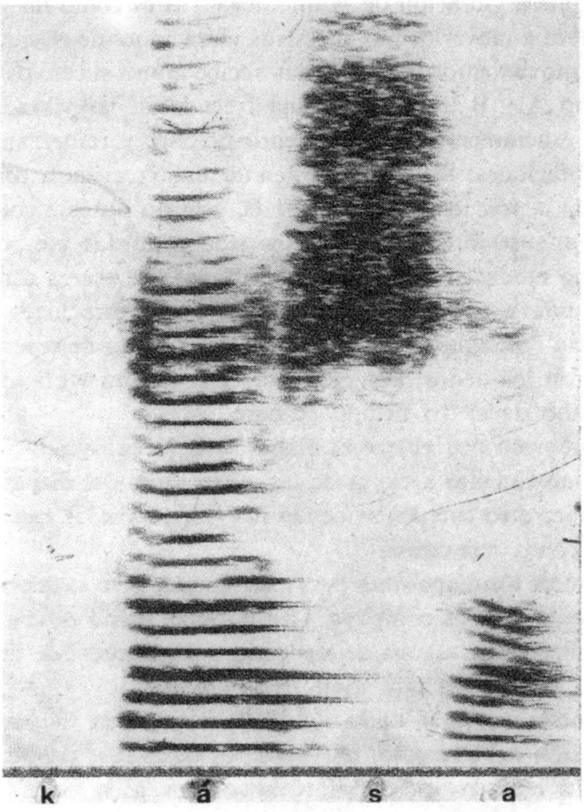

FIG. 3.9. Sonograma de [kása]. Contrasta la armonicidad de las vocales [a], frente a la inarmonicidad de [s]

B, cuya frecuencia de vibración es la misma. Percutimos el A. Se pone en movimiento, originando una onda sonora (cambios de presión). Acercamos A a B, y éste, alcanzado por la presión de las partículas de aire, comienza a vibrar, al principio, lentamente, hasta que alcanza el régimen de vibración de su frecuencia natural, y genera una onda sonora del mismo tipo que la de A.

La primera vibración de A que llega a B es como un golpecito que empieza a moverlo. Las sucesivas vibraciones de *A* van aumentando el movimiento de B, que las recibe como sucesivos golpecitos. Como A y B tienen la misma frecuencia, las vibraciones de A llegan exactamente en el momento preciso, y refuerzan el total de las vibraciones. Si A hubiese tenido una frecuencia totalmente distinta de la frecuencia natural de B, éste no hubiese comenzado a vibrar, o sus vibraciones hubiesen sido pequeñas y esporádicas. Del mismo modo, si cuando B está vibrando se acerca otro diapasón vibrando a una frecuencia diferente, las vibraciones de B se amortiguan rápidamente. Si el diapasón A se para de repente, sujetándolo con los dedos, por ejemplo, el B seguirá vibrando, hasta que al cabo de cierto tiempo se pare.

El fenómeno por el que el diapasón B (o cualquier cuerpo) se pone en movimiento a causa de las vibraciones del diapasón A (o de cualquier otro cuerpo) se denomina *resonancia. A resuena* a B. B actúa como *resonador.*

El caso de los diapasones es el más simple, pero lo mismo puede ocurrir con una onda compleja. Una nota del piano es una de ellas. Si la frecuencia de alguna de sus componentes coincide con la del diapasón, éste comenzará también a vibrar.

Una onda como la de la fig. 3.10. representa las variaciones en la presión del aire o los movimientos de la fase productora del sonido. Su espectro indica los componentes de la onda compleja y, al mismo tiempo, las frecuencias naturales de vibración de la fuente del sonido, o lo que es lo mismo, las frecuencias a las que responde cuando actúa como resonador. Este espectro se denomina *curva de respuesta.* En el caso expuesto en la fig. 3.10. el resonador responde mejor a las frecuencias próximas a los 4.000 cps, que es donde situamos el óptimo, que a las demás. Responde también algo a los 3.000 y 5.000 Hz, pero difícilmente a los 1.000 ó 7.000 Hz. La frecuencia de 4.000 Hz, que es en la que resuena con máxima eficacia, se denomina *frecuencia resonante.*

Las ondas que llegan a un resonador y lo ponen en movimiento constituyen la *entrada* del resonador. La respuesta del resonador a estas ondas se denomina *salida*. Supongamos que la entrada de

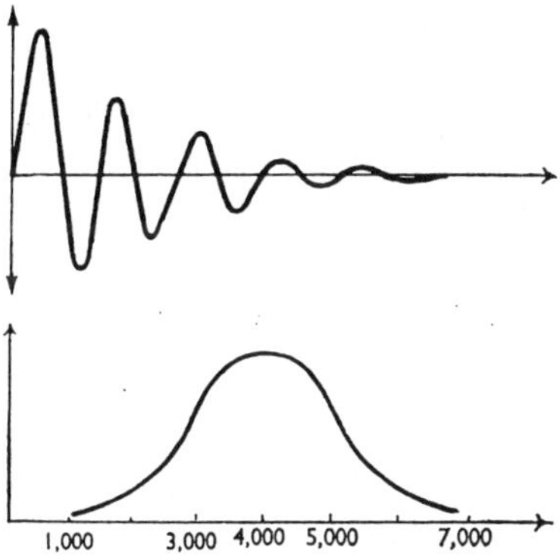

FIG. 3.10. Parte superior: representación de una onda sonora (y de los movimientos de la fuente del sonido que produce la onda sonora). En abscisas, tiempo en segundos. Parte inferior: espectro de la onda sonora (y de los movimientos de la fuente del sonido). En abscisas, cps

un resonador, cuya curva de respuesta está situada en la parte central de la fig. 3.11., está formada por una onda compleja cuyos componentes tienen la misma amplitud. Su espectro está en la parte superior de la fig. 3.11. La salida del resonador es una onda cuyo espectro aparece en la parte inferior de la fig. 3.11. Su frecuencia resonante está situada a los 800 cps; ésta es su frecuencia de vibración óptima, y la que origina las vibraciones más amplias. Los armónicos situados a los 700 ó 900 Hz, aun teniendo la misma amplitud que el de 800 Hz, originan vibraciones menos amplias, y tanto menores son cuanto más se alejen de los 800 Hz y más se acerquen a los 600 ó 1.000 Hz.

La extensión de la frecuencia efectiva de un resonador se denomina *ancho de banda*. Se calcula convencionalmente considerando sus límites entre aquellos armónicos cuya amplitud a la salida es el 70,7% de la amplitud de salida de la frecuencia resonante. En la fig. 3.11., estos límites están situados entre los armónicos de 700 y 900 Hz (señalados sobre la curva en el diagrama central de la figura). Entre esos 700 y 900 Hz se sitúa la eficacia del resonador.

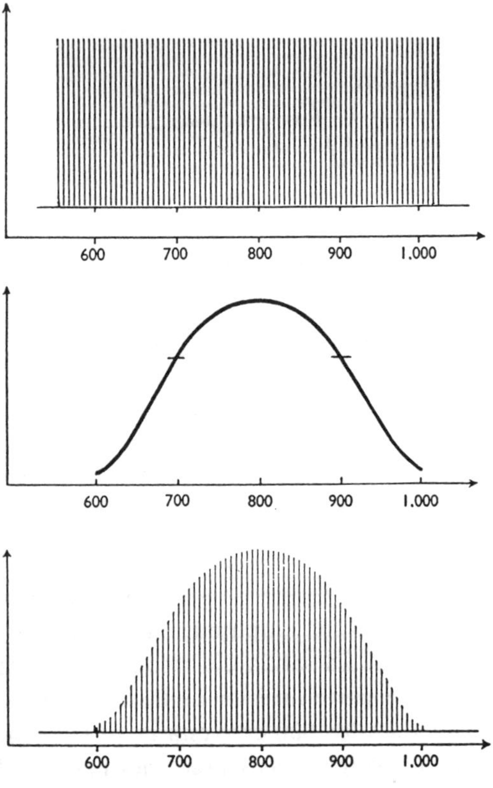

FIG. 3.11. Diagrama superior: espectro de una onda compleja. En abscisas, cps. Diagrama central: curva de respuesta de un resonador. Diagrama inferior: salida del resonador de la onda de la parte superior. (Según Ladefoged, *1962.)*

En resumen, la principal misión de un resonador es reforzar las frecuencias de una onda compleja que llegue a él.

Hemos aludido principalmente a resonadores sólidos (diapasón), pero un cuerpo de aire contenido en un tubo es capaz también de vibrar y de actuar como un resonador: es el caso del aire contenido en la caja de una guitarra, de un violín o en las cavidades supraglóticas. La curva de respuesta de estos resonadores depende de la forma y tamaño de la cavidad que contenga el aire.

Un resonador cuya misión sea seleccionar determinadas frecuencias de una onda compleja se denomina un *filtro* acústico. Todas sus propiedades (ancho de banda y curva de respuesta) son las mismas que hemos visto en un resonador.

3.4. LA PRODUCCIÓN DE LOS SONIDOS DEL LENGUAJE DESDE EL PUNTO DE VISTA ACÚSTICO

Los sonidos del lenguaje, que son ondas acústicas, necesitan una fuente de producción. Hay tres tipos distintos de fuentes de producción. Una es la fuente que produce los sonidos sonoros: se origina gracias a los impulsos de la corriente de aire al pasar a través de la glotis puesta en vibración. Otra es la que produce el ruido como un efecto secundario de la turbulenta corriente de aire al pasar a través de constricciones, como ocurre en las fricativas, o en las aspiraciones. Otra fuente de producción es la que ocurre cuando se libera el aire comprimido por una obstrucción del conducto vocal, como ocurre al principio de la explosión de las consonantes oclusivas. Este tipo de fuente es de la misma naturaleza que la excitación que se produce en el conducto vocal a causa de un solo impulso glotal. Desde el punto de vista lingüístico, también puede ser importante la ausencia de fuente productora de sonido como una categoría de significación comunicativa.

El conducto vocal es esencialmente un tubo cerrado en un extremo (en la laringe) y abierto por el otro (boca, fosas nasales); este conducto puede ser estrechado o cerrado por medio de los labios, en su parte anterior, o de la lengua, en cualquier lugar a lo largo de él; puede, por ello, crear turbulencias o explosiones, y, siempre, funciona como un resonador; como tal, su única función es responder selectivamente —como un filtro— a las frecuencias vibratorias que coinciden con la suya.

Según Fant *(1960,* 15), la onda del lenguaje es «la respuesta de los sistemas de filtros del conducto vocal a una o más fuentes

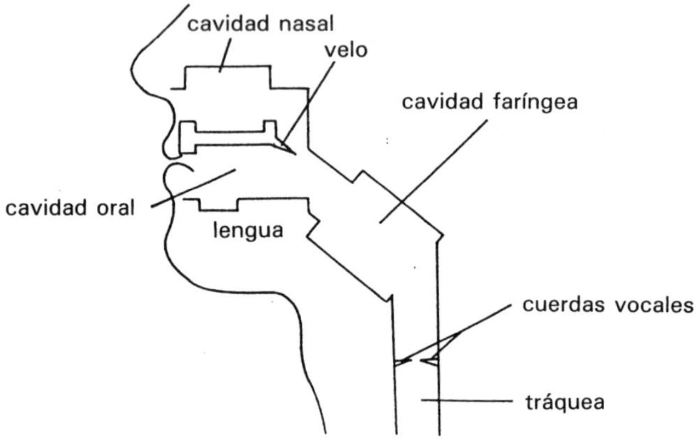

Fig. 3.12. Conducto vocal

de sonido». Esto implica que la onda del lenguaje debe ser especificada sólo en términos de *fuente* y de *filtro.* Existe cierta correspondencia entre el término articulatorio *fonación* y el término acústico *fuente,* y, asimismo, entre el de *articulación* y el de *filtro.*

La cavidad bucal, que es como un tubo lleno de aire, un cuerpo de aire, actúa como un filtro. Es lo que se denomina la función de transferencia o de filtro del conducto vocal: $T\ (f)$.

Esta función tiene, según Fant *(1968,* 203), tres componentes principales, que se pueden escribir simbólicamente del siguiente modo:

$$T\ (f) = T\ (\text{polos})\ T\ (\text{ceros})\ T\ (\text{radiación})$$

La función de radiación está siempre presente. Es directamente proporcional a la frecuencia, e inversamente proporcional a la distancia desde la boca del hablante al micrófono.

El factor de transferencia *T* (polos) interviene también en todas las categorías de los sonidos del lenguaje y se puede especificar como una suma de curvas elementales de resonancia representada cada una tanto como un factor de aumento en decibeles, cuanto como una función de la frecuencia.

El factor *T* (ceros) se representa por medio de un conjunto similar de curvas elementales de antirresonancia. Una antirresonancia elimina una resonancia de la misma frecuencia y reduce el efecto de una resonancia adyacente. Las antirresonancias —o los ceros, en la terminología matemática— aparecen siempre que hay un conducto lateral del conducto acústico principal, o cuando la fuente no se localiza en el final posterior del conducto vocal (es lo que ocurre en las consonantes nasales y en las vocales nasalizadas).

Los órganos articulatorios cambian de posición, formando en la región supraglótica cavidades de volumen y forma diferentes; al ser estas cavidades (resonadores) diferentes, la frecuencia de respuesta es también diferente, y con ello, el espectro de la onda que salga del resonador. De este modo, se crean las distintas ondas sonoras que conforman los sonidos del lenguaje.

Los máximos de la función de transferencia del conducto vocal originan los *formantes* del espectro del sonido, que pueden ser definidos también como las resonancias del conducto vocal. Las frecuencias de estos formantes se denominan *frecuencias formánticas.*

Es necesario no confundir las frecuencias de los formantes con la frecuencia de cualquier armónico de la onda sonora compleja, aunque puedan coincidir en algún caso. Las frecuencias de los armónicos dependen de la frecuencia fundamental, mientras que las frecuencias de los formantes dependen de los resonadores. Si la frecuencia fundamental de la onda sonora aumenta o disminuye, pero no se modifican los resonadores, los formantes de las ondas, a la salida del resonador, serán idénticos.

De la configuración de estos formantes depende el *timbre* del sonido.

3.5. EL SONOGRAMA O ESPECTROGRAMA

La onda acústica de la palabra es un sonido complejo que necesitamos analizar para estudiar sus tres componentes más importantes: número, amplitud y frecuencia de las vibraciones. Este análisis, como dice Bertil Malmberg *(1962,* 13-14), puede hacerse empleando tres procedimientos:

1) Por medio del análisis matemático de la curva compleja, según el teorema de Fourier, que nos enseña, como ya vimos antes, que cualquier onda compuesta puede ser analizada en un número de curvas sinusoidales, múltiplos de la fundamental.

2) Con la ayuda de un filtro acústico.

3) Por el oído, lo que exige que sea sumamente sutil para poder separar cada uno de los componentes que integran el conjunto total de la onda sonora.

El primer procedimiento es largo y complicado; el tercero, muy difícil, casi imposible de conseguir. Nos queda como más viable el segundo, el de los filtros acústicos; éste presenta, automáticamente, todos los elementos componentes de la onda acústica, que pueden ser objeto de un estudio exacto y no muy complicado

Los filtros acústicos son, como hemos visto, resonadores; constituyen un sistema de transmisión pasiva que sólo permite el paso de una determinada gama de frecuencias a través de ellos, es decir, que sólo dejan pasar aquellas ondas simples cuyas frecuencias coinciden con las de cada uno de los filtros. De este modo, las ondas cuyas frecuencias son superiores o inferiores a las frecuencias que puede dejar pasar un determinado filtro, no pasarán a través de éste, sino que se dirigirán a otro filtro, sensible para frecuencias superiores o inferiores.

En este libro, utilizaremos dos tipos de filtros: el de banda estrecha, cuyo paso de banda es de 45 cps, y el de banda ancha, de 300 cps. Cuando se utiliza el filtro de banda estrecha, se extrae una banda de frecuencia de 45 cps, que es inferior siempre a la distancia entre dos armónicos (normalmente, cualquier frecuencia fundamen-

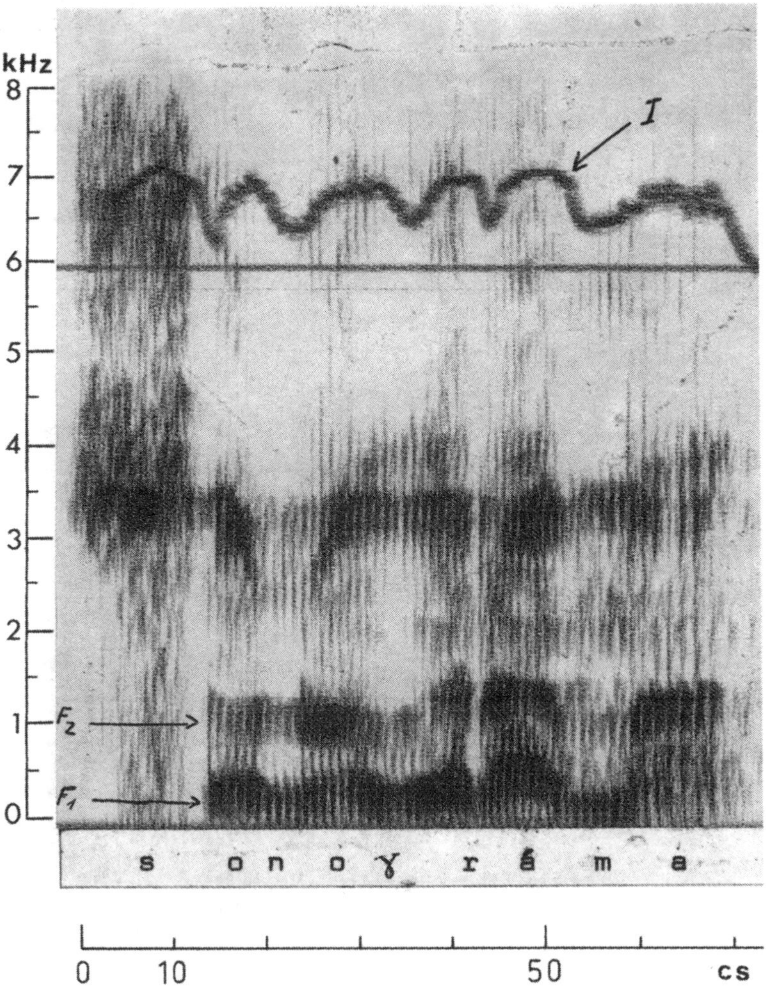

FIG. 3.13. Sonograma de banda ancha (filtros de 300 Hz). F_1: primer formante; F_2: segundo formante; I: intensidad

tal es superior a los 45 cps). El sonograma que se obtiene con este filtro muestra una resolución del espectro en sus diferentes armóni-

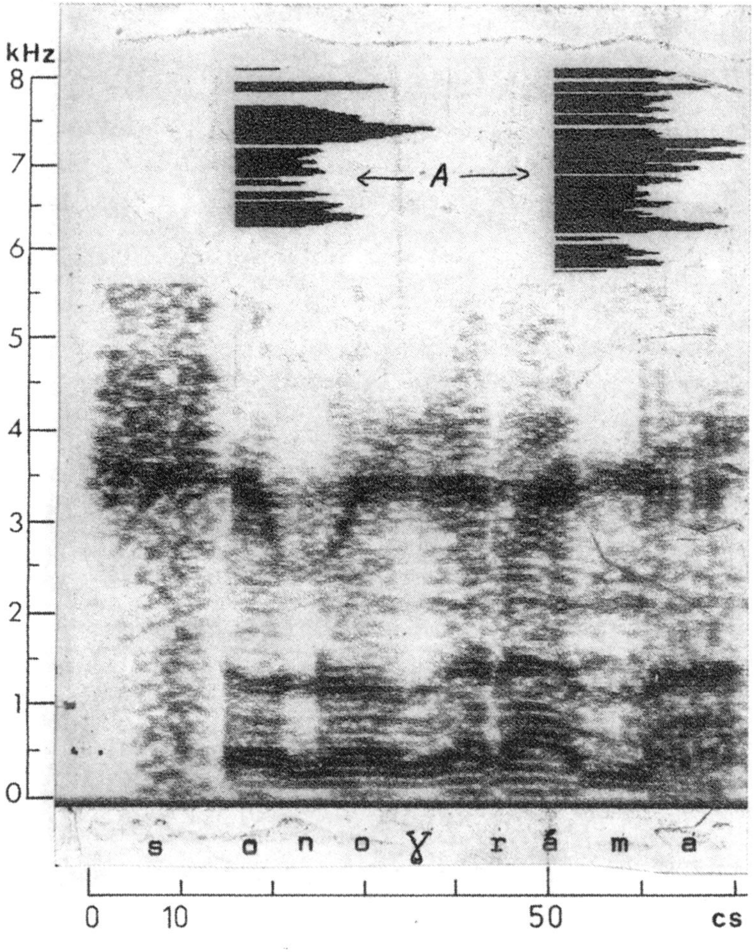

FIG. 3.14. Sonograma de banda estrecha (filtros de 45 Hz). *A:* amplitudes

cos (v. figura 3.14.): es un *sonograma de banda estrecha.* Cuando se utiliza el filtro de banda ancha, se obtiene una banda de frecuencias de 300 cps, que comprende varios armónicos. De este modo se ponen de relieve las zonas de frecuencias que han sido reforzadas en las cavidades supraglóticas (v. fig. 3.13.). El sonograma resultante se denomina *sonograma de banda ancha.* Un sonograma suministra los parámetros necesarios para el análisis acústico de los sonidos.

1. En el eje de abscisas viene dada la *cantidad* del estímulo. El tiempo total que puede abarcar un sonograma es de 2,4 segundos. Como la cantidad de cada sonido no llega a un segundo, se utiliza normalmente la centésima de segundo (c.s). Sobre este eje de tiempos se puede realizar la delimitación de cada segmento. En las figuras 3.13. y 3.14., está representada la escala de tiempos, en el eje de abscisas.

2. En el eje de ordenadas se representan las *frecuencias,* en KHz, en las figuras mencionadas, desde 0 KHz hasta 8 KHz.

3. El grado de negror indica la *intensidad* de los componentes, aunque hay, como veremos, otros procedimientos para analizarla. En el sonograma de la figura 3.13., el segmento de mayor ennegrecimiento es la [a].

Además de estos tres parámetros, el sonograma nos proporciona:

4. *La estructura formántica* de los componentes, cuyo correlato subjetivo es el *timbre.* Para ello, se utiliza el filtro de banda ancha (300 Hz). Con este procedimiento se ponen de relieve los *formantes,* que son las regiones de frecuencia de mayor intensidad, es decir, el conjunto de ondas simples o armónicos, cuyas frecuencias, al coincidir con las de los resonadores bucales, han sido reforzadas. Los formantes tienen una anchura media de aproximadamente 200 Hz. Están representados por medio de unas bandas negras, anchas, situadas horizontalmente. Poseen la mayor energía de todo el espectro. (Véanse en la figura 3.13. los distintos formantes: los dos primeros, F_1 y F_2, de la primera [o] de [sonoɣráma] están indicados por medio de dos flechas.)

En cada segmento, la relación entre estos formantes es lo que produce la sensación de timbre.

En un sonograma de banda ancha, como el de la figura 3.11., se notan fácilmente unas estriaciones verticales, sobre todos los segmentos, menos [s], formadas por finísimas líneas negras. Cada línea refleja la excitación de las cavidades bucales a causa de un impulso de aire de la corriente glotal, producido por un movimiento de abertura y cierre de las cuerdas vocales. De este modo, se puede calcular la frecuencia fundamental F_o, que es inversamente proporcional a la duración de uno de estos períodos, T_o, ya que $F_o = 1/T_o$.

5. La *frecuencia fundamental.* Es preferible emplear en este caso el filtro de banda estrecha (45 Hz), que permite la aparición sobre el sonograma de los armónicos individuales; el primer armónico será la *frecuencia fundamental* y los demás (segundo, tercero, cuarto, etc., armónicos), de la onda periódica compuesta, serán múltiplos del fundamental. La figura 3.14. es el mismo sonograma de la 3.13., pero utilizando el filtro de banda estrecha; sobre él aparecen todos los armónicos; unos son más negros que otros, y algunos apenas se perciben. Los armónicos más negros (más intensos) son aquellos cuyas frecuencias han coincidido con las de los resonadores bucales, y han sido reforzados. Si hacemos una extrapolación de ellos, obtendremos los mismos formantes señalados en la figura 3.13.

La frecuencia fundamental, o la de cualquier armónico, se mide, como ya sabemos, en ciclos por segundo (Hz o cps), partiendo de la línea cero de frecuencias, y siguiendo, hacia arriba, el eje de ordenadas.

El armónico fundamental nos será de mucha utilidad en el momento de estudiar la curva melódica para obtener los patrones de entonación de cualquier lengua.

6. La *intensidad.* La intensidad global de cada segmento se representa, siguiendo el eje de abscisas, en la parte superior del sonograma, por medio de la línea I que aparece en la figura 3.13. La intensidad de cada segmento se mide en decibeles a partir de la línea cero de intensidad (inmediatamente por debajo de la línea I).

La *amplitud*. En la parte superior del espectrograma de la figura 3.14., están representadas las amplitudes de dos sonidos (señaladas por A). El perfil de la amplitud es el mejor medio de represen-

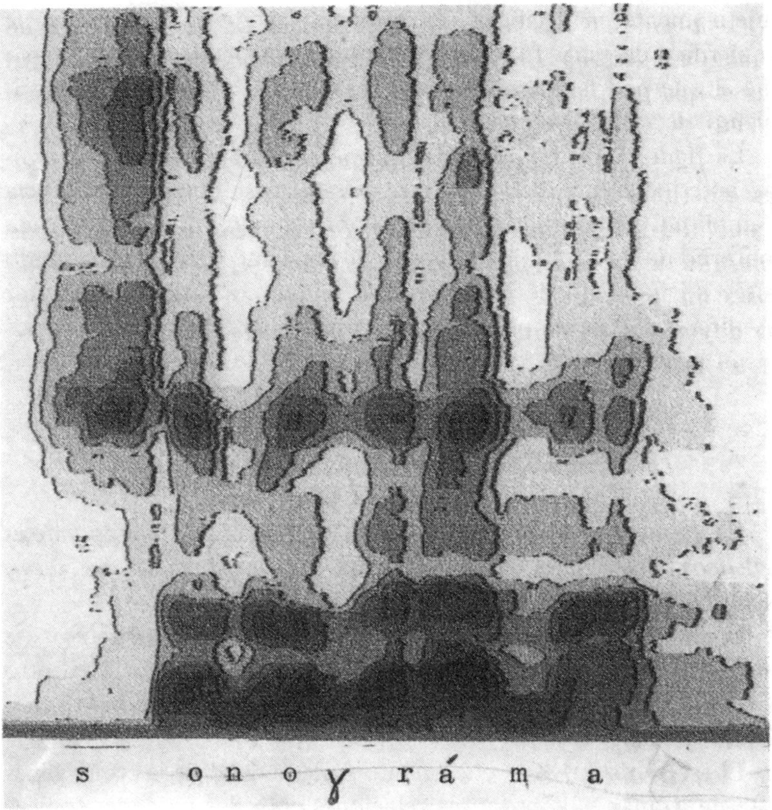

FIG. 3.15. Sonograma con las amplitudes de las diferentes zonas de energía

tar la intensidad de un sonido en un punto dado de su extensión en el tiempo. Así, en el punto temporal que hemos señalado para cada uno de estos sonidos obtenemos la amplitud de cada armónico. La escala de frecuencias de estos perfiles de amplitudes es inversa:

comienza en la parte superior del espectro, siguiendo el eje de ordenadas; las amplitudes más altas son las de más baja frecuencia y corresponden, por lo tanto, a los primeros armónicos. Por medio de estas amplitudes, la intensidad de cada armónico es mensurable objetivamente en decibeles, en dirección al eje de abscisas, y de izquierda a derecha. El resultado, consecuentemente, es más exacto que el que podríamos obtener comparando el grado de ennegrecimiento de cada armónico.

La figura 3.15. representa el mismo sonograma de las dos figuras anteriores en función de tres parámetros: tiempo, frecuencia y amplitud. Esta última viene dada por las líneas que definen cada contorno de un determinado grado de ennegrecimiento: cada grado posee un intervalo de 6 db. De este modo, es posible contrastar las diferencias de amplitud en las distintas frecuencias o tiempos de un espectro dado.

3.6. ÍNDICES ACÚSTICOS Y RASGOS DISTINTIVOS

La estructura de la onda acústica origina los llamados *índices acústicos,* los cuales contribuyen al funcionamiento del rasgo distintivo.

Según Pierre Delattre *(1967,* 178-179), un rasgo distintivo «es una señal fonética compleja capaz de cambiar un fonema en otro por sustitución y, como consecuencia, de originar transformaciones significativas».

El rasgo distintivo es el elemento fundamental de la teoría binarista de Roman Jakobson: las relaciones entre las unidades fónicas distintivas de las lenguas se basan en la presencia o ausencia de un rasgo distintivo (principio binario), lo que equivale a la elección entre dos cualidades polares de la misma categoría (denso/difuso) o entre la presencia y ausencia de una determinada cualidad (sonoro/sordo). Los rasgos distintivos son los últimos constituyentes de una lengua. Así, por ejemplo, en español, /b/ posee el rasgo «sonoro» que lo distingue de /p/, el rasgo «oral» que lo distingue de /m/, el rasgo «grave» que lo distingue de /d/, el rasgo «difuso» que lo distingue de /g/.

La exposición sistemática de los rasgos distintivos, dentro del esquema binarista, fue realizada por Jakobson, Fant y Halle *(1952)*.

3.6.1. Clasificación de los rasgos distintivos

Los rasgos distintivos se dividen en dos clases: los *rasgos prosódicos* y los *rasgos intrínsecos* o *inherentes*. Sólo los fonemas que constituyen el núcleo silábico presentan los rasgos prosódicos y únicamente se pueden definir en función del relieve de la sílaba o de la cadena silábica. Por el contrario, los rasgos intrínsecos se manifiestan en los fonemas independientemente de su función silábica.

3.6.1.1. *Clasificación de los rasgos distintivos prosódicos*

R. Jakobson distingue tres tipos de rasgos prosódicos: la *frecuencia del fundamental*, la *intensidad* y la *cantidad* (que él denomina, respectivamente, *tono, fuerza* y *cantidad)*.

Cada uno de estos tres rasgos prosódicos presenta dos variedades, según su cuadro de referencia: *a)* intersilábico: el núcleo de una sílaba se compara con el núcleo de otras sílabas en el interior de una misma secuencia; *b)* intrasilábico: un momento del núcleo silábico puede compararse con otros momentos del mismo núcleo o con el vacío siguiente.

3.6.1.1.1. *Los rasgos prosódicos de tono.* — Desde el punto de vista intersilábico, el rasgo de tono es el que hace diferenciar distintos núcleos silábicos en el interior de una secuencia, valiéndose de las diferencias de frecuencia del armónico fundamental. Pueden señalarse dos rasgos de tono: *alto* o *bajo,* susceptibles de dividirse, según las lenguas, en: *neutro/alto, neutro/bajo,* o bien *alto aumentado/alto disminuido, bajo aumentado/bajo disminuido.*

Desde el punto de vista intrasilábico, el rasgo de *modulación* hace contrastar el tono alto de una parte de un fonema con el tono bajo de la parte siguiente o del fonema siguiente (en un diptongo, por ejemplo), o a la inversa. Por lo tanto, la modulación puede ser ascendente o descendente, y se da en cualquier nivel tonal; por ejemplo: alto ascendente/alto descendente, etc.

Estos rasgos son propios de las llamadas *lenguas tonales.*

3.6.1.1.2. *Los rasgos prosódicos de fuerza.* — Desde el punto de vista intersilábico, el *acento dinámico* realiza el contraste entre un núcleo silábico, acústicamente más intenso, con los otros centros silábicos menos intensos.

Es el caso del español *cántara-cantara-cantará.*

Desde el punto de vista intrasilábico, se comparan dos partes contiguas del fonema acentuado, resultando que la parte inicial presenta el máximo de intensidad, mientras que en la parte final, disminuye. Es el rasgo llamado *stosston,* o en danés, lengua que lo posee, *stød.*

3.6.1.1.3. *Los rasgos prosódicos de cantidad.* — Intersilábicamente, los rasgos de cantidad hacen contrastar un fonema normal, breve, núcleo de una sílaba, con los fonemas de mayor duración, largos, de otras sílabas; el fonema marcado es el que posee el rasgo prosódico de cantidad, y el no marcado, el de brevedad. El rasgo de cantidad funciona en lenguas como el latín, donde, por ejemplo, *sŏlum* /solum/ 'suelo' — *sōlum* /so:lum/ 'solo'.

Intrasilábicamente, el rasgo de *unión,* o de *contacto,* se basa en una diferencia en la distribución de la duración entre la vocal y la consonante siguiente.

3.6.1.2. *Clasificación de los rasgos distintivos intrínsecos*

Los rasgos intrínsecos son manifestaciones propias de los fonemas, como segmentos constitutivos y autónomos de la cadena hablada. Al contrario de lo que ocurre con los rasgos prosódicos, la presencia o ausencia de un rasgo intrínseco puede cambiar, si es pertinente, la naturaleza de un fonema. El fonema /a/ de la secuencia /ámo/ puede tener el rasgo de intensidad, /á/, o no, /a/, sin que su presencia o ausencia modifique la naturaleza de ese fonema. En cambio, si en un fonema como /b/ prescindimos del rasgo de sonoridad, deja de ser /b/ para convertirse en el fonema /p/.

Los rasgos intrínsecos se dividen en dos categorías: los *rasgos de sonoridad* y los *rasgos de tonalidad.*

3.6.1.2.1. *Los rasgos de sonoridad.* — Los rasgos de sonoridad están relacionados con los rasgos prosódicos de intensidad y cantidad. Utilizan principalmente la cantidad y/o la concentración de la energía acústica en cada momento de la producción de un fonema.

Los rasgos de sonoridad son: *vocálico-no vocálico, consonántico-no consonántico, compacto-difuso, tenso-laxo (flojo), sonoro-sordo, nasal-oral, interrupto-continuo, estridente-mate.*

3.6.1.2.1.1. *Vocálico/no vocálico.* — Desde el punto de vista acústico, el *rasgo vocálico* se caracteriza por la presencia de una estructura formántica netamente definida. En el *rasgo no vocálico,* está ausente esa estructura formántica.

Desde el punto de vista articulatorio, el rasgo vocálico se debe principal o solamente a una excitación producida al nivel de la glotis, y la ausencia de obstáculos, al paso del aire fonador a través de las cavidades supraglóticas.

3.6.1.2.1.2. *Consonántico/no consonántico.* — Acústicamente, el *rasgo consonántico* se muestra bajo el efecto de una disminución de la energía total y por la presencia de zonas de no resonancia en su espectro, mientras que el *rasgo no consonántico* se caracteriza por el efecto contrario.

Articulatoriamente, el rasgo consonántico se caracteriza por la presencia de un obstáculo en las cavidades supraglóticas, mientras que el rasgo no consonántico se caracteriza por la ausencia de obstáculo.

Las vocales tienen el rasgo vocálico y el no consonántico; las posiciones de los dos, y a veces de los tres, primeros formantes proporcionan la identificación de las vocales. Las consonantes, por el contrario, poseen el rasgo consonántico y el rasgo no vocálico.

Entre el grupo de las consonantes y el de las vocales se encuentra el de las líquidas (laterales y vibrantes), que poseen tanto rasgos vocálicos como consonánticos; como vocales, las líquidas tienen solamente una fuente armónica, y su espectro es similar al de las vocales, en lo que se refiere a la organización de los formantes. Como consonantes, hay zonas de no resonancia en su espectro. La configuración de sus tres primeros formantes es diferente, como veremos más adelante, del de las vocales, pese a su semejanza. Además, la intensidad global de las líquidas es mucho menor que la de las vocales.

Articulatoriamente, las líquidas poseen también unas características semejantes a las de las vocales: cavidad bucal con amplia dimensión longitudinal; y a las consonantes: cierre y abertura de la salida del aire a través de la cavidad bucal, o cierre intermitente de la misma.

Resumiendo, podríamos decir:

	vocal	*consonante*	*líquida*
Rasgo vocálico	+	—	+
Rasgo consonántico	—	+	+

En cuanto a su percepción, en igualdad de condiciones, las vocales son más perceptibles, en general, que las consonantes, y también éstas tienen menos potencia que las vocales. Según los trabajos de Sacia y Beck, la fuerza media de las vocales inglesas es de 9 a 47 microwatios, mientras que la de las consonantes se sitúa entre los 0,08 y los 2,11 microwatios.

3.6.1.2.1.3. *Compacto* (o *denso)/difuso.* — Desde el punto de vista acústico, el *rasgo compacto* o *denso* se caracteriza por una concentración más elevada de energía en una zona relativamente estrecha, central de su espectro, acompañada de un aumento de la cantidad total de energía y de su expansión en el tiempo. Por el contrario, el *rasgo difuso* se caracteriza por una concentración más reducida de energía en la zona central del espectro, acompañada de una disminución de la cantidad total de energía y de su expansión en el tiempo.

En *(1963,* 128), Jakobson atribuyó genéticamente la diferencia entre estos dos rasgos a las relaciones existentes entre la forma y el volumen de las cavidades de resonancia anterior y posterior al lugar de articulación: para las vocales abiertas, y las consonantes velares y palatales, comprendidas las postalveolares, el resonador anterior tiene la forma de un cuerno —el volumen decrece desde la parte anterior hasta la posterior—, mientras que el de las vocales cerradas y las consonantes labiales y dentales, comprendidas las alveolares, presentan una cavidad que se parece a la de un resonador de Helmholtz, es decir, una cavidad relativamente amplia con una abertura pequeña.

En Jakobson, Fant y Halle *(1952,* 27) se especifica de otro modo esta relación, caracterizando por separado consonantes y vocales. *a)* En cuanto a las consonantes: diferencia de volumen del resonador anterior y posterior al lugar de articulación; la relación del anterior al posterior es mayor para los fonemas compactos que para los difusos. De este modo, las consonantes velares y palatales son compactas en comparación con las consonantes articuladas en la parte anterior de la cavidad bucal (alveolares, dentales, labiales) que son realmente difusas. *b)* En cuanto a las vocales: la compacidad o difusión viene producida articulatoriamente, más que por la relación de los volúmenes anterior o posterior, por la diferente sección de paso que se establece entre los dos resonadores; cuanto mayor sea esta sección de paso, mayor será la compacidad de la vocal, y viceversa. Por ejemplo, [a] es la vocal más compacta, mientras que [i, u] son las más difusas.

M. Halle propuso más adelante *(1957* y *1959,* 53 y 126) dividir esta pareja de rasgos en *compacto/no compacto, difuso/no difuso.* Se basó en que en los sistemas vocálicos de más de dos grados de abertura los fonemas medios /e/, /o/, /ɛ/, /ɔ/ no eran ni compactos ni difusos: eran relativamente compactos con relación a /i/, /u/ y relativamente difusos con relación a /a/. De este modo, se daba entrada a un rasgo «ternario» que se oponía al binarismo. La innovación de M. Halle confiere a las vocales dos parejas de oposiciones, y una sola para las consonantes. De este modo, en cuanto al vocalismo, tendremos: /a/ como *compacto,* se opone a todos los demás fonemas vocálicos, que son *no compactos* (/i/, /u/, /e/, /o/). Los no compactos, a su vez, son: *difusos:* /i/, /u/, y *no difusos:* /e/, /o/. En cuanto a los fonemas consonánticos, basta una sola pareja de los rasgos distintivos para su funcionamiento: los compactos son no difusos y los difusos son no compactos. Por ello, Halle *(1957,* 71) propuso que los fonemas consonánticos se clasificasen según los rasgos distintivos *compacto/no-compacto.* Compactos serán los fonemas denominados articulatoriamente palatales, velares, y los no compactos los labiales, dentales, alveolares e intermedios.

3.6.1.2.1.4. *Tenso/laxo* o *flojo.* — En Jakobson *(1963,* 128-129) se caracterizan acústicamente estos rasgos del siguiente modo: en el rasgo tenso: zonas de resonancia más netamente definidas en el espectro y, al mismo tiempo, un aumento de la cantidad total de energía y de su expansión en el tiempo. El rasgo flojo se caracteriza por lo contrario.

R. Jakobson y M. Halle, en el trabajo «Tension et Laxité» [3], señalan las características articulatorias de este rasgo:

> En la producción de los fonemas flojos, el aparato fonador se comporta del mismo modo que con los fonemas tensos correspondientes, pero con una atenuación notable. Esta atenuación se manifiesta en una presión de aire más baja en la cavidad (con un cierre total de la glotis), en una deformación más leve del aparato fonador respecto a su posición neutra, central, y/o en un relajamiento más rápido de la constricción. Lo que caracteriza a las consonantes ten-

[3] Recogido en Jakobson *(1963,* 150-157, y *1962,* 550-555).

> sas es esencialmente un mayor intervalo de tiempo pasado en una posición distante de la posición neutra; en cuanto a las vocales tensas, no sólo perseveran en una posición como ésta, óptima para la realización de un sonido sostenido, extendido, no reducido, sino que, además, presentan también una mayor deformación del aparato fonador.

El *rasgo tenso* y el *rasgo laxo* o *flojo* son totalmente redundantes en el sistema fonológico español, por coincidir con el rasgo sordo y con el sonoro, respectivamente. No obstante, en otras lenguas, como el alemán, el inglés o el francés, estos rasgos son pertinentes.

3.6.1.2.1.5. *Sonoro/sordo.* — El *rasgo de sonoridad* se caracteriza acústicamente por la superposición de una fuente armónica sonora que se refleja en el espectrograma como un formante de muy baja frecuencia, situado, lógicamente, en su parte inferior. El *rasgo de sordez* se manifiesta por la ausencia de ese formante.

Articulatoriamente, la diferencia entre estos rasgos se debe a la vibración o no vibración de las cuerdas vocales, vibración que origina el formante inferior de sonoridad, o barra de sonoridad.

3.6.1.2.1.6. *Nasal/oral.* — Acústicamente, el *rasgo de nasalidad* se manifiesta en el espectro de las vocales a través de una reducción en la intensidad del primer formante (F_1), y en las consonantes, por la aparición de zonas de formantes en unas determinadas frecuencias. El *rasgo de oralidad* se manifiesta justamente por lo contrario.

Articulatoriamente, el rasgo de nasalidad se debe a la aparición de una nueva cavidad de resonancia posterior, debida al descenso del velo del paladar.

3.6.1.2.1.7. *Interrupto/continuo.* — Desde el punto de vista acústico, el rasgo *interrupto* se caracteriza por un momento de silencio (por lo menos en las bandas de frecuencia situadas por encima de las vibraciones de las cuerdas vocales), seguido y/o precedido de una difusión de la energía sobre una amplia banda de frecuencias (reflejada bien en forma de columna o barra de explosión, bien en la transición rápida de los formantes vocálicos). El rasgo *continuo* se caracteriza por la ausencia de estas propiedades.

El espectro del segmento que posee el rasgo interrupto se caracteriza por un momento de silencio al que sigue una barra perpendicular que es el resultado de la explosión (si es sonora aparecerá en su parte inferior su barra de sonoridad, solamente), mientras que el continuo se caracterizará por la presencia de frecuencias, armónicas o inarmónicas, situadas en diferentes regiones de su espectro.

Genéticamente, el rasgo interrupto se caracteriza por una detención rápida de la fuente de sonido con dos manifestaciones: *a)* cierre y/o abertura rápida del aparato fonador, que distingue las oclusivas de las constrictivas; *b)* la o las vibraciones que distinguen las líquidas interruptas, como /r/, /r̄/, de las líquidas continuas como /l/, /λ/.

3.6.1.2.1.8. *Estridente/mate.* — Los rasgos estridente y mate afectan únicamente a las consonantes.

Acústicamente, las consonantes que poseen el *rasgo estridente* se caracterizan por la total irregularidad en sus ondas sonoras componentes; su espectrograma refleja una distribución desigual, desordenada, de las áreas de sus frecuencias.

Las consonantes que poseen el *rasgo mate* se caracterizan porque en su espectrograma las áreas de sus frecuencias aparecen en estriaciones de forma horizontal o vertical. Cuando estas estriaciones son horizontales, recuerda, salvando su inarmonicidad, los formantes vocálicos.

Tanto las consonantes estridentes como las mates se caracterizan por un ruido que es debido a la constricción que sufre la corriente de aire en el lugar de articulación. En las consonantes estridentes este ruido es más intenso y más turbulento, ya que, además de la correspondiente constricción, se establece una barrera o un obstáculo suplementario que es el causante de su peculiar estridencia; en las consonantes mates, por el contrario, no existe esta barrera articulatoria suplementaria.

3.6.1.2.1.9. *Bloqueado/no bloqueado.* — Acústicamente, los sonidos que poseen el rasgo *bloqueado* o *glotalizado* se caracterizan por una proporción elevada de descarga de energía en un intervalo reducido de tiempo, mientras los que poseen el rasgo *no bloqueado* o *no glotalizado* se caracterizan por una proporción más baja de la descarga, en un intervalo más largo.

Genéticamente, el rasgo glotalizado se produce por medio de una compresión u oclusión rápida y momentánea de la glotis.

En español, esta pareja recibe también las denominaciones de recursivo/infraglotal, glotalizado/no glotalizado.

3.6.1.2.2. *Rasgos de tonalidad.* — Los rasgos de tonalidad están relacionados con los rasgos prosódicos que utilizan la altura o tono de la voz. Estos rasgos se hacen patentes, principalmente, por medio de la distribución de la energía en el espectro de frecuencias de un sonido. Los rasgos de tonalidad son los siguientes: *grave - agudo, bemolizado - no bemolizado, sostenido - no sostenido.*

3.6.1.2.2.1. *Grave/agudo.* — Desde el punto de vista acústico, los rasgos de gravedad o de agudeza se manifiestan por el predominio de una parte significante del espectro sobre la otra. Cuando predomina la parte baja del espectro, el sonido posee el rasgo *grave,* mientras que si predomina la parte alta, el sonido posee el rasgo *agudo.*

Genéticamente, el rasgo grave, en los segmentos vocálicos o consonánticos, viene determinado por una cavidad bucal de resonancia amplia y no dividida (fonema periférico), mientras que el rasgo agudo se origina a causa de una cavidad bucal de resonancia pequeña y dividida (fonema mediano). Las vocales [u, o], por ejemplo, y las consonantes [p, b, m, k, g], etc., son graves; los resonadores bucales son grandes y no están divididos, mientras que las vocales [i, e] o las consonantes [s, t, n], etc., son agudas por presentar resonadores bucales pequeños y divididos.

Sobre la dicotomía grave/agudo se levantaron polémicas, porque no convenía a determinados grupos de consonantes, como, por ejemplo, a las nasales. Jakobson propuso la solución de subdividir estos rasgos distintivos en las lenguas que tuviesen tres fonemas consonánticos nasales: /m/, /n/, /ɲ/. De este modo, aparecen dos nuevas parejas: *grave/no grave, agudo/no agudo.*

El rasgo *grave* se manifiesta por medio de una concentración de energía en las frecuencias bajas, y el rasgo *no grave* presenta una concentración de energía en las frecuencias no bajas, es decir, no sólo en las altas, sino también en las medias.

El *rasgo agudo* se caracteriza por una concentración de energía en la zona de frecuencias altas, y el rasgo *no agudo* presenta la concentración de energía en las frecuencias no altas, es decir, en las medias.

Genéticamente, los rasgos grave/no grave tienen su correlato articulatorio en una cavidad de resonancia amplia y no dividida, /m/, frente a una cavidad no amplia y dividida /n/, /ɲ/ o /n̮/. Los rasgos agudo/no agudo presentan, dentro de una cavidad dividida, un resonador más amplio en el no agudo, /n/, que en el agudo, /ɲ/, o /n̮/.

3.6.1.2.2.2. *Bemolizado/no bemolizado* (o *normal).* — Acústicamente, el rasgo de *bemolización* se hace patente en el sonograma por el descenso en la línea de frecuencias de algunos o de todos los formantes del espectro o de sus zonas de frecuencia, mientras que el rasgo *normal* o de *no bemolización* se manifiesta por lo contrario.

Articulatoriamente, el rasgo bemolizado se origina por medio de una reducción del orificio anterior o posterior del resonador bucal y por una velarización concomitante que lo dilata.

En francés, por ejemplo, /i/ *i* es normal o no bemolizado, frente a /y/ *u,* que es bemolizado.

3.6.1.2.2.3. *Sostenido/no sostenido.* — Acústicamente, el rasgo *sostenido* viene determinado por una elevación del segundo formante, o por un refuerzo de alguno de los componentes de alta frecuencia. El rasgo *no sostenido* no acusa estos cambios.

Articulatoriamente, se produce este rasgo a causa de una dilatación del orificio posterior del resonador bucal (la faringe) y de una palatalización concomitante que reduce y divide la cavidad central.

3.7. PREDOMINIO DEL ANÁLISIS ACÚSTICO SOBRE EL ARTICULATORIO

En la comunicación oral, una sucesión de sonidos, conformados acústicamente, llega al oído del interlocutor, que reacciona ante ellos porque son los portadores de la información. Es decir, lo inmediato es lo acústico, que es lo que siempre percibimos, aunque el emisor, o creador de la onda sonora por medio de los movimientos de sus órganos articulatorios, no esté presente. Esto no quiere decir que no sea imprescindible el conocimiento de la fonética genética o articulatoria: sin ella, no podríamos explicar la formación de cada sonido, ni los hábitos motrices articulatorios, que tan importante papel desempeñan en la identificación de la onda acústica percibida [4], ni tantas cosas, como veremos a lo largo de este libro.

Para la fonética articulatoria tradicional, cada posición de los órganos fonadores daba origen a un sonido distinto, y la más leve modificación de ese estado articulatorio daba lugar a uno nuevo. De ahí el concepto de *punto de articulación*, tan importante en la época. Pero la aparición de la acústica, y la aparición, en el propio campo de la fonética articulatoria, de los filmes radiológicos, han puesto de relieve la inexactitud de esos criterios. De ahí que B. Malmberg *(1952a*, 55) dijese: «Ya no es cuestión de indicar en milímetros la posición de la lengua de arriba abajo o de atrás adelante en la boca. Lo que es esencial no es saber dónde se encuentra exactamente el punto más alto del dorso de la lengua en un momento determinado. Se trata de conocer las diferentes posibilidades de producir los efectos acústicos deseados. El aspecto articulatorio de la palabra es necesariamente secundario con relación al aspecto

[4] Véase, por ejemplo, A. M. Liberman, *1957*.

acústico, lo que, bien entendido, no quiere decir que sea menos importante, ni menos interesante, que el otro. Pero es, sin embargo, con los sonidos, y no con los movimientos de ciertos órganos, como nos hacemos comprender cuando hablamos».

Veamos un solo ejemplo [5]: según Delattre *(1967 a)*, en el inglés americano, existen dos tipos muy diferentes de articulaciones individuales de /r/: uno, el retroflejo, con el ápice de la lengua elevado hacia la región prepalatal (lengua cóncava), y otro, con el mediodorso lingual elevado hacia la región mediopalatal (lengua convexa). Ambas realizaciones son percibidas como fonemas idénticos y, además, su espectro acústico es también idéntico [6].

Podemos concluir diciendo con Malmberg *(1971 a*, 75) que «La identidad de un sonido se encuentra en su estructura acústica, no en su modo de formación. Los estudios modernos sobre la formación de los sonidos (desde Meyer y Russell) han probado que la articulación presenta importantes variaciones sin que los sonidos (percibidos o analizados por los instrumentos) sean por ello diferentes. Es posible producir, con diferentes medios, el mismo efecto acústico-auditivo; la formación de un sonido debe, en la descripción fonética, ser subordinado al sonido».

3.8. DEFINICIÓN ACÚSTICA DE UN FONEMA Y DE UN SONIDO

Para la definición acústica de un fonema vocálico español se utilizan los siguientes rasgos: *vocálico* y *no consonántico; compacto/no compacto; difuso/no difuso; grave/no grave; agudo/no agudo:*

/a/: vocálico, no consonántico, compacto, no difuso, no grave, no agudo.

[5] Pueden verse más ejemplos en Quilis, *1988*, 20-22.

[6] El mismo autor dice sobre el fenómeno de la compensación *(1967a*, 177): «Ahora, los avances técnicos en el campo de la cinerradiografía han proporcionado una nueva evidencia al sugerir que movimientos articulatorios muy diferentes pueden producir sonidos que se perciben como un mismo fonema».

En el caso de un sonido, se utilizan también los índices que no funcionan como rasgos

[a]: vocálico, no consonántico, compacto, no grave, no agudo, no difuso, oral.

Para la definición acústica de un fonema consonántico español se emplean los siguientes rasgos: *consonántico* y *no vocálico; compacto / difuso; grave / no grave; agudo / no agudo; sonoro / sordo; nasal / oral; interrupto / continuo; estridente / mate.*

/b/: consonántico, no vocálico, difuso, grave, sonoro, oral.

[b]: consonántico, no vocálico, difuso, grave, sonoro, oral, mate.

La definición acústica de las consonantes líquidas viene dada por los siguientes rasgos: *vocálico* y *consonántico; compacto / difuso; continuo / interrupto; interrupto simple / interrupto múltiple.*

/l/: vocálico, consonántico, continuo, compacto

[l]: vocálico, consonántico, continuo, compacto.

IV

FONÉTICA AUDITIVA

4.1. EL OÍDO

Una fase de la comunicación, como ya dijimos, es la de la recepción de la onda sonora a través del órgano receptor que conocemos con el nombre de oído. El aparato auditivo es un transductor extraordinariamente complejo que, para su estudio, se divide en tres partes: el *oído externo,* el *medio* y el *interno.*

4.1.1. El *oído externo* está constituido por el *pabellón auditivo (1* de la fig. 4.1.), cuya misión es recoger la onda acústica y canalizarla hacia el oído medio. El pabellón auditivo desemboca en el *conducto acústico externo (2* de la fig. 4.1.), que es una especie de resonador de unos 25 mm. de largo y 8 mm. de diámetro. En su parte interior termina en el tímpano.

Este conducto acústico externo actúa como un resonador, que refuerza las ondas sonoras que coinciden con sus frecuencias de resonancia: aproximadamente entre los 2.500 y 4.000 cps. En estas frecuencias, la presión del sonido que llega al tímpano es de dos a cuatro veces mayor que la presión con la que entró en el conducto acústico externo; la sensibilidad del oído mejora así notablemente en esta gama de frecuencias. De este modo el oído puede captar sonidos que por su debilidad no percibiría si el tímpano estuviese situado en el mismo pabellón auditivo, donde comienza el conducto acústico externo [1].

4.1.2. El *oído medio* es una cavidad llena de aire; en ella, la energía acústica de la presión de las ondas de aire se convertirá en vibraciones mecánicas. Esta conversión se realiza en la membrana del tímpano, que vibra como respuesta a los cambios en la presión del aire que llega por el conducto acústico externo.

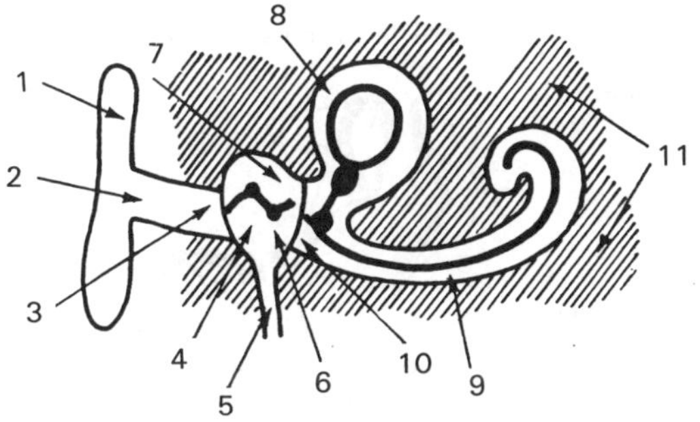

FIG. 4.1. Esquema del oído: 1: pabellón auditivo; 2: conducto acústico externo; 3: tímpano; 4: oído medio; 5: trompa de Eustaquio; 6: cadena de huesecillos; 7: ventana oval; 8: canales semicirculares; 9: caracol óseo; 10: ventana redonda; 11: peñasco

El *tímpano (3* de la fig. 4.1.) es el comienzo del oído medio y su órgano esencial; es una delgada membrana elástica, relativamente rígida, con forma de cono dirigido hacia el interior. Tiene aproximadamente 1 cm. de diámetro y una superficie de unos 0,8 cm^2. El tímpano no vibra siempre de la misma forma: con las bajas frecuencias, vibra todo, pero con las altas, diferentes partes de la membrana responden a diferentes frecuencias. Sus vibraciones se encaminan hacia la cóclea a través de la cadena de huesecillos.

[1] También sirve para mantener uniformes la temperatura y la humedad del aire que se encuentra en su vecindad, protegiendo así la sensibilidad del tímpano.

El oído medio termina en el oído interno hacia el cual se abre por medio de la *ventana oval (7* de la fig. 4.1.) y de la *ventana redonda (10* de la fig. 4.1.). La cadena de huesecillos *(6* de la fig. 4.1.) que atraviesa el oído medio va desde el tímpano hasta la ventana oval.

El tímpano es sensible a cualquier variación de la presión exterior: por ejemplo, a la llegada de una onda acústica. Esta presión se comunica al primero de los huesecillos, al *martillo* (v. fig. 4.2.),

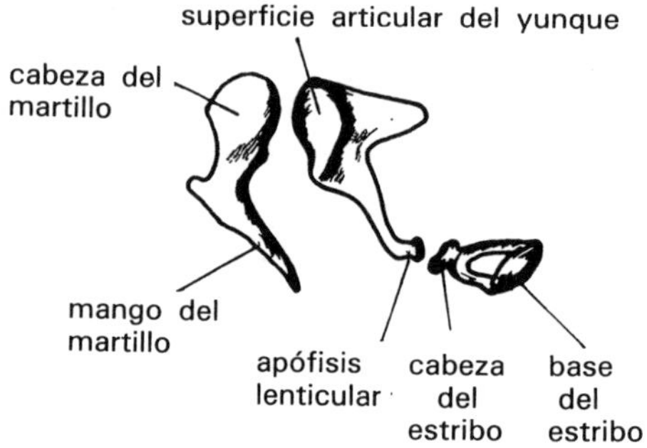

FIG. 4.2. Cadena de huesecillos

que, al estar unido al tímpano, es sensible a todas sus variaciones. La cabeza del martillo se mueve sobre la superficie articulatoria del *yunque* (segundo huesecillo), el que en su parte inferior se prolonga por medio de la *apófisis lenticular* (así llamada por su forma), que es la que enlaza con la cabeza del *estribo* (tercer huesecillo). La base del estribo cierra la ventana oval del oído medio. De este modo, cualquier variación de presión sobre el tímpano se transmite por medio del martillo, del yunque y del estribo hasta el oído interno (v. fig. 4.3.). La cadena de huesecillos convierte las vibraciones del tímpano en ondas hidráulicas, en el oído interno.

La caja del tímpano está cerrada por los huesos del cráneo, pero abierta hacia la faringe por medio de la *trompa de Eustaquio (5* de la fig. 4.1. y fig. 4.3.); este conducto sirve para igualar la presión del aire contenido en el oído medio con la presión del aire exterior; sin esta condición, la membrana del tímpano no podría vibrar en perfectas condiciones.

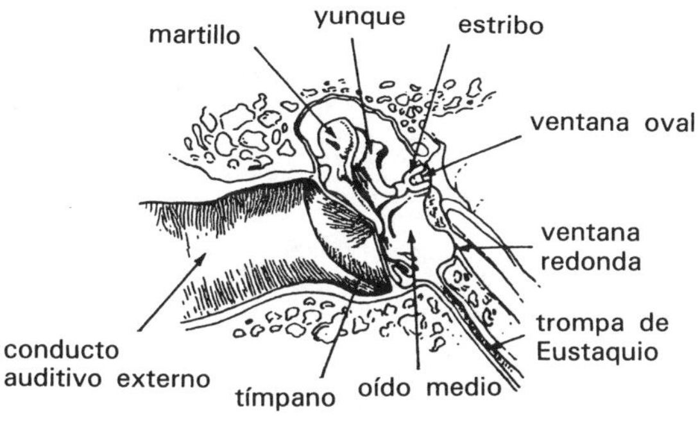

FIG. 4.3. Oído medio

El oído medio desempeña dos funciones:

a) Aumenta, gracias a la cadena de huesecillos, la energía acústica que desde el tímpano llega al oído interno. El tímpano, que es muy flexible entra en vibración en cuanto se produce la menor diferencia de presión entre el conducto auditivo externo y el oído medio. La cadena de huesecillos, que actúa como un conjunto de palancas, aumenta catorce veces la presión que llega a la ventana oval, con relación a la presión que tenían las ondas que llegaron al tímpano. Si consideramos, como hemos dicho antes, que entre los 2.500 y los 4.000 Hz, el conducto acústico externo multiplica de dos a cuatro veces la presión que entra en él hasta que alcanza el tímpano, resulta que para esas frecuencias la presión que llega a la ventana oval es entre veintiocho a cincuenta y seis veces mayor, aproximadamente (2×14 a 4×14) [2]. Gracias a esta amplificación,

[2] Vid. Perkins y Kent *1986,* 252.

podemos oír sonidos que son mil veces más débiles, y no podríamos oír muchos de ellos de otra manera.

b) Protege el oído interno de los ruidos fuertes que llegan al tímpano. La ganancia de sensibilidad para los sonidos débiles que

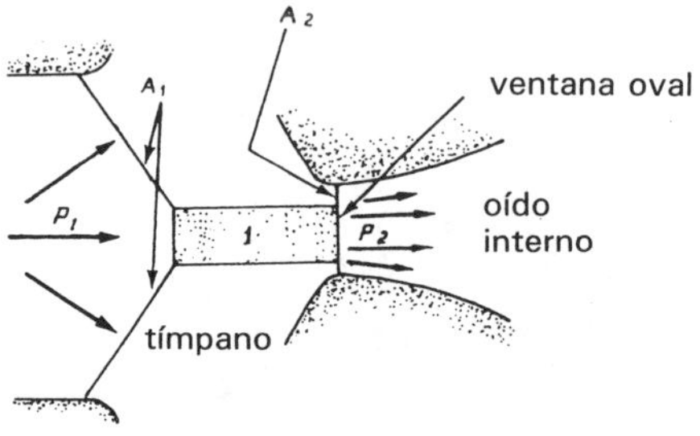

FIG. 4.4. Esquema figurado del aumento de presión a través del oído medio (según Denes y Pinson, *1963)*. 1: huesecillos; A_1: superficie del tímpano; P_1: presión de la onda acústica sobre A_1; A_2: superficie de la ventana oval; P_2: presión que se transmite al oído interno

se logra por medio del oído medio puede ser perjudicial cuando los sonidos son fuertes. Para evitar este peligro, por un lado, existe el músculo tensor del tímpano, cuya finalidad es aumentar la rigidez de éste para que vibre menos; por otro lado, está el músculo del estribo, que modifica su disposición con relación al yunque; esto da como resultado la modificación del modo de vibrar el estribo: en lugar de apoyarse como un pistón sobre la ventana oval, oscila alrededor del eje longitudinal de esta última, neutralizando la vibración transmitida por la cadena de huesecillos. La acción de estos dos músculos es en parte refleja y en parte voluntaria: parece que esté unida a la previsión de la señal acústica. La extensión de la regulación del nivel sonoro que permite este mecanismo es aproximadamente de unos treinta decibeles (Liénard, *1977*, 135-136).

4.1.3. El *oído interno* se llama también, a causa de su complicación, *laberinto.* Comprende dos partes: el óseo y el membranoso; este último dentro del anterior.

El laberinto óseo, de paredes óseas, comprende en su interior todas las estructuras membranosas y sensoriales que forman el oído interno. Consta de tres partes bien delimitadas:

a) el *vestíbulo,* que comunica con la caja del tímpano por medio de la ventana oval;

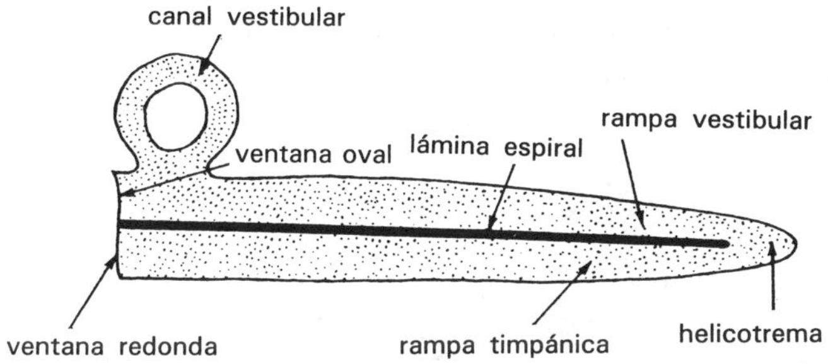

FIG. 4.5. Esquema del caracol

b) los tres *canales semicirculares* o *canales vestibulares* (fig. 4.5. y *8* de la fig. 4.1.), óseos, de forma semicircular, situados en tres planos perpendiculares; están abiertos por sus dos extremidades a la parte posterior del vestíbulo; a estos tres canales llegan las ramificaciones del *nervio vestibular* [3];

c) el *caracol óseo* o *cóclea (9* de la fig. 4.1.). Está alojado en los huesos del cráneo. Recibe esta denominación por su forma helicoidal, que lo hace semejante a la concha del molusco. Está enrollado sobre sí mismo dos veces y media. Es la sede de las transformaciones de las vibraciones mecánicas en impulsos nerviosos.

El caracol está dividido en dos regiones *(rampas)* por medio de la *lámina espiral.* (Véase en la fig. 4.5. un esquema del caracol

[3] Los tres canales semicirculares y el nervio vestibular son los responsables del sentido del equilibrio.

desenrollado.) La lámina espiral es ósea en su parte interna, y membranosa, en la externa. El interior de la lámina espiral forma una tercera región.

La región superior se comunica libremente con el vestíbulo, y está en contacto con la ventana oval; recibe la denominación de *rampa vestibular* (fig. 4.5. y *B* de la fig. 4.6.). La región inferior comunica con la ventana redonda; recibe el nombre de *rampa timpánica* (fig. 4.5. y *A* de la fig. 4.6.). Estas dos rampas se comunican por el extremo del caracol, por la parte denominada *helicotrema* (fig. 4.5.). Ambas están llenas de un líquido claro y viscoso denominado 'perilinfa'.

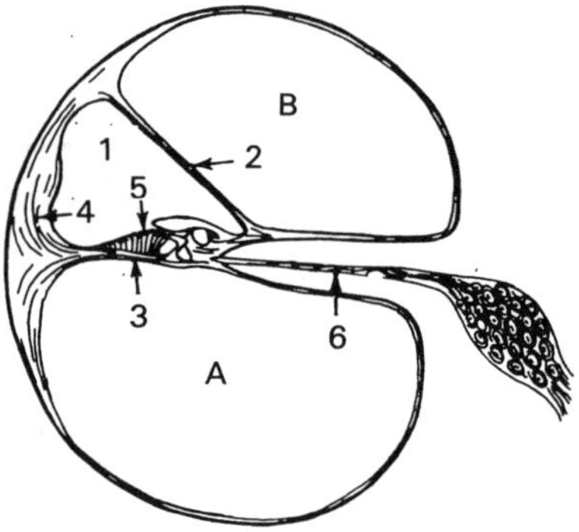

FIG. 4.6. Sección del caracol: A: rampa timpánica; B: rampa vestibular; 1: conducto coclear; 2: membrana de Reissner; 3: membrana basilar; 4: ligamento espiral; 5: órgano de Corti; 6: nervio auditivo o coclear

Las ondas sonoras provenientes del exterior ejercen cierta presión sobre el tímpano; esta presión se transmite, multiplicada, a través de la cadena de huesecillos a la ventana oval, la que se mueve hacia el interior presionando sobre el líquido, que, como no se puede comprimir, transforma las vibraciones mecánicas en ondas hidráulicas que se desplazan hacia la parte final del caracol, a través del helicotrema, poniendo también en movimiento la perilinfa que se encuentra en la rampa timpánica.

Si en el caracol hacemos un corte transversal, tal como muestra la fig. 4.6., nos encontramos con las siguientes partes: rampa vestibular en la parte superior *(B)*; rampa timpánica en la parte inferior *(A)*; la parte central está ocupada por el *conducto coclear (1)*, que está lleno de un líquido muy viscoso llamado 'endolinfa'; la membrana de Reissner *(2)* separa la rampa vestibular del conducto coclear; la *membrana basilar (3)* separa el conducto coclear de la rampa timpánica; por un lado, se une al *ligamento espiral (4)* que envuelve la pared externa de la cóclea. La membrana basilar va ensanchándose a medida que se aproxima al helicotrema. Contiene unas 24.000 fibras elásticas, transversalmente colocadas, que son las que perciben los primeros cambios de presión.

Los movimientos mecánicos que recibe la membrana basilar se convierten en señales que se transmiten al cerebro. Esta conversión se realiza del siguiente modo: por encima de la membrana basilar se encuentra el *órgano de Corti (5* de la fig. 4.6.), que convierte la energía hidráulica en energía bioeléctrica; está constituido por unas 25.000 células ciliadas; uno de los extremos de estas células ciliadas se encuentra en la membrana basilar. De estas células ciliadas parten después las fibras nerviosas que, reunidas en haz, dan lugar al *nervio auditivo* o *coclear (6* de la fig. 4.6.). El movimiento que percibe la membrana basilar se transmite a través de las células ciliadas hasta el nervio auditivo, compuesto de unas 30.000 neuronas. Bajo la acción de un estímulo, una neurona responde transmitiendo una serie de impulsos u ondas de actividad de naturaleza electroquímica.

El nervio auditivo es el que conduce los influjos recibidos en el oído interno hasta la zona auditiva cerebral. Atraviesa, por el conducto auditivo interno, el hueso que separa el oído interno de la cavidad craneana, para penetrar inmediatamente en los centros nerviosos al nivel del bulbo raquídeo. Las fibras de cada nervio auditivo suben hasta el cerebro; una parte de ellas se dirige hacia el hemisferio cerebral situado en el mismo lado del oído de donde proceden, y la otra parte atraviesa el bulbo raquídeo y va a parar al otro hemisferio cerebral. En cada uno de los dos hemisferios, las fibras auditivas llegan a la *zona auditiva,* región localizada en la corteza cerebral. Así, cada uno de los dos hemisferios, por separado, recibe las sensaciones de cada uno de los oídos, de tal modo, que la destrucción de una de esas zonas auditivas no impide la audición. Como es fácilmente comprensible, oímos siempre mejor con los dos oídos que con uno solo, hasta tal punto que se ha admitido que cuando un sonido llega a los dos oídos se percibe una sensación doble que si llega solamente a uno. En el momento actual no conocemos experimentalmente la transformación del fenómeno fisiológico en psíquico, ni cuáles puedan ser sus modalidades. Lo único que sabemos es que la zona auditiva del cerebro es el soporte material necesario para la audición.

4.2. LA AUDICIÓN.

¿Cómo es el proceso de audición? o ¿cómo el oído responde a la onda sonora? La teoría que en este momento tiene más aceptación [4] es la del Premio Nóbel Georg von Békésy [5]. Para él, la clave está en la membrana basilar: ésta es estrecha y rígida en la parte que está más próxima a la ventana oval y ancha y flexible en el extremo cercano al helicotrema [6]; la membrana basilar actúa como un analizador o filtro que responde selectivamente a diferentes frecuencias: a las altas, en la parte estrecha, cerca de la ventana oval, extendiéndose progresivamente la selección hacia las bajas frecuencias, en la parte ancha.

[4] Véase, para lo que sigue Perkins y Kent, *1986*.

[5] Desde hace más de un siglo se busca la explicación del proceso de la audición: se han sucedido la teoría de Helmholtz o teoría de la resonancia, según la cual el análisis de los sonidos se realiza en el oído; la de Rutherford: el análisis de los sonidos se realiza en el cerebro, y la teoría de la descarga de Wever y Bray. Vid. Quilis, *1988*, 107-108.

[6] Sería algo semejante al arpa, con sus cuerdas tensas y cortas en un extremo y las largas y menos tensas en el otro.

Von Békésy descubrió que la vibración se transmite a lo largo de la membrana basilar como una onda viajera, esto es, como una onda que se desplaza [7]. El fluido que hay en la cóclea se mueve, como una onda hidráulica, en fase con los movimientos del estribo y de la ventana redonda. La onda forma un pico o una cresta donde se concentra toda su energía; alcanzado este máximo, la onda disminuye rápidamente. El punto de la membrana basilar donde se forma este pico es en el que la membrana analiza o selecciona una frecuencia determinada.

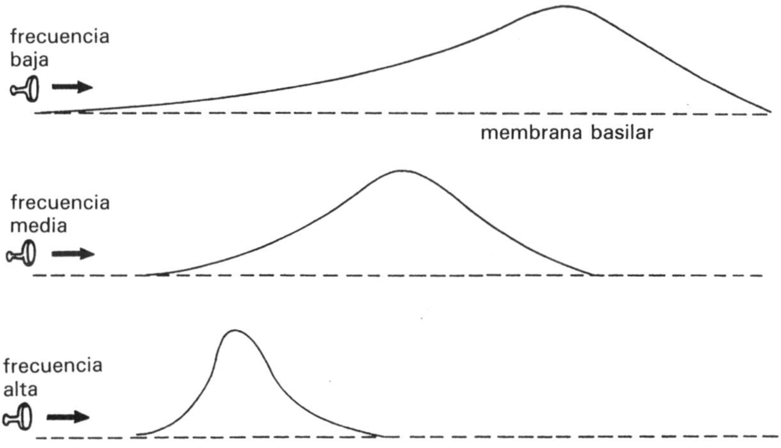

FIG. 4.7. Picos de las ondas hidráulicas a diferentes frecuencias

Mientras que una onda sonora se mueve a través del aire a una velocidad relativamente constante, no sucede lo mismo con la onda hidráulica de la cóclea. Su velocidad disminuye: su longitud de onda es tanto mayor cuanto más alejada se encuentre del estribo. Ésta es la causa de que la distancia entre las frecuencias de la membrana basilar sea mayor a medida que se alejen del estribo, como muestra la fig. 4.8.

[7] Buscando un símil, sería el tipo de onda que veríamos al agitar con fuerza un látigo de arriba abajo o al sacudir una sábana.

¿Cómo se realiza el análisis de las frecuencias? La presión de una onda acústica que llega al oído hace que el estribo, como sabemos, presione sobre la ventana oval haciendo que se mueva primero hacia adentro, y luego hacia afuera; estos cambios de presión actúan también sobre la perilinfa que hay en el vestíbulo; cuanto más intenso sea el sonido, más grande será la amplitud del movi-

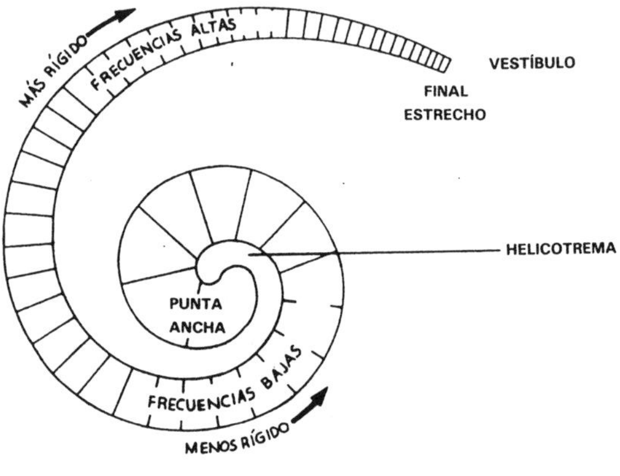

FIG. 4.8. Membrana basilar

miento. Cuando el estribo presiona hacia adentro, la onda hidráulica creada se moverá hacia la ventana redonda (sin ella, como el fluido coclear es incompresible, no se podría producir la vibración del estribo); esta onda desplazará a la lámina espiral, incluyendo la membrana basilar, hacia el interior de la rampa timpánica. Al sobrevenir el efecto contrario —la rarefacción de la onda, porque el estribo se ha movido hacia afuera, es decir, hacia el oído interno, a la ventana oval—, el movimiento vibratorio se realiza en sentido contrario y la lámina espiral tiende a bombearse hacia el interior de la rampa vestibular [8]. Cuando las presiones del estribo son len-

[8] De este modo, los movimientos del estribo —hacia adentro y hacia afuera— se traducen en movimientos ascendentes y descendentes de la lámina espiral.

tas, originan frecuencias bajas que afectan a la parte ancha y gruesa de la membrana basilar, la más alejada de la ventana oval (el tiempo es mayor y el periodo más amplio); por el contrario, cuando las presiones ejercidas son rápidas, se originan frecuencias altas que afectan a la parte estrecha y tensa de la membrana basilar.

Supongamos un diapasón que está vibrando a 50 Hz. La presión del estribo originará un desplazamiento que irá hasta el final más alejado de la rampa vestibular, cerca de la punta de la lámina espiral, antes de formar su pico; en este punto, la lámina espiral baja, presionando sobre la rampa timpánica. Con un diapasón de frecuencia media, de 1.000 Hz., por ejemplo, la onda alcanzará su máxima amplitud a la mitad del camino a lo largo de la membrana basilar. Cuanto más alta es la frecuencia, más corta es la distancia a la que viajará la onda y más breve será —su pico estará más próximo a la ventana oval—. Por otra parte, cuanto más alta es la frecuencia, más resistencia ofrece la perilinfa a ser movida por el estribo. Por ello, como mucho, nuestro oído alcanza sólo hasta 20.000 Hz.

Los anteriores son casos de ondas simples, creadas por un diapasón, pero las ondas del lenguaje son, como hemos visto, compuestas. ¿Cómo responde el oído a ellas? Funcionando como un analizador de frecuencias, porque la membrana basilar está calibrada para responder selectivamente a cualquier frecuencia, dentro de la gama del oído; de modo que, como las ondas, con sus picos, se suceden, éstos pueden ser detectados en cualquier instante y en cualquier lugar a lo largo de la membrana.

4.3. LÍMITES DEL OÍDO

Un oído medio [9] sólo percibe una escala de frecuencias comprendidas entre los 20 y los 20.000 cps; esto no quiere decir que

[9] Un oído medio es el resultado de los valores percibidos por un gran número de oídos.

no haya personas que perciban sonidos cuyas frecuencias sean inferiores a 20 cps o superiores a 20.000 cps. Por debajo de los 15 cps se encuentran los *infrasonidos,* sonidos no audibles, y que no tienen ninguna aplicación práctica. Por encima de los 20.000 cps se encuentran los *ultrasonidos,* sonidos también inaudibles, pero cuya importancia y aplicación son cada día mayores.

La voz humana se extiende en una gama de frecuencias que oscila entre los 80 cps (bajos profundos) y los 1.150 cps (sopranos ligeras). La escala sería aproximadamente la siguiente:

Bajo: entre los 92 cps y los 185 cps.
Tenor: entre los 130 cps y los 260 cps.
Alto: entre los 185 cps y los 370 cps.
Soprano: entre los 260 cps y los 520 cps.

Entre los instrumentos musicales, el piano utiliza las frecuencias comprendidas entre 27 cps (la_{-1}) y 4.150 cps (ut_7); la nota más grave del órgano parece ser un infrasonido; a pesar de ello, algunas personas la perciben.

Con la edad, la sensibilidad del oído disminuye. Esta disminución afecta principalmente a las frecuencias superiores, que son las que se van perdiendo paulatinamente, a medida que aumentan los años; por ello, los ancianos son poco sensibles a los sonidos agudos. A los 60 años, el límite superior de audición está situado a unos 12.000 cps, aproximadamente.

La percepción de una onda sonora se encuentra entre dos límites conocidos con el nombre de *umbrales,* entre los que se extiende el llamado *campo de audición.* Estos umbrales son: el *umbral de la audición* y el *umbral del dolor.*

Recibe el nombre de *umbral de la audición* la intensidad sonora más débil capaz de suscitar una sensación.

El umbral absoluto de la audición es de unos 2.000 cps, con una potencia de unos 10^{-16} watios; representa la mayor sensibilidad del oído. Este umbral depende de la frecuencia.

La curva inferior de la figura 4.9. representa el umbral de la audición: por debajo de ella no podemos percibir ningún sonido.

El *umbral del dolor* se manifiesta cuando el sonido es muy intenso, y ejerce sobre nuestro oído una sensación desagradable, dolorosa, e incluso perjudicial, ya que nos puede ocasionar lesiones.

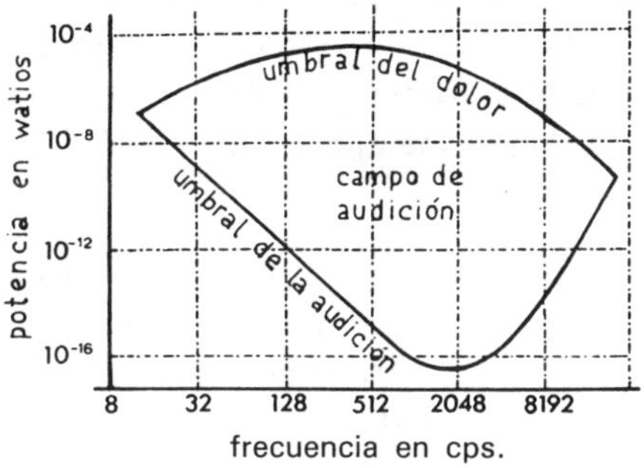

FIG. 4.9. Umbrales y campo de audición

La curva superior de la fig. 4.9. representa el límite del umbral del dolor: por encima de ella percibimos sonidos molestos para nuestro oído.

Entre las curvas que representan los umbrales de la audición y del dolor se encuentra el llamado *campo de audición* de un oído medio: todos los puntos comprendidos en él, que tienen una localización bien definida en su relación ciclos-intensidad, son perfectamente audibles; los puntos situados sobre las curvas representan el límite de audición; y los que se encuentran fuera de las curvas son totalmente inaudibles.

4.4. CUALIDADES FÍSICAS Y CUALIDADES PSICOLÓGICAS DE LOS SONIDOS

En la percepción de un estímulo acústico existen dos aspectos de naturaleza muy diferente: uno es el físico, que se puede medir objetivamente en todos sus componentes; otro es el psicológico, es decir, el grado de sensación que ese estímulo produce en nosotros; este aspecto sensorial es subjetivo y mucho más difícil de controlar. Además, en los hechos del lenguaje hay que tener en cuenta que la sensación del estímulo físico se canaliza a través de las estructuras de cada lengua.

Un estímulo acústico cualquiera comprende cuatro elementos físicos constitutivos: cantidad, intensidad, frecuencia del armónico fundamental y estructura formántica de las ondas sonoras. Estos elementos físicos se complementan en un patrón complejo de dimensiones psicológicas:

DIMENSIÓN FÍSICA	DIMENSIÓN PSICOLÓGICA
cantidad	*duración* de la persistencia del sonido
intensidad	*sonía* o intensidad subjetiva
frecuencia fundamental	*tonía, tono* o percepción de la altura tonal del sonido
estructura acústica	*timbre* o cualidad del sonido.

La percepción de los sonidos del lenguaje es un complejo de estas dimensiones, y el juicio lingüístico depende de su interacción.

Del mismo modo que las dimensiones físicas disponen de determinadas unidades para su medida, las dimensiones piscológicas también las poseen, aunque, claro está, son subjetivas. A ellas no referiremos más adelante.

4.5. EL UMBRAL DIFERENCIAL DE INTENSIDAD

En la percepción de los sonidos hay que tener en cuenta:

a) El *umbral absoluto de intensidad,* que se define como la intensidad mínima necesaria para distinguir un sonido del silencio.

b) El *umbral diferencial de intensidad,* que es el cambio más pequeño producido en un estímulo que puede percibir un oyente. Es, por lo tanto, el mínimo aumento de intensidad perceptible, es decir, la cantidad mínima, Δ I, de intensidad que es necesario aumentar en un sonido puro para que podamos percibir una variación en su percepción. Esta cantidad ΔI depende de la frecuencia (puesto que el oído es sensible a las variaciones de frecuencia) y de la intensidad.

El umbral diferencial relativo expresado por $\frac{\Delta I}{I}$, que es la relación que existe entre el más pequeño aumento de intensidad perceptible y la intensidad anterior del sonido; es sensiblemente constante a intensidades y frecuencias medias (100 a 4.000 cps); su valor oscila entre un 5% y un 10%; es necesario aumentar del 5% al 10% la intensidad para que sea percibido el aumento.

Como consecuencia de la ley de Fechner [10], podemos medir en acústica las diferencias existentes entre dos intensidades sonoras; la unidad de esta diferencia es el *bel,* pero en la práctica se utiliza su submúltiplo, el *decibel* o *decibelio (db)* [11]: la diferencia *n,* expre-

---

[10] La ley de Fechner se enuncia del siguiente modo: *La sensación varía como el logaritmo de la excitación,* o lo que es lo mismo: *La sensación crece en progresión aritmética, cuando la excitación crece en progresión geométrica.*

[11] Para hacernos una idea del valor de los decibeles, damos algunos ejemplos en los que podemos ver, aproximadamente, a cuántos decibeles corresponden ciertos ruidos más o menos conocidos por nosotros:

130 db	Umbral de la sensación dolorosa
120 db	Tormenta
110 db	Avión a algunos metros de distancia
100 db	Taller de calderería
90 db	Rugido de león a algunos metros
80 db	Calle con mucho movimiento
70 db	
60 db	Conversación corriente
50 db	Automóvil poco ruidoso
40 db	Calle en calma de una gran ciudad
30 db	Habitación media
20 db	Cuchicheo
10 db	Ruido de hojas movidas por la brisa.

Por analogía con otras unidades físicas (amperio, voltio, etc.), se ha generalizado *decibelio* en lugar de *decibel.*

sada en decibeles, entre dos intensidades sonoras, I_1 e I_2, es igual al logaritmo de la relación de las potencias vibratorias correspondientes, W_1 y W_2:

$$n \text{ (db)} = 10 \log \frac{W_2}{W_1}$$

Podemos comenzar a contar los decibeles a partir de una escala arbitrariamente escogida, según las necesidades que tengamos en cada caso; sin embargo, por acuerdo internacional, el cero de referencia se ha fijado en 10^{-16} watios por cm^2, es decir, en algunos decibeles por debajo del umbral absoluto de audición.

V

VOCALES

5.1. VOCAL Y CONSONANTE

La división de los sonidos en vocales y consonantes está presente en los estudios del lenguaje desde las primitivas gramáticas de Grecia y de la India [1].

En época moderna, se ha intentado justificar esta división desde distintos puntos de vista, como: *a)* el *auditivo,* según el cual, las vocales son más audibles que las consonantes; pero la realidad es distinta, porque hay consonantes, como [l] y [s] que son más audibles que algunas vocales, como [a], [i]. *b)* el *fisicoacústico:* desde el siglo pasado se ha repetido que las vocales eran «sonidos musicales puros» y las consonantes «ruidos acompañados o no de sonoridad»; pero en las vocales también aparecen zonas de ruido (debidas al roce del aire al pasar por la cavidad bucal) localizadas en las altas frecuencias, y en las consonantes coexisten «ruidos» y «sonidos musicales». Planteada la cuestión en estos términos, sólo podemos decir que en la vocal predomina la resonancia musical, mientras que en la consonante sonora predominan los ruidos; *c)* el *funcional,* que está en la base de la clasificación griega (φωνήεντα/συμφωνα), puede valer para esta lengua o para otras, como

[1] Véase para todo este problema el fundamental trabajo de G. Straka *(1963).*

el español, donde no hay sílabas sin vocales. Pero hay otras muchas lenguas donde una consonante del tipo [r], [l], [n], etc., puede ser el núcleo silábico [2]; *d) fisiológico,* que agrupa diversos aspectos: el de la abertura de los órganos articulatorios, que es mayor, según se decía para las vocales que para las consonantes [3]; mayor trabajo laríngeo para las vocales; menor esfuerzo espiratorio y gasto de aire en las vocales; menor esfuerzo articulatorio en las vocales; tensión muscular creciente en la vocal y creciente o decreciente en la consonante; todo ello, diferencias de grado, pero no un límite absoluto que pueda oponer el concepto de vocal al de consonante.

5.1.1. Fundamento articulatorio de la división vocal/consonante

Georges Straka *(1963)* comprobó que el efecto de la *energía articulatoria* puede marcar el límite entre vocal y consonante: cuando se produce un refuerzo de ella, «la consonante se cierra y la vocal se abre», y, por el contrario, «bajo el efecto del debilitamiento articulatorio, la consonante se abre y la vocal se cierra». Estas comprobaciones se han realizado sobre: *a) palatografía:* el contacto linguopalatal es más amplio en la articulación de una consonante emitida con fuerte energía articulatoria que en la de la misma consonante emitida con energía articulatoria normal, ocurriendo lo contrario en la emisión de la vocal; *b)* las *radiografías* y los *radiofilmes* demuestran que el ángulo maxilar y el orificio labial disminuyen con la fuerza articulatoria en la consonante y aumentan con el debilita-

[2] La distinción, por lo tanto, entre *vocal = núcleo silábico* y *consonante = margen silábico* no es universal, hasta el punto que se ha distinguido entre *vocal / consonante* en cuanto fonemas y, *sonante / con-sonante* para su función silábica (Saussure); para otros, *vocal / consonante* en el nivel fonológico y *vocoide / contoide* en el fonético (Pike); *sonante / no sonante* en la función silábica y *vocal / consonante* en el nivel fonético (Hála).

Véanse también los trabajos de O'Connor y Trim *(1953)* y de Konopczynski *(1973).*

[3] Pero en Navarro Tomás *(1957),* por ejemplo: abertura entre los incisivos para *i:* 4 mm. (pág. 47); abertura para *p:* 5 mm. (pág. 83); para *ll:* 6 mm. (pág. 133).

miento, mientras que en la vocal su comportamiento es el opuesto. Estas diferencias pueden ilustrarse comparando el comportamiento de la vocal y de la consonante en un esquema silábico: bajo la acción de una articulación fuerte, el grado de cierre de la consonante es el máximo, y el de la abertura de la vocal también; en la articulación débil, la consonante tiende a abrirse y la vocal a cerrarse [4].

Estas diferencias articulatorias entre vocal y consonante tienen su fundamento fisiológico: sobre el maxilar y la lengua ejercen su función dos conjuntos de músculos cuyos movimientos son opuestos: por un lado actúan los llamados *músculos elevadores,* que tienen como misión dirigir la lengua contra la bóveda del paladar y elevar el maxilar inferior; por otro lado están los *músculos depresores,* cuya función es totalmente opuesta a la de los anteriores: el descenso de la lengua y del maxilar inferior. De este modo, la actuación del mencionado par de músculos antagónicos crea la diferencia vocal/consonante. Para la emisión de las vocales actúan los músculos depresores, que tienden a inferir un movimiento de abertura de los órganos articulatorios, mientras que para la emisión de las consonantes, actúan los músculos elevadores que infieren un movimiento de cierre en los órganos articulatorios. Estas razones fisiológicas son suficientes para conservar, fundamentada, la clasificación tradicional entre vocal y consonante.

5.1.2. Fundamento acústico de la división vocal/consonante

Pierre Delattre *(1964)* encontró la diferencia entre vocal y consonante en el diferente comportamiento acústico de ambas clases de sonidos. La diferencia, como veremos más adelante, se fundamenta en la estabilidad de los componentes acústicos de la vocal frente a la inestabilidad de los mismos en la consonante. El reconocimiento de una consonante a través de su percepción depende esen-

[4] Una persona enferma o cansada «habla entre dientes» porque no aplica la energía articulatoria precisa para pronunciar distintamente vocales y consonantes.

cialmente de la presencia de un cambio de frecuencias de sus elementos acústicos constitutivos, mientras que el de una vocal depende de la estabilidad en la frecuencia de sus componentes acústicos.

Todos los cambios apreciables en la frecuencia de los formantes, excepto aquellos que aparecen en la unión de dos vocales contiguas, contribuyen a la percepción de las consonantes; un cambio no apreciable en la frecuencia de los formantes contribuye a la percepción de las vocales. Por lo tanto, en el contraste vocal/consonante, la percepción de la vocal depende sólo de la estabilidad de sus frecuencias, mientras que la percepción de la consonante depende del cambio de sus frecuencias.

Como veremos más adelante (§ 6.5.) todas las consonantes necesitan las transiciones de los formantes para ser percibidas claramente. Cuando un sonograma, natural o sintético, se pasa por un sintetizador, las partes que muestran cambios en los formantes contribuyen a la identificación de las consonantes, mientras que las que presentan una relativa estabilidad en la frecuencia de los formantes, incluso durante un tiempo muy breve, se identifican como vocales. Además, cuando se detiene el sintetizador en algún punto de las transiciones consonánticas, el sonido que produce se identifica como una vocal debido a que, la ausencia de movimiento, produce estabilidad en las frecuencias de los formantes.

5.2. FONEMAS VOCÁLICOS

El español conoce sólo cinco fonemas vocálicos: /i/, /e/, /a/, /o/, /u/, que se distinguen entre sí por oposiciones como /pípa/ *pipa* - /pépa/ *Pepa* - /pápa/ *papa* - /pópa/ *popa* - /púpa/ *pupa;* /péro/ *pero* - /páro/ *paro* - /póro/ *poro* - /púro/ *puro,* en posición tónica; /pisó/ *pisó* - /pesó/ *pesó* - /pasó/ *pasó* - /posó/ *posó;* /usádo/ *usado* - /osádo/ *osado,* en posición átona.

5.3. REALIZACIONES DE LOS FONEMAS VOCÁLICOS

Navarro Tomás *(1957)* señaló siempre para el español la existencia de vocales abiertas y cerradas según el contorno en que se encontrasen. Con conceptos lingüísticos actuales podríamos decir que, según Navarro, los fonemas vocálicos tienen en español determinados alófonos en distribución complementaria [5]. Pero muchos trabajos, relativamente recientes, han puesto y siguen poniendo de relieve que, aunque lógicamente, en español, se producen realizaciones más o menos abiertas de cada fonema vocálico, el número de estas realizaciones para cada fonema es más bien reducido, con grados de abertura o cierre no muy grandes, y, sobre todo, que, *en condiciones normales, las realizaciones de los fonemas vocálicos españoles no se producen en distribución complementaria* [6].

Por lo tanto, nosotros consideramos que en el español general nuestros cinco fonemas vocálicos sólo presentan cinco alófonos orales: [i], [e], [a], [o], [u] y cinco nasales [ĩ], [ẽ], [ã], [õ], [ũ], en distribución complementaria.

Esto no quiere decir que en determinadas zonas dialectales o en determinadas circunstancias no se presenten realizaciones cerradas o abiertas.

---

[5] Estas realizaciones, siempre según Navarro, serían esencialmente las siguientes: *e, o* serían abiertas en contacto con [r], [x] y cuando forman parte de un diptongo decreciente *(peine, boina);* además, la *o* abierta se produce en toda sílaba que se encuentre trabada por consonante; la *e* abierta aparece cuando se encuentre trabada por cualquier consonante que no sea [d], [s], [θ], [m], [n]. Tres realizaciones presenta *a:* una variante palatal, cuando precede a consonantes palatales; una variante velar cuando precede a las vocales [o], [u] o a las consonantes [l], [x]; y una variante media en el resto de los contornos.

[6] Pueden verse, entre otros, el trabajo de R. B. Skelton *(1950),* el de Joseph H. Matluck *(1963),* el de José A. Álvarez *(1979)* y los análisis sobre miles de alófonos del español hablado en Madrid, cuyos resultados publicaremos en breve.

5.4. CLASIFICACIÓN ARTICULATORIA DE LAS VOCALES

Desde el punto de vista articulatorio, la lengua es el órgano fonador más importante en la producción de las vocales; la acción de los labios es, en español, concomitante con determinados lugares articulatorios y el velo del paladar actúa en ciertos contornos.

Nuestras vocales se clasifican del siguiente modo:

5.4.1. POR EL MODO DE ARTICULACIÓN: VOCALES ALTAS, MEDIAS Y BAJAS

Si la lengua se aproxima hasta un máximo permisible para la articulación de una vocal, bien al paladar duro o al paladar blando, se realizan las *vocales altas* [7] tales como [i], [u].

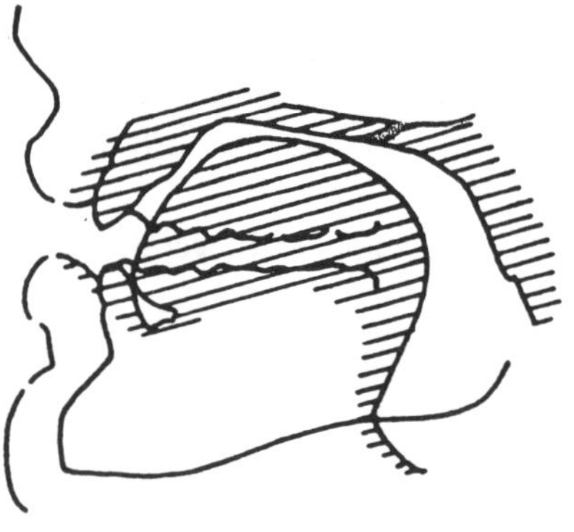

FIG. 5.1. Realización del fonema /i/ de /bíbo/ *vivo*

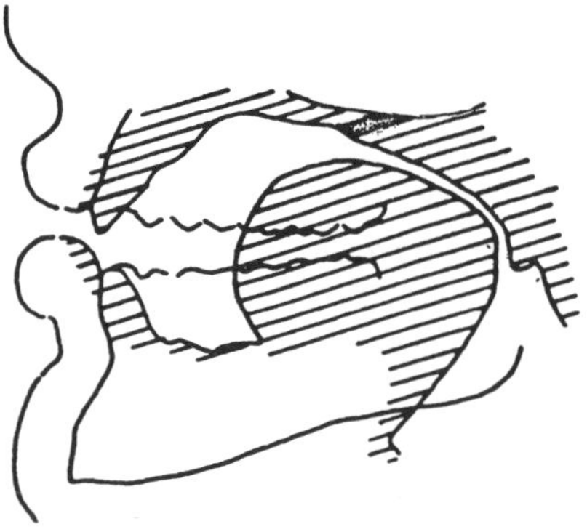

FIG. 5.2. Realización del fonema /u/ de /púpas/ *pupas*

Si la lengua desciende y se separa de la bóveda de la cavidad bucal, se producen las vocales llamadas de *abertura media* o *vocales medias,* tales como [e], [o].

[7] También llamadas *extremas, de pequeña abertura* y *cerradas.*

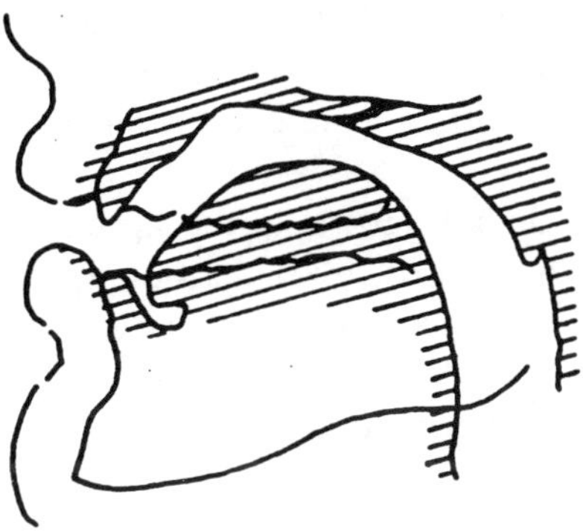

FIG. 5.3. Realización del fonema /e/ de /bébe/ *bebe*

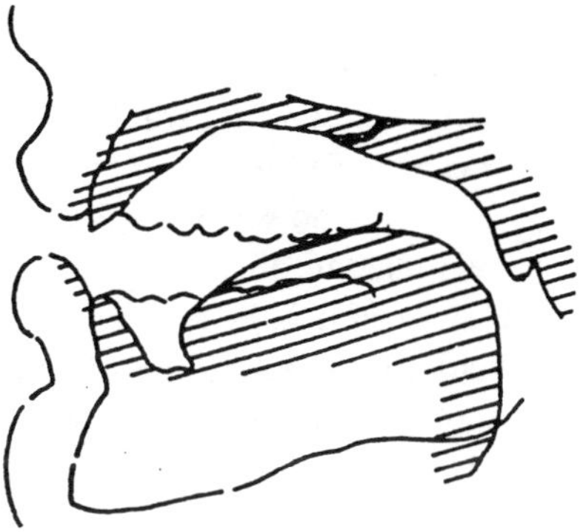

FIG. 5.4. Realización del fonema /o/ de /bóbo/ *bobo*

Si la lengua desciende de nuevo y se separa aún más de la bóveda palatal, llega a ocupar una posición de máximo alejamiento: se originan las llamadas *vocales bajas,* como la [a] [8].

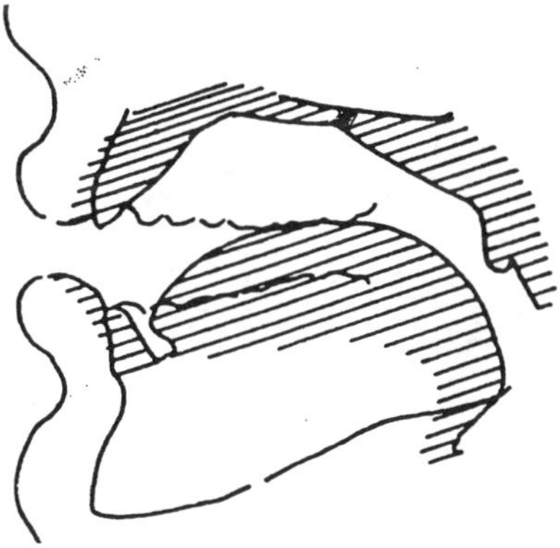

FIG. 5.5. Realización del fonema /a/ de /bába/ *baba*

5.4.2. POR EL LUGAR DE ARTICULACIÓN: VOCALES ANTERIORES, POSTERIORES Y CENTRALES

Cuando la lengua ocupa una posición articulatoria en la región anterior de la cavidad bucal, esto es, en la zona que se halla cubier-

[8] También llamadas *vocales abiertas* y *vocales de gran abertura.*

ta por el paladar duro, se originan las vocales de la serie anterior, o simplemente *vocales anteriores* o *palatales.* Como puede verse en el diagrama de la figura 5.6., dentro de esta serie anterior se hallan las vocales [i], [e].

Si en vez de ser la parte predorsal de la lengua la que se aproxima al paladar duro, como en el caso anterior, es el postdorso el que se acerca a la región posterior de la cavidad bucal, esto es, al velo del paladar, se originan las vocales de la serie posterior, o simplemente *vocales posteriores* o *velares,* como [u], [o].

Si, por último, el dorso de la lengua se encuentra en una región cubierta por el paladar medio, se originan las *vocales centrales,* como [a].

5.4.3. Triángulo articulatorio

La combinación de modo y lugar de articulación se representa por medio del llamado «triángulo» articulatorio, que señala, esquemáticamente, la posición de la lengua dentro de la cavidad bucal cuando se articula un sonido vocálico, como muestra la figura 5.6.

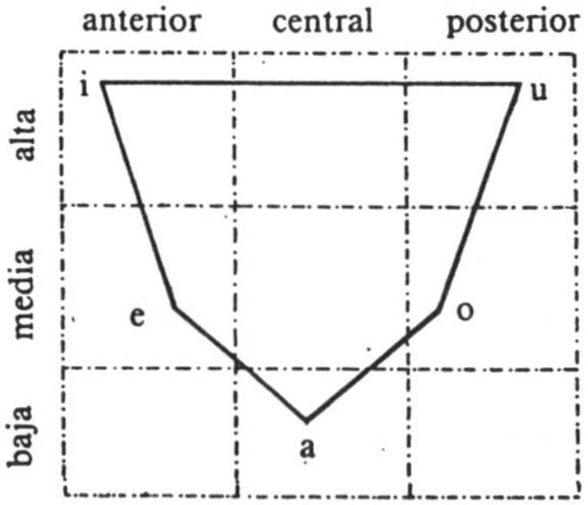

Fig. 5.6. «Triángulo articulatorio» de las vocales españolas

5.4.4. Vocales orales y vocales nasales

Ya hemos visto anteriormente cómo por la acción del velo del paladar los sonidos se podían dividir en orales y nasales. La misma clasificación se puede aplicar a las vocales en español, pero teniendo en cuenta que las vocales nasales existen sólo desde el punto de vista fonético, no fonológico, ya que no funcionan en la lengua, como en francés, por ejemplo.

Vocales orales: cuando, durante su emisión, el velo del paladar está adherido a la pared faríngea y, por lo tanto, la onda sonora sale únicamente a través de la cavidad bucal. De este modo, son todas las vocales que llevamos consideradas hasta ahora: [i], [e], [a], [o], [u].

Vocales nasales: cuando el velo del paladar está situado en una posición intermedia entre la lengua y la pared faríngea, no obstruyendo ninguno de los dos caminos. De esta manera, la onda sonora sale al mismo tiempo por la cavidad bucal y por las fosas nasales. De ahí que sea más conveniente llamar a este grupo de sonidos vocálicos *oronasales,* que simplemente nasales.

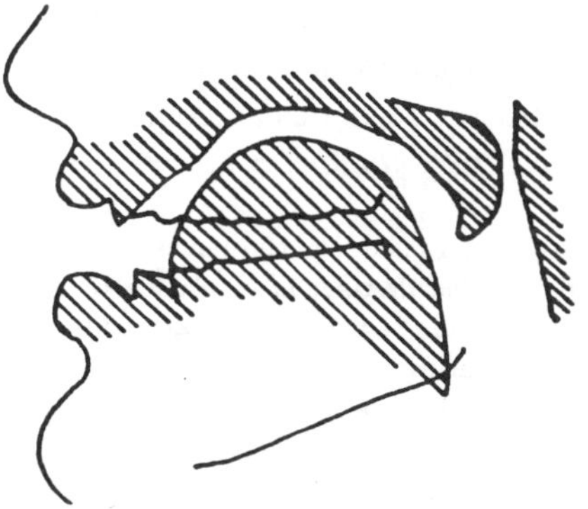

Fig. 5.7. Realización nasal del fonema /é/ en [ũmã́nãmẽ̀ṇte] *humanamente*

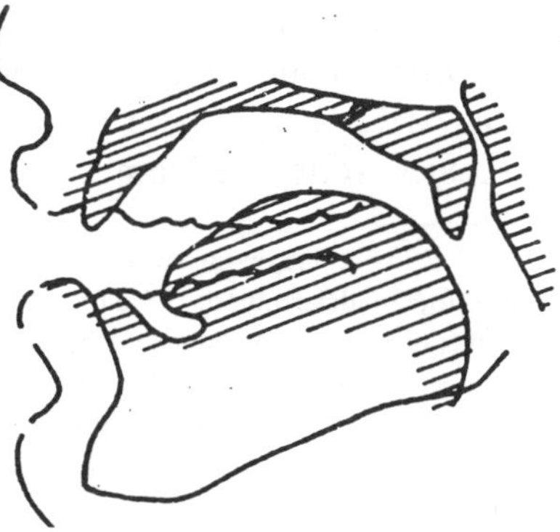

Fig. 5.8. Realización nasal del fonema /á/ en [ũmã́nãmẽ́ṇte] *humanamente*

Los alófonos nasales de nuestros fonemas vocálicos se producen en español, normalmente, en los siguientes contornos:

1. Cuando una vocal se encuentra entre dos consonantes nasales: /máno/, [mã́no] *mano;* /néne/ [nẽ́ne] *nene,* etc.

2. Cuando una vocal se encuentra en posición inicial absoluta, esto es, precedida de pausa y seguida de una consonante nasal: /óNbre/ [ṍmbre] *hombre;* /ána/ [ā́na], *Ana,* etc. [9].

5.4.5. Vocales labializadas y deslabializadas

Se considera que las vocales posteriores van acompañadas por naturaleza de labialización (redondeamiento, abocinamiento), y que las anteriores, en cambio, son normalmente deslabializadas. En español, las dos series de vocales, anteriores y posteriores, son *normales* fonéticamente, es decir, el rasgo labial no es pertinente, ya que [u], [o] se pronuncian con labialización, y las vocales [i], [e], [a] sin ella [10].

5.4.6. Vocales acentuadas e inacentuadas

Las vocales que reciben el máximo de energía articulatoria dentro de una palabra, reciben el nombre de *vocales acentuadas* o *tónicas:* poseen mayor firmeza, abertura y perceptibilidad que las átonas.

Por el contrario, las vocales que reciben un mínimo de intensidad articulatoria, pero suficiente para ser reconocidas como tales vocales, reciben el nombre de vocales *inacentuadas* o *átonas*. Pre-

---

[9] Estas reglas de nasalización, en condiciones normales, son constantes. Por supuesto, en determinadas circunstancias (como habla descuidada o relajada) o en zonas dialectales (Andalucía, Antillas, etc.) las vocales se pueden nasalizar también con el simple contacto de la consonante nasal, e incluso puede llegar a desaparecer la consonante nasal, dejando totalmente nasalizada la vocal. El fenómeno se puede dar en cualquier contorno, aunque la posición postnuclear y más aún la postnuclear ante pausa facilita la nasalización: [mū́ro] *muro,* [atū́n] *atún,* [pī́n̩ta] *pinta,* [pā́n] *pan.*

La nasalización es un proceso de lenición, de pérdida de tensión articulatoria. En los casos mencionados, el descenso del velo del paladar para la articulación de la consonante nasal se realiza antes de haber finalizado la emisión de la vocal o anticipa su posición de separación de la pared faríngea al comienzo de la emisión de la vocal.

[10] Ejemplos de series *anormales* son las anteriores redondeadas del francés [y, œ] y las vocales posteriores deslabializadas del rumano, japonés y otras lenguas [ɯ], [ʌ].

sentan menos estabilidad en su timbre, menos abertura y menos perceptibilidad que las tónicas.

En el sistema vocálico español apenas si es posible hablar de *vocales relajadas.* Se realiza de este modo la que se encuentra en posición final del grupo fónico, cuando precede a una pausa, y aún así, suele conservar netamente su timbre característico.

5.4.7. Sencillez y simetría del sistema vocálico español

La sencillez del sistema vocálico español se aprecia mejor si se compara con el del francés, según Pierre Delattre (1951a), conforme se muestra en la figura 5.9.

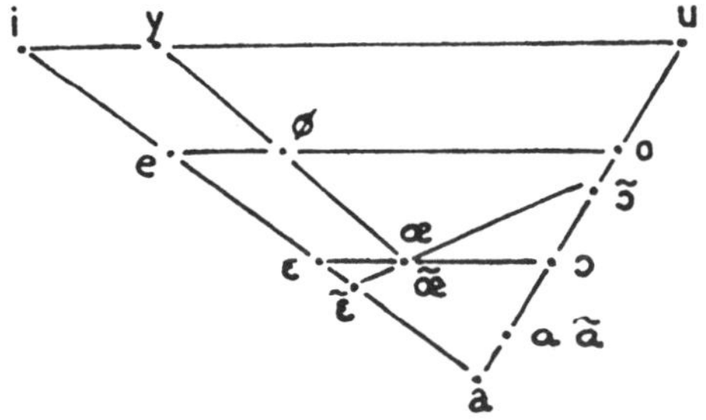

Fig. 5.9. Triángulo articulatorio de las vocales francesas (Delattre)

Esta lengua posee cuatro grados de abertura frente a los tres del español. Además, tiene una serie de vocales anteriores labializadas [y, ø, œ], otra serie de nasales [ɛ̃, œ̃, ɔ̃, ã] más una central, [ə], que en el esquema se colocaría en el centro, a una altura entre [œ] y [ø], y la velar [ɑ].

Compárese asimismo con el sistema vocálico del inglés, también bastante complejo, según el esquema para el *Received English* de Daniel Jones *(1952),* según aparece en la figura 5.10.

Comparando estos dos esquemas vocálicos con el del español, queda patente la sencillez de este último con sus cinco netos fonemas vocálicos.

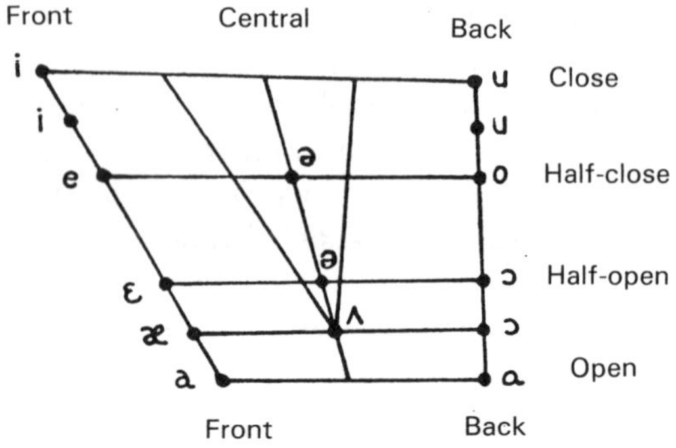

FIG. 5.10. Triángulo articulatorio de las vocales inglesas (Jones)

5.5. ESTRUCTURA ACÚSTICA DE LAS VOCALES

Decía Pierre Delattre *(1948,* 480) que «las resonancias que caracterizan el timbre de una vocal resultan de la filtración que sufre el tono glotal (la vibración de las cuerdas vocales) al pasar por la boca [...]. La boca se comporta como un filtro (o un resonador, que viene a ser lo mismo) que no deja pasar nada más que ciertas vibraciones salidas de la glotis. Las frecuencias que la boca deja pasar son diferentes para cada vocal; y si son diferentes se debe principalmente a que las cavidades de resonancia que las filtran cambian de forma y/o de dimensiones». Es decir, las cuerdas vocales, al ponerse en vibración, producen una onda compuesta periódica. Si mantuviésemos la misma frecuencia fundamental, cada uno de los sonidos vocálicos que emitiésemos, tendría exactamente la misma configuración: algo parecido a lo que muestran las dos ondas compuestas (OC) de la figura 5.11. (Recordemos que cada línea horizontal representa un armónico u onda simple componente).

Por lo tanto, si dependiese la percepción de cada vocal tan sólo de la frecuencia de sus componentes, todos los sonidos que intentásemos producir como vocales serían —bajo condiciones iguales— idénticos [11].

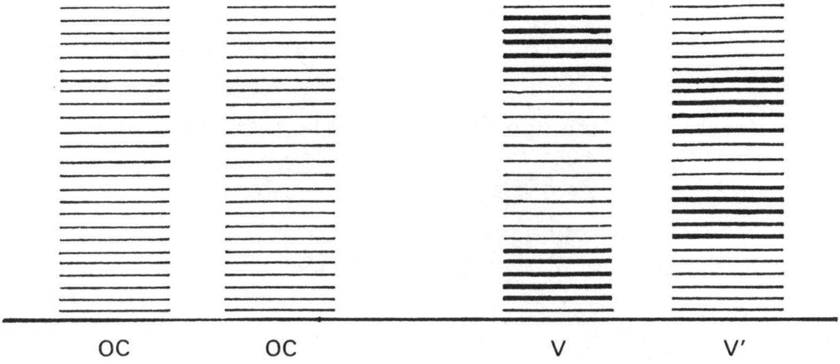

FIG. 5.11. OC representan dos ondas compuestas periódicas, con la misma frecuencia fundamental. V, V' representan las mismas ondas compuestas, en las que, al haber sido filtradas, se ponen de relieve determinados armónicos

Ahora bien, lo que diferencia una vocal de otra u otras, aunque la frecuencia de sus componentes sea igual, es la distinta estructuración de sus armónicos, cuya percepción es lo que denominamos *timbre.* Esto quiere decir que de todos los armónicos componentes, serán reforzados aquellos cuyas frecuencias coinciden con las frecuencias de resonancia de las distintas cavidades resonadoras del conducto vocal. Como la articulación de cada sonido requiere unas determinadas posiciones de los órganos articulatorios, que modifican la forma y el volumen de los resonadores bucales, se originan en ellos distintas frecuencias de resonancia que infieren una determinada estructura en el espectro vocálico. De este modo, las ondas (OC) representadas en esquema en la figura 5.11., se convertirían, una vez filtradas, en las ondas V, V' de la misma figura, donde

[11] Para más detalle sobre todo el aspecto acústico de las vocales, véase Quilis *(1988).*

los armónicos más ennegrecidos son aquellos cuyas frecuencias han coincidido con las de los resonadores bucales. Cada conjunto de estos armónicos es un *formante,* que podríamos definir como el *conjunto de frecuencias características del timbre de una vocal* [12].

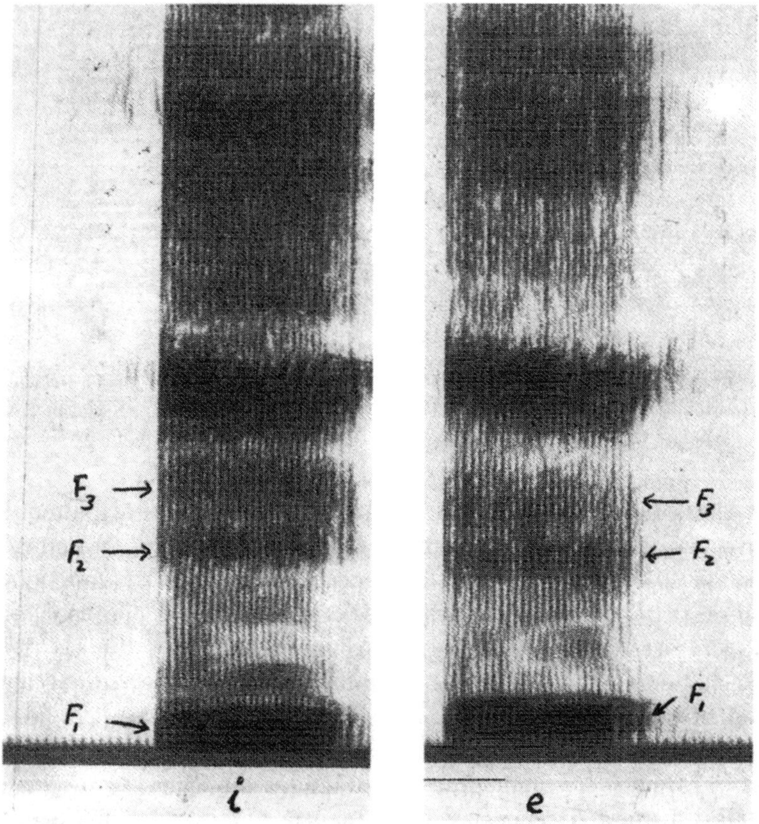

FIG. 5.12.a. Sonograma en banda ancha de las vocales españolas. Voz masculina

[12] Explicado de otra manera: la onda compuesta, con toda su complejidad, pasa a las cavidades supraglóticas; éstas adoptan diferentes formas y volúmenes según la posición de la lengua: para la emisión de la vocal /i/, por ejemplo, el volumen del resonador que se forma en la parte anterior a su lugar de articulación es más

En las figuras 5.12. y 5.13. están representados los sonogramas de las realizaciones de los cinco fonemas vocálicos del español. La figura 5.12. muestra el sonograma de banda ancha, y la figura 5.13. el de banda estrecha. En el primero, se perciben perfectamente los

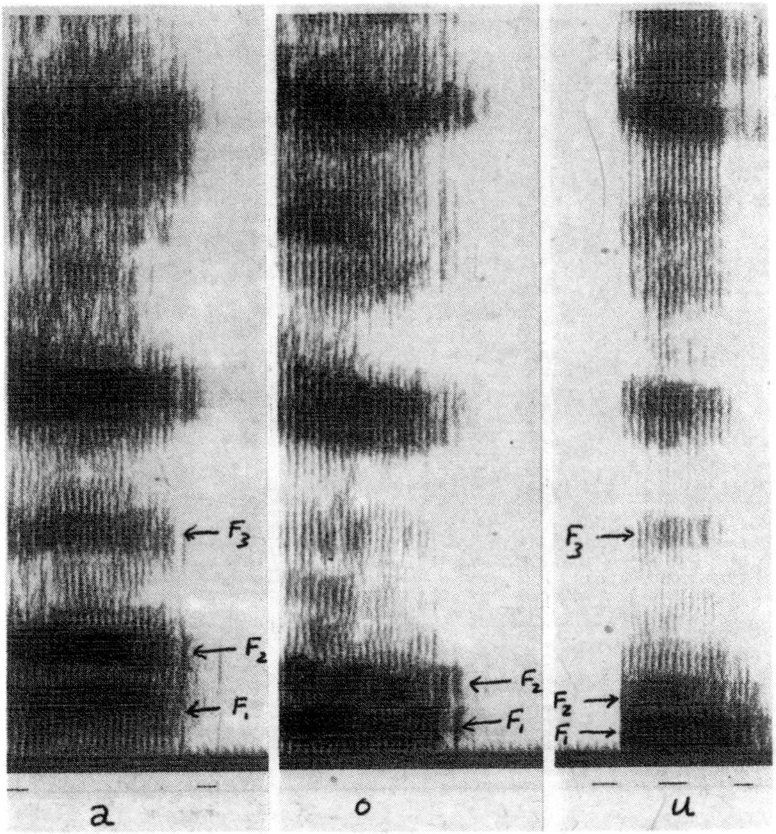

FIG. 5.12.b. Sonograma en banda ancha de las vocales españolas. Voz masculina

---

pequeño que el que se forma en la parte posterior del mismo; a la inversa, el volumen del resonador anterior en la emisión de la vocal /u/ es mayor que el posterior. Cada uno de estos diferentes volúmenes actúa como una cavidad de resonancia, o como un resonador que posee una determinada capacidad de vibración: cuando

formantes (indicados por medio de *F* con un subíndice); en el de la banda estrecha, aparecen todos los armónicos, destacándose aquellos que corresponden a los formantes —los más ennegrecidos— y amortiguándose los demás.

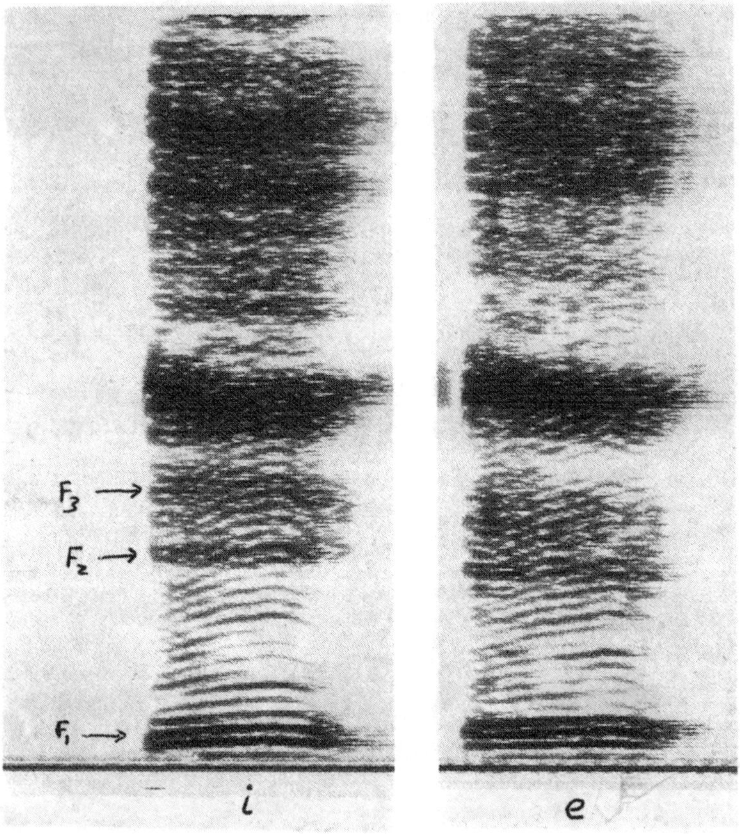

FIG. 5.13.a. Sonograma en banda estrecha de las vocales españolas. Voz masculina

la frecuencia de ciertas ondas simples coinciden con la frecuencia de los resonadores bucales, estas ondas pasan con toda su plenitud, mientras que las demás, cuyas frecuencias no coinciden, se amortiguan. Si suponemos que los resonadores bucales tienen una frecuencia de vibración comprendida entre *2x* y *6x Hz, y entre 20x* y

De todos estos formantes, los dos primeros son indispensables para la percepicón y reconocimiento de cada vocal, siendo, por ello, los responsables de la diferenciación vocálica. El tercer forman-

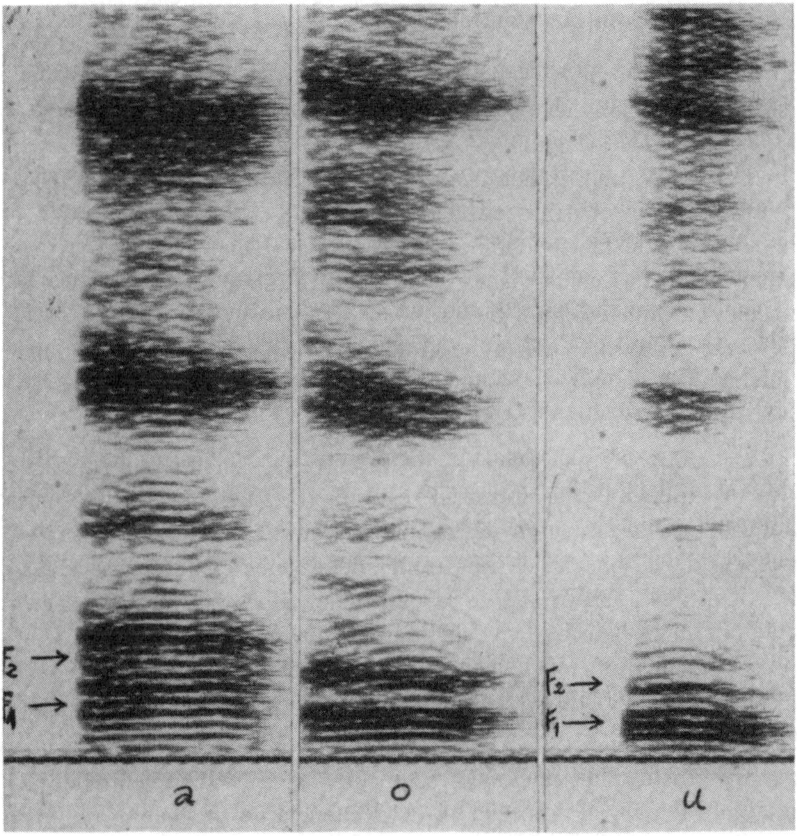

FIG. 5.13.b. Sonograma en banda estrecha de las vocales españolas. Voz masculina

---

24x Hz, únicamente se filtrarán aquellos armónicos comprendidos entre esas frecuencias, y los demás se amortiguarán: igual ocurrirá en otra vocal para la que la frecuencia de vibración de los resonadores se halle entre los *7x* y *11x* Hz y entre los *15x* y *19x* Hz. El resultado de estas filtraciones diferentes dará lugar a dos vocales distintas entre sí por el timbre, V, V', cuyo esquema figurado sería el de la figura 5.11.

te desempeña cierta función en determinados casos. El resto de los formantes superiores son los llamados *formantes individuales*.

5.5.1. Correspondencias articulatoria y acústica

La relación que existe entre la situación de los formantes vocálicos y la posición de los órganos articulatorios es, según Delattre *(1948* y *1951)*, la siguiente:

1. Existe una relación directa entre la altura del primer formante F_1, y la abertura de la cavidad oral: cuanto más grande es la abertura de la cavidad, más alta es la frecuencia del F_1, y a la inversa. Así, en la figura 5.14., donde están representadas las vocales cardinales, sintetizadas en sus dos primeros formantes, puede verse cómo el F_1 de [a], que es una vocal baja, es el que tiene mayor altura, mayor frecuencia, siendo los de las vocales altas [i], [y], [u] los de menor frecuencia [13].

2. a) Existe una relación directa entre la posición anteroposterior de la lengua y la altura del segundo formante, F_2; cuanto más anterior sea la situación de la lengua, tanto más alta será la frecuencia del F_2, y viceversa. Como puede verse en la figura 5.14., la vocal más anterior, [i], es la que tiene un F_2 de mayor frecuencia; por el contrario, la vocal más posterior, [u], es la que tiene un F_2 de menor frecuencia. El F_2 desciende desde [i] hasta [u], pasando por [e], [a], [o], paralelamente a la posterioridad del lugar de articulación.

b) Existe una relación directa entre el redondeamiento labial o labialización y el descenso en la frecuencia del F_2: cuanto mayor sea el redondeamiento y la proyección labial, tanto más baja será la frecuencia del F_2, y viceversa; en la figura 5.14., puede verse la diferencia que hay entre el F_2 de [i] y el de [y]: al ser igual la posición de la lengua para articular ambas vocales, el F_1 tiene la misma frecuencia, pero la labialización de [y] hace que su F_2

[13] En el AFI, [y] representa la *u* francesa en *pur*.

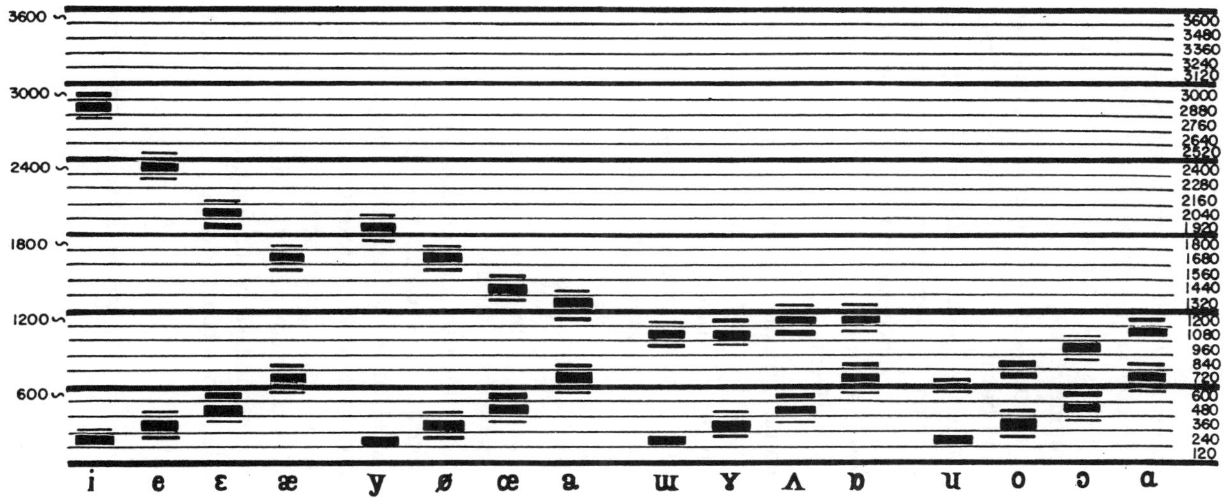

FIG. 5.14. Cuadro de las vocales cardinales sintetizadas

sea más bajo. Del mismo modo, si comparamos la [u], del español *pupa,* por ejemplo, con la [ɯ] deslabializada del japonés, resulta que las frecuencias de sus F_1 son iguales, pero es más alta la del F_2 de la vocal japonesa.

Puesto que el retroceso de la lengua y la labialización tienden a alargar la cavidad bucal y, al mismo tiempo, afectan al descenso de las frecuencias del F_2, podemos resumir lo expuesto en *a)* y *b)* diciendo que existe una relación directa entre la longitud de la cavidad bucal anterior y el descenso de las frecuencias del F_2: cuanto más larga es la cavidad anterior de resonancia, más baja es la frecuencia del F_2, y viceversa.

3. Existe una relación directa entre la elevación de las frecuencias del tercer formante F_3, y el descenso del velo del paladar, como en la nasalización de las vocales. La frecuencia del F_3, por otro lado, desciende al elevarse la punta de la lengua hacia una posición retrofleja, como la articulación de la [r] del Midwestern americano.

5.5.2. Triángulo acústico

De la misma manera que bajo el punto de vista fisiológico se viene realizando desde hace mucho tiempo la representación de las vocales por medio de los llamados «triángulos articulatorios», que intentan dar una idea, lo más exacta posible, de la situación articulatoria de cada vocal en la cavidad bucal, desde el punto de vista acústico también es factible la representación de un sistema vocálico por medio de los «triángulos acústicos».

Estos triángulos acústicos se obtienen situando sobre la carta de formantes [14], construida a escala logarítmica, los resultados de los valores, absolutos o medios, de los F_1 y F_2 de cada vocal [15].

---

[14] Para todos estos conceptos y para su utilización práctica, véase Quilis *1988* y *1985*.

[15] Los valores se obtienen midiendo el centro de los formantes de cada vocal, a partir de la parte inferior de su espectro.

La figura 5.15. representa el triángulo acústico de las vocales cardinales sintetizadas de la figura 5.14., según Delattre, Liberman, Cooper y Gerstman *(1952,* 200).

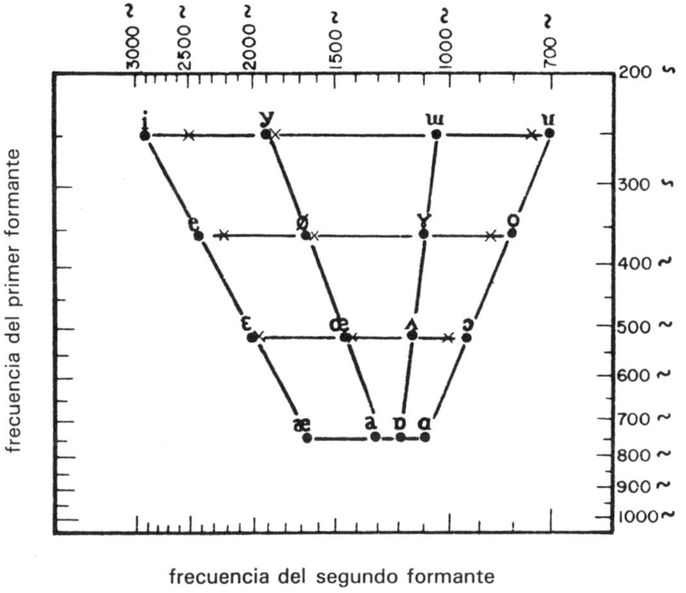

FIG. 5.15. «Triángulo acústico» de las vocales sintetizadas de la figura 5.14

¿Qué relación guardan estos triángulos acústicos con la realidad articulatoria? En primer lugar, comparemos el triángulo acústico de las vocales sintéticas de la figura 5.15. con el triángulo articulatorio de las vocales cardinales, figura 5.16., obtenido radiográficamente, y propuesto como modelo por la *Asociación Fonética Internacional:* la semejanza entre los dos no puede ser mayor: en el «triángulo» o cuadrilátero articulatorio, la situación de la vocal [u] indica una posición lingual posterior y alta, mientras que la situación de la vocal [e], por ejemplo, indica una posición de la lengua anterior y media, según las coordenadas que se pueden también trazar en él: el eje de ordenadas indica posición superoinferior de la lengua, y el de abscisas posición anteroposterior. La posición de la [u] en el «triángulo acústico» indica una abertura bucal, o una sección de paso, pequeña (=posición alta de la lengua), y una cavidad anterior de resonancia grande (=posición posterior de la lengua); la posición de la [e] indica una abertura bucal mayor que para [i], pero menor que para [ɛ], (=posición alta de la lengua) y una cavidad anterior de resonancia mayor que la de [i], pero menor que la de [ɛ] (=posición anterior de la lengua).

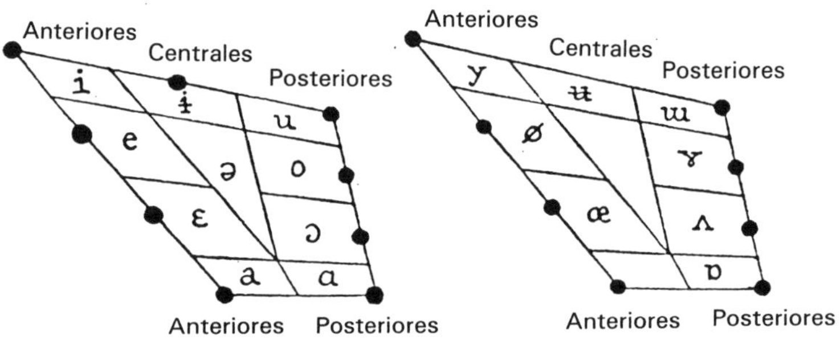

FIG. 5.16. «Triángulo articulatorio» de las vocales cardinales primarias (izquierda) y secundarias (derecha)

Es decir, que el triángulo acústico va a representar:

1) En el eje de las ordenadas, la abertura del canal bucal: *existe una relación constante y directa entre la abertura bucal y el nivel de frecuencias representado en el eje de ordenadas* (las frecuencias aumentan desde la parte superior a la parte inferior). La vocal [a], que en el eje de ordenadas aparece con la máxima frecuencia, también posee la mayor abertura bucal. Las vocales [i], [u], de pequeña abertura, tienen la menor frecuencia.

2) En el eje de abscisas, la longitud de la cavidad bucal: *existe una relación constante e inversa entre la longitud de la cavidad bucal y el nivel de frecuencias representado en el eje de abscisas* (las frecuencias aumentan de derecha a izquierda). La vocal [i], que en el eje de abscisas tiene el valor frecuencial más alto, posee la

longitud más pequeña de la cavidad bucal, o, lo que es lo mismo, la posición más anterior de la lengua; lo contrario ocurre con la vocal [u].

5.5.3. Un triángulo acústico del sistema vocálico español

El trabajo llevado a cabo por Quilis y Esgueva *(1983),* sobre hablantes españoles e hispanoamericanos, dio como resultado un triángulo acústico del sistema vocálico español, como el que muestra la figura 5.17.

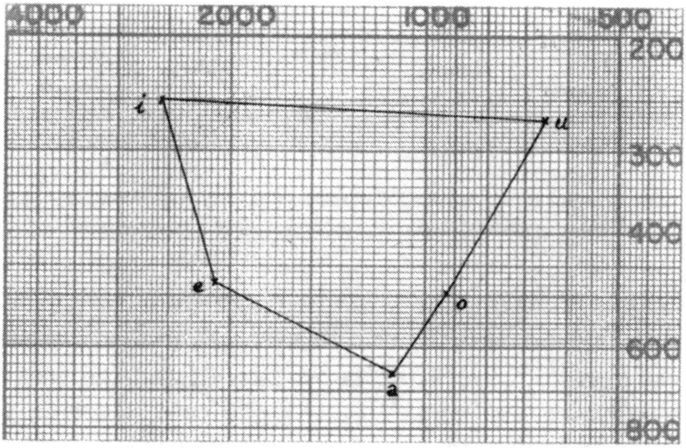

Fig. 5.17. Un triángulo acústico de las vocales españolas

Si comparamos este triángulo con el de las vocales cardinales sintetizadas de la figura 5.15., podemos observar que: *a)* el /i/ español es algo más posterior que el correspondiente cardinal; *b)* el /e/ español es mucho más abierto que el /e/ cardinal, sin llegar al /ɛ/, o /ę/, abierto cardinal; es, asimismo, más posterior que las vocales *e* cardinales; *c)* el fonema /a/ español se encuentra entre los dos fonemas /a/ y /ɑ/ cardinales, y es bastante más cerrado; *d)* el /o/ español se aproxima, sin llegar, al /ɔ/, u /ǫ/, abierto cardinal, siendo algo más cerrado que este último; *e)* el /u/ español es más posterior y algo más abierto que el /u/ cardinal [16].

En la figura 5.18., se representa el esquema de la posición de los dos primeros formantes de las vocales españolas, con sus valores frecuenciales medios.

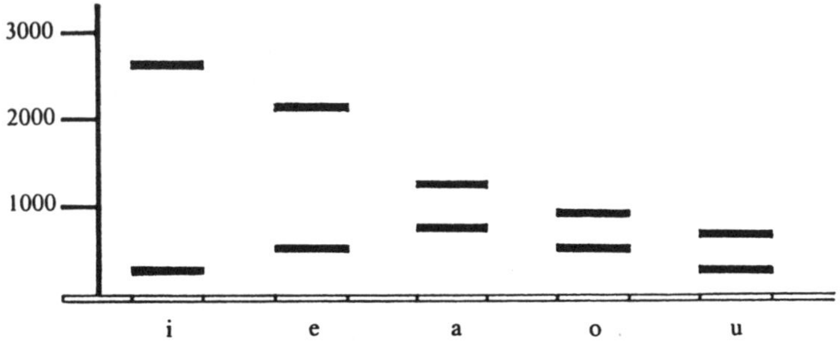

FIG. 5.18. Esquema de la posición de los dos primeros formantes de las vocales españolas, con sus valores frecuenciales medios

Reiteramos lo dicho anteriormente: compárese esta figura con el triángulo acústico de la figura 5.16. y con el triángulo articulatorio de la figura 5.6.: el F_1 de las vocales [i], [u], las más altas, tiene la frecuencia más baja; el F_1 de [a], la vocal más baja, ocupa la frecuencia más alta; una posición intermedia ocupan los formantes de las vocales medias [e] y [o]. El F_2 desciende desde [i], la vocal más anterior, hasta [u], la vocal más posterior.

5.6. CLASIFICACIÓN ACÚSTICA DE LAS VOCALES

Todas las vocales poseen los rasgos *vocálico, continuo, sonoro* y *no-consonántico*. Los otros rasgos que caracterizan las vocales

---

[16] /ɛ/ = /ẹ/: representan una vocal *e* abierta. /ɔ/ = /ọ/: representa una vocal *o* abierta.

son: *compacto* o *denso-difuso, nasal-oral, grave-agudo, bemolizado-no bemolizado.*

5.6.1. Rasgo vocálico

Los fonemas vocálicos se caracterizan:

a) Por una estructura formántica, y una mayor concentración de la energía en las regiones comprendidas entre los 300 y los 800 Hz, aproximadamente.

b) Porque sus formantes altos están menos atenuados que los de otros sonidos que poseen una estructura formántica: todas las vocales contienen en su primer formante una gran parte de su energía total; esta energía disminuye notablemente en las frecuencias altas, pero su disminución es menor que la que sufren otros sonidos con estructura formántica.

c) Los sonidos vocálicos tienen, en general, mayor intensidad que los consonánticos.

5.6.2. Vocales compactas o densas — vocales difusas

El rasgo de compacidad se manifiesta en una concentración de la energía en una zona central del espectro vocálico; en la práctica viene dado por la situación frecuencial del F_1: cuanto más alto se encuentre y, por tanto, más próximo esté al F_2 más compacta será la vocal (con excepción de [u], como ya veremos); por el contrario, cuanto más bajo se encuentre el F_1 más difusa será la vocal.

En español, las vocales se clasifican en:

vocales compactas: /a/

vocales no compactas:
- *difusas:* /i/, /u/
- *no difusas:* /e/, /o/

La génesis de esta clasificación acústica entre vocales compactas y difusas reside en la diferencia de sección de paso que se produce entre la cavidad anterior y posterior al lugar de articulación. En una vocal como [i] sabemos que la lengua adopta la posición más elevada y también la más anterior; lo mismo ocurre con [u], salvando la posterioridad.

En ambas vocales, la distancia entre la lengua y la bóveda del paladar es muy pequeña. En las vocales [e, o], la distancia entre el dorso de la lengua y la bóveda del paladar ha aumentado; el paso del aire se realiza a través de una abertura mayor que en [i, u]. Y, por último, en la vocal [a], la sección de paso entre los dos resonadores es la más grande.

Podemos, por lo tanto, deducir la siguiente conclusión: *la compacidad vocálica es directamente proporcional a la sección de paso que se establece entre los resonadores, anterior y posterior,* y por el contrario, *la difusión vocálica es inversamente proporcional a la sección de paso entre los dos resonadores;* en [i], la sección de paso entre los dos resonadores es más pequeña que para [a], por lo que [i] es difusa y [a] densa.

La vocal [u] es difusa, porque la zona central de su espectro está libre de formantes, ya que F_1 y F_2 están tan próximos que realmente habría que considerarlos como uno medio entre los dos, F'_1. El otro formante más alto F_3, en el caso de [u], se encuentra ya en la región de altas frecuencias.

5.6.3. Vocales nasales — vocales orales

Acústicamente la vocal nasal se caracteriza primordialmente por la reducción de intensidad del F_1, como ya vimos anteriormente; en las vocales francesas, por ejemplo, se manifiesta la nasalidad al reducir el F_1 de 12 a 15 decibelios.

En francés el rasgo nasal es fonológico, y así se pueden establecer oposiciones entre vocales nasales y vocales orales: /bã/ *banc,* /ba/ *bas,* /bõ/ *bon,* /bo/ *beau.*

En español el rasgo de nasalidad no es pertinente. Este rasgo aparece sólo fonéticamente, cuando la vocal está situada entre dos consonantes nasales, o en posición inicial absoluta, seguida de consonante nasal: [mã́no] *mano*, [ĩmprópjo] *impropio.*

5.6.4. VOCALES GRAVES — VOCALES AGUDAS

Como ya vimos, la vocal aguda se caracteriza por el predominio de una concentración de energía en la parte alta del espectro, mientras que la vocal grave posee esa concentración de energía en la parte baja del espectro. En el sonograma, se manifiesta en el distinto nivel de frecuencias de aparición del segundo formante: cuanto más próximo se halle al primero, la vocal será más grave, mientras que cuanto más cerca se encuentre del tercero, la vocal será más aguda; de tal modo, que podríamos concluir afirmando que *el nivel de frecuencias del segundo formante es directamente proporcional al grado de agudeza, e inversamente proporcional al de gravedad.*

En español, las vocales se clasifican en:

vocales graves: /o,u/

vocales no graves: { *vocales agudas:* /i, e/ ; *vocales no agudas:* /a/ }

5.6.5. VOCALES BEMOLIZADAS — VOCALES NORMALES

En español, las vocales bemolizadas son: [u, o], y las vocales normales: [i, e, a].

La génesis de la distinción entre vocales bemolizadas y normales viene determinada por la reducción del orificio labial, producido por un redondeamiento de los labios. Por ello, la oposición bemolizada/normal está basada, desde el punto de vista genético, en la variación del orificio labial, mientras que la oposición grave/aguda está fundamentada en la variación de la cavidad de resonancia.

En español, la oposición *vocal grave/vocal aguda* va acompañada de la oposición *vocal bemolizada/vocal normal,* ya que nuestro sistema vocálico es perfectamente normal, es decir, que la serie anterior está deslabializada (orificio labial ancho), mientras que la posterior está labializada (orificio labial estrecho, reducido); la vocal [a], *no grave, no aguda,* también es *normal.*

5.6.6. Validez fonológica de los rasgos acústicos aplicados al sistema vocálico español

De todo los rasgos acústicos que hemos examinado anteriormente sólo algunos son constitutivos de nuestro sistema vocálico. Desde el punto de vista fonológico, en español, son pertinentes los siguientes rasgos:

Rasgos	*i*	*e*	*a*	*o*	*u*
Vocálico/no vocálico	+	+	+	+	+
Consonántico/no consonántico ...	—	—	—	—	—
Compacto/no compacto	—	—	+	—	—
Difuso/no difuso	+	—		—	+
Grave/no grave	—	—	—	+	+
Aguda/no aguda	+	+	—		

5.7. DEFINICIÓN Y DISTRIBUCIÓN DE LOS FONEMAS VOCÁLICOS

1. /i/: Articulatoriamente: *alto, anterior* [17].
   Acústicamente: *vocálico, no consonántico, no compacto, difuso, no grave, agudo.*

Ortográficamente, se transcribe por las grafías *i* o *y*.

Tiene dos alófonos en distribución complementaria:

a) [ĩ]: alto, anterior, nasal. Se produce como tal cuando /i/ se encuentra entre una pausa [18] y una consonante nasal o entre dos

[17] Normalmente, todas las vocales son sonoras, por lo que el rasgo de sonoridad no se incluye en su definición.

[18] Por *pausa* hay que entender el silencio, la ausencia de voz que precede al principio de una expresión oral. Es lo que la ortografía española señala por medio del punto, punto y coma, dos puntos, y coma, aunque a veces hay pausas que

consonantes nasales [19]: /iNstáNte/ [ĩnstánte] *instante,* /mímo/ [mĩ́mo] *mimo.*

b) [i]: alto, anterior, oral. En el resto de los contornos, es decir, donde no aparece [ĩ]: /pípa/ [pípa] *pipa,* /ipo/ [ípo] *hipo,* /koséR i kaNtáR/ [kosér i kantár] *coser y cantar.*

2. /e/: Articulatoriamente: *medio, anterior.*
Acústicamente: *vocálico, no consonántico, no compacto, no difuso, no grave, agudo.*

Ortográficamente, se transcribe por la grafía *e.*

Tiene dos alófonos en distribución complementaria:

a) [ẽ]: medio, anterior, nasal. Se produce como tal cuando /e/ se encuentra entre una pausa y una consonante nasal o entre dos consonantes nasales: /éNtre/ [ẽ́ntre] *¡entre!,* /néne/ [nẽ́ne] *nene.*

b) [e]: medio, anterior, oral. En el resto de los casos: /éste/ [éste] *este;* /pépa/ [pépa] *Pepa.*

3. /a/: Articulatoriamente: *bajo, central.*
Acústicamente: *vocálico, no consonántico, denso, no grave, no agudo.*

Ortográficamente, se transcribe por la grafía *a.*

Tiene dos alófonos en distribución complementaria.

a) [ã]: bajo, central, nasal. Aparece cuando /a/ se encuentra entre una pausa y una consonante nasal o entre dos consonantes nasales: /áNbos/ [ã́mbos] *ambos,* /máno/ [mã́no] *mano.*

b) [a]: bajo, central, oral. En el resto de los casos: /amérika/ [ãmérika] *América,* /pápa/ [pápa] *papa.*

4. /o/ Articulatoriamente: *medio, posterior.*
Acústicamente: *vocálico, no consonántico, no difuso, no compacto, grave.*

---

no indica la ortografía. No hay que confundir la pausa con el espacio ortográfico que existe entre dos palabras escritas.

[19] Aunque, a veces, en los ejemplos que transcribimos demos otros signos nuevos, además del que estudiamos, aconsejamos que no se tengan en cuenta en ese momento: poco a poco se irán reconociendo y aprendiendo.

Ortográficamente, se representa por la grafía *o*.

Tiene dos alófonos en distribución complementaria:

a) [õ]: medio, posterior, nasal. Se realiza así cuando /o/ se encuentra entre una pausa y una consonante nasal o entre dos consonantes nasales: /óNbre/ [ṍmbre] *hombre,* /móno/ [mṍno] *mono.*

b) [o]: medio, posterior, oral. En el resto de los casos: /óso/ [óso] *oso,* /pópa/ [pópa] *popa.*

5. /u/: Articulatoriamente: *alto, posterior.*
Acústicamente: *vocálico, no consonántico, difuso, no compacto, grave.*

Ortográficamente, se representa por la grafía *u*.

Tiene dos alófonos en distribución complementaria:

a) [ũ]: alto, posterior, nasal. Aparece cuando /u/ se encuentra entre una pausa y una consonante nasal o entre dos consonantes nasales: /úN sóto/ [ṹn sóto] *un soto,* /múNdo/ [mṹṇdo] *mundo.*

b) [u]: alto, posterior, oral. En el resto de los contornos: /usáR/ [usár] *usar,* /púpa/ [púpa] *pupa.*

Resumiendo: los fonemas vocálicos españoles tienen dos alófonos en distribución complementaria: uno *nasal,* que se produce cuando la vocal se encuentra: a) entre pausa y consonante nasal; b) entre dos consonantes nasales; otro, *oral,* que aparece en el resto de los casos:

$$\left\{\begin{array}{l}\text{pausa}\\ \text{cons. nasal}\end{array}\right\} + \textit{vocal} + \text{cons. nasal} > [\textit{vocal nasal}]$$

en el resto de los contornos > [*vocal oral*].

5.8. FENÓMENOS DIALECTALES RELACIONADOS CON EL VOCALISMO ESPAÑOL

En los dialectos de la lengua española, tanto en España como en Hispanoamérica, se producen de un modo más o menos intenso y en función, muchas veces, del nivel social, a la vez que cultural, de los hablantes, varios fenómenos, algunos de los cuales vamos a indicar.

5.8.1. Inestabilidad vocálica

La inestabilidad de las realizaciones vocálicas no es un fenómeno nuevo en nuestra lengua: desde los orígenes del español literario hay muestras de ello; está muy extendido, tanto en España como en Hispanoamérica, aunque se considera vulgar. Afecta tanto a las vocales tónicas como a las átonas. Veamos algunos ejemplos:

a) Vocales tónicas: *semos* por «somos» (a través bien de s e d e m u s > *sedemos* > *seemos* > *semos,* bien de s i m u s), *rétulo* por «rótulo», *témido* «tímido» (por analogía con *temor), úsculo* por «ósculo» (por asimilación de la *u* siguiente), *divursio* «divorcio», etc.

b) Vocales átonas: *redículo, escrebir, vesita, menistro, cevil* (por disimilación de las dos vocales *i), pidir, dicir* (por influencia de sus formas verbales con *i), decumento, rebusto* (por disimilación con la *u* siguiente); *discuido, discontento* (por confusión de los prefijos *des-* y *dis-), espital, escuro, escuridá* (explicables, según Menéndez Pidal *(1958,* 39), por analogía con las palabras que tomaban normalmente una *e* por comenzar el étimo latino por *s* silábica: s p i r i t u > *espíritu;* el fenómeno se produce en la secuencia *os* + *p, b, c, t),* etc. [20].

5.8.2. Pérdida de vocales

La pérdida de vocales se produce, a veces, en el habla coloquial, incluso culta: *nano* «enano», *ficio* «oficio», *tamos* «estamos», o

[20] Para más ejemplos con explicaciones detalladas de los hechos, véase Espinosa *(1930,* 79-105).

Sobre la inexistencia en español de la influencia de la consonante nasal trabante sobre el timbre de la vocal trabada, bien para cerrarla, bien para abrirla, véase A. Alonso *(1930,* 371-394).

por fonosintaxis, [ká pasáo] *que ha pasado* [21]. Esta pérdida es muy frecuente, en el habla vulgar, en los diptongos: *Uropa* «Europa», *Ugenio* «Eugenio», *umentar* «aumentar», *utomóvil* «automóvil», *precación* «precaución», *trenticinco* «treintaicinco».

Mención especial merece el problema del debilitamiento y pérdida de vocales en Méjico, señalado ya por Henríquez Ureña en *1921* y más tarde para Nuevo Méjico, por Espinosa (véase A. Alonso *1930,* 431-439). En los últimos años, el problema ha vuelto a tratarse; primero fue P. Boyd-Bowman *(1952),* quien señaló que este fenómeno se producía casi exclusivamente cuando la vocal se encontraba en contacto con /s/: pueden ser casos como [ka-s̩-títa] *casetita,* [p-s̩-tóla] *pistola,* [ka-f̩-síto] *cafecito,* donde [s] o [f] pasan a ser núcleos silábicos. Más tarde M.ª J. Canellada y A. Zamora Vicente *(1960)* llegan a la conclusión de que el fenómeno es mucho más amplio de lo que se había indicado hasta entonces, ya que afecta a todas las vocales, tanto tónicas como átonas, en contacto con casi todas las consonantes; se produce por igual en todos los estratos socioculturales de Méjico capital, y su total desaparición da origen a que las consonantes que son vecinas de las vocales que desaparecen, pasen a ser núcleos silábicos; ejemplos como [kiéns'bké] *quién sabe qué,* [nón-s:ít-práwas] *no necesito paraguas,* etc. El último y más importante trabajo sobre este fenómeno es el de Lope Blanch *(1963-64);* después de estudiarlo estadísticamente llega a la conclusión de que no se produce en un número muy elevado de hablantes, de que aparece en forma ocasional y concurriendo, muchas veces, con el ensordecimiento, y de que, en la mayoría de los casos, se produce en contacto con *s* o *ch.* Por otra parte, esta pérdida de vocales aparece también, en las mismas condiciones, en otros territorios, como Colombia, El Salvador, el Perú, Bolivia, el Ecua-

[21] Lamentablemente, en España, el fenómeno es muy abundante. Los ejemplos que damos a continuación están tomados en una conferencia de un profesor universitario de Madrid: [torías] *teorías,* [r̄aliðá] *realidad,* [ẽn urópa] *en Europa,* [los kutilíθan] *los que utilizan,* [solβíðan] *se olvidan,* [daí] *de ahí,* [sakuðímos] *si acudimos,* [kal̩térnãn] *que alternan,* [kásíðo] *que ha sido,* [de kún] *de que un,* etc.

dor, y la Argentina, por lo que parece algo aventurado explicarlo a través de la lengua de sustrato.

Como otros ejemplos de este fenómeno, podemos mencionar: *camsita* «camisita», *manto* «manito», *capsidad* «capacidad», [trampós-s̩] «tramposos», [p-s̩-tóres] «pastores», etc.

5.8.3. Labialización de /e/

La labialización de /e/ en el diptongo [we] fue señalada por Wulf *(1889)* para el andaluz, por Araujo *(1894)* para el castellano, por Josselyn *(1907)*, como ocasional, también para este último dialecto, Navarro Tomás *(1923)* como propio del habla popular madrileña. Espinosa *(1930*, 55-56) lo señala para Nuevo Méjico, y, según la nota de A. Alonso y A. Rosenblat a Espinosa *(1930*, 56) otros autores lo mencionan en el español de Chile, del Perú, del Ecuador y de San Salvador. En el trabajo de Quilis *(1965a*, 20) se habla de este fenómeno en el español de Madrid, sobre todo en expresiones realizadas con una cierta energía. Hoy, analizado el material del habla culta madrileña, podemos afirmar que el fenómeno es muy general, y que va más allá de la simple labialización, ya que la solución más extendida en la actualidad es [o] < [wo] < [wø]: *logo* «luego», *pos* «pues» [22].

5.8.4. Desdoblamiento vocálico

En algunas áreas del español, la pérdida de determinadas consonantes en posición implosiva o postnuclear produce la abertura de su vocal núcleo silábico. De este modo, la vocal final de las palabras *perdiz, ver, amas, dios, tul,* al perder las consonantes finales [23] cambia de timbre, abriéndose. Se originarían así oposiciones entre vocales de timbre medio, como las de *perdí, ve, ama, dió, tú* y las vocales abiertas de *perdi(z), ve(r), ama(s), dió(s), tu(l)*. Esta di-

[22] Véase también el trabajo de Kany *(1940)*.

[23] En este caso, *z, r, s, l*.

ferenciación de timbre vocálico suple de algún modo la función de la consonante perdida. La desaparición de /-s/, a través de un proceso de aspiración, es lo que más repercusiones entraña porque, además de ser el fonema consonántico más frecuente, en su incidencia puramente léxica *(do/dos, parí/París),* es funcionalmente muy importante al ser el indicador morfemático del plural *(gato/gatos)* y de la segunda persona del singular en el paradigma de la conjugación *(tiene/tienes, ama/amas).*

El fenómeno fue señalado por primera vez por Navarro Tomás *(1939, 1939a)* con referencia al dialecto andaluz. En este breve estudio señala que «al perderse la aspiración, la vocal ha conservado su timbre abierto, cifrando en este rasgo la función semántica correspondiente a la consonante desaparecida», pero no reconoce valor fonológico a este hecho, ya que el desdoblamiento de vocales se produce «sin el valor reconocido y determinado del fenómeno propiamente fonológico»: es solamente «la conciencia de la pérdida de la *-s*».

Extensión geográfica del fenómeno

En España, el fenómeno se produce sobre todo en Andalucía, que queda dividida en dos partes: a) la Andalucía oriental —Córdoba, Jaén, Granada y Almería, prolongándose hacia zonas manchegas y murcianas— donde la pérdida de /-s/ lleva consigo la abertura de las vocales y, en el caso de /a/, también su palatalización; b) la Andalucía occidental —Huelva, Sevilla, Málaga, Cádiz— donde la desaparición de /-s/ no conlleva la abertura vocálica. El mapa 1696 del volumen VI del *ALEA* refleja claramente la extensión del fenómeno andaluz de la abertura de las vocales, y el mapa 1697 del mismo volumen muestra las soluciones palatales de *-as.*

En Canarias, los datos proporcionados por el *ALEICan,* estudiados por Quilis *(1981a)* y Marrero *(1988),* ofrecen resultados muy diferentes, ya que el mantenimiento o pérdida de /-s/ no presenta una solución homogénea: por ejemplo, en la oposición *-es/-e,* el mantenimiento de la consonante se realiza en un 53% de los casos;

en el resto, se pierde, abriendo la vocal. En la oposición *-os/-o,* la consonante se conserva en el 45%. Se pierde en otro 45%, dando como resultado una vocal media, que se opone a la cerrada del singular; en el resto, se produce la abertura.

Fuera de España, el fenómeno de la pérdida de /-s/ y su repercusión o no en el sistema, ha sido señalado en los siguientes puntos:

a) Santo Domingo, donde Jiménez Sabater *(1975,* 80) indica que, descartando una parte de la zona Suroeste, «En el resto del país [...] la regla general es la pérdida completa del fonema sin que esto haya acarreado un cambio sistemático en el timbre de la vocal anterior».

b) Puerto Rico es la zona que cuenta con más datos bibliográficos: Navarro Tomás *(1948b),* que inició sistemáticamente los estudios dialectales en la Isla, dice al referirse a la vocal /a/. «La variante posterior, con timbre más o menos desarrollado, aparece en contrastes fonológicos, en aquellos casos en que la aspiración final llega a perder prácticamente todo su papel. «¿Onde va?», con *a* palatal o media indica la tercera persona mientras que con *a* posterior equivale a *vas*» (pág. 44). Dice sobre /e, o/: «Cuando la aspiración se atenúa hasta resultar imperceptible, el timbre medio o abierto de las vocales *e* y *o* sirve, como en el caso de la *a* para diferenciar formas aparentemente homófonas como *pie* y *pie(h), ve* y *ve(h), dio* y *Dio(h)*» (pág. 46).

Posteriormente, Rubén del Rosario *(1964* y *1970)* menciona este fenómeno de la abertura vocálica de un modo general; aparece también en las monografías de Matluck *(1961),* Pérez Sala *(1971),* E. Figueroa *(1971),* Carrillo *(1971),* Álvarez Nazario *(1972),* Casiano *(1973),* etc. María Vaquero *(1971,* 27) dice que en Barranquitas «cuando la vocal se ha hecho final por pérdida de *s* experimenta un desdoblamiento fonológico del cual resulta un timbre abierto, signo del plural».

c) En el Uruguay fue señalado por Vásquez *(1953);* para el español argentino por Honsa *(1965),* y por Cassano *(1972),* para la Argentina y el Paraguay.

d) En Cuba, Haden y Matluck *(1973)* mencionan el fenómeno para /e/, pero no para /o, a/; Cristina Ișbasescu *(1968)* niega la existencia en Cuba de este desdoblamiento. El trabajo de H. López Morales *(1979,* 162), indica que «la hipótesis de que no existe desdoblamiento de /e, a, o/ en el español cubano cuenta ya con un considerable y convincente apoyo».

En las encuestas que realizamos durante 1986 y 1987, en Cuba, para el *Atlas Lingüístico de Hispanoámerica,* no aparecieron casos de abertura vocálica por pérdida de /s/.

Aspecto lingüístico

Después del mencionado artículo de Navarro Tomás *(1939* y *1939a),* L. Rodríguez Castellano y A. Palacio *(1948)* publicaron el primer trabajo monográfico sobre una localidad andaluza, donde ya se describe el fenómeno bajo el prisma fonológico.

En su primer artículo sobre el sistema fonológico español, E. Alarcos Llorach *(1949)* toma en consideración el dialecto andaluz. De los datos de Navarro deduce una refonologización de las variantes abiertas y cerradas de determinadas vocales, y de las variantes palatales y velares de *a.* De este modo, el sistema vocálico del andaluz oriental sería cuadrangular, con tres grados de abertura y dos tipos de localización. Este sistema contrasta inmediatamente con el del español general.

D. Alonso, A. Zamora Vicente y M. J. Canellada *(1950)* estudian las vocales del habla granadina, donde señalan el carácter palatal de la realización de /a/ en los plurales y reiteran la existencia en el andaluz oriental de «por lo menos ocho vocales, es decir, tres más de las acostumbradas en el castellano medio».

Al publicar M. Alvar *(1955)* los primeros resultados de las encuestas del *ALEA* dedica una atención preferente al vocalismo: propone un sistema cuadrangular de diez fonemas con cuatro grados de abertura y dos tipos de localización: es decir, las cinco vocales del español general darían lugar a cinco medias y cinco abiertas [24].

Gregorio Salvador, en su estudio del habla de Cúllar-Baza *(1957)* propuso para el andaluz oriental un sistema vocálico triangular de cinco grados de abertura y tres tipos de localización (anterior, central y posterior), manteniendo la tesis de la existencia de diez fonemas vocálicos en la mencionada modalidad andaluza; cinco medios y cinco abiertos.

A partir de este momento, hay dos posturas frente a este problema: por un lado, la ya mencionada de Gregorio Salvador *(1957)*, ratificada, con alguna modificación, posteriormente *(1977)* [25] y su trabajo más reciente de *(1989)*. Por otro, la de Alarcos Llorach *(1958)*, ratificada recientemente *(1983)* y apoyada por Mondéjar *(1979)* [26]. Para Alarcos, las vocales andaluzas orientales, desde el punto de vista fonológico, se agrupan en dos subsistemas (cuya aparición está condicionada por un contexto preciso): uno de vocales «estrechas»:

i				u
	e		o	
		a		

y otro de vocales «amplias», que pueden ser más largas, pero siempre más abiertas que las otras [27]:

[24] Con un sugestivo título, publicó Dámaso Alonso *(1956)* un trabajo en el que estudió el cambio de la vocal /a/ final, tónica o átona, en *e* abierta, ante /r/, /l/, /s/, /θ/. La extensión del fenómeno se produce, según el autor, en el triángulo comprendido entre Alameda (Málaga), Estepa (Sevilla) y Puente Genil (Córdoba). Su origen hay que buscarlo en la frecuente palatalización de la *a* final de los plurales y de las segundas personas del singular, en el andaluz oriental: «ese fermento palatalizador existente en otras regiones andaluzas lleva en ésta a una auténtica *e*». Este cambio fue puntualizado más tarde por M. Alvar *(1958, 1959)*. El fenómeno se produce también en el valle de las Cinco Villas, en la Provincia de Ávila.

[25] La supresión de *u* abierta como fonema, por ejemplo.

[26] Desde el punto de vista morfológico, Quilis *(1968)* también apoya la tesis de Alarcos.

[27] Mondéjar *(1979)* elimina de las vocales «amplias» el rasgo secundario de alargamiento.

I U
E O
A

ambos con tres grados de abertura. Estas vocales amplias serían realizaciones de cada uno de los cinco fonemas vocálicos en combinación con una unidad /h/, que sería un fonema latente, recuerdo actual del fonema /s/ eliminado. Este fonema /h/ aparece realizado variablemente en posición implosiva: «una de sus manifestaciones consiste en la abertura y demás rasgos característicos de las vocales 'amplias'» [28].

Al examinar A. Llorente Maldonado de Guevara *(1962)* los problemas que plantea desde el punto de vista del significante este dialecto, comenta: «El sistema vocálico andaluz de las extensas zonas donde existe oposición en la dualidad singular-plural y en las formas verbales es de una gran personalidad y presenta características especiales que impiden su encasillamiento dentro de los tipos establecidos; ninguno de los ingeniosos y loables intentos de interpretación hechos hasta la fecha (Alvar, Alarcos, Salvador) es totalmente convincente; quizá con el tiempo, cuando las oposiciones fonológicas andaluzas estén mejor estudiadas en extensión y profundidad, pueda catalogarse satisfactoriamente el sistema vocálico andaluz».

5.9. SECUENCIAS VOCÁLICAS

Una secuencia de dos o tres vocales puede estar comprendida en una sílaba o dividida en sílabas distintas. En el primer caso, constituye un *diptongo* (/ói/ *hoy)* o un *triptongo* (/buéi/ *buey)* [29]; en el segundo, un *hiato* (/oí/ *oí,* /léo/ *leo,* /féa/ *fea)* [30].

[28] Contreras Jurado *(1975-76)* opina que la abertura de estas vocales responde a una causa morfológica que pertenece, como el acento o el tono, al conjunto de rasgos prosódicos.

[29] También llamado *secuencia tautosilábica.*

[30] También llamado *secuencia heterosilábica.*

En el caso del diptongo y del triptongo, una de las vocales es *núcleo silábico;* la otra o las otras son el *margen silábico:* en /buéi/ *buey, é* es el núcleo; *u* e *i* son los márgenes. El núcleo silábico es siempre la vocal que reúne las mejores condiciones fónicas de todos los segmentos vocálicos que forman la sílaba: mayor abertura, mayor tensión, mayor intensidad, mayor perceptibilidad, mejor posibilidad de transmisión, más duración, etc.

En el caso del hiato, cada una de las vocales es núcleo de su sílaba; en /oír/ *oir, o* e *i,* son núcleos de las sílabas *o* e *ir,* respectivamente.

5.9.1. Diptongo

En español, normativamente, se acostumbra a considerar como diptongo la unión en la misma sílaba de:

1. /i, u/ + /e, a, o/
2. /e, a, o/ + /i, u/
3. /i/ + /u/
4. /u/ + /i/

Según que los órganos articulatorios se desplacen en la emisión del diptongo hacia la abertura o hacia el cierre, los diptongos se llaman *crecientes* (caso 1), o *decrecientes* (caso 2). En ellos, las vocales más abiertas, /e, a, o/ son las que forman el núcleo silábico.

En el tercero y cuarto casos, al tratarse de vocales altas, de la misma abertura prácticamente, formará núcleo silábico la vocal que mayor intensidad o mayor duración posea, por muy pequeñas que sean esas diferencias. En /biúda/ *viuda*, el núcleo silábico será /ú/, pero en /bíuda/ será /i/; en /kuída/ *cuida*, será /í/, pero en /kúida/ será /ú/; la elección de un fonema u otro como núcleo depende del hablante, de la situación o del dialecto.

En los *diptongos crecientes,* ya lo hemos dicho, la vocal que forma el núcleo silábico está en segunda posición. La vocal margen silábico, recibe en este caso el nombre de *semiconsonante,* y ocupa una posición silábica prenuclear; se transcribe fonéticamente como [j] (alófono en función silábica prenuclear de /i/) o como [w] (alófono en función silábica prenuclear de /u/) [31].

/i/ + { /e/: /tiéne/ [tjéne] *tiene*
/a/: /pátria/ [pátrja] *patria*
/o/: /bió/ [bjó] *vió* }

/u/ + { /e/: /buéno/ [bwéno] *bueno*
/a/: /kuátro/ [kwátro] *cuatro*
/o/: /supérfluo/ [supérflwo] *superfluo.* }

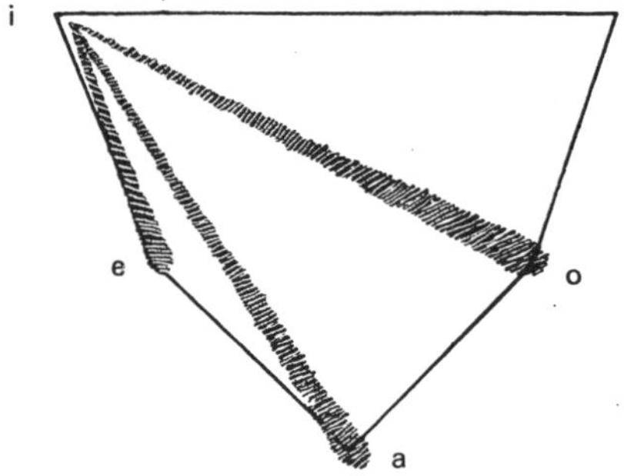

FIG. 5.19. Esquema figurado de los diptongos con /i/

En los *diptongos decrecientes,* la vocal que forma el núcleo silábico está en primera posición. La vocal margen silábico se llama *semivocal,* y ocupa una posición silábica postnuclear; se transcribe fonéticamente como [i̯] (alófono en función silábica postnuclear de /i/) o como [u̯] (alófono en función silábica postnuclear de /u/).

{ /e/ /a/ /o/ } + /i/:
/léi/ [léi̯] *ley*
/áire/ [ái̯re] *aire*
/sói/ [sói̯] *soy*

[31] Las distintas posiciones de los órganos articulatorios en la emisión de los diptongos, puede verse en Quilis *(1973).*

/e/ ⎫ /európa/ [eu̯rópa] *Europa*
/a/ ⎬ + /u/: /áula/ [áu̯la] *aula*
/o/ ⎭ /bóu/ [bóu̯] *bou*

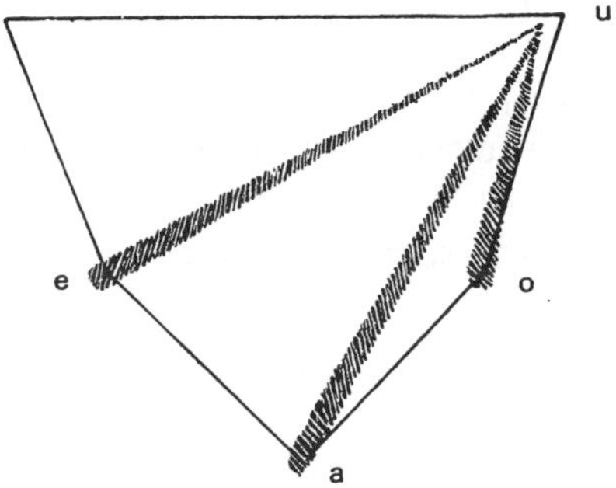

FIG. 5.20. Esquema figurado de los diptongos con /u/

Como caso especial, ya lo dijimos, hay que considerar la secuencia /i/ + /u/ o viceversa.

Diptongo creciente: /biúda/ [bjúða] *viuda*
/fuí/ [fwí] *fui*
Diptongo decreciente: /bíuda/ [bíu̯ða] *viuda*
/fúi/ [fúi̯] *fui*

No debe olvidarse que en el habla aparecen constantemente otros diptongos, no considerados normativamente, aunque de existencia real: son diptongos formados por las vocales medias y baja /e, a, o/. En ellos, cuando /a/ está presente, es él, normalmente, el núcleo. Cuando la combinación se efectúa entre /e/ y /o/, nos hallamos ante el mismo caso de /i/, /u/. Sobre esta cuestión, volveremos más adelante.

5.9.2. TRIPTONGO

Una secuencia de tres vocales en la misma sílaba forma un *triptongo.* Como en el diptongo, la vocal más abierta es el núcleo silábico. Las otras dos vocales serán *semiconsonante* o *semivocal,* según estén situadas antes o después del núcleo silábico. Ejemplos:

/iai/: /sitiáis/ [sitjá̯is] *sitiais*
/iei/: /sitiéis/ [sitjé̯is] *sitieis*
/ioi/: /iói/ [jói̯] *y hoy*
/uei/: /buéi/ [bwéi̯] *buey*
/uai/: /uruguái/ [uruɣwái̯] o [urugwái] *Uruguay.*

5.9.3. Observaciones sobre las conjunciones y, u

1. *Conjunción Y.* — La realización de esta conjunción cambia según el contexto fonético en que esté situada:

a) Cuando está entre dos consonantes, se realiza como la vocal anterior palatal [i]: [xwán i kárlos] *Juan y Carlos,* [kóser y kortár] *coser y cortar.*

b) Cuando se encuentra situada *entre una consonante y una vocal,* se realiza como la semiconsonante [j], ya que por su carencia de acento se agrupa silábicamente con la vocal siguiente [buskár jelexír] *buscar y elegir.*

c) Cuando se encuentra situada *entre una vocal y una consonante,* se realiza como la semivocal [i̯], ya que por su carencia de acento no tiene más remedio que agruparse con la vocal anterior: [márjoi̯ lwís] *Mario y Luis.*

d) Cuando se encuentra situada *entre dos vocales* se realiza, como en el segundo caso, como una semiconsonante, ya que por la tendencia del español a la sílaba abierta y por la carencia de acento se reagrupa silábicamente con la vocal que le sigue: [miró jató] *miró y ató.*

2. *Conjunción U.* — Se emplea solamente delante de palabras que empiezan por la vocal [o]. Se realiza siempre como la semiconsonante [w] por las mismas razones que las expuestas en el anterior caso cuarto; [ũno wótro] *uno u otro.*

5.9.4. Naturaleza fonológica de los diptongos y triptongos

Como demostró certeramente Alarcos Llorach *(1959* y *1981,* 150-160), los diptongos son elementos bifonemáticos y los triptongos, elementos trifonemáticos; es decir, están constituidos por dos y tres fonemas, respectivamente. Además, las vocales que en una secuencia tautosilábica están en la situación de margen silábico son realizaciones del fonema vocálico correspondiente, en función silábica, y no otro fonema [32].

Si *buey,* por ejemplo, se transcribe fonéticamente [bwéi̯], es porque [w] e [i̯] son alófonos, en función silábica, de /u/ e /i/, respectivamente. Por lo tanto, la distinción entre semiconsonante y semivocal es puramente fonética e indicadora de la posición prenuclear o postnuclear de la vocal que constituye el margen silábico.

Fonema	Función silábica	Símbolo	Terminología
/i/	núcleo	[i]	
/i/	margen prenuclear	[j]	semiconsonante
/i/	margen postnuclear	[i̯]	semivocal
/u/	núcleo	[u]	
/u/	margen prenuclear	[w]	semiconsonante
/u/	margen postnuclear	[u̯]	semivocal

Ejemplos:

/míra/ [míra] *mira*
/ásia/ [ásja] *Asia*
/pálio/ [páljo] *palio*
/péine/ [péi̯ne] *peine*
/áire/ [ái̯re] *aire*
/ói/ [ói̯] *hoy*
/lúna/ [lúna] *luna*
/buéno/ [bwéno] *bueno*
/kuátro/ [kwátro] *cuatro*
/bákuo/ [bákwo] *vacuo*
/európa/ [eu̯rópa] *Europa*
/áuto/ [áu̯to] *auto*
/bóu/ [bóu̯] *bou*
/buéi/ [bwéi̯] *buey*
/apreθiéis/ [apreθjéi̯s] *apreciéis*
/kambiáis/ [kambjái̯s] *cambiáis*

5.9.5. Hiato

Cuando concurren dos vocales en una secuencia, una de ellas alta, /i/, /u/, y la otra media o baja, /e/, /a/, /o/, pueden no formar diptongo porque cada una de ellas pertenezca a una sílaba diferen-

[32] Para la extensa bibliografía sobre el tema, véase Quilis *(1984,* 51-60).

te; están en *hiato:* cada vocal es núcleo de su sílaba. Ejemplos: *día, raíz, púa, baúl.*

Como se puede deducir, los fonemas /i/, /u/, antepuestos o postpuestos al resto de los fonemas vocálicos pueden formar diptongo o no: compárese entre: *hacia/hacía, rey/reí, hoy/oí, hay/ahí, ley/leí, pié/píe/pié* (hiato; perfecto de *piar), continuo/continúo* (hiato) /*continuó* (hiato), *lío* (hiato) /*lió* (hiato).

Cuando la secuencia vocálica está formada por dos vocales medias /eo/, /oe/, o una media y otra baja, o viceversa, /ea/, /oa/, /ae/, /ao/, cada una de ellas es núcleo de una sílaba diferente, formando, por lo tanto, un hiato: *céreo, aseo, soez, beato, toalla,* etc. Muchas veces, en el habla, estas vocales, que normativamente forman sílabas distintas, se pronuncian en una sola, constituyendo un verdadero diptongo, esto es: en lugar de *cé-re-o, cé-reo;* en lugar de *be-a-to, bea-to;* en lugar de *re-al, real,* etc. Este fenómeno recibe el nombre de *sinéresis.*

5.9.6. Reglas para la formación de diptongos e hiatos

Es difícil dar reglas generales, desde el punto de vista normativo, para la formación de los diptongos o de los hiatos. Por un lado, la dificultad está en el mismo fenómeno; por otro, en el propio hablante, según esté arraigada en él o extendida en su dialecto la tendencia antihiática del español. Por último, la evolución de la lengua ha influido también en el fenómeno: antes se decía *re-i-na, ve-in-te,* con hiato, y hoy *rei-na, vein-te,* con diptongo. Los poetas, con el dominio más o menos intuitivo de la lengua, suelen tratar correctamente el fenómeno.

En el nivel de la norma, podemos, no obstante, indicar las siguientes reglas:

1.ª Siempre forma *diptongo* la secuencia de dos vocales átonas /e, a, o/ + /i, u/ o /i, u/ + /e, a, o/: *Reinar, bailar, boicotear, feudal, cautivo, bienestar, aviación, radio,* etc.

2.ª Siempre forman *hiato* las secuencias /e, a, o/ + /í, ú/ o /í, ú/ + /e, a, o/: *reía, ahí, oí, reúne, aúna, hacía, vacíe, pío, actúe, púa, búho, flúor, crúor.*

3.ª Las secuencias /é, á, ó/ + /i, u/ o /i, u/ + /é, á, ó/ suelen formar diptongo, aunque existen las excepciones siguientes:

a) Los tiempos de los verbos terminados en *-iar* [-iár], en los que aparezca la secuencia [ía], [iá]. Se exceptúan el futuro y el condicional, donde [ia] son átonos. Por ejemplo, de *fiar: fi-ar, fí-a, fi-aba, fí-o, fí-e, fi-ó, fi-é,* pero *fia-ré, fia-ría.*

Responden a esta regla los siguientes verbos: *ciar, vaciar, fiar, grafiar, desafiar, confiar, desconfiar, porfiar, liar, aliar, ampliar, piar, espiar, expiar, contrariar, (des)variar, criar, recriar, malcriar, resfriar, enfriar, agriar, (con)gloriar, arriar, descarriar, triar, estriar, istriar, hastiar, guiar, (des)aviar, extraviar, ataviar, enviar, reenviar, ferroviar, autoviar, desviar.*

b) Los tiempos de los verbos terminados en *-uar* [-uár], en los que aparezca la secuencia [úa], [uá]. Se exceptúan el futuro y el condicional, donde [ua] son átonos. Por ejemplo de *actuar: actu-ar, actú-a, actu-aba, actú-o, actú-e, actu-ó, actu-é,* pero *actua-ré, actua-ría.*

Responden a esta regla los siguientes verbos: *(des)graduar, actuar, individuar, fluctuar, (e)valuar, usufructuar, atenuar, perpetuar, extenuar, habituar, insinuar, deshabituar, (des)continuar, situar, puar, tumultuar, ruar, acentuar, exceptuar, puntuar, preceptuar, desvirtuar, conceptuar, contextuar, menstruar, ganzuar, cansuar, tatuar, infatuar, estatuar.*

Se exceptúan los verbos terminados en [-kwar] *-cuar*, y [-gwár] *-guar*, que siempre forman *diptongo*: *evacuar, adecuar, licuar, averiguar.*

c) Los tiempos de los verbos en *-uir* [-uír], en los que aparece [í]. Se exceptúan el futuro y el condicional. Por ejemplo: *atribuir: atribu-ir, atribu-ía, atribu-í,* pero: *atribui-ré, atribui-ría.*

Responden a esta regla los siguientes verbos: *atribuir, retribuir, contribuir, distribuir, imbuir, circuir, inmiscuir, argüir, redargüir, reargüir, (re)huir, recluir, incluir, concluir, ocluir, excluir, fluir, afluir, refluir, influir, diluir, (es)muir, disminuir, derruir, irruir, obstruir, destruir, instruir, (re)construir, estatuir, sustituir, destituir, restituir, instituir, (re)constituir, prostituir, sustituir, intuir.*

d) Los adjetivos acabados en *-uoso(s), -uosa(s),* [uóso], etc.: *suntuoso, virtu-oso, sinu-oso.*

e) Las siguientes palabras (y sus correspondientes variaciones de género y número): *biombo, miasma, desconfianza, arriero, ferrovial, hiato, anual, acuoso, santuario, cruel, tiara, maniobra, diálogo, boquiancho, diablo, trián-*

gulo, cliente, trienio, guión, dieciocho, Sión, veintiocho, truhán, bienio, prior, fianza, piano, crianza, gorrión.

f) Cuando alguno de los fonemas de las secuencias /iu/ o /ui/ es tónico: *jesu-ita, hu-ida, circu-ito, fortu-ito, casu-ística, di-urno.*

Por el contrario, forman diptongo en las siguientes palabras, *juicio, benjuí, muy, cuidar* (y derivados), *fui, fuiste, ruido, ruin, arruino, suizo, Luis, triunfo, viuda,* etc. También hay diptongo cuando ambos fonemas son átonos: *suicida, diurético,* etc.

5.10. CARACTERÍSTICAS ACÚSTICAS DE LOS DIPTONGOS Y DE LOS HIATOS

Acústicamente, la distinción entre diptongo e hiato viene determinada por la velocidad de transición entre los formantes de las dos vocales: cuando la transición es lenta, y su duración larga, nos encontramos en presencia de un diptongo; por el contrario, cuando la transición es rápida, y su duración breve, tenemos un hiato. O

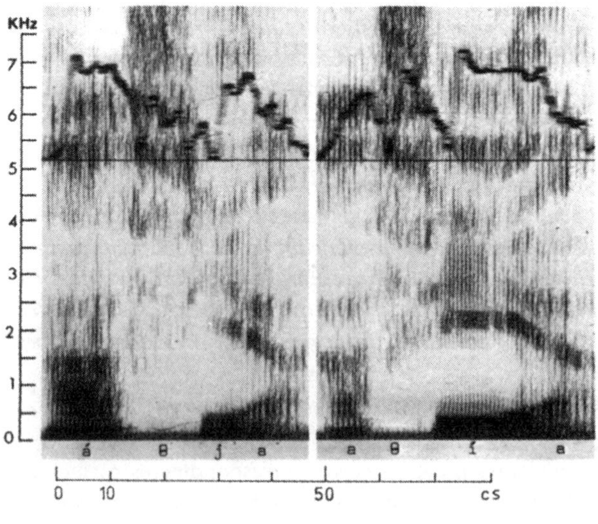

FIG. 5.21. Sonogramas reducidos de diptongo *(hacia)* - hiato *(hacía)*

dicho de otra forma: cuanto más suave sea la transición de vocal a vocal tanto mayor será la tendencia a formar diptongo.

La figura 5.21. muestra los sonogramas reducidos de /ia/ formando diptongo en [áθja] *hacia* e hiato en [aθía] *hacía.* Pese a que el diptongo se encuentra en sílaba postónica, se percibe una mayor continuación entre los formantes de [j] y de [a] que en el caso del hiato. En éste, la duración de [i] y la estabilidad de sus formantes son notorios.

En la figura 5.22. están representados los sonogramas reducidos de /ua/, formando diptongo en [kwátro] *cuatro,* e hiato en [situáðo] *situado.* Obsérvese cómo en el caso del diptongo, los dos primeros formantes se elevan paralelos de [u] a [a], en una transición lenta y progresiva. En el caso del hiato, la transición entre los dos elementos es brusca. Obsérvese, además, la semejanza de intensidad entre [u] y [a] cuando están en la misma sílaba, y la menor intensidad de [u] cuando es núcleo de sílaba átona.

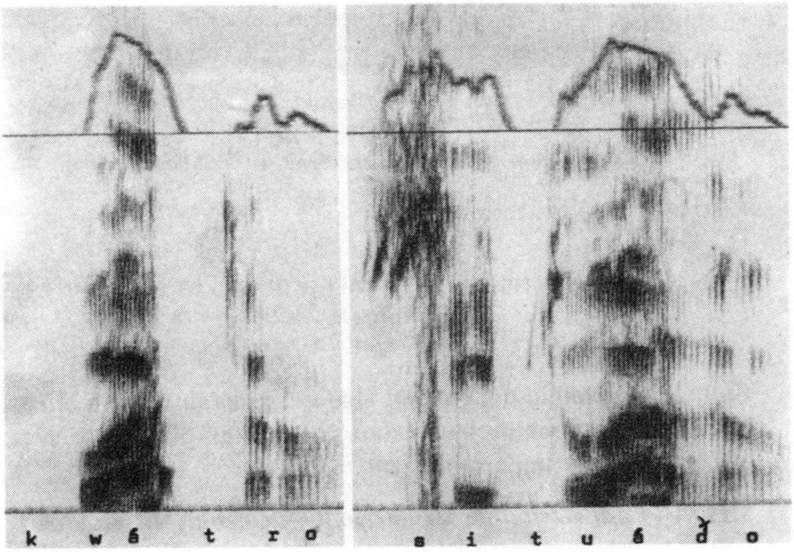

Fig. 5.22. Sonogramas reducidos de diptongo *(cuatro)* - hiato *(situado)*

En el diptongo de [kwíða] *cuida,* figura 5.23., es notoria la brevedad de [w] y la práctica ausencia de transición entre las dos vocales. Por el contrario, en [uíða], [u] e [i] son muy estables acústicamente; la transición entre ellas es muy brusca.

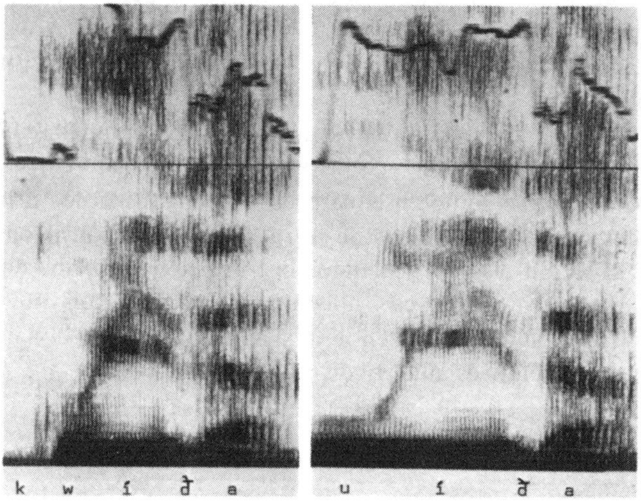

FIG. 5.23. Sonogramas reducidos de diptongo *(cuida)* - hiato *(huida)*

5.11. FENÓMENOS FONÉTICOS QUE AFECTAN A LAS SECUENCIAS VOCÁLICAS

En todo el dominio del español aparece, generalmente en el habla no culta, una serie de fenómenos que afectan a las secuencias vocálicas. Los más importantes son:

5.11.1. La *inversión* de alguno de los elementos del diptongo; generalmente, del margen silábico: *naide* «nadie», *riudoso* «ruidoso», *estauta, estuata* «estatua», [swiðá] «ciudad», [kjuðáo] «cuidado».

5.11.2. *Disimilaciones: cencia, aparencia, pacencia, obedencia, concencia,* por disimilación de las dos *i.* Es un fenómeno general en España y América.

5.11.3. *Asimilaciones: diferiencia, agüeitar* «aguaitar», *treigo,* «traigo», *treido* «traído», *treiría* «traería».

5.11.4. *Pérdida de uno de los elementos de la secuencia vocálica:* Fenómeno muy extendido, en el que se pueden señalar, como más importantes, los siguientes casos:

[je] > [i] en los numerales *diciséis* «dieciséis», *dicisiete* «diecisiete», *diciocho* «dieciocho», *dicinueve* «diecinueve». Es un fenómeno conocido en español antiguo, que aún se conserva y se produce en nuestros dialectos;

[ei̯] > [e] o [i], en los numerales compuestos de la veintena y de la treintena: *ventidós, vintidós* «veintidós», *trenticinco, trinticinco* «treintaicinco», etc. Es un fenómeno muy general en español;

[au̯] > [a], [o] o [u]: *anque* «aunque», *precación* «precaución», *umento* «aumento», *ujero* «agujero», *otoridad* «autoridad»;

[eu̯] > [u]. muy general en España y América: *Uropa* «Europa», *Ulogio* «Eulogio», *Ugenio* «Eugenio»;

[we] > [e], [o]: *prebo* «pruebo», *greso* «grueso», fenómeno que se produce en Asturias, Aragón, Nuevo Méjico, Puerto Rico, Salamanca; también [o], en Madrid: *logo* «luego», *pos* «pues», *individo* «individuo», *virtosa* «virtuosa»;

[ai̯] > [i]: *irado* «airado», *islado* «aislado»;

[ao] > [o]: *zanoria* «zanahoria», *ora* «ahora», *ogarse* «ahogarse», en Colombia, Chile, Perú, Ecuador, Costa Rica, Puerto Rico, España;

[ae] > [e]: *mestro* «maestro», *Rafel* «rafael», en Bogotá, Nuevo Méjico, Asturias.

5.11.5 TENDENCIA ANTIHIÁTICA

Aunque también hay casos en sentido opuesto, en general, en español, predomina lo que se ha llamado la *tendencia antihiática,* esto es, la conversión en diptongo de un hiato.

En una secuencia vocálica heterosilábica, (v-v') en la que, como se sabe, cada vocal es núcleo silábico de sílabas diferentes, pueden producirse las siguientes evoluciones: a) su conversión en una secuencia tautosilábica (diptongo o triptongo); b) la introducción de una consonante entre los dos elementos vocálicos, con el fin de reforzar el límite silábico:

v - v' > { a) vv' (diptongo)
b) vcv'

Esta tendencia antihiática del español responde a dos causas que se complementan: *1)* una se refiere al límite silábico: la secuencia silábica ideal es cv-cv-cv, donde una consonante (c), que es más cerrada, normalmente, que una vocal, marca la frontera o límite silábico. En la secuencia heterosilábica v-v', el límite silábico está muy débilmente señalado: sólo por la transición formántica, más o menos rápida que hay entre sus vocales (§ 5.10.); para evitar ambigüedades, la lengua se vale de cualquiera de los dos medios antes indicados: *a)* suprimir el límite silábico, convirtiendo el hiato en diptongo; *b)* reforzar el límite silábico, introduciendo en él una consonante. *2)* La otra causa se debe a un principio de economía, que, de un modo u otro, suele estar presente en los cambios fonéticos: en este caso, se trata del gasto de aire, que, como vimos (§ 2.5.1), es mayor en las vocales altas y en las acentuadas: para pronunciar [aí] *ahí,* necesitamos mucho más aire que para [ái̯], pronunciación frecuente de *ahí.*

Ejemplos del primer caso pueden ser:

a) los resultados de secuencias vocálicas normativamente heterosilábicas: [ea], [eo], [eu], [ao], [oa], [oe], etc., es decir, vocales medias, o vocal media más baja, o viceversa. Por ejemplo: [peljár] *pelear,* [pjór] *peor,* [pjón] *peón;* [r̄junir] *reunir,* [twáǰa] o [twáya] *toalla,* [almwáða] *almohada,* [nwái̯] *no hay,* [mái̯stro] *maestro,* [kai̯rá] *caerá,* [pwéta] *poeta,* [serjál] *cereal,* [θanáu̯rja] *zanahoria.*

Los ejemplos aquí señalados suponen el resultado final de esta evolución, resultados que aparecen sobre todo en el habla vulgar:

[ea] > [e̯a] > [ja], [ao] > [ao̯] > [au̯], por ejemplo. El estadio anterior (formación del diptongo con el timbre de la vocal no nuclear más o menos cerrado) es lo corriente en el español general.

b) los resultados de secuencias vocálicas normativamente heterosilábicas formadas por las vocales [i, u] más las medias y baja o viceversa. En estos casos se produce normalmente un cambio de acento. Ejemplos: [pái̯s] *país,* [mái̯θ] *maíz,* [perjóðo] *período,* [pjáno] *piano,* [báu̯l] *baul,* [r̄éi̯r] *reir,* [fjé] *fié,* [djúrno] *diurno,* [wír] *huir,* [léi̯ðo] *leído,* [erói̯na] *heroína,* [eŋgréi̯ðo] *engreído, egóista, créible, descréido, fréido, óido, créia* «creía», *véia* «veía», etc.

Ejemplos del segundo caso pueden producirse:

a) por interpolación de una *y* antihiática: *creyo,* «creo», *leya* «lea», *riya* «ría», *puya* «púa», *veya* «vea», *leye* lee», *cayer* «caer», *trayer* «traer», *bateya* «batea», *creyencia* «creencia».

Según Espinosa *(1930,* 132) «Este fenómeno no es raro en antiguo español y los ejemplos registrados en la literatura parecen indicar una tendencia general del habla popular. *Primera Crónica General: desnudo > desnuo > desnuyo;* Lucas Fernández, *creyer.* También las formas fijadas en la literatura *tuyo, suyo* (M. Pidal, *1958,* § 113)». En las formas verbales *creyo, trayo, cayo,* etc., frecuentes en los siglos XV y XVI, deben haber intervenido las influencias analógicas de los verbos en que esa *y* era regular. (Véase M. Pidal, *1958,* § 113).

b) por interpolación de una *g,* generalmente cuando una de las dos vocales es posterior: *zanagoria* «zanahoria»; también de una *b,* por la labialización de una de las vocales: *Fabustino* «Faustino», *canoba* «canoa», *puba* «púa».

5.11.6. */g/ en la secuencia /ue/*

En español, suele desarrollarse [g] en la secuencia [we], dando como resultado [gwe]. El fenómeno puede explicarse por la naturaleza labiovelar de [w] y porque, como casi siempre [we] está en sílaba tónica, un refuerzo intensivo hace predominar el elemento velar, reforzándolo hasta [g] (que se realizará oclusiva o fricativa, según el contorno): [gwéso] *hueso;* [ése ɣwéso] o [ése g̊wéso] *ese hueso* [33].

Relacionado con este fenómeno se encuentra el caso, con cambio de estructura silábica, de *cirgüela* por «ciruela», o *perguano* por «peruano», *virgüela* «viruela», etc. El fenómeno es explicable a través de la silabicación *cir-uela* y de la consonantización del principio de [w] prenuclear, que hace aparecer [g], como en los casos anteriores. La presencia de esta consonante refuerza el límite silábico, haciendo que [r] se agrupe con la sílaba anterior, porque la estructura silábica del español no permite una secuencia tautosilábica [rg] [34].

5.11.7. Consonantización de [u]

La consonantización de [u] ante las consonantes [l, r] es un proceso muy extendido en América, y poco conocido en la Península. Según Amado Alonso *(1930,* 401-404) ejemplos como *jabla* «jaula», *bables* «baúles», *Abrelio* «Aurelio», *Labriano* «laureano», *Mabricio* «Mauricio», *Abrora* «Aurora», *Pabla* «Paula», etc., pueden encontrarse en Colombia, Nuevo Méjico, Chile, Paraguay, Argentina (Salta y Jujuy); también en el Ecuador, donde anotamos, por ejemplo, *ablas* «aulas» y en Andalucía *agrora* «aurora» y *Gropa* «Europa». El mismo A. Alonso registró para Navarra «una pronunciación [u̯ᵇ] por [u], con una continuación consonántica del estrechamiento labial que en posición final absoluta puede llegar a la oclusión» (págs. 402-403). El proceso puede explicarse a través de una consonantización progresiva de [u], que dado su carácter labiovelar, puede realizarse como una consonante labial o velar; además, por la tendencia española a la sílaba abierta, la nueva consonante se agrupa con la sílaba siguiente, formando un grupo consonántico con [r] o [l]: *ja-bla* «jaula».

---

[33] En el español de Filipinas, quedó *lagüerta* «huerta», con el artículo soldado, como en *lamesa* «mesa».

[34] Véase también para este fenómeno A. Alonso *(1930,* 405-410) y Granda *(1966,* 59-72).

5.11.8. Tendencia a la igualación entre [ei] y [ai]

Por un lado, se pueden citar casos como *beile* «baile», *treigo* «traigo», y, por otro, *paine* «peine», *sais* «seis», etc. El diptongo *ei* se realiza en estos casos como una [e] muy abierta, o como una [a], y el diptongo [ai], como una [a] muy palatal, casi [e], o como [e].

VI

CONSONANTES OCLUSIVAS O EXPLOSIVAS

6.1. CARACTERÍSTICA

Desde el punto de vista articulatorio, estas consonantes se caracterizan por un cierre u oclusión de los órganos fonadores en algún lugar de la cavidad bucal y también del velo del paladar contra la pared faríngea [1]. De este modo, el aire no puede salir al exterior y queda comprimido durante algún tiempo en la cavidad bucal, hasta que se abren los órganos articulatorios: en ese momento, sale con cierta presión.

Acústicamente, reciben el nombre de *explosivas* o *momentáneas;* la primera denominación se debe a que el momento audible de ellas es el explosivo, el distensivo, en el que los órganos articulatorios se abren; el término *momentáneo* se justifica porque la interrupción en la percepción de estos sonidos es una de las características principales de este grupo [2].

---

[1] De ahí el término articulatorio de *oclusivas.*

[2] Tradicionalmente, desde el punto de vista articulatorio, se consideran consonantes oclusivas aquellas que son producidas por «un cierre del canal bucal». En este caso, bajo el mismo epígrafe de oclusivas, sería necesario incluir tanto las orales *p, b, t, d, k, g,* como las nasales *m, n, ñ,* ya que lo más importante es la interrupción de la salida del aire a través del canal bucal; por otra parte, en *m, n, ñ,* la abertura al exterior a través de las fosas nasales es muy pequeña; lo característico

6.2. LOS FONEMAS OCLUSIVOS DEL ESPAÑOL

El español tiene una serie de tres fonemas oclusivos sordos que se oponen entre sí por el lugar de articulación: /p/: labial, como en /pása/ *pasa;* /t/: dental, como en /tása/ *tasa;* /k/: velar, como en /kása/ *casa.* Junto a ellos, tenemos otra serie de tres fonemas sonoros, /b/, /d/, /g/, en los que el modo de articulación y, por lo tanto, el rasgo «oclusivo», no es pertinente: según su distribución, unas veces se realizan como oclusivos y otras como fricativos. También se oponen entre sí por el lugar de articulación: /b/: labial, como en /bía/ *vía;* /d/: dental, como en /día/ *día;* /g/: velar, como en /gía/ *guía.* De este modo, /p/ se opone a /f/ por el rasgo de «oclusión», pero /b/ se opone a /f/ por el rasgo de sonoridad, igual que a /p/, y no por el de «oclusión». Compárese entre *la barra / la parra / la farra,* donde /b/ no es oclusivo; sólo la sonoridad lo opone a los demás.

---

en ellas es la comunicación que se establece entre las cavidades nasales y las cavidades orales por el descenso del velo del paladar. Acústicamente, tanto las oclusivas orales como las nasales, comparten, como ya veremos más adelante, la forma (velocidad) y la dirección de las transiciones del segundo y tercer formantes. No obstante, hay algunos rasgos que distinguen ambos grupos; por ello, si deseamos hacer con las consonantes nasales un grupo aparte por sus rasgos fisiológicos —abertura del canal rinofaríngeo— y acústicos —componentes formánticos bien acusados—, podemos adoptar la clasificación de Pierre Delattre *(1958),* y, manteniendo como característico el «cierre del canal bucal», dividir el conjunto de oclusivas en *oclusivas orales* y *oclusivas nasales.* Trasladando esta dicotomia al plano acústico, podemos hacer la división entre *explosivas orales* y *explosivas nasales.*

En este sentido, véase también *Straka (1956,* 281-282). Pierre Delattre *(1951a,* 9) dice que es posible considerar las nasales como continuas, «pero son más bien momentáneas: aunque permiten que el aire se escape por la nariz, este rasgo no es indispensable para la formación de la resonancia nasal, como podemos darnos cuenta al pronunciar una [m] con la nariz cerrada desde el exterior; lo que es indispensable es la explosión bucal. La nasalidad sólo modifica la resonancia total durante la tensión y la explosión, del mismo modo que la sonoridad de una [b] modifica su resonancia total».

Para la descripción de estas consonantes, véase Quilis *(1964a).*

Por facilitar su descripción, incluimos en este capítulo los mencionados fonemas /b/, /d/, /g/. Por otro lado, como veremos más adelante, van siendo cada vez más frecuentes los datos que aparecen sobre articulaciones no oclusivas de /p/, /t/, /k/.

6.2.1. Bilabiales

En la realización de las oclusivas labiales, los dos labios se cierran momentáneamente, impidiendo la salida del aire a través de la cavidad bucal. El español conoce dos fonemas:

6.2.1.1. *Bilabial sordo.* El fonema bilabial sordo, /p/, tiene en posición prenuclear un solo alófono, [p], que se realiza como oclusivo sordo (para la posición postnuclear, véase el § 6.4.). Ortográficamente, se representa siempre por el grafema *p.*

Ejemplos: /ópera/ [ópera] *ópera,* /popa/ [pópa] *popa.*

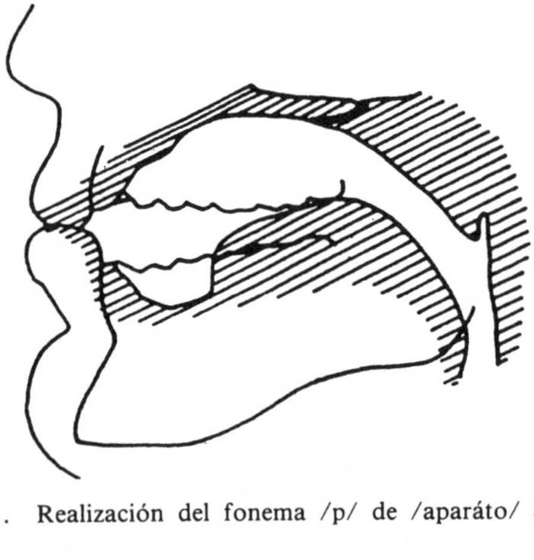

Fig. 6.1. Realización del fonema /p/ de /aparáto/ *aparato*

6.2.1.2. *Bilabial sonoro.* El fonema bilabial sonoro, /b/, conoce dos alófonos en distribución complementaria, cuando se encuentra en posición silábica prenuclear: uno oclusivo: [b], y otro fricativo: [β] o [ƀ]. En el español general, [b] se produce siempre que se encuentra precedido de pausa o de consonante nasal; ésta, por asimilación, se realiza como [m]. En los demás contornos, se realiza el alófono fricativo (para la posición postnuclear, véase el § 6.4.). Las cuerdas vocales vibran durante la articulación de ambos. Ortográficamente, se representa por *b* o por *v*.

Ejemplos:

	Oclusivo	Fricativo		
		AFI	RFE	
beso	[béso]	[ése βéso]	[ése ƀéso]	*ese beso*
bote	[bóte]	[el βóte]	[el ƀóte]	*el bote*
rombo	[r̄ómbo]	[r̄óβo]	[r̄óƀo]	*robo*

/óNbre/ [ṍmbre] *hombre,* /túNba/ [túmba] *tumba,* /úN buéN biéxo/ [ṹm bwém bjéxo] *un buen viejo,* etc.

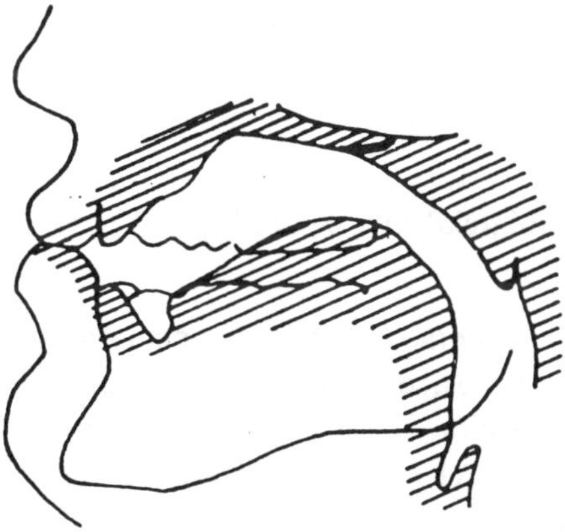

Fig. 6.2. Realización oclusiva del fonema /b/ de /óNbre/ *hombre*

6.2.2. Linguodentales

En la realización de las consonantes oclusivas dentales o linguodentales, la articulación se realiza con el ápice de la lengua contra los incisivos superiores. El español tiene dos fonemas:

6.2.2.1. *Linguodental sordo.* El fonema linguodental sordo /t/ tiene un solo alófono en posición prenuclear o explosiva: [t]. (Como excepción véase el § 6.4.). Ortográficamente, se representa por medio del grafema *t.*

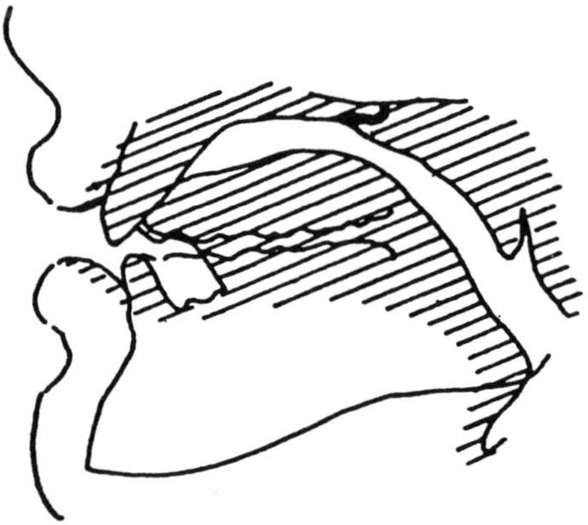

Fig. 6.3. Realización del fonema /t/ de /atáD/ *atad*

Ejemplos: /téla/ [téla] *tela,* /páto/ [páto] *pato,* /káNto/ [ká̪nto] *canto.*

6.2.2.2. *Linguodental sonoro.* El fonema linguodental sonoro, /d/, tiene dos alófonos, en distribución complementaria, cuando se encuentra en posición silábica prenuclear; el oclusivo, [d], y el fricativo, [ð] o [đ]. En el español general, el oclusivo, [d], se produce siempre que se encuentre precedido de pausa, de consonante nasal, [n], o lateral, [l]. Cuando estas [n] o [l] preceden a cualquier consonante dental —[t] o [d]— cambian, por asimilación, su lugar de articulación desde la zona alveolar a la dental y se transcriben fonéticamente como [n̪] y [l̪]. (Para su realización en posición postnuclear, véase el § 6.4.). Ambos alófonos dentales son siempre sonoros. Ortográficamente, el fonema /d/ responde siempre al grafema *d.*

Ejemplos:

	Oclusivo	Fricativo		
		AFI	RFE	
dinero	[dinéro]	[ése ðinero]	[ése đinéro]	*ese dinero*
toldo	[tóḷdo]	[tóðo]	[tóđo]	*todo*
el duende	[eḷ dwéṇde]	[ése ðwéṇde]	ése đwéṇde]	*ese duende*
honda	[ṍṇda]	[óða]	[óđa]	*oda*

/úN diéNte/ [ṹṇ djéṇte] *un diente,* /káldo/ [káḷdo] *caldo,* /kóNde/ [kóṇde] *conde.*

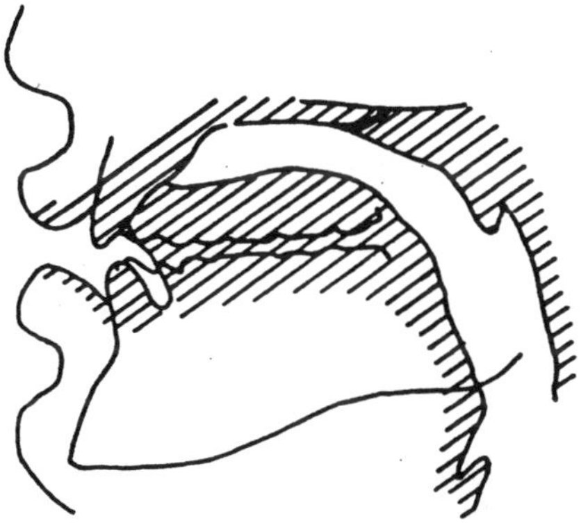

FIG. 6.4. Realización oclusiva del fonema /d/ de /diós/ *Dios*

6.2.3. LINGUOVELARES

Las consonantes linguovelares o velares se articulan formando la oclusión con el postdorso de la lengua contra el paladar blando o velo del paladar. En español hay dos fonemas velares.

6.2.3.1. *Linguovelar sordo.* El fonema linguovelar sordo, /k/, tiene en posición explosiva o prenuclear un solo alófono, [k]. (Como excepción, véase el § 6.4.). Ortográficamente, se representa siempre por medio de los grafemas *k, qu* ante *e, i (que, qui),* o *c* ante *a, o, u* o ante cualquier consonante *(ca, co, cu, cl, cr, ct,* etc.).

FIG. 6.5. Realización del fonema /k/ de /akí/ *aquí*

Ejemplos: /kóko/ [kóko] *coco;* /késo/ [késo] *queso;* /kirófano/ [kirófano] *quirófano;* /kása/ [kása] *casa;* /kláse/ [kláse] *clase;* /kilómetro/ [kilómetro] *kilómetro.*

6.2.3.2. *Linguovelar sonoro.* El fonema velar sonoro, /g/, tiene en español dos alófonos en distribución complementaria, cuando se encuentra en posición silábica prenuclear: el oclusivo, [g], y el fricativo [ɣ] o [g̞]. En el español general, el alófono oclusivo, [g], se produce siempre que se encuentre precedido de pausa o de consonante nasal; ésta, por asimilación, se realiza como velar, transcribiéndose como [ŋ]. (Para su realización en posición postnuclear, véase el § 6.4.). Durante la articulación de ambos alófonos velares, las cuerdas vocales vibran.

Ortográficamente, el fonema /g/ se representa por medio de *gu* ante *e, i (gue, gui)* o de *g* ante *a, o, u* o ante cualquier otra consonante *(ga, go, gu, gü, gl, gr, gn,* etc.).

Ejemplos:

	Oclusivo	Fricativo		
		AFI	RFE	
gasa	[gása]	[la γása]	[la ǥása]	*la gasa*
luengo	[lwéŋgo]	[lwéγo]	[lwéǥo]	*luego*
un gato	[űŋ gáto]	[el γáto]	[el ǥáto]	*el gato*

/úN gór̄o/ [űŋ gór̄o] *un gorro;* /kóNgo/ [kóŋgo] *Congo;* /grámo/ [grámo] *gramo;* /béNga/ [béŋga] *venga;* /béga/ [beγa] o [béǥa] *vega.*

FIG. 6.6. Realización oclusiva del fonema /g/ de /kóNgo/ *Congo*

6.2.4. ALÓFONOS DE /b/, /d/, /g/

Las consonantes oclusivas sonoras [b], [d], [g], tratadas anteriormente, se realizan de este modo en unas posiciones determinadas: detrás de pausa y de consonante nasal [b] y [g], y detrás de pausa, de nasal y lateral, [d]. En cualquier otra posición ya no aparecen como oclusivas, sino como fricativas [3].

[3] Véase el interesante artículo de Malmberg *(1952).*

Desde el punto de vista fonológico, no nos preocupa que estos fonemas se realicen como oclusivos o como fricativos, ya que la variación que sufren al modificarse su contorno fónico no cambia el valor significativo de la palabra en que están situados. Así, por ejemplo, el fonema /b/ de /béso/ *beso,* se realiza como oclusivo en el contexto *un beso,* porque está situado después de consonante nasal, pero como fricativo en *ese beso,* porque antes de él no hay pausa ni nasal. De ahí que, lógicamente, en los ejemplos de oposiciones fonológicas no distingamos entre las variantes oclusivas y fricativas, pues ambas son manifestaciones de los fonemas /b/, /d/, /g/.

Resumiendo, podríamos decir:

Fonemas	*Alófonos*
/b/	[b]: [béte] *vete*
	[ŭ́m béso] *un beso*
	[β] o [ƀ]: [ése βéso] o [ése ƀéso] *ese beso*
/d/	[d]: [dáme] *dame*
	[eḷ dwéṇde] *el duende*
	[ð] o [đ]: [ése ðéðo] o [ése đéđo] *ese dedo*
/g/	[g]: [golpéa] *golpea*
	[ŭ́ŋ gáto] *un gato*
	[γ] o [ǥ]: [el γás] o [el ǥás] *el gas*

6.3. OPOSICIONES FONOLÓGICAS

La naturaleza fonológica de estos fonemas se deduce de las siguientes oposiciones:

/p/ se opone a /b/, en cuanto *sordo/sonoro: peso/beso, copa/coba*
se opone a /f/, en cuanto *oclusiva/fricativa: pía/fía, espera/esfera*
se opone a /t/, en cuanto *labial/dental: pinta/tinta, trapo/trato*

se opone a /k/, en cuanto *labial/velar: peso/queso, topar/ tocar*
se opone a /m/, en cuanto *oral/nasal: pozo/mozo, capa/ cama*
se opone a /t͡ʃ/ o /ĉ/, en cuanto *labial/palatal: pino/chino, pipa/chicha,* etc.

/b/ se opone a /m/, en cuanto *oral/nasal: bar/mar, alba/alma*
se opone a /f/, en cuanto *sonoro/sordo: vino/fino, cobre/ cofre*
se opone a /d/, en cuanto *labial/dental: vía/día, lobo/ lodo*
se opone a /g/, en cuanto *labial/velar: bala/gala, robar/ rogar*
se opone a /ǰ/ o /y/, en cuanto *labial/palatal: velo/ hielo, haba/haya*
se opone a /p/, como ya hemos visto.

/t/ se opone a /d/, en cuanto *sordo/sonoro: tomar/domar, seda/seta*
se opone a /k/, en cuanto *dental/velar: toser/coser, bota/ boca*
se opone a /θ/, en cuanto *oclusivo/fricativo: teja/ceja, rata/raza*
se opone a /n/, en cuanto *oral/nasal: tono/nono, coto/ cono*
se opone a /t͡ʃ/ o /ĉ/, en cuanto *dental/palatal: tapa/ chapa, peto/pecho*
se opone a /p/, como ya hemos visto.

/d/ se opone a /θ/, en cuanto *sordo/sonoro: dentro/centro, modo/mozo*
se opone a /g/, en cuanto *dental/velar: dama/gama, lado/lago*
se opone a /n/, en cuanto *oral/nasal: dardo/nardo, vado/ vano*

se opone a /ǰ/ o /y/, en cuanto *dental/palatal: da/ya, boda/boya*
se opone a /b/ y a /t/, como ya hemos visto.

/k/ se opone a /g/, en cuanto *sordo/sonoro: casa/gasa, toca/toga*
se opone a /x/, en cuanto *oclusivo/fricativo: carro/jarro, roca/roja*
se opone a /t͡ʃ/ o /ĉ/, en cuanto *velar/palatal: coto/choto, marca/marcha*
se opone a /p/ y /t/, como ya hemos visto.

/g/ se opone a /x/, en cuanto *sonoro/sordo: gota/jota, paga/paja*
se opone a /ǰ/ o /y/, en cuanto *velar/palatal: godo/yodo, vago/bayo*
se opone a /b/, /d/ y /k/, como ya hemos visto.

6.4. NEUTRALIZACIÓN DE LOS FONEMAS /p/, /t/, /k/, /b/, /d/, /g/

Estos fonemas, como ya hemos visto funcionan como tales en posición silábica prenuclear o explosiva. Entre ellos, el rasgo de sonoridad origina, en español, abundantes oposiciones: *paso/vaso, tomo/domo, casa/gasa.* Cuando se encuentran en posición silábica postnuclear o implosiva crean muy pocas oposiciones: *recta/repta, octo-/opto-, apside/ábside, acto/apto, absorción/adsorción* y no muchas más. Como puede verse, no se producen dentro del mismo orden, oponiéndose por la sonoridad, sino dentro de la misma serie [4], oponiéndose por el modo de articulación. Por otro lado, las lexías que originan los pares mínimos no son muy frecuentes, por lo que la rentabilidad de estas oposiciones es muy baja.

[4] Se entiende por *serie,* un conjunto de fonemas consonánticos que se caracterizan por el mismo rasgo pertinente: en el caso de /p/, /t/, /k/, el rasgo «sordo». Se entiende por *orden,* el conjunto de fonemas que se caracterizan por un mismo lugar de articulación: /t/, /d/, /θ/ pertenecen al mismo orden dental.

Por ello, las oposiciones /p/-/b/, /t/-/d/, /k/-/g/ se neutralizan en posición postnuclear. Los archifonemas resultantes de esa neutralización son:

/B/: archifonema resultante de la neutralización *-p/-b*
/D/: archifonema resultante de la neutralización *-t/-d*
/G/: archifonema resultante de la neutralización *-k/-g*.

Como rasgo común de los fonemas neutralizados, estos archifonemas poseen los siguientes: /B/ el de labialidad [5]; /D/ el de dentalidad; /G/ el de velaridad.

La ausencia de oposiciones y la pérdida de tensión articulatoria de estas consonantes en posición implosiva [6] dan lugar a que las realizaciones de estos archifonemas [7] sean muy variadas: dependen tanto de los hábitos o del énfasis del hablante, como de la norma regional: puede aparecer desde el mantenimiento como explosiva sorda o sonora, hasta su desaparición. (Véase más adelante, § 6.8.1.): [doktór], [dogtór], [doɣtór] o [dog̊tór], [doθtór], [dostór], [dohtór], [dou̯tór], [dotór], con algunas otras posibles realizaciones intermedias.

Normativamente, pueden darse las siguientes realizaciones:

1) La conservación tanto de las sordas como de las sonoras: [ákto] *acto,* [ábsiðe] o [ábsiđe] *ábside,* etc.

2) Las sonoras pueden realizarse como fricativas con mayor o menor tensión, según la energía empleada en su articulación, co-

---

[5] Decía Bertil Malmberg *(1965a)* refiriéndose a la desaparición de la correlación de sonoridad en los fonemas situados en posición implosiva: «todas las unidades fonéticas posibles entre los dos extremos constituidos por una [p] oclusiva sorda y una [u̯] semivocálica (pasando por [b], [ƀ], [w], etc.) no serán, en la consciencia lingüística de un hispanohablante, más que variantes de una misma unidad fonemática labial», lo que podría aplicarse, mutatis mutandis, a las demás unidades fonéticas tratadas en este capítulo.

[6] Según pusieron de manifiesto para el español A. Alonso *(1945)* y B. Malmberg *(1949),* y recoge desde el punto de vista de la fonética general B. Hála *(1973,* 21-33).

[7] Las realizaciones o variantes de los archifonemas sólo aparecen en una distribución dada: en la que aparece la neutralización.

mo, por ejemplo, [áβsiðe] o [áƀsiđe] *ábside,* [aðskríto] o [ađskríto] *adscrito,* [iɣnoráṇte] o [ignoraṇte] *ignorante,* etc.

3) Las oclusivas sordas pierden algo de su tensión articulatoria, e incluso llegan a sonorizarse y a convertirse en fricativas, como, por ejemplo, [áβto] o [áƀto] *apto,* [áðlas] *atlas* (vid. § 6.7.1.), [aɣtór] o [agtór] *actor,* etc. [8].

Veamos algunos ejemplos:

Nivel ortográfico	Nivel fonético		Nivel fonológico
	AFI	RFE	
apto	[ápto] o [áβto]	[ápto] o [áƀto]	/áBto/
ábside	[ábsiðe] o [áβsiðe]	[ábsiðe] o [áƀsiđe]	/áBside/
atmósfera	[atmósfera] o [aðmósfera]	[atmósfera] o [ađmósfera]	/aDmósfera/
adscrito	[adskríto] o [aðskríto]	[adskríto] o [ađskríto]	/aDskríto/
acto	[ákto] o [áɣto]	[ákto] o [ágto]	/áGto/
ignorante	[ignoráṇte] o [iɣnoráṇte]	[ignoráṇte] o [ignoráṇte]	/iGnoráNte/

6.5. CARACTERIZACIÓN ACÚSTICA

Las características que distinguen fundamentalmente estas consonantes del resto son tres: a) la interrupción completa en la emisión de sonido [9]; b) la explosión que sigue a esa interrupción (explosión que se manifiesta en forma de concentración de energía breve e intensa); c) la rapidez de las transiciones de los formantes de las vocales contiguas, pero, sobre todo, de las vocales con las que forma sílaba la consonante.

[8] Ya Amado Alonso dijo *(1945,* 93): «Todas las consonantes españolas correlativas abandonan en la distensión silábica algún carácter que en la tensión es constitutivo sin que la consonante pierda por eso su identidad».

[9] Esta interrupción se produce durante la tensión de la consonante.

Los sonogramas de las explosivas sordas se caracterizan por la ausencia total de zonas de energía, como puede verse en [p] de [ű̃m péso] *un peso* de la figura 6.7.; las explosivas sonoras, tampoco tienen zonas de energía en su espectro, pero una barra de sonoridad *(b.s.,* en la figura) aparece en la parte inferior de su espectro;

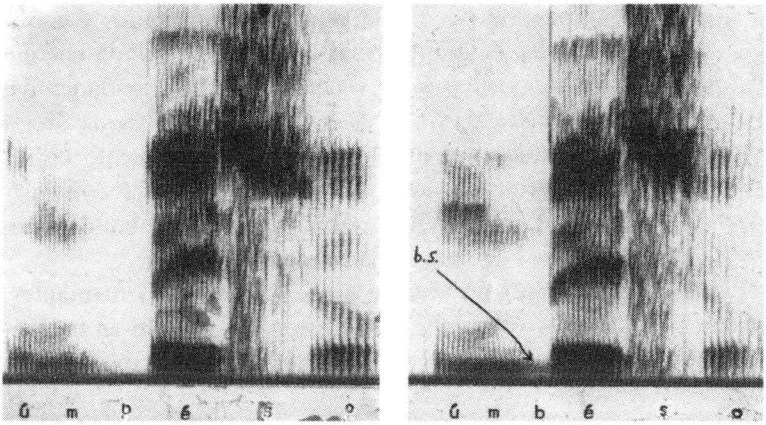

FIG. 6.7. Sonogramas reducidos de [ű̃mpéso] - [ű̃mbéso]. En la parte inferior del espectro de [b] aparece la barra de sonoridad (b.s.), que está ausente en [p]

esta barra de sonoridad es el resultado de las vibraciones de las cuerdas vocales.

En sí, el espectro de las explosivas sordas y sonoras no proporciona ningún dato que las caracterice y que pueda explicar por qué percibimos [p] como diferente de [k], o [b] como diferente de [g].

Por ello, los investigadores buscaron a través de la síntesis del lenguaje los índices acústicos de estas consonantes. En un principio, se pensó que la explosión sería el índice acústico responsable de su percepción, pero después de varios experimentos el resultado fue negativo.

En un sonograma de [consonante explosiva + vocal], se percibe; además de la barra de explosión, unos movimientos en los formantes de las vocales contiguas. Según P. Delattre *(1962,* 407) «entre la tensión de una consonante y la tensión de la vocal siguiente, es decir, entre la fase cerrada y la fase abierta de una sílaba del tipo [ba], se produce un movimiento articulatorio hacia la abertura combinado con un desplazamiento complejo de los órganos. Este movimiento fisiológico se refleja en los espectrogramas acústicos por medio de cambios de frecuencia generalmente rápidos y continuos en los *formantes,* es decir, en las concentraciones de energía acústica que corresponden a las frecuencias de las cavidades del pabellón bucal. Igual que las notas de resonancia del sistema de las cavidades cambian continuamente durante el desplazamiento de los órganos, del mismo modo los formantes acústicos cambian continuamente de frecuencia. La terminología acústica da el nombre de *transiciones* a estos cambios de frecuencia en los formantes».

Las transiciones no sólo afectan a los dos primeros formantes, sino también al tercero; además, están presentes no sólo en contacto con las consonantes explosivas, sino con todas las consonantes, como ya veremos.

La transición del primer formante (T_1) se relaciona con el modo de articulación y con la sonoridad o sordez de la consonante: *a)* cuanto más elevado es el comienzo de T_1 tanto más abierta es la consonante, y tanto mayor es su tendencia hacia la vocalización. Por lo tanto, en las explosivas, como genéticamente son oclusivas, aparecerá el comienzo de T_1 a la frecuencia más baja. *b)* La percepción de la sonoridad depende de la magnitud de T_1: cuanto más se reduzca T_1 tanto más sorda se percibirá la consonante, y viceversa. Este factor también depende de la velocidad de transición de T_1: cuando ésta tiene una duración de 20 ms. o menos, la explosiva se percibe como sorda, mientras que una duración de 50 ms. o más se percibe como sonora.

Al principio de los trabajos con la síntesis del lenguaje, para obtener la explosiva sonora, se reproducía en la parte inferior la barra de sonoridad, tal como muestra la figura 6.8. La percepción de esta explosiva sonora era plenamente satisfactoria, pero posteriormente se comprobó que se podía prescindir de esta barra de sonoridad con tal de que apareciesen los dos factores antes mencionados.

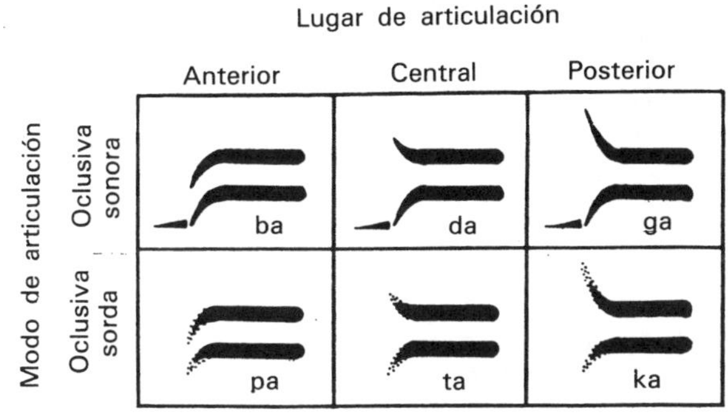

FIG. 6.8. Transiciones de los formantes vocálicos para cada una de las consonantes explosivas

La transición del segundo formante (T_2) es el mejor índice para la localización del lugar de articulación de cada explosiva. Ahora bien, estas transiciones varían no sólo para cada lugar de articulación, sino también para cada vocal.

La figura 6.9. muestra el movimiento del segundo formante para cada una de las sílabas sintéticas formadas por la combinación de las tres explosivas sonoras [b, d, g] con las vocales cardinales [i, e, ε, a, ɔ, o, u]. El F_1 se mantiene siempre fijo.

En las combinaciones de [b + vocal] se observa que T_2 es siempre negativa [10], con excepción de la T_2 de las sílabas [bo, bu] que es horizontal.

En las combinaciones [d + vocal], T_2 es negativa en [de, di], horizontal en [dε], y positiva en [da, dɔ, do, du].

En las combinaciones [g + vocal], T_2 es siempre positiva.

[10] Se dice que T_2 es *negativa* cuando su comienzo está situado por debajo del cuerpo del segundo formante; por el contrario, T_2 es *positiva* cuando comienza por encima del cuerpo del segundo formante.

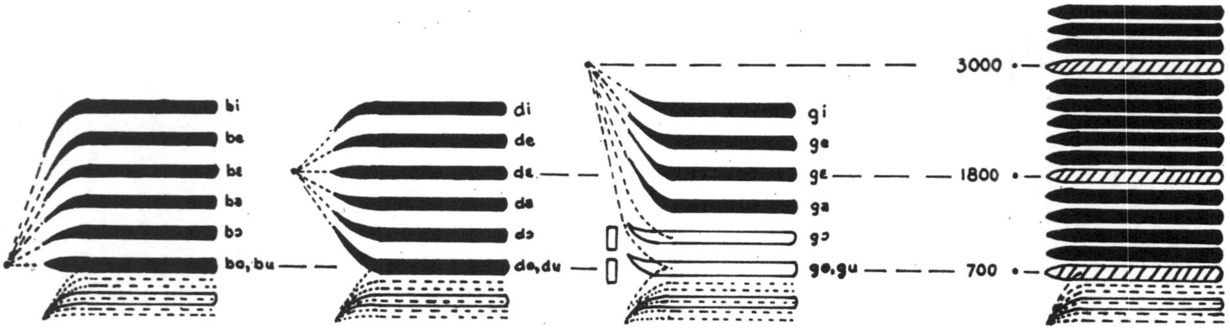

FIG. 6.9. Locus de las consonantes explosivas

Como vemos, hay tantos movimientos diferentes de formantes para cada lugar de articulación como vocales existen. Sin embargo, las T_2 de cada vocal, para un mismo lugar articulatorio se dirigen hacia un determinado punto: en las sílabas *labial + vocal,* las prolongaciones de cada T_2 tienden a converger en un punto situado a uno 700 c.p.s.; en las sílabas *dental + vocal* convergen hacia los 1.800 c.p.s.; mientras que en las sílabas *velar + vocal* convergen sobre los 3.000 c.p.s. Este punto de convergencia de las transiciones se denomina LOCUS, y ha sido definido por P. Delattre *(1958,* 233) como *el punto de convergencia virtual de las transiciones que tienen perceptiblemente un mismo lugar de articulación* [11].

La transición del tercer formante (T_3) es menos complicada que la del segundo, puesto que F_3 conserva aproximadamente la misma altura en casi todas las vocales. En general, podemos decir que T_3 es un índice del lugar de articulación, siendo positiva para los sonidos dentales y negativa para los sonidos labiales y velares.

La contribución de T_3 en la percepción de los sonidos disminuye desde los dentales a los labiales y es menor en los velares.

La figura 6.10. presenta la realización de los tres fonemas sordos /p/, /t/, /k/ en una secuencia emitida a un ritmo normal de elocución: [elkapatáθ] *el capataz.* Hay que señalar: *a)* la ausencia total de regiones de frecuencia sobre el espectro de las consonantes oclusivas sordas; *b)* su barra de explosión: bien patente en [k, t] inmediatamente antes de las vocales [a], y apenas perceptible en [p], *c)* la fuerte transición del segundo formante en la primera [a]: en su parte de contacto con [k] es positiva, y en su contacto con [p], negativa. Las otras vocales muestran transiciones análogas a las indicadas anteriormente.

La figura 6.11. muestra el espectro de la realización de los tres fonemas sonoros /b/, /d/, /g/ en una secuencia de análogas características a la anterior: [béŋgan̪djéθ] *vengan diez;* [b] es explosiva

[11] Para más detalles, véase Quilis *1988,* 192-195.

porque está situada después de pausa, pero ha sido menester preceder de nasal a [d] y a [g] para que su realización fuese también

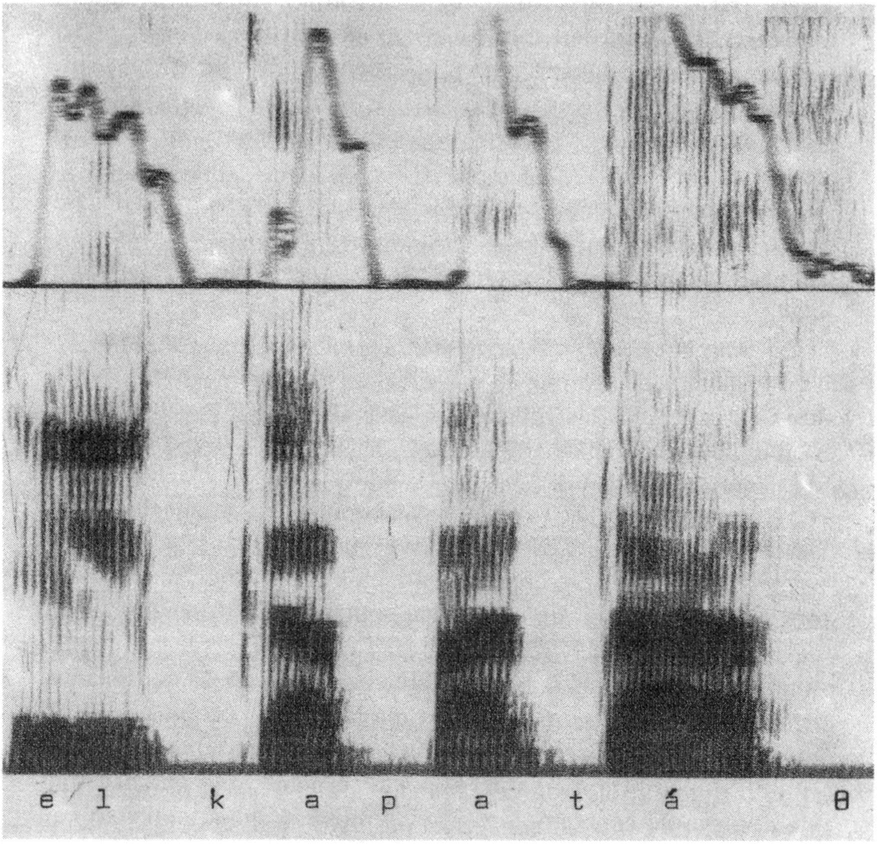

FIG. 6.10. Sonograma de [el kapatáθ] *el capataz*

explosiva. Se puede observar: *a)* la mayor duración de [b]; *b)* la duración tan breve de [d] y de [g]; esta duración tan pequeña ocurre siempre que van precedidas de nasal; *c)* la aparición de la barra de sonoridad en la parte inferior del espectro de las explosivas; *d)* la ausencia de regiones de frecuencias en su espectro, salvando la

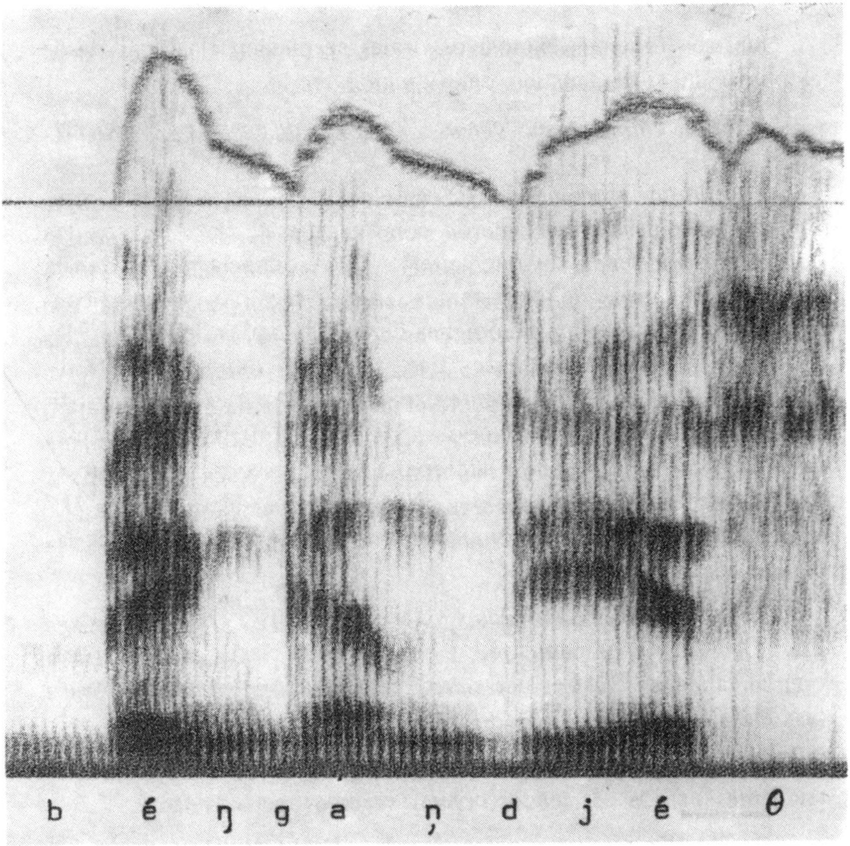

Fig. 6.11. Sonograma de [béŋgan̪djéθ] *vengan diez*

barra de sonoridad; *e)* las transiciones de los formantes de las vocales contiguas, que responden a lo señalado en el cuadro anterior.

6.6. CLASIFICACIÓN ACÚSTICA

Nuestros fonemas explosivos orales se pueden clasificar desde el punto de vista acústico del siguiente modo.

1. Son *compactos* o *densos:* /k/, /g/; *difusos* /p/, /b/, /t/, /d/.

El grado de compacidad o difusión es difícil verlo en el sonograma de las oclusivas: de acuerdo con su génesis, /k/, /g/ son los compactos por ser la cavidad anterior de resonancia mayor que la posterior, mientras que los restantes serán difusos por presentar condiciones distintas en los volúmenes de las cavidades de resonancia.

Desde el punto de vista acústico, se puede comprender esta dicotomia por medio del siguiente experimento: una explosión artificial se percibe como [p] cuando va unida a [i, u], las vocales más difusas, y como [k] cuando acompaña a [a], la vocal más compacta; de este modo, podemos juzgar que /p/ es difuso y que /k/ es compacto; el mismo razonamiento es válido para el resto de las explosivas.

2. Son *graves* los labiales y velares: /p/, /b/, /k/, /g/, y *agudos* /t/, /d/. Genéticamente, la distinción es clara, pues mientras que las labiales y velares presentan un resonador indivisible, único, las dentales lo presentan dividido.

3. Todos los fonemas explosivos son *mates*. Los explosivos estridentes son los africados, como veremos más adelante.

4. Los fonemas explosivos que estudiamos aquí son *orales,* ya que no poseen la resonancia nasal suplementaria propia de los oclusivos nasales. Genéticamente, el velo del paladar está adherido a la pared faríngea.

5. Son *sordos:* /p/, /t/, /k/; *sonoros:* /b/, /d/, /g/; en los primeros no existe una barra de sonoridad en la parte inferior de su espectro, mientras que en los segundos, sí.

6. Todos los fonemas explosivos orales sordos son *interruptos.*

7. La división *tenso-débil* de /p/, /t/, /k/ frente a /b/, /d/, /g/ no tiene razón de ser en español. Es norma constitutiva de la fonética general el que las consonantes sordas sean más tensas, más enérgicas y presenten un contacto más amplio que las correspondientes sonoras; por lo tanto, nuestras explosivas sordas serán normalmente tensas, y su correspondiente serie sonora, débil. Si en español no hubiese una clara distinción entre unas y otras, basada en la acción de las cuerdas vocales, y por lo tanto en la ausencia y presencia de la barra de sonoridad, el rasgo tenso-débil sería el característico; pero existiendo en nuestra lengua la diferencia sonora-sorda, como en todas las lenguas románicas, el rasgo tenso-débil es redundante. En las lenguas germánicas y sajonas, por el contrario, este rasgo es el pertinente, sobre todo en posición inicial, donde [b], [d], [g] están ensordecidas —tensión sorda, distensión sonora— y [p], [t], [k] son sordas aspiradas.

Resumiendo, podemos establecer el siguiente cuadro con la clasificación acústica de nuestros fonemas explosivos orales:

Rasgos	p	b	t	d	k	g
vocálico - no vocálico	—	—	—	—	—	—
consonántico - no consonántico	+	+	+	+	+	+
denso - difuso	—	—	—	—	+	+
grave - agudo	+	+	—	—	+	+
continuo - interrupto	—	±	—	±	—	±
sonoro - sordo	—	+	—	+	—	+
oral - nasal	+	+	+	+	+	+
estridente - mate	—	—	—	—	—	—

6.7. DEFINICIÓN Y DISTRIBUCIÓN DE LOS FONEMAS OCLUSIVOS

1. /p/: Articulatoriamente: *oclusivo, bilabial, sordo.*
Acústicamente: *no vocálico, consonántico, difuso, grave, oral, interrupto, sordo, mate.*
Ortográficamente, se representa por *p.*

En posición prenuclear tiene un solo alófono: [p]. En posición postnuclear, se neutraliza:

/pópa/ [pópa] *popa.*

2. /b/: Articulatoriamente: *bilabial, sonoro.*
Acústicamente: *no vocálico, consonántico, difuso, grave, oral, sonoro.*
Ortográficamente, se representa por *b* o *v.*

Tiene dos alófonos en distribución complementaria:

a) [b]: oclusivo, bilabial, sonoro. Se produce como tal, cuando /b/ va precedido de pausa o de consonante nasal:

/bóNba/ [bómba] *bomba,* /úN báso/ [ú̃m báso] *un vaso.*

b) AFI: [β]; RFE: [ƀ]: fricativo, bilabial, sonoro. En el resto de los contornos; es decir, donde no aparece [b].

En posición postnuclear, se neutraliza.

3. /t/: Articulatoriamente: *oclusivo, dental, sordo.*
Acústicamente: *no vocálico, consonántico, difuso, agudo, oral, interrupto, sordo, mate.*
Ortográficamente, se representa por *t.*

En posición prenuclear, tiene un solo alófono: [t]. En posición postnuclear, se neutraliza:

/té/ [té] *té,* /lóte/ [lóte] *lote.*

4. /d/: Articulatoriamente: *dental, sonoro.*
Acústicamente: *no vocálico, consonántico, difuso, agudo, oral, sonoro.*
Ortográficamente, se representa por *d.*

Tiene dos alófonos en distribución complementaria:

a) [d]: *oclusivo, dental, sonoro.* Se produce este alófono cuando /d/ se encuentra precedido de pausa, consonante nasal, o /l/:

/elduéNde/ [e̜ldwé̜n̜de] *el duende,* /tóldo/ [tól̜do] *toldo.*

b) AFI: [ð]; RFE: [đ]: *fricativo, dental, sonoro.* En el resto de los contornos.

En posición postnuclear, se neutraliza.

5. /k/: Articulatoriamente: *oclusivo, velar, sordo.*
Acústicamente: *no vocálico, consonántico, denso, grave, oral, interrupto, sordo, mate.*
Ortográficamente, se representa por *c+a, o, u; c+l, r;* por *qu+e, i* o por *k.*

En posición prenuclear, tiene un solo alófono: [k]. En posición postnuclear, se neutraliza:

/kása/ [kása] *casa,* /kíso/ [kíso] *quiso,*
/kílo/ [kílo] *kilo,* /késo/ [késo] *queso.*

6. /g/: Articulatoriamente: *velar, sonoro.*
Acústicamente: *no vocálico, consonántico, denso, grave, oral, sonoro.*
Ortográficamente, se representa por *g+a, o, u; g+l, r,* o por *gu+e, i.*

Tiene dos alófonos en distribución complementaria:

a) [g]: *oclusivo, velar, sonoro.* Se produce como tal, cuando /g/ va precedido de pausa o de consonante nasal:

/béNga/ [béŋga] *venga,* /gáNga/ [gáŋga] *ganga,*
/luéNgo/ [lwéŋgo] *luengo,* /úNgíso/ [ũŋgíso] *un guiso.*

b) AFI: [ɣ]; RFE: [g]: *fricativo, velar, sonoro.* En el resto de los contornos.

En posición postnuclear, se neutraliza.

6.8. FENÓMENOS DIALECTALES RELACIONADOS CON LOS FONEMAS /p/, /t/, /k/, /b/, /d/, /g/

6.8.1. REALIZACIONES EN POSICIÓN IMPLOSIVA

Como hemos visto anteriormente, estos fonemas se neutralizan en posición silábica implosiva o postnuclear. Sus realizaciones abarcan una gama muy amplia: desde la propia realización de /k/ como [k] o de /b/ como [b], hasta su desaparición, pasando por múltiples etapas intermedias, como los cambios con sus correlatos sordos o sonoros, las articulaciones fricativas, las vocalizaciones, etc. Las variantes más frecuentes en el dominio hispánico son las siguientes:

/p/: [ápto], [ábto] y [áβto] o [áƀto] *apto,* serían las normativas[12]; [konθekθjón] *Concepción,* [áθto] *apto,* [sestjémbre] *septiembre,* [konseu̯sjón] *Concepción,* [káu̯sula] *cápsula,* [preθéu̯to] *precepto,* [konséi̯to] *concepto,* hasta [konθéto] *concepto.*

/b/: [absolúto] y [aβsolúto] o [aƀsolúto] *absoluto,* como normativas; [apsolúto], [aksolúto], [agsolúto], [aɣsolúto] o [agsolúto], [au̯solúto]; [au̯solβér] o [au̯solƀér] *absolver;* de *absurdo:* [apsúrðo] o [apsúrđo], [aβs-] o [aƀs-], [aks-], [ags-], [aɣs-] o [ags-], [au̯súrðo] o [au̯súrđo]; [ai̯súrðo] o [ai̯súrđo], hasta [asúrðo].

La vocalización de /b/ en la secuencia /bl/, en casos como *taula* «tabla», *nieula* «niebla», supone una tendencia a la silabicación en *tab-la,* favorecida por la labialización.

[12] Siempre según la recomendación de los ortólogos.

/t/: [atmósfera] y [admósfera], o [aðmósfera], [ađmósfera] *atmósfera,* como normativos; [akmósfera], [ag-], [aɣ-] o [ag̥-], [aθmósfera], [asmósfera], [armósfera], [almósfera] hasta [ãmósfera].

La secuencia /tl/ es, en Hispanoamérica y en Canarias, un grupo tautosilábico, es decir, se silabica junto: *a-tlas,* mientras que en el español europeo peninsular forma una secuencia heterosilábica: *at-las,* con su realización frecuentísima y vulgar de [álas] *atlas* geográfico, [aléta] *atleta,* [alétiko] *atlético.*

/d/: [admirár] y [aðmirár] o [ađmirár] *admirar,* como normativos, [agmirár] y variantes fricativas de /g/, [aθmirár], hasta [amirár] [13].

La vocalización de [d] en casos como *maire* «madre», *paire* «padre», *lairón* «ladrón» supone la silabicación *pad-re* y el posterior paso a [i̯] de la consonante implosiva [14].

/k/: [doktór], [dogtór], y [doɣtór] o [dog̥tor], *doctor* como normativos; [doθtór], [dostór], [dohtór], [doxtór], [dou̯tor] y también [perféu̯to], [perfei̯to] *perfecto,* [lei̯θjón] *lección,* [karái̯te] *carácter,* hasta [dotór], [perféto] [15].

/g/: [ignorár] e [iɣnorár] o [ig̥norár] *ignorar,* como normativos; [ixnorár], [irnorár], [ihnorár] hasta [ĩnorár], [mau̯nífiko], [mai̯nifíko] hasta [mãnífiko] *magnífico* [16].

[13] Cuando [d] aparece en final de palabra tiene soluciones muy distintas: ya Nebrija decía en su *Gramática de la lengua castellana* (pág. 265 de la ed. de Quilis *1989):* «las segundas personas del plural forman se mudando la *r* final del infinitivo en *d,* como amar, *amad;* de leer, *leed;* de oír, *oíd.* Mas algunas vezes, hazemos cortamiento de aquella *d,* diziendo *amá, leé, oí».* Lo más general es su pérdida, tanto en Hispanoamérica, como en España. Una pronunciación cuidada la mantiene bien como oclusiva, bien como fricativa, con mayor o menor tensión. En Castilla la Vieja y Madrid, la realización más extendida es [θ]. A veces, [d] se refuerza hasta convertirse en [t], en hablantes argentinos, por ejemplo.

[14] Véase Malmberg, *1952* y *1965,* 58.

[15] Compárese con los cambios desde el latín, en ejemplos como d e l e c t a r i > *deleitar,* p e c t i n e > *peine,* s e x > *seis,* r a p i t u > *rabdo* > *raudo,* c a p i t a l e > *cabdal* > *caudal,* etc.

[16] Véase Malmberg *(1948)* y Quilis *(1972).*

Podemos observar: *a)* la común realización *cero* del fonema implosivo, lo que pone de manifiesto la tendencia tan generalizada del español hacia la sílaba abierta; *b)* la vocalización en *u* o *i* se produce principalmente en las labiales y velares, lo que puede indicar una tendencia a intercambiarse entre ellas, producida por la existencia de índices articulatorios y acústicos comunes; *c)* en este intercambio de realizaciones, la aparición de una oclusiva sorda en lugar de la sonora presenta menor frecuencia. En /-d/ y /-g/, por ejemplo, es raro encontrar [iknorár], [akmirár].

6.8.2. /d/ INTERVOCÁLICA EN /-ádo/

En las Antillas, predomina la conservación de /-d-/ intervocálica, generalmente en la clase culta, desapareciendo en la inculta y en la rural.

En Méjico, se conserva en el altiplano y se relaja o desaparece en las zonas bajas del país.

En Centro América, se conserva en Guatemala, Nicaragua y en Costa Rica (en Guanacaste, y, ocasionalmente, en el Valle Central). En Panamá, su reposición es frecuente entre la clase culta, pero, en general, se pierde.

En Venezuela y en el Paraguay, tiende a perderse. En Colombia, se suele conservar en el habla culta formal (pero en Nariño, siempre se mantiene). En el Ecuador, se conserva en la sierra y en los hablantes cultos de la costa. Es general la pérdida en el Perú. Se conserva en Bolivia, aunque tiende a perderse en la clase popular. En Chile, se pierde en la conversación familiar de los hablantes cultos y en la lengua popular. El Uruguay la conserva, y también la Argentina, aunque en este último país desaparece en los sujetos no cultos. En el español de Filipinas desaparece, llegando muchas veces a [au̯]. En el español de los Estados Unidos tiende a conservarse.

En España, la pérdida es prácticamente total; suelen mantenerla algunos hablantes cultos [17].

[17] Véase también el mapa I de Canfield *(1962)*.

6.8.3. Realizaciones oclusivas de /b/, /d/, /g/ tras [l], [r], [s], [i̯], [u̯]

Además de las realizaciones oclusivas de /b/, /d/, /g/ ya señaladas para el español general (§ 6.2.), en algunas zonas de Hispanoamérica también se pronuncian como tales después de determinadas consonantes: después de [l]: [kálbo] *calvo,* [púlga] *pulga,* de [r]: [bárba] *barba,* de [s]: [desbokár] *desbocar,* [désde] *desde,* [rasgár] *rasgar,* y, menos frecuentemente, después de [i̯]: [séi̯ba] *ceiba* y de [u̯]: [déu̯da] *deuda.* Según la extensión del fenómeno podemos señalar:

a) Realización oclusiva después de [l], [r], [s], [i̯], [u̯]: frecuente en Yucatán, en el Sur de Guatemala, el Salvador, Nicaragua, Honduras, en el Valle Central de Costa Rica predomina en la clase media, Colombia, Bolivia (parte Centro occidental) y en San Juan de Puerto Rico, según observaciones de Resnik *(1975),* en Panamá (en Bocas de Toro, Jaqué y, ocasionalmente en Colón), según Quilis y Graell *(1992,* 585).

b) Realización oclusiva después de [l], [r]. En Cuba, el fenómeno es constante en la parte occidental, debilitándose hacia Oriente. No se encontró ni en las Tunas ni en Holguín, según nuestras encuestas. En Panamá, en los hablantes no cultos de Las Tablas, Santiago y David.

c) Realización oclusiva después de [s]: [sb], [sd], [sg]: en la sierra ecuatoriana y frecuentemente en Oaxaca, en Méjico; en este país, los datos son escasos: [sb], a veces, en Jalisco; [sd] en Sto. Tomás Ajusco, y en el Valle de Méjico, a veces, así como [sg] frecuentemente en Ajusco.

d) Otras realizaciones: en Méjico: [lb], [rg] en el habla formal e inculta de Jalisco; [rd] frecuentemente en Oaxaca y en el Valle de Méjico. [rb] en Vieques y Humacao (Puerto Rico); [sb] en Barranquitas (Puerto Rico) y, muy frecuentemente, en la República Dominicana, en todas las clases sociales, y, a veces, en la Argentina; en este mismo país, también, ocasionalmente, [rg] y [lg].

6.8.4. Sonorización de /p/, /t/, /k/

La sonorización de las oclusivas sordas en posición prenuclear, tanto en interior como en inicial de palabra, se produce con cierta frecuencia en español; no conocemos bien la extensión ni la intensidad del fenómeno porque no hay muchos datos. La mayoría de los ejemplos se refiere a la sonorización de /k-/ en casos como *gogote* «cogote», *guchara* «cuchara», *guchillo* «cuchillo», *gayao* «cayado» (y también el fenómeno contrario: *cangrena* «gangrena», *carrucha* «garrucha»), *carraspera* y *garraspera.*

Menéndez Pidal *(1964,* § 59) ya señaló en documentos de los siglos X y XI varios casos como *gasares* «casares», *gahtoliga* «católica», *gareras* «carreras» y en su *Manual (1958,* § 72) ejemplos como *camuza* y *gamuza, cacho* y *gacho, gañote (caño* del cuello), *gato* (< cattus), *greda* (< creta), etc.

Tiscornia *(1930,* 51) ofrece *garabina* «carabina», *renguera* «renquera», *golumpio* «columpio», *gogote,* señalando que el fenómeno de la sonorización de /k-/ «Es general en el español de América». Aduce los siguientes ejemplos de otros países del Continente: *galafatear, garambola, garraspera, gachupín, gogotear;* no muchos, como vemos.

Caravedo *(1992,* 725) señala como frecuentes estas sonorizaciones en la zona costeña: *católigo* «católico», *éboca* «época», etc.

Quilis *(1965a)* describió en el habla de Madrid la realización sonora y fricativa de /p/ intervocálica; por otra parte, en las encuestas de la norma culta madrileña aparecen con cierta frecuencia las pronunciaciones sonoras, sonorizadas y fricativas de estos fonemas en cualquier posición.

Gregorio Salvador *(1968)* recogió en el *ALEA* abundantes datos sobre la sonorización total o parcial de /k-/ en distintos contornos: *comida, la cabeza, picotazo, porque, alcachofa;* algún caso de fricación en interior de palabra. La sonorización de /p/ y /t/ es mucho menos frecuente: *borcelana* «porcelana», *dierra* «tierra».

La sonorización frecuente de los tres fonemas en la provincia de Toledo fue estudiada por Torreblanca *(1976)*.

Victoria Marrero *(1988,* 105-160) analizó acústicamente las realizaciones de /p/, /t/, /k/ en Canarias; sus materiales fueron las grabaciones de las encuestas que hizo M. Alvar en las Islas para el *ALEICan*. Los resultados son muy interesantes: el 66,4% del total de los alófonos son sonoros, lo que supone una cifra considerable; el 17% del total son fricativos; la sonoridad se ve favorecida por la posición intervocálica de la consonante. /k/ es el fonema que más predisposición presenta para la sonorización y la laxitud.

Quilis y Graell (*1992,* 585) también señalan casos de sonorización en Panamá.

Pero donde recogimos casos frecuentísimos de sonorización fue en Cuba, en su parte central y occidental; el fenómeno es menos frecuente a medida que vamos hacia Oriente: no lo encontramos en Santiago de Cuba ni en Guantánamo, Holguín y Manzanillo. El fenómeno, aquí afecta a los tres fonemas, tanto en inicial, como en interior de palabra. Veamos algunos ejemplos:

/p/: [el básto] *el pasto,* [bisá̄ra] *pizarra,* [kambána] *campana,* [paβá] o [pab̆á] *papá,* [kásβa] o [kásb̆a] y [kásba] *caspa,* [kabrit͡ʃóso] [kabriĉóso] *caprichoso,* [saβatéro] o [sab̆atéro] *zapatero,* [soblár] *soplar,* [saβáðo] o [sab̆ád̆o] *zapato,* etc.

/t/: [t̮ós] *tos,* [dé] *te,* [téda] y [téða] o [téd̆a] *teta,* [erudár] *eructar,* [kwáðro] o [kwád̆ro] *cuatro,* [páda] *pata,* [modól] *motor,* [aðáho] o [ad̆áho] *atajo,* [gwaðáka] o [gwad̆áka] *guataca,* etc.

/k/: [guγarát͡ʃa] o [gugɑráĉa] *cucaracha, guchilla, gurandero, golumpio,* [botíga] *botica,* [pelugería] *peluquería,* [tabágo] *tabaco,* [fógo] y [fóγo] o [fóg̮o] *foco,* [karaγól] o [karag̮ól] *caracol,* [ű̃na γása] o [ű̃na g̮asa] *una casa,* [médiγo] o [médig̮o] *médico,* [taγő̃ŋ] o [tag̮ő̃ŋ] *tacón,* [apliγáo] o [aplig̮áo] *aplicado,* etc.

La sonorización de /k/ en posición inicial de palabra fue interpretada por Gregorio Salvador *(1968)* como un caso de neutralización de *k/g* en posición prenuclear al desaparecer el rasgo interrupto de /k/. Posteriormente, F. González Ollé *(1972)* puso en relación este fenómeno con el sustrato vasco, explicación poco verosímil. Es evidente que esta sonorización proviene de un proceso de lenición, que puede originar luego en el sistema fenómenos de neutralización [18].

6.8.5. Otros fenómenos

1. Según Llorente Maldonado de Guevara *(1965,* 331) en la Rioja Baja, /t/ se articula postalveolar y ligeramente africada en cualquier contorno; esto podría haber influido en la articulación del grupo tautosilábico /tr/, del que nos ocuparemos más adelante.

2. Bertil Malmberg *(1947)* señaló en el Paraguay la pronunciación alveolar de /t/, /d/, semejante a la de las equivalentes inglesas, por influencia del guaraní. Esta afirmación de la articulación alveolar ha sido modificada por Cassano *(1972)* y por Granda *(1988);* según este último, la alveolarización se produce, como variante condicionada, ante [e], [i] y en la proximidad de [r].

3. Por equivalencia acústica, se dan numerosos cambios entre estas consonantes en todo el dominio hispánico: *abuja* «aguja», *párpago* «párpado», *suedro* «suegro», *güeno* «bueno», *gomitar* «vomitar», *groma* «broma», *gofetón* «bofetón», *manano* «banano», *moñiga* «boñiga», *almóndiga* «albóndiga», etc.

---

[18] Algunas veces, en algunos dialectos, o, más o menos ocasionalmente, en algunos hablantes, estas consonantes aparecen con una pequeña aspiración. Lo han señalado G. Salvador *(1968)* para el andaluz, M. Rodríguez *(1972)* para el español colombiano, Torreblanca *(1976)* para el de Toledo, etc. Evidentemente, el mismo proceso de lenición impide que la glotis permanezca cerrada hasta después de la explosión de la consonante; al abrirse antes, sale al exterior un mayor flujo de aire infraglótico.

VII

CONSONANTES NASALES

7.1. CARACTERÍSTICAS

Las consonantes nasales se caracterizan por presentar un cierre de los órganos articulatorios bucales y un pasaje rinofaríngeo abierto, que permite la salida del aire a través de las fosas nasales. Todas son sonoras.

7.2. DIVISIÓN

Desde el punto de vista *fonológico,* el español sólo posee tres fonemas nasales:

1. bilabial .... /m/: /káma/ *cama*
2. linguoalveolar .... /n/: /kána/ *cana*
3. linguopalatal ...... /ɲ/ o /n̮/: /káɲa/ o /kán̮a/ *caña*

Estos fonemas se oponen cuando se encuentran en posición silábica prenuclear o explosiva: *mama / mana / maña, mono / moño; cama / cana /caña; tima / tina / tiña.*

7.2.1. *Bilabial.* El fonema nasal, bilabial, /m/, tiene una sola realización, [m], que se produce únicamente en posición silábica prenuclear. Ortográficamente, se representa por *m.*

Para su emisión, los dos labios se cierran impidiendo la salida del aire a través de la boca. El velo del paladar se separa de la pared faríngea; las cuerdas vocales vibran. Los órganos articulatorios adoptan para la producción de este sonido una posición análoga a la de la oclusiva bilabial sonora [b], con la única diferencia de que en ésta, el velo del paladar permanece adherido a la pared faríngea. Ejemplos: /mamá/ [mãmá] *mamá,* /káma/ [káma] *cama,* /mésa/ [mésa] *mesa.*

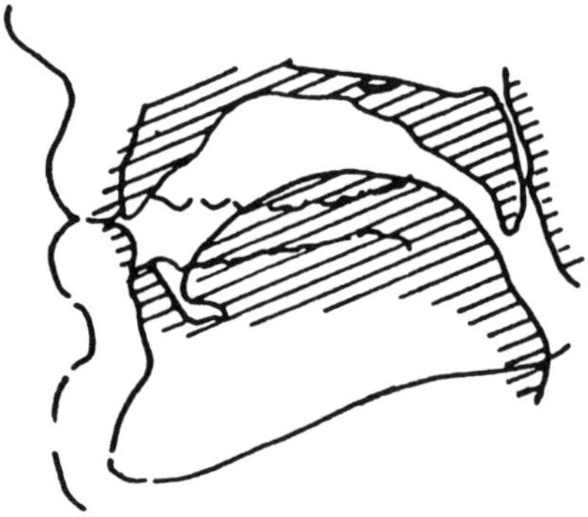

FIG. 7.1. Realización del fonema /m/ de /áma/ *ama*

7.2.2. *Linguoalveolar.* El fonema nasal, linguoalveolar, /n/, tiene una sola realización, [n], que se produce en posición silábica prenuclear, y en final de palabra ante pausa. Ortográficamente, se representa por *n.*

Para su articulación, los rebordes de la lengua se adhieren a los molares superiores y el ápice de la lengua cierra con los alvéolos la parte central y anterior de la cavidad bucal. El velo del paladar se separa de la pared faríngea; las cuerdas vocales vibran. Ejemplos: /néne/ [nẽne] *nene*, /kóno/ [kóno] *cono*, /páN/ [pán] *pan.*

7.2.3. *Linguopalatal.* El fonema nasal linguopalatal, transcrito en el AFI como /ɲ/ y en la RFE como /n̮/, tiene una sola realización, [ɲ] o [n̮], que se produce sólo en posición silábica prenuclear. Ortográficamente, se representa por *ñ.*

En su articulación, la región predorsal de la lengua se adhiere a la zona prepalatal, cerrando, de este modo, la salida del aire. El velo del paladar está separado de la pared faríngea; las cuerdas vocales vibran.

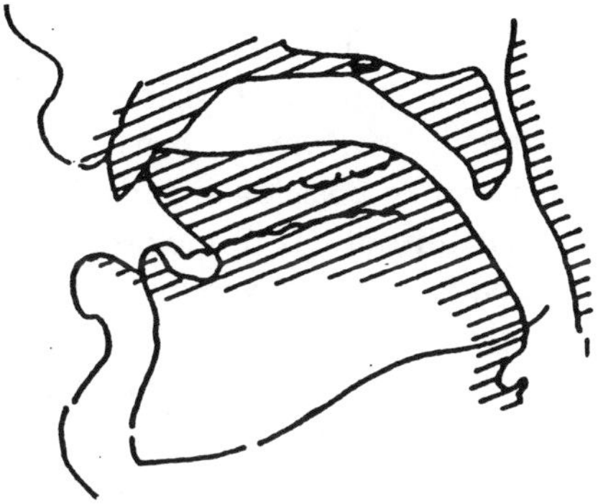

Fig. 7.2. Realización del fonema /n/ de /xitána/ *gitana*

Ejemplos:

AFI	RFE	
/ɲóɲo/ [ɲṍɲo] /maɲána/ [mãɲã́na]	/n̮ón̮o/ [n̮ṍn̮o] /man̮ána/ [mãn̮ã́na]	*ñoño* *mañana*

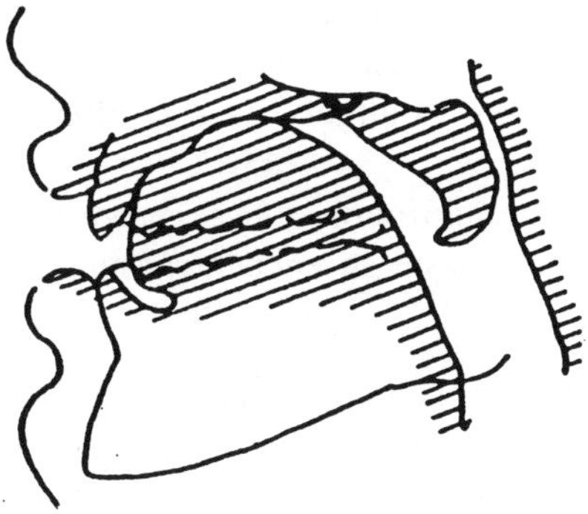

Fig. 7.3. Realización del fonema nasal palatal /ɲ/, o /n̮/, de *España*

7.3. NEUTRALIZACIÓN DE LOS FONEMAS NASALES EN POSICIÓN SILÁBICA IMPLOSIVA O POSTNUCLEAR

Los fonemas nasales funcionan como tales, como ya hemos dicho, cuando se encuentran en posición silábica prenuclear o explosiva: *loma / lona, lema / leña, pena / peña, lama / lana / laña,* etc. Cuando se encuentran en posición silábica implosiva o postnuclear, pierden sus rasgos distintivos, e incluso, la realización palatal, [ɲ], o [n̬̰], no aparece, como veremos más adelante, en el § 7.3.6. En esta situación, no se oponen, se neutralizan, siendo el resultado de esa neutralización el archifonema /N/, que guarda como rasgo común de los fonemas neutralizados el de la nasalidad.

Al no funcionar estos fonemas en posición postnuclear, se producen muchas asimilaciones al lugar de articulación de la consonante siguiente. Dos son los motivos que justifican todas estas realizaciones: en primer lugar, el fonológico: como no existen diferencias significativas entre las consonantes nasales en posición postnuclear, su lugar articulatorio no es pertinente; en segundo lugar, el puramente fonético, pero, a su vez, en íntima conexión con el anterior: al no ser significativos los distintos lugares de articulación, lo importante, en el plano del habla es que se realice una oclusión bucal y que quede una resonancia nasal; la existencia de esta común resonancia nasal es lo que verdaderamente interesa que permanezca como resultado de las diferentes realizaciones nasales.

De este modo, los alófonos que se producen por asimilación cuando la consonante nasal se encuentra en posición postnuclear son las siguientes:

7.3.1. *Bilabial,* [m]: se produce siempre que la consonante nasal precede a una consonante labial, [p], [b] o [m].

Ejemplos: /úN báso/ [ṹm báso] *un vaso;* /úN pié/ [ṹm pjé] *un pie;* /úN més/ [ṹm més] o [ṹmes] *un mes.*

7.3.2. *Labiodental:* AFI [ɱ]; RFE [m̪]: cuando la consonante nasal está situada ante [f]; se articula con el labio inferior contra los incisivos superiores:

AFI	RFE	
/iNfáme/ [ĩɱfáme] /koNfúso/ [koɱfúso]	/iNfáme/ [ĩm̪fáme] /koNfúso/ [kom̪fúso]	*infame* *confuso*

7.3.3. *Linguointerdental:* [n̟]. Se produce cuando a la consonante nasal le sigue [θ]. Evidentemente, este alófono no aparece en las zonas de seseo. Se articula con el ápice de la lengua entre los incisivos.

Ejemplos: /úN θapáto/ [ṹn̟ θapáto] *un zapato;* /láNθa/ [lán̟θa] *lanza;* /óNθe/ [ṍn̟θe] *once.*

7.3.4. *Linguodental:* [n̪]. Se realiza de este modo, cuando la nasal precede a [t] o [d]. El ápice de la lengua forma la oclusión oral contra los dientes.

Ejemplos: /úN diéNte/ [ṹn̪ djén̪te] *un diente,* /dóNde/ [dón̪de] *donde,* etc.

7.3.5. *Linguoalveolar:* [n]. Aparece este alófono cuando la nasal postnuclear va seguida de vocal, de consonante alveolar o de pausa.

Ejemplos: /úN lóko/ [ṹn lóko] *un loco;* /úN éxe/ [ṹn éxe] *un eje;* /óNr̄a/ [ṍnr̄a] *honra,* /dáme páN/ [dáme pán] *dame pan.*

7.3.6. *Linguopalatalizada:* [n̠ʲ]. Se produce este alófono cuando la nasal precede a una consonante palatal. Discrepamos de Navarro Tomás *(1957,* 133) en lo que se refiere a la naturaleza articulatoria de este alófono; para él, «La *n* final de sílaba en contacto con una consonante palatal, se pronuncia también ɲ», es decir, igual que la nasal palatal de *caña,* por ejemplo. Los filmes radiológicos y los análisis acústicos han puesto de manifiesto que en la articulación de este alófono nasal es la parte anterior del predorso lingual la que forma la oclusión bucal contra la región postalveolar; es decir, es una [n] ligeramente palatalizada; esta articulación es totalmente diferente de la descrita en el anterior § 7.2.3., para [ɲ] o [n̬] [1]. Así las cosas, la neutralización de las consonantes nasales sólo se produce entre /m/ y /n/, ya que [ɲ], o [n̬], no aparece en posición implosiva.

Ejemplos:

AFI	RFE	
/úN t͡ʃíko/ [ű̃ȵ t͡ʃíko] /kóNǰuxe/ [kóȵd͡ʒuxe]	/úN ĉíko/ [ű̃ȵ ĉíko] /kóNyuxe/ [kóȵŷuxe]	*un chico* *cónyuge*

7.3.7. *Linguovelar:* [ŋ]. Se produce siempre que una consonante nasal precede a una consonante velar [k], [g] o [x]. La oclusión oral se forma entre el postdorso de la lengua y el velo del paladar, que se apoya sobre ella.

Ejemplos: /úN kuéNto/ [ű̃ŋ kwéṇto] *un cuento;* /táNgo/ [táŋgo] *tango;* /axéNxo/ [axéŋxo] *ajenjo.*

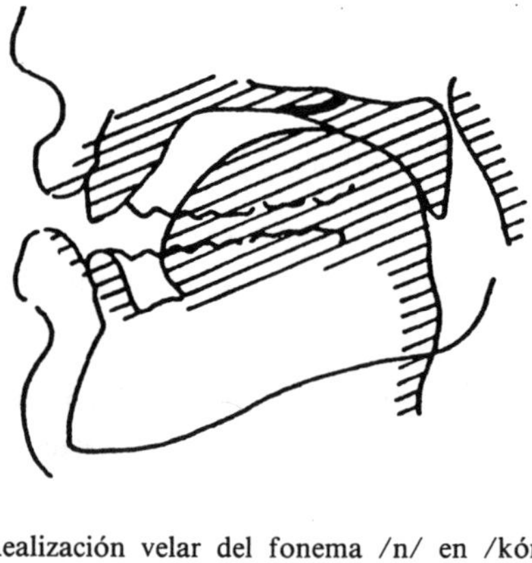

Fɪɢ. 7.4. Realización velar del fonema /n/ en /kóŋgo/ *Congo*

[1] Véase Quilis, *1973.*

Resumiendo, podemos decir que:

/-N/ +
- consonante alveolar = [n]: [ṹnlóro] *un loro*
- consonante bilabial = [m]: [ṹmpán] *un pan*
- consonante labiodental = [ɱ]: [ṹɱfaról] *un farol*
- consonante dental = [n̪]: [ṹn̪tómo] *un tomo*
- consonante interdental = [ṇ]: [ṹṇθéro] *un cero*
- consonante palatal = [n̡]: [ṹn̡t͡ʃíko], [ṹn̡ĉíko] *un chico*
- consonante velar = [ŋ]: [ṹŋkáso] *un caso*

7.4. OPOSICIONES FONOLÓGICAS

La naturaleza fonológica de estos fonemas se deduce de las siguientes oposiciones:

/m/ se opone a /n/, en cuanto *labial/alveolar: como/cono, loma/lona.*

se opone a /ɲ/, o /n̮/, en cuanto *labial/palatal: amo/año, lema/leña*

se opone a /f/ en cuanto *nasal/oral: rima/rifa, muerte/fuerte.*

se opone a /p/ y a /b/ como ya hemos visto.

/n/ se opone a /ɲ/ o /n̮/, en cuanto *alveolar/palatal: mono/moño, pena/peña*

se opone a /θ/, en cuanto *nasal/oral: mono/mozo, lona/loza*

se opone a /m/, /t/, /d/, como ya hemos visto.

/ɲ/, o /n̮/, se opone a /t͡ʃ/, o /ĉ/, en cuanto *nasal/oral: leño/lecho, niño/nicho*

se opone a /ǰ/, o /y/, en cuanto *nasal/oral: maño/mayo, uña/huya*

se opone a /s/, también por *nasal/oral: caña/casa, maña/masa*

se opone a la secuencia /ni/: *huraño/uranio, caña/cania, uñón/unión.*

se opone a /m/, /n/, como ya hemos visto.

7.5. CARACTERIZACIÓN ACÚSTICA

Las consonantes nasales comparten con las oclusivas orales la forma y dirección de las transiciones del segundo y tercer formantes de las vocales contiguas. En ellas, aparecen determinados formantes durante su momento de tensión; esto las distingue de las explosivas orales, incluso sonoras; en éstas, el formante de sonoridad aparece a una frecuencia mucho más baja que el primer formante nasal (FN_1) de nuestras consonantes. El FN_1 está situado aproximadamente a una frecuencia, según Albalá *(1992)* de 480 cps, y tiene una intensidad menor que el F_1 de las vocales: aproximadamente

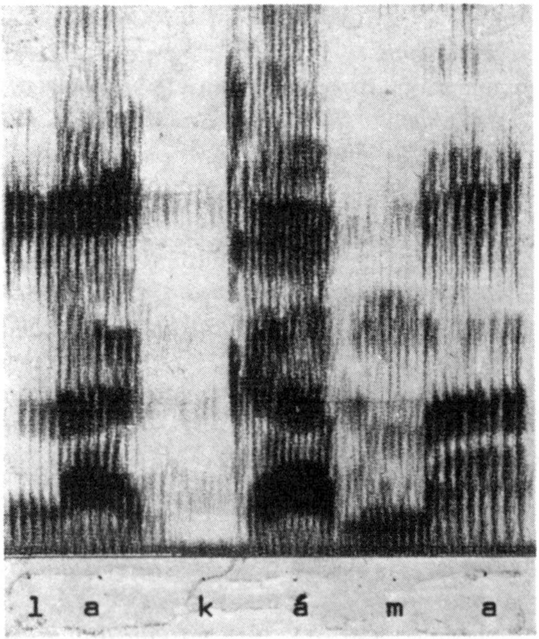

FIG. 7.5. Sonograma de la secuencia [la káma] *la cama*

6 db menos. En los espectrogramas de las figuras 7.5., 7.6., y 7.7., se refleja esta menor intensidad en la disminución del grado de negror del primer formante nasal. De todos los formantes que aparecen durante la tensión de estas consonantes, parece ser que el principal responsable de la percepción de la nasalidad es el primero; los superiores no dejan sentir apenas el efecto de la nasalidad y son muy débiles: de unos 15 db menos que un formante de frecuencia análoga, de cualquier vocal.

Las investigaciones realizadas por Liberman, Delattre, Cooper y Gerstman *(1954)* utilizando la síntesis del lenguaje pusieron de relieve que:

a) Las consonantes nasales se diferencian de las explosivas orales por la forma de la T_1: parece que parte del nivel del FN_1 (aproximadamente a 250 cps) y pasa verticalmente al formante de la vocal contigua; por el contrario, en las explosivas orales sonoras, T_1 parte de cero o de 120 cps.

b) Para la percepción de las nasales como clases de consonantes diferentes de las explosivas orales, es necesaria la presencia de unas resonancias nasales en el espectro. Estas resonancias se establecen, en el trabajo citado, a unas frecuencias de 240 cps, 1.020 cps y 2.460 cps, siendo más intensa la primera.

c) La percepción del lugar de articulación depende principalmente de las transiciones del segundo formante, que presenta los mismos movimientos de las explosivas orales.

El trabajo de María José Albalá *(1992)* proporciona las siguientes frecuencias medias para los tres primeros formantes de las consonantes nasales españolas:

	F_1	F_2	F_3
[m]	480	1052	2320
[n]	480	1052	2240
[ɲ] o [n̪̆]	480	1004	2400

El F_1 tiene prácticamente la misma frecuencia para las tres consonantes. F_3 caracteriza tibiamente a las tres consonantes nasales. Estos datos son independientes del papel decisivo de las transiciones para su percepción.

Las figuras 7.5., 7.6. y 7.7. muestran tres espectros donde aparecen los tres fonemas nasales en posición prenuclear. En ellos, pueden verse los distintos formantes de resonancia nasal que acompañan a cada espectro, y, al mismo tiempo, las transiciones de los formantes de las vocales con las que forman sílaba las consonantes nasales. Compárense, por ejemplo, las dos extremas [m], y [ɲ], o [n̯]: en la bilabial, los dos formantes presentan una transición negativa (suben de izquierda a derecha), mientras que en la palatal el F_2 muestra una transición positiva (desciende), y el F_1 negativa.

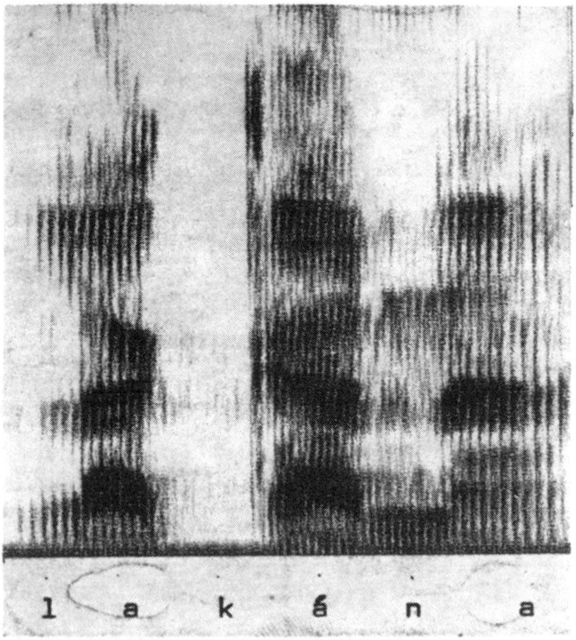

FIG. 7.6. Sonograma de la secuencia [la kána] *la cana*

Por otra parte, resulta claro el contraste entre las zonas de energía que aparecen en el espectro de las nasales y su ausencia en el de las oclusivas [k].

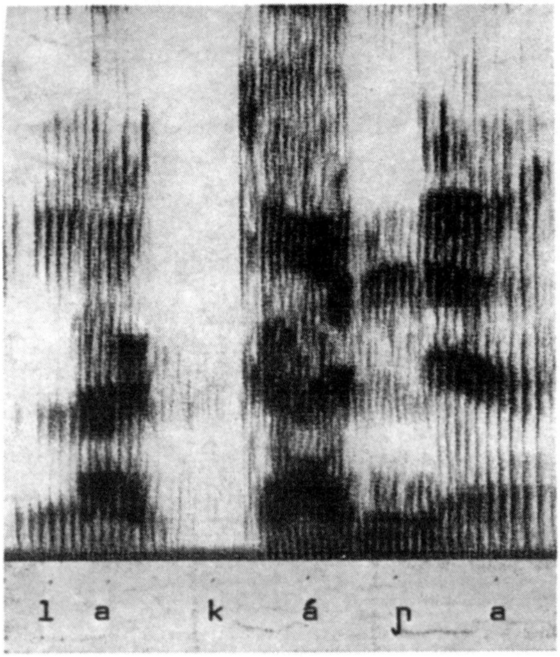

FIG. 7.7. Sonograma de la secuencia [la káɲa] *la caña*

La figura 7.8. muestra de nuevo los tres fonemas nasales en la secuencia *la mañana*. En este caso, la palatal se ha articulado con gran energía, por lo que sus formantes superiores no aparecen.

El reiteradamente mencionado trabajo de María José Albalá *(1992)* puso de manifiesto por medio de la síntesis que las transiciones son el índice acústico más fuerte para el reconocimiento de las consonantes nasales, pero se mejora con la presencia de los formantes de las mencionadas consonantes.

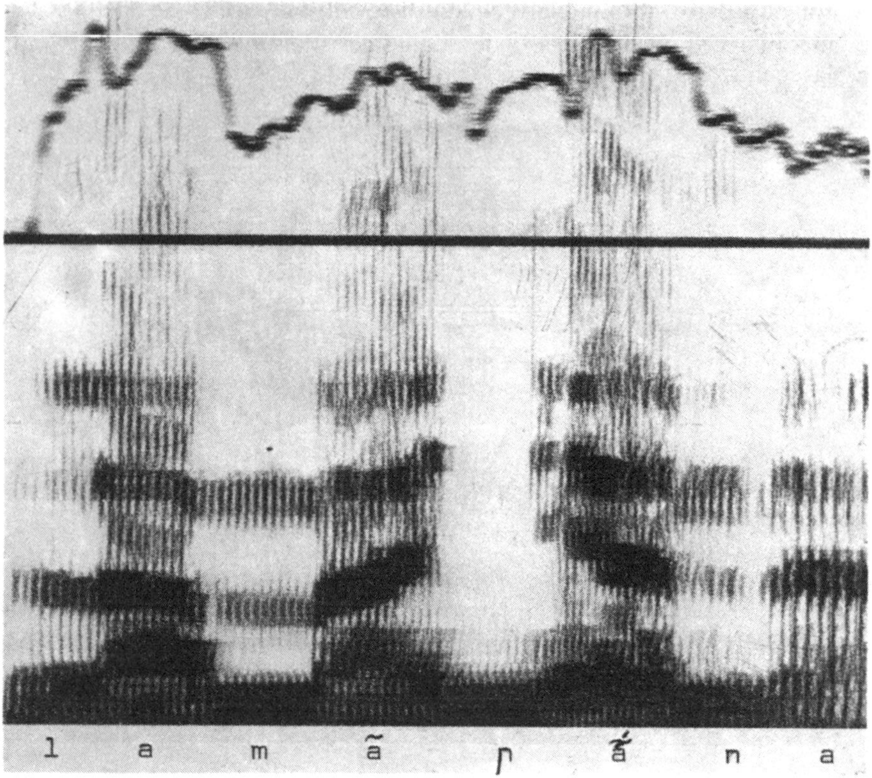

FIG. 7.8. Sonograma de la secuencia [la maɲána] *la mañana*

7.6. CLASIFICACIÓN ACÚSTICA

Como hemos visto, la concentración de zonas de frecuencias en estas consonantes no proporciona índices claros para la asignación de determinados rasgos. No obstante, teniendo en cuenta lo dicho en los §§ 3.6.1.2.1.3. y 3.6.1.2.2.1. podemos establecer la siguiente clasificación:

1. Es denso: /ɲ/ o /ŋ̌/; son difusos: /m/ y /n/.
2. En cuanto a los rasgos *grave/agudo:*

grave: /m/

no grave: { *agudo:* /ɲ/ o /n̯/ ; *no agudo:* /n/ }

Este es, como vemos, el rasgo que diferencia entre sí a los tres fonemas explosivos nasales.

3. Todos son *nasales* y *continuos,* además de *sonoros.*

4. Resumiendo, podemos establecer el siguiente cuadro con los rasgos de nuestros fonemas explosivos nasales:

Rasgos	*m*	*n*	ɲ
Vocálico/no vocálico	—	—	—
Consonántico/no consonántico	+	+	+
Denso/difuso	—	—	+
Grave/no grave	+	—	—
Agudo/no agudo	—	—	+
Nasal/oral	+	+	+
Sonoro/sordo	+	+	+
Continuo/interrupto	+	+	+

7.7. DEFINICIÓN Y DISTRIBUCIÓN DE LOS FONEMAS NASALES

1. /m/: Articulatoriamente: *nasal, bilabial, sonoro.*

Acústicamente: *no vocálico, consonántico, difuso, grave, no agudo, nasal, continuo.*

Ortográficamente, se representa por *m.*

Tiene un solo alófono: [m], que se produce como tal en posición silábica prenuclear: /mamá/ [mãmá] *mamá.*

2. /n/: Articulatoriamente: *nasal, alveolar, sonoro.*
Acústicamente: *no vocálico, consonántico, difuso, no grave, no agudo, nasal, continuo.*
Ortográficamente se representa por *n.*

Se realiza como [n] en posición silábica prenuclear: /néne/ [nḗne] *nene.*

3. AFI: /ɲ/; RFE: /n̮/:
Articulatoriamente: *nasal, palatal, sonoro.*
Acústicamente: *no vocálico, consonántico, denso, agudo, no grave, nasal, continuo.*
Ortográficamente, se representa por *ñ.*

Tiene un sólo alófono: AFI: [ɲ]; RFE: [n̮], que aparece únicamente en posición silábica prenuclear:

/m/ y /n/ se neutralizan en posición postnuclear, dando origen a los siguientes alófonos:

a) Nasal linguoalveolar sonora: [n]. Cuando la nasal postnuclear va seguida de vocal, de consonante alveolar o de pausa.

b) Nasal bilabial sonora: [m]. Cuando la nasal postnuclear va seguida de una consonante bilabial /b/, /p/ o /m/.

c) Nasal labiodental sonora: AFI; [ɱ]; RFE: [m̭]. Cuando la consonante nasal está situada ante [f].

d) Nasal interdental sonora: [ṇ]. Se produce cuando al fonema nasal le sigue [θ]. No existe en las zonas de seseo.

e) Nasal dental sonora: [n̦]. Se realiza de este modo cuando la nasal precede a [t] o [d].

f) Nasal palatizada sonora: [nʝ]. Cuando la consonante es seguida por una consonante palatal, queda ligeramente palatalizada, sin que se llegue nunca a un grado de palatalización como el de *ñ.*

El alfabeto de la RFE no proporciona ningún símbolo para representar la nasal palatizada. En este caso, para subsanar esta laguna, utilizamos el mismo del AFI.

g) Nasal velar sonora: [ŋ]. Se produce siempre que una consonante nasal precede a una consonante velar.

7.8. FENÓMENOS DIALECTALES RELACIONADOS CON LAS CONSONANTES NASALES

Como hemos expuesto anteriormente, la neutralización de fonemas nasales en posición postnuclear (implosiva) permite una gama de realizaciones muy amplia. Lo que realmente interesa de la articulación de estas consonantes nasales es que permanezca un segmento con resonancia nasal, sin que importe su lugar de articulación. El segmento consonántico nasal puede desaparecer, como ocurre muchas veces, incluso en el habla culta, nasalizando la vocal, que el oyente español interpreta siempre como [vocal + consonante nasal], aunque su realización sea sólo una vocal nasal. Otras veces, las menos, la consonante nasal desaparece totalmente, sin dejar ninguna huella de nasalidad. Veamos algunos de estos fenómenos:

7.8.1. Velarización de la nasal, [-ŋ], en posición final de palabra ante pausa o vocal

En Cuba, según nuestras encuestas, ante pausa, aparece normalmente [ŋ], nasalizando casi siempre su vocal núcleo silábico: [pã́ŋ] *pan;* otras veces, la consonante no se articula, dejando nasalizada la vocal: [pã́] *pan;* en alguna ocasión, desapareció sin dejar huella: [φoγó] o [fogó] *fogón.* En final de palabra y ante vocal inicial de la palabra siguiente, se articula en la inmensa mayoría de los casos como alveolar, [n]. En Bahía Honda, Cárdenas, Sancti Spiritus y Manzanilla un 50% de los casos dio la solución velar: [-vŋ v-], y el otro 50% la alveolar [-vn v-]. En Cienfuegos y en Nuevitas, sólo un 20% velarizó, [-vŋ v-], articulándola el resto como alveolar. En los demás puntos encuestados, como hemos dicho antes, siempre se realizó como alveolar.

En Puerto Rico, es general [-ŋ] ante pausa; ocasionalmente, puede aparecer [n] en esa posición. Según López Morales *(1980),* en el área metropolitana de San Juan siempre se da [ŋ] ante pausa, nasalizando en mayor o menor medida la vocal precedente; la población joven tiende a perder la nasal.

En Santo Domingo, de acuerdo con Jiménez Sabater *(1975,* 114-119), ante pausa, es general [-ŋ] o su pérdida, previa nasalización de la vocal; cuando su contorno siguiente es una vocal tónica, inicial de palabra, predomina [-ŋ]; si es átona, en la mayoría de los casos, se pierde la nasal dejando nasalizada la vocal con la que forma sílaba.

En Méjico se da en la parte costera del Golfo y en los Estados meridionales.

En Panamá, según Quilis y Graell *(1992, 602),* predomina la articulación velar ante pausa, nasalizando normalmente su núcleo silábico: [komilṍŋ] *comilón;* a veces, la vocal queda nasalizada, perdiéndose la consonante: [komilṍ]. Pese a esta articulación nasal velar ante pausa, no apareció en las encuestas ni una sola vez esta realización como índice de juntura interna abierta, siempre se obtuvo [ẽnóho] *en ojo,* [ẽnáɣwa] o [ẽnágwa] *en agua.*

El fenómeno también se produce en Costa Rica, sobre todo, en el Valle Central; predomina en el resto de los países centroamericanos.

En Venezuela, es alveolar en los estados andinos; en el resto del país predomina [ŋ]; en Colombia, es velar en las costas del atlántico y del Pacífico, y en Leticia; en Ecuador, aparece con frecuencia ante pausa y muy esporádicamente ante vocal, en la costa; en el Perú es general; en Bolivia es alveolar. En Chile y Argentina, esporádicamente.

En España, la realización de [-ŋ] ante pausa está muy extendida: ya Navarro Tomás *(1957,* 12) la señaló en «muchas personas, acaso por influencia dialectal»; de acuerdo con Zamora Vicente *(1967,* 319, 323) se da en el Norte, Oeste y Sur de la Península. Según los datos del ALEA, el fenómeno está muy extendido en Andalucía [2]; G. Salvador *(1957,* 28) recoge el fenómeno para Cúllar-

[2] Véanse, por ejemplo, los mapas de *crin* (núm. 1611), *hollín* (núm. 1550), *pan* (1609), *tren* (1610).

Baza, señalando la velarización en posición final de palabra ante vocal inicial de la palabra siguiente; también ha sido señalado para el español hablado en Madrid (Quilis, *1965a)*. El fenómeno se da también en Canarias, donde la nasal se velariza ante pausa y, según V. Marrero *(1988,* 72-77), el 76,7% de las vocales núcleo silábico se nasalizan, conservando la consonante; en un 15%, desaparece el segmento consonántico, dejando la vocal nasalizada, y en el resto desaparece la consonante nasal y no se nasaliza la vocal.

La velarización de la nasal final de palabra ante pausa en el español de América ha sido puesta en relación con la influencia de la fonética andaluza y, para algunas regiones —Perú, Ecuador—, también con el sustrato quechua. (V. Canfield, *1962,* 70-71 y 84-85).

Tanto en España como en Hispanoamérica, el fenómeno se debe a un proceso de debilitamiento [3] orgánico, que, como dice Straka *(1964,* y *1979,* 459) «se manifiesta siempre en estado latente en la articulación de todas las consonantes implosivas»; el primer paso de este debilitamiento articulatorio es la pérdida del contacto alveolar de [n] ante pausa: lo importante en la articulación de la nasal postnuclear, como ya hemos dicho, es la resonancia nasal y no el lugar de articulación: la presencia de la pausa favorece y anticipa la posición que el velo ocupará durante la respiración (apoyado sobre el postdorso lingual) y, al mismo tiempo, el cambio a la articulación de [ŋ] [4]. El segundo paso es la nasalización de la vocal precedente: durante su articulación, el velo del paladar anticipa su descenso, lo que supone una falta de sincronización de los movimientos de los órganos articulatorios: en vez de coordinar el descenso del velo con el cese de pronunciación de la vocal y con el comienzo del desplazamiento de la lengua o de los labios para la articulación de la consonante nasal *(n, ñ* o *m),* el velo adelanta su descenso, que realiza durante la articulación de la vocal o, inclu-

[3] Señalado también por Alarcos, *1964,* 58.

[4] Así las cosas, no es de extrañar que la misma articulación se conserve cuando la palabra siguiente comience por vocal.

so, desde el principio de su articulación. Como dice Straka *(1955* y *1979,* 529), la defectuosa coordinación de los movimientos articulatorios proviene de una falta de precisión articulatoria. La causa es que «los órganos del habla responden sólo imperfectamente a los impulsos de los centros nerviosos, y estas imperfecciones de respuestas de los músculos articulatorios están unidas directamente al debilitamiento neuromuscular más o menos pronunciado del organismo» [5].

7.8.2. Palatalizaciones y despalatalizaciones

Una nota característica del dialecto leonés es la palatalización de [n-], atestiguada ya en el teatro de Lucas Fernández y Juan del Encina. El fenómeno se da en partes de Asturias, de León y en Tierras de Zamora y de Salamanca (Zamora Vicente, *1967,* 130-131); son casos como *ñacer, ñabu, ñato, ñegru, ñariz, ñalga, ñube.* También en Cúllar-Baza fueron recogidos por Gregorio Salvador *(1958,* 37) *ñiño, ñebla, ñudo, ñublo.* En América, han sido también señaladas estas palatalizaciones en diversos puntos: por Cárdenas *(1967,* 54) para Jalisco, por Oroz *(1966,* 151) para Chile, por Espinosa *(1930,* 158) para Nuevo Méjico, por Malmberg *(1950,* 118-119) para Argentina por Flórez *(1951,* 263-264) para Colombia, etc. Tiscornia *(1930,* 66-67) cita varios casos en la lengua del gaucho y realiza los siguientes grupos para los casos de palatalización: 1: [n] + [j]: *opiñón, demoño, ñega, quiñentos, ñeve, domiño, ñetecita.* En este punto, habría que añadir las palatalizaciones de [ni] y de [nj], en casos como *begonia, maniático, nieve,* etc., encontrados por F. Moreno *(1988)* en la provincia de Toledo, o los de *ñeta, reñegada, ñebla,* que recoge E. Figueroa *(1971)* en Ponce (Puerto Rico); 2: de [n]: *cañuto, ñublao, ñudo, añudar, ñeblina, giñebra;* 3: de [t͡ʃ]

[5] La nasal [-n] en posición final, ante pausa, se realiza también como [-m] en la costa del Pacífico colombiano (Chocó, Valle, Caldas), en cualquier estrato social, y en Yucatán: *pam* «pan», *trem* «tren». En nuestras encuestas de Cuba, apareció [φím] *fin,* en Guane.

o [ĉ] y [ĵ] o [y]: *ñato,* 'chato' tan extendido en América *ñamá* 'llamar'; los salmantinos *ñugo* 'yugo' y *morceña* 'morcella', *ñema* 'yema', etc.

Frente a este fenómeno, también se da el opuesto: la despalatalización de *ñ* y su realización como [n], [nj] o [ṇ]. El fenómeno ha sido descrito recientemente por F. Moreno *(1988)* para la provincia de Toledo. Se trata de casos como *estanador* 'estañador', *canonazo, manana, pequenito, senor, bano* 'baño', *cana* 'caña', etc. El fenómeno se produce en otros dialectos del español: en el judeoespañol de Bucarest, descrito por M. Sala *(1974)* y en el Marruecos, según Wagner *(1931)* y Benoliel *(1927);* en América, en Yucatán, Oaxaca, y litoral argentino, señalado por Henríquez Ureña *(1938),* en Chile por Oroz *(1966),* en Colombia, por Flórez *(1951,* 262-263; *compania, canuto),* etc. En Guinea Ecuatorial por Quilis y Casado *(1992,* 83). En otras partes de la Romania, como en francés [6], o en rumano [7].

También hay que señalar el fenómeno de la *desnasalización* de [ɲ], o [ṇ], es decir, la pérdida de la oclusión oral en la consonante nasal, encontrado en nuestras encuestas de Cuba [8] y en el español de los guineoecuatorianos que señalan Quilis y Casado *(1992):* son casos como [giỹár] *guiñar,* [séỹa] *seña.* El final de este proceso son los ejemplos como [kã̈ya] *caña* o [mãyã̈na] *mañana,* donde la consonante se oralizó totalmente, nasalizando las vocales contiguas, que señala Canfield *(1960,* 51) para El Salvador.

Los fenómenos señalados anteriormente responden a causas distintas: la palatalización se debe al efecto de un refuerzo de la energía articulatoria, como demostró Straka *(1965):* la presencia de una *yod* o de una vocal palatal no son suficientes: «En este último caso, es necesario aún que una cierta energía articulatoria de la consonante se añada a la atracción asimiladora de la articulación siguiente: si falta la energía, la palatalización no se produce, y,

---

[6] Véase Straka *(1965).*

[7] Véase E. Petrovici: *De la nasalité en roumain,* Cluj, 1930, 37.

[8] En Guane y en Bahía Honda.

por el contrario, aumenta tanto más rápidamente cuanto mayor sea la energía». Lo más frecuente es que la influencia asimiladora de las articulaciones palatales y la energía articulatoria de la consonante se completen: las dos actúan en el mismo sentido: «desplazando el dorso de la lengua y elevándolo hacia el vértice de la bóveda del paladar». La despalatalización, en este caso, se debe a un relajamiento de la parte media del dorso de la lengua: si los bordes de la lengua permanecen apoyados sobre los bordes del paladar, obtendremos una [ǰ] o [y] oral o más o menos nasalizada; si también la corona de la lengua cierra con los alvéolos la salida del aire, el resultado será una [n] o una [n̹] palatalizada.

7.8.3. Secuencia [-ns + consonante]

Cuando la secuencia [ns] se encuentra en posición silábica implosiva, seguida, por lo tanto, por otra consonante, se puede realizar de tres formas: a) reduciendo la secuencia a [s], como ocurre, por ejemplo, en Madrid: [kostipárse] *constiparse,* [kostár] *constar* (en Acta, p. ej.); el fenómeno es muy general, tanto en España como en Hispanoamérica; b) reduciéndola a solo la nasal, como ocurre, por ejemplo, en Panamá: [kon̹tipárse], [tramparén̹te] *transparente;* c) y, por último, conservarse: [transparén̹te]

En nuestras encuestas de Cuba, por ejemplo, los resultados fueron los siguientes: *nst > nt* [ĩn̹truménto] *instrumento* en el 85% de los casos; [ĩnstruménto] en el 15%; *nsp > mp* [tramparén̹te] *transparente* en el 40%; nsp > *hp* [trahparén̹te] en otro 40%, y [transparén̹te] el 20% restante.

7.8.4. Secuencia [mn], [nm] y [mb]

Estas secuencias heterosilábicas, en casos como *columna, alumno, himno* pueden tener diversas soluciones en español. Tomando como ejemplo nuestras encuestas de Cuba, las soluciones fueron las siguientes: [m n] > [n]: 63,8%: [kolúna] *columna;* [mn]: [kolúmna]: 13,6%; [kolúgna], con [g] más o menos oclusiva: 10,2%; [v:n]:

[alú:no], [nn]: [alúnno], [alúŋno] con el 3,4% para cada una; [n:]: [alún:o], el 2,2% [9].

La secuencia heterosilábica [nm], en casos como *conmigo, un mes,* etc, ofreció sólo dos soluciones [m]: [komíγo] o [komígo] *conmigo* en el 79% de los casos, y [nm]: en el resto.

En la secuencia [mb], la duración de [b] es siempre muy pequeña [10]. De ahí que no es de extrañar, que aún en el habla culta se den realizaciones como *tamién* «también», y en el habla vulgar *camiar* «cambiar» [11].

---

[9] Aún se podría añadir la articulación simultánea bilabial y apicoalveolar que nosotros no registramos.

[10] Lo mismo ocurre con [d] y [g] en las secuencias [nd] y [ng]. Véanse las figs. 8.8, 8.9. y 8.10.

[11] La breve duración de [b] y [d] en las secuencias [mb] y [nd] es la causa de que sean asimiladas por la nasal, dando como resultado [m] (< mb) y [n] (< nd). Junto a la duración hay que tener también en cuenta la tendencia del español a la sílaba abierta; ambos factores contribuyen a que *tam-bién* > *ta-mién.* El cambio [ng] > [ŋ] no es fácil que se produzca, ya que [ŋ] no existe como fonema en nuestra lengua. Véase Malmberg, *1949.* La duración de la nasal en las secuencias que indicamos a continuación, según Albalá, *1992,* es la siguiente: en [mb]: 5,6 c.s.; en [mp]: 11,4 c.s.; en [nd]: 5,5 c.s.; en [nt]: 11,9 c.s.; en [ŋg]: 5,3 c.s.; en [ŋk]: 12, 7 c.s.; obsérvese la diferencia de duración cuando precede a una oral sonora y cuando precede a una oral sorda.

VIII

CONSONANTES CONSTRICTIVAS O FRICATIVAS

8.1. CARACTERÍSTICAS

La articulación de las consonantes constrictivas se realiza por medio de un estrechamiento o constricción de dos órganos articulatorios. La constricción articulatoria modifica la corriente de aire, originando una fricción turbulenta que es lo más audible de ellas. Por eso, desde el punto de vista acústico, reciben el nombre de *fricativas.*

Como oposición a las consonantes oclusivas o explosivas, que son momentáneas, estas consonantes se llaman también *continuas.*

Durante su emisión, normalmente, el velo del paladar permanece adherido a la pared faríngea, por lo que el aire sale a través de la cavidad bucal.

8.2. CLASIFICACIÓN Y DISTRIBUCIÓN

El español conoce cinco fonemas fricativos: /f/, /θ/, /s/, /ǰ/ o /y/, /x/; en las zonas de seseo, /θ/ no existe, por lo que quedan reducidos a cuatro fonemas.

Desde el punto de vista fonético, a las realizaciones fricativas de estos fonemas hay que añadir los alófonos fricativos de /b/, /d/, /g/.

8.2.1. Fricativo labiodental sordo

El fonema /f/ es fricativo labiodental sordo. Su realización es, normalmente, [f], que se articula con el labio inferior apoyado en los incisivos superiores. Las cuerdas vocales no vibran. Aparece de este modo en cualquier posición de la cadena hablada.

Ortográficamente, se representa por medio del grafema *f*.

Ejemplos:

/kafé/ [kafé] *café,* /fáma/ [fáma] *fama,* etc.

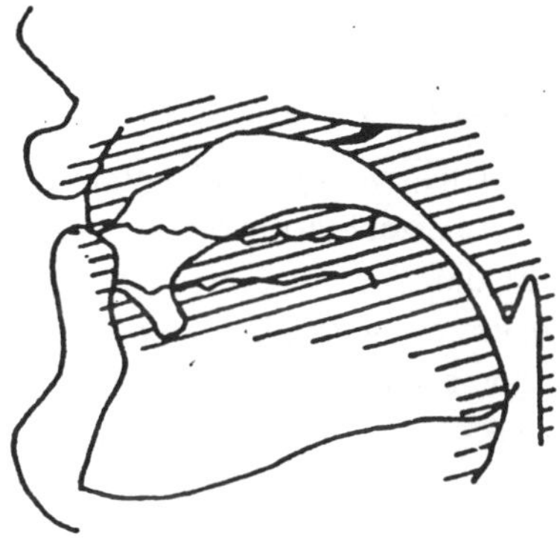

Fig. 8.1. Realización del fonema /f/ de /gáfas/ *gafas*

El fonema /f/ se realiza en muchas zonas de España e Hispanoamérica como bilabial sordo, [φ], en lugar de labiodental; e incluso, a veces, se da una realización bilabiodental, formada por medio de una constricción simultánea del labio inferior con los incisivos y el labio superiores.

El español conoció en otros tiempos el correspondiente labiodental fricativo sonoro, /v/, que perdió a principios de la Edad Moderna. Por ello, la pronunciación de la consonante [v] es un fenómeno de ultracorrección. No se debe pronunciar [víno] *vino,* sino [bíno].

8.2.2. Fricativo linguointerdental sordo

El fonema /θ/ es fricativo interdental o linguointerdental sordo. Su realización, [θ], se articula con el ápice de la lengua entre los incisivos. Las cuerdas vocales no vibran. Se realiza como tal en cualquier posición de la cadena hablada.

Ortográficamente, responde a la grafía *c* delante de las vocales *e, i (ce, ci)* y también a la grafía *z* ante las vocales *a, o, u (za, zo, zu),* ante consonante, en interior de palabra, y en final de palabra.

Ejemplos: /θíne/ [θíne] *cine,* /θóna/ [θóna] *zona,* /lúθ/ [lúθ] *luz,* /xaθmíN/ [xaθmín̄] *jazmín,* etc.

8.2.3. Fricativo linguoalveolar sordo

El fonema /s/ es fricativo linguoalveolar sordo. Este fonema, cualquiera que sea su realización puede aparecer en cualquier posición de la cadena hablada.

Ortográficamente, corresponde a la grafía *s*, o a *x* en posición inicial de palabra o en interior cuando precede a una consonante. Ejemplos: /sólos/ [sólos] *solos*, /gásto/ [gásto] *gasto*, /silófono/ [silófono] *xilófono.*

Las realizaciones más extendidas de este fonema son:

a) La *apicoalveolar.* Su articulación, como puede verse en la figura 8.2., se produce con el ápice de la lengua contra los alveolos; la lengua adopta una forma cóncava.

En España, es la articulación más extendida por el Centro y Norte. En Andalucía, esta articulación, según Llorente *(1962,* 238) y Zamora *(1967,* mapa 308-309) aparece en el Norte de Huelva, la sierra de Córdoba, Nordeste de Jaén, Nordeste de Granada, y zona de la provincia de Almería que limita con Murcia.

En Hispanoamérica, se ha registrado en Colombia, en una franja central que de norte a sur comprende los estados de Antioquia, Risaralda, Caldas y Quindio, según el *ALEC* [1], y en el norte de

[1] Señalada para Antioquia, antes, por Canfield *(1962, 1962a)* y Flórez *(1964).*

Santander [2]. En Puerto Rico se dio, según Navarro *(1948b,* 70) en Caguas, Lares y San Sebastián. En los Andes peruanos, según Caravedo *(1992,* 731). Frente a la afirmación de Henríquez Ureña *(1940,* 138 y 165) de que también aparecía en la República Dominicana, Jiménez Sabater *(1975,* 76) pone en duda su existencia. También aparece en el Valle Central de Costa Rica, según Resnik *(1975),* aunque no lo encontramos en las encuestas que hicimos para el *ALH* [3].

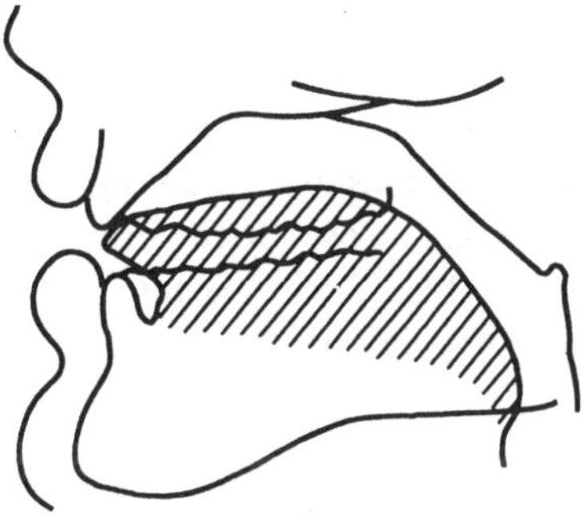

FIG. 8.1a. Realización del fonema /θ/ de /káθa/ *caza*

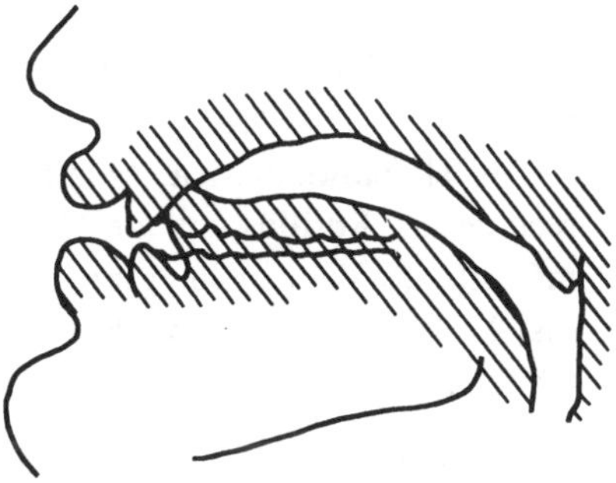

FIG. 8.2. Realización del fonema /s/ de /pasó/ *paso*

Una variante de ésta, la ápicodental «redondeada», se encuentra en Colombia (en el centro norte y en el suroeste), en la sierra del Ecuador, en el oeste de Perú, oeste de Bolivia y norte de Argentina [4], en partes de Puerto Rico [5], en la mitad norte de Méjico, y el sur de los Estados Unidos lindante con él.

b) La *predorsoalveolar*. La constricción se forma con el predorso de la lengua contra los alvéolos; la lengua adopta una forma convexa.

[2] Según Flórez, Montes y Figueroa *(1969),* aunque no se refleja en el *ALEC*.

[3] También fue señalada por King *(1953)* para el Ecuador; extremo no confirmado por Quilis *(1988b)*.

[4] Según Canfield *(1962)*.

[5] De acuerdo con Navarro *(1948b)*.

En España, esta realización aparece en Andalucía, donde, según Llorente *(1962,* 238), su área incluye íntegramente «la zona de ceceo y gran parte de las zonas de seseo y distinción de las provincias de Huelva, Sevilla, Jaén, Granada y Almería. Se puede decir que la *s* predorsal es la típicamente andaluza, con gran vitalidad y poder de difusión, de tal manera que va ganando terreno hacia el norte y el este». Así, este tipo de /s/ aparece en Sevilla capital y en los hablantes cultos de las zonas ceceantes, que no cecean, sino que sesean. En Canarias [6], aparece también esta articulación, pero la [s] del Hierro está muy dentalizada, con resonancias de tipo mate [7].

En Hispanoamérica, es la realización de /s/ más extendida: aparece en las Antillas, sur de Méjico y Guatemala, Costa Rica, Panamá, sur de Venezuela, gran parte de: Colombia, Perú (excepto en los Andes), Ecuador y Bolivia; Uruguay, Paraguay, Argentina y Chile [8].

c) La *coronal.* Es un sonido intermedio entre los dos anteriores: su constricción se forma entre el ápice de la lengua y la parte alta de los incisivos superiores; el predorso de la lengua adopta una posición «plana».

Esta articulación aparece en Andalucía, donde, según Llorente *(1962),* ha perdido mucho terreno a favor de la articulación predorsal.

En Hispanoamérica, se da esta [s] en Honduras, El Salvador, Nicaragua, norte de Venezuela, centro sur de Bolivia y una franja en el este de Argentina [9]. En Colombia, de acuerdo con el *ALEC,* aparece en Nariño y centro norte de Colombia.

d) La *predorsodentoalveolar.* Articulación muy anterior, cuya constricción se realiza con el predorso de la lengua contra los incisivos superiores y los alvéolos; el ápice de la lengua está apoyado,

[6] Alvar *(1970)* y Marrero Aguiar, *1988,* 277.
[7] Según Alvar, *1970.*
[8] Según Canfield *(1962).*
[9] Según Canfield, *1962.*

aproximadamente, en la base de los incisivos inferiores. Esta articulación aparece en Hispanoamérica, alternando con la predorsoalveolar, en países como Panamá (Quilis y Graell, *1992,* 589-590).

8.2.3.1. *El alófono dental de /s/*

Según Navarro Tomás *(1957,* 104-105) «La *s* final de sílaba en contacto con una *t* siguiente, ... toma el punto de articulación de la *t*», y lo mismo ante /θ/ y /d/; entonces, de acuerdo con Navarro, /s/ + /t/, /d/, /θ/ > [s *dental*]. Pero la investigación de Quilis *(1966),* basada en la sonografía y en la cinerradiografía, demostró que: a) las frecuencias del comienzo de la fricación de la [s] ante dental eran las mismas que las de [s] en posición intervocálica o ante cualquier otra consonante; b) durante la fase de tensión de la articulación de [s] ante dental, la constricción se forma en los alvéolos y no en la «cara interior de los incisivos superiores», como pretendía Navarro. Resumiendo: el alófono dental de /s/, producido por asimilación a una consonante dental, no existe en español, en condiciones normales de articulación.

8.2.3.2. *Sonorización de /s/*

Como toda consonante sorda, /s/ puede sonorizarse, sobre todo cuando se encuentra en contacto con una consonante sonora: si hay lenición, se origina un descontrol en la acción de las cuerdas vocales, transmitiéndose la sonorización a la consonante sorda. Ejemplos: /múslo/ [mús̬lo] *muslo,* /mísmo/ [mís̬mo] *mismo,* etc.

8.2.3.3. *Secuencia /s/ + /r̄/*

El fonema /s/ suele perderse cuando precede a /r̄/, en el habla normal: [ir̄aél] *Israel*, [lar̄éxas] *las rejas*, [dó r̄eáles] *dos reales*, etc. En una pronunciación muy cuidada, la articulación resultante de estos dos sonidos es una consonante fricativa sonora asibilada, [ř].

8.2.3.4. *Grafía «x»*

La grafía *x* se realiza como [s] cuando precede a una consonante: [esténso] *extenso,* [késto] *texto,* [esplikaθjón] *explicación,* etc.

Sin embargo, esta misma grafía, cuando se encuentra en posición intervocálica, se realiza como [ks] o [gs] si la pronunciación es cuidada o enfática, o como AFI: [ɣs], RFE [g̬s], normalmente: [éɣsito] o [ég̬sito] *éxito,* [táɣsi] o [tág̬si] *taxi,* etc.

8.2.4. Fricativo linguopalatal sonoro

Este fonema se representa en el AFI como /ǰ/ y en el alfabeto de la RFE, como /y/. Su articulación se realiza con el predorso de la lengua contra la región prepalatal. Se produce sólo en posición silábica prenuclear o explosiva.

Ortográficamente, se representa por *y* o por *hi* más *vocal.*

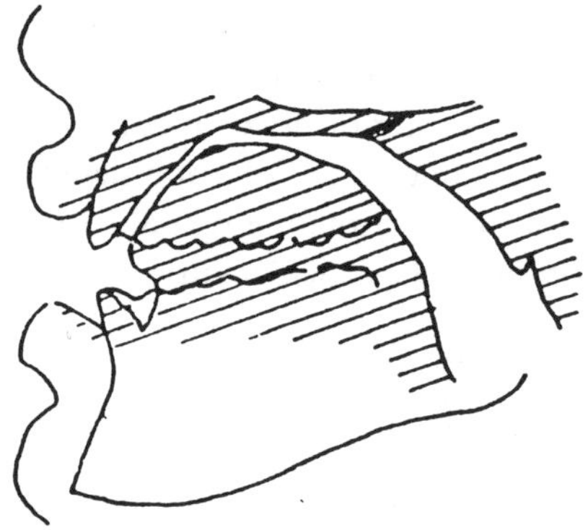

Fig. 8.3. Realización del fonema fricativo linguopalatal sonoro de *vaya*

Tiene dos alófonos en distribución complementaria:

a) AFI [d͡ʒ] [10]; RFE [ŷ] [11]: *africado* [12]*, palatal, sonoro.* Se produce como tal, cuando se encuentra después de pausa, de conso-

[10] El AFI aconseja utilizar el símbolo [ɟ] cuando la africada es monofonemática. En español, se puede emplear este signo por paralelismo con el del fonema africado sordo [c], como veremos más adelante.

[11] A veces, también se utiliza [ẑ].

[12] Para el concepto de consonante africada véase el capítulo siguiente.

nante nasal, o de [l]; estas dos consonantes se palatalizan, sin llegar a articularse como la nasal palatal o la lateral palatal. (Véanse los §§ 7.3.6. y 10.3.1.4.).

AFI	RFE	
/ǰó/ [d͡ʒó]	/yó/ [ŷo]	*yo*
/úN ǰéȓo/ [ṹŋ̧ d͡ʒéȓo]	/úN yéȓo/ [ṹŋ̧ ŷéȓo]	*un hierro*
/*el* ǰéso/ [eļ̣ d͡ʒéso]	/el yéso/ [eļ̣ ŷéso]	*el yeso*

b) AFI: [ʝ]; RFE: [y]: *fricativo, palatal, sonoro.* Aparece en el resto de los contornos:

AFI	RFE	
/ése ǰéȓo/ [ése ǰéȓo]	/ése yéȓo/ [ése yéȓo]	*ese hierro*
/ése ǰéso/ [ése ǰéso]	/ése yéso/ [ése yéso]	*ese yeso*

8.2.5. Fricativo linguovelar sordo

El fonema /x/ tiene en español varias realizaciones. Las más extendidas son:

a) La linguovelar sorda, [x], que se articula con el postdorso de la lengua contra el velo del paladar. Las cuerdas vocales no vibran. Esta realización es la más general en España, extendiéndose desde el centro hasta el Norte. En América, aparece en Argentina [13], en el Valle Central de Costa Rica [14]; en Ecuador, en Guayaquil y en la Sierra [15]; en Méjico, en Oaxaca, en Santo Tomás Ajusco, en Guanajuato y en la Ciudad de Méjico [16]; en Panamá, en las provincias centrales [17]. En Perú, en Arequipa y Lima [18]; en

---

[13] De acuerdo con Donni de Mirande *(1968),* Honsa *(1965)* y Vidal de Battini *(1949).*

[14] Según Chavarría-Aguilar *(1951).*

[15] Según Boyd-Bowman *(1953),* King *(1953),* y Toscano Mateus *(1953).*

[16] Según Alvar *(1969* y *1966-67),* Boyd-Bowman *(1960)* y King *(1952).*

[17] De acuerdo con Robe *(1960).*

los Estados Unidos, en Lousiana y en los hablantes mejicanos de Detroit [19].

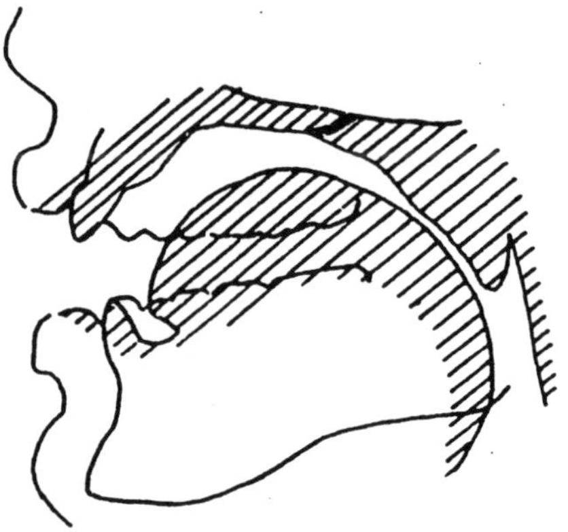

FIG. 8.4. Realización del fonema /x/ de /káxa/ *caja*

En Chile, /x/ tiene dos alófonos en distribución complementaria: el velar, [x], que se produce cuando /x/ precede a las vocales /a/, /o/, /u/, y el postpalatal, [ç], que aparece cuando /x/ precede a las vocales anteriores /e/, /i/; este alófono se articula con el postdorso de la lengua contra la región posterior del paladar [20]: [xóta] *jota,* pero [çénte] *gente,* [çiráfa] *jirafa.* A veces, se desarrolla una especie de semiconsonante palatal: [çjéfe] *jefe,* etc.

---

[18] Según Benvenuto Murrieta *(1936).*

[19] Véase McCurdy *(1950)* y Tzusaki *(1970).*

[20] Para las características fonológicas de /x/ en Chile, véase Silva-Fuenzalida *(1953).*

Normalmente, en español —y en otras lenguas— las realizaciones de los fonemas velares varían su lugar de articulación por influencia de la vocal siguiente: ante /o, u/ lo retrasan, ante /i, e/ lo adelantan, y ante /a/ ocupan una situación intermedia. (Véase Quilis *1973,* especialmente las diapositivas 33, 34, 35 y 43). El adelantamiento articulatorio de las consonantes velares —/x/, /k/, /g/— cuando acompañan a vocales palatales es en Chile tremendamente acusado, produciendo una verdadera palatalización de las mismas. Véase A. Alonso *(1940)* y, más recientemente, Oroz *1966,* 121 y 124-125.

b) La realización aspirada, [ɦ], que puede ser faríngea (cuando se articula con el postdorso o la raíz de la lengua contra la pared faríngea) o laríngea (articulación realizada por medio de un estrechamiento producido por las mismas cuerdas vocales). Esta realización aspirada es la más extendida en Hispanoamérica, en los territorios no mencionados anteriormente. En España, se da en la Ribera (Salamanca) [21], en Mérida, como laríngea [22], en Canarias, donde aparecen las dos variantes, faríngea y laríngea [23], y en Andalucía, en Huelva, Sevilla, Córdoba, Cádiz y Málaga [24].

c) A veces, aparece una realización velofaríngea, que se articula con el postdorso de la lengua y la región comprendida entre la parte final del velo del paladar y la pared faríngea.

El fonema /x/ se representa ortográficamente por medio de *g* + *e, i* o de *j* + *a, e, i, o, u.* Ejemplos: /xéNte/ [xénte] *gente,* /xiráfa/ [xiráfa] *jirafa,* /xamóN/ [xamõn] *jamón,* /xéfe/ [xéfe] *jefe,* etc.

8.2.6. Alófonos fricativos de /b/, /d/, /g/

Como vimos en el capítulo VI, los fonemas /b/, /d/, /g/ conocen dos tipos de alófonos, que se encuentran en distribución complementaria: los oclusivos, [b], [d], [g], se producen cuando van precedidos de pausa, de consonante nasal, y [d], también, después de lateral; en los demás contornos, se realizan como fricativos: AFI: [β], [ð], [ɣ]; RFE: [ƀ], [đ], [g].

Las figuras 8.5., 8.6. y 8.7. muestran las articulaciones de estos alófonos constrictivos: la primera es la bilabial; si se compara con la figura 6.2. de [b], puede comprobarse el cierre de los labios en ésta, frente a su aproximación en la realización de [β] o [ƀ]. La tercera es la velar; la figura 6.6. es la articulación de [g]: el postdor-

[21] Según Llorente, *1947.*

[22] Según Zamora, *1943.*

[23] Y, excepcionalmente, velar. Marrero Aguiar, *1988,* 258.

[24] Según Alvar, *1972a* y el *ALEA.*

so lingual y el velo del paladar forman el cierre a la salida del aire; por el contrario, en la figura 8.7., la lengua y el postdorso sólo se acercan. La figura 8.6. es la constrictiva dental: el ápice de la lengua se introduce entre los incisivos, dejando pasar el aire a través de los intersticios que quedan entre los mencionados órganos; por el contrario, en la figura 6.4., de [d] oclusivo, el ápice de la lengua y los incisivos cierran el paso del aire.

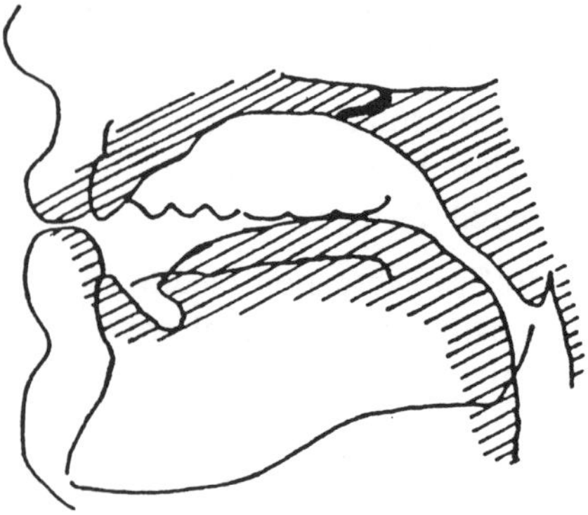

FIG. 8.5. Realización fricativa del primer fonema /b/ de /labába/ *la baba*

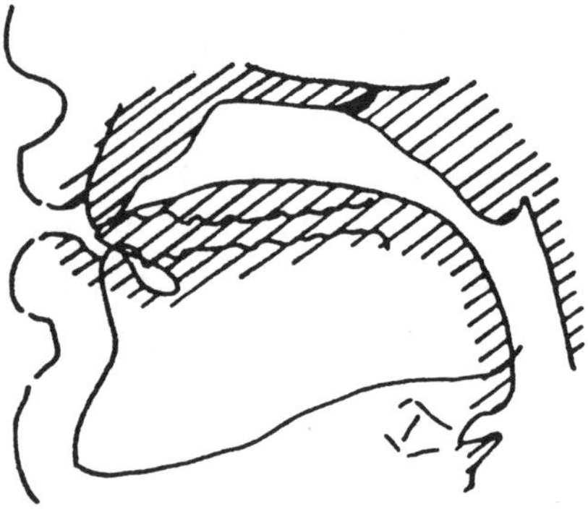

FIG. 8.6. Realización fricativa del fonema /d/ de /tódo/ *todo*

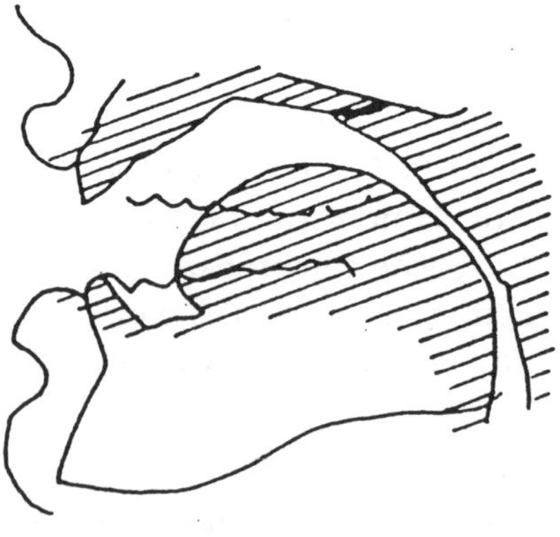

FIG. 8.7. Realización fricativa del fonema /g/ de /pága/ *paga*

8.3. OPOSICIONES

/f/ se opone a /θ/, en cuanto *labial/dental: rifar/rizar, forro/zorro.*
se opone a /s/, en cuanto *labial/alveolar: rifa/risa, fiesta/siesta.*
se opone a /x/, en cuanto *labial/velar: faca/jaca, mofa/moja.*
se opone también a /p/, /b/, /m/, como ya se ha dicho.

/θ/ se opone a /s/, en cuanto *dental/alveolar: cocer/coser, caza/casa, cegar/segar.*
se opone a /x/, en cuanto *dental/velar: cocer/coger, caza/caja.*
se opone a /n/, en cuanto *oral/nasal: raza/rana, mazo/mano.*
se opone también a /t/, /d/, /f/, como ya hemos visto.

/s/ se opone a /x/, en cuanto *alveolar/velar: casa/caja, masa/maja.*
se opone a AFI /t͡ʃ/ o RFE /ĉ/, en cuanto *fricativa/africada: oso/ocho, asa/hacha.*
se opone a AFI /ǰ/ o RFE /y/, en cuanto *alveolar/palatal: oso/hoyo, asa/haya.*
se opone a /n/, en cuanto *oral/nasal: casa/cana, ceso/ceno.*
se opone a /f/ y a /θ/, como ya hemos visto.

/ǰ/ o /y/ se opone a AFI /ɲ/ o RFE /n̬/, en cuanto *oral/nasal: ayo/año, maya/maña.*
se opone a AFI /t͡ʃ/ o RFE /ĉ/, en cuanto *fricativa/africada: mayo/macho, haya/hacha.*
se opone a AFI /ʎ/ o RFE /l̬/, en cuanto *central/lateral: poyo/pollo, rayar/rallar.*
se opone también, según hemos visto, a /b/, /d/, /g/, /s/.

/x/ se opone a /k/, /g/, /f/, /θ/, /s/, como ya hemos visto.

8.4. CARACTERIZACIÓN ACÚSTICA

Las consonantes fricativas poseen un ruido de fricción que constituye una de sus principales características. Además, como todas las consonantes, infieren en los formantes de las vocales contiguas ciertas transiciones.

El ruido de fricción no basta para la identificación de todas las fricativas. Catherine S. Harris *(1958)* encontró que la frecuencia a la que aparece el ruido de fricción es el índice principal para la distinción entre [s] (sobre los 3.500 c.p.s.) y [ʃ] [25] (sobre los 2.000 c.p.s.); que [s] y [ʃ] se distinguen de [θ] y [f] porque en éstas la fricación aparece sobre los 1.000 c.p.s.; pero [θ] se distingue de [f] sólo por las transiciones.

La investigación de Delattre, Libermann y Cooper *(1962)* puso de relieve que la identificación del lugar de articulación depende tanto de los índices acústicos que se encuentran en el ruido de fricción como de los que proporcionan las transiciones de los segundos y terceros formantes.

Las consonantes fricativas presentan en español dos grupos bien delimitados: *a)* el de aquellas consonantes que poseen predominio de resonancia en las zonas de bajas frecuencias, y *b)* el de las fricativas cuyas resonancias se encuentran en las zonas de altas frecuencias u ocupan todo su espectro.

8.4.1. FRICATIVAS DE RESONANCIAS BAJAS

Encuadramos en este grupo: AFI: [β], [ð], [γ], [ʝ], o RFE: [ƀ], [đ], [g], [y]. Se caracterizan porque las zonas de resonancia se encuentran situadas, principalmente, en la mitad inferior de su espectro.

8.4.1.1. AFI: [β], [ð], [γ] o RFE: [ƀ], [đ], [g].

Lo primero que distingue claramente los alófonos fricativos de

[25] AFI: [ʃ]; RFE: [š], es la fricativa, prepalatal, sorda.

los oclusivos [b], [d], [g] es la presencia, en el espectro de los primeros, de zonas de frecuencia más o menos amplias y más o menos intensas, que se aproximan en su configuración a los formantes vocálicos. En las figuras 8.8., 8.9. y 8.10. están representados los espectrogramas de las realizaciones fricativas y oclusivas de /b, d, g/.

La aparición de estas zonas de resonancia depende del grado de constricción de los órganos articulatorios: si en las explosivas (oclusivas, articulatoriamente) el cierre a la salida del aire se traduce en un vacío absoluto en su espectro, interrumpido únicamente en las sonoras por la barra de sonoridad, en las fricativas, la abertura de los mismos permite una resonancia mayor y también una mayor facilidad en la comunicación de esta resonancia al exterior; por ello, cuanto menor sea la constricción, más formantes de resonancia tendrá el espectro de las fricativas (por ser mayor la abertura de los órganos articulatorios).

Este mayor o menor número de formantes nos interesa, sobre todo, en el tipo de fricativas como [β], o [ƀ]; [ð], o [đ]; [γ], o

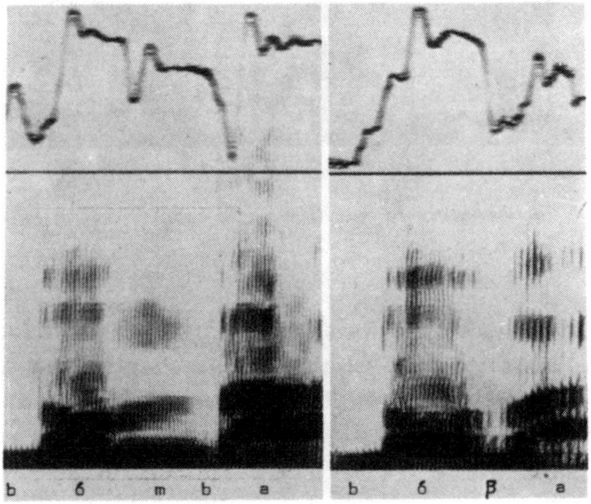

FIG. 8.8. Realizaciones de /b/: oclusiva en *bomba;* fricativa en *boba*

[ɡ], las que —tal vez por su condición de alófonos, tal vez por ser el devenir, a causa de un proceso de lenición, de antiguas oclusivas— muestran grados muy diversos de fricción: desde una constricción próxima a la oclusión, hasta una abertura próxima a la vocalización; compárese, por ejemplo, en la fig. 8.8., la fricación de [β] o [ƀ] en *boba,* y la de [ð] o [đ] en *veda,* figura 8.9.; esta última presenta una constricción menor, o, lo que es lo mis-

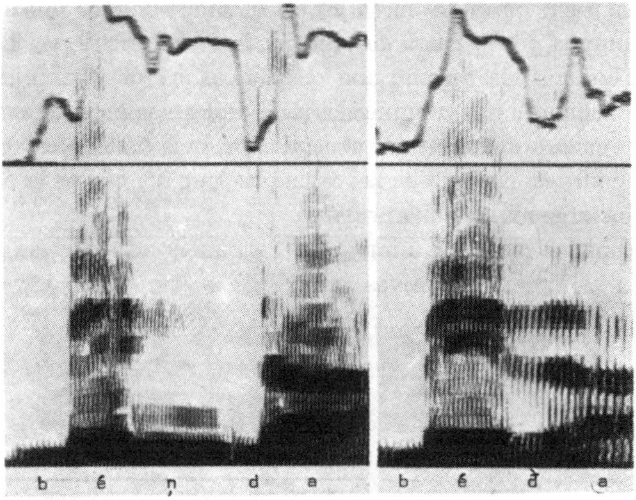

FIG. 8.9. Realizaciones de /d/: oclusiva en *venda;* fricativa en *veda*

mo, una abertura articulatoria mayor, que se manifiesta en el sonograma en la aparición de zonas de resonancia bien definidas entre los segundos y terceros formantes de las vocales contiguas. Lo mismo ocurre en la realización fricativa de /g/ de la figura 8.10.

El movimiento de los formantes es aproximadamente el mismo que poseen las explosivas, con algunas pequeñas diferencias.

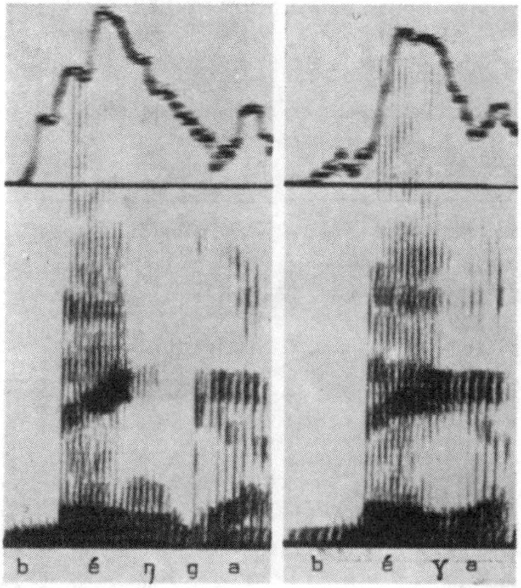

FIG. 8.10. Realizaciones de /g/: oclusiva en *venga;* fricativa en *vega*

8.4.1.2. AFI: [ǰ] o RFE [y].

En la figura 8.11. representamos los sonogramas de [ǰ], o [y], en posición intervocálica en las palabras *saya* y *cayado*. Articulatoriamente, estas constrictivas han sido emitidas con un grado de estrechamiento que no ha llegado en ningún caso al rehilamiento. Podemos observar en ellas: *a)* su F_1 está mucho más bajo que el de las vocales contiguas; *b)* su F_2 es más débil que el de las vocales; *c)* la lentitud de las transiciones hacia las vocales contiguas; *d)* la fuerte transición positiva del F_2.

En el capítulo de las laterales trataremos la realización rehilada, sonora y ensordecida, procedente de la desfonologización que en algunas zonas del español se produce entre la lateral /λ/ (o /l̬/) y la central /ǰ/ (o /y/).

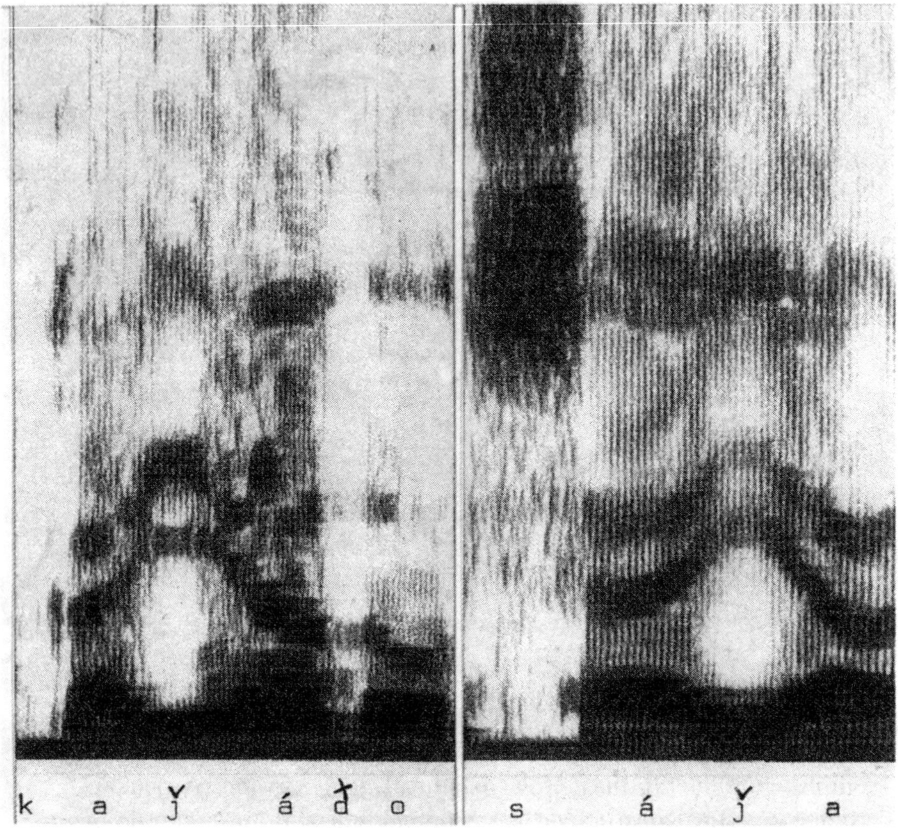

FIG. 8.11. Sonograma de [kaǰáðo], o [kayáđo], *cayado* y de [sáǰa], o [sáya], *saya*

8.4.2. FRICATIVAS DE RESONANCIAS ALTAS

El resto de las consonantes fricativas son de resonancias altas. En este caso se encuentra [f], [θ], [s], [x]. De las cuatro, la que presenta mayor intensidad es [s]; le sigue [x] y, por último, con una intensidad muy débil [f] y [θ].

8.4.2.1. [f]

En la figura 8.12. se presenta el sonograma de la labiodental sorda, [f], en posición intervocálica. Puede notarse su debilidad, comparando su grado de ennegrecimiento con el de las vocales que la rodean.

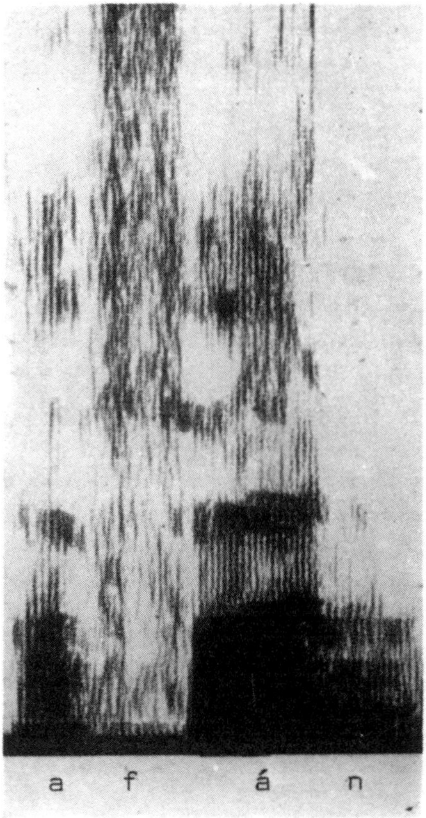

FIG. 8.12. Sonograma de [afán] *afán*

8.4.2.2. [θ]

La figura 8.13. muestra el sonograma de la interdental sorda, [θ], en posición intervocálica en *azada*. Su intensidad es tan débil como la de [f]. Si se comparan las transiciones de los segundos formantes de [á], se puede ver que en [afán] *afán,* el F_2 tiene una transición negativa, propia de las labiales, mientras que en la sílaba [θa] de [aθáða] *azada,* es positiva.

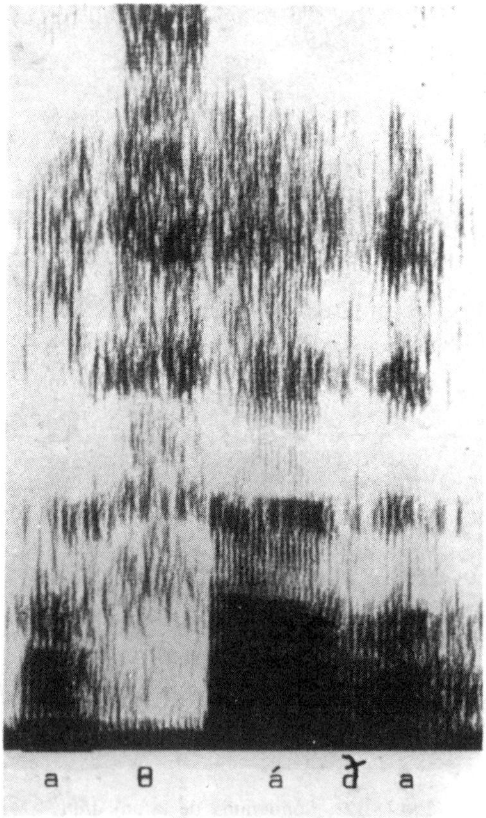

FIG. 8.13. Sonograma de [aθáða] *azada*

El carácter mate de [f] y de [θ] se refleja en las concentraciones horizontales e inarmónicas de energía que aparecen en su configuración acústica.

8.4.2.3. [s]

En español, como ya dijimos, /s/ es uno de los fonemas que presenta más realizaciones.

En los sonogramas que acompañamos, reproducimos tres tipos de [s]: la apicoalveolar en *asar,* la predorsoalveolar de [plása] *plaza* y la predorsodentoalveolar de [pása], en la secuencia *pasas de.* Se puede observar que:

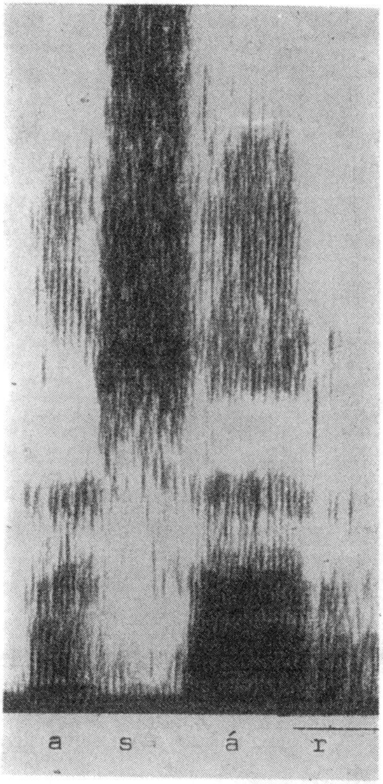

FIG. 8.14. Sonograma de /s/ apicoalveolar en *asar*

1. Cuanto más posterior es la articulación, tanto más estridente es la consonante. Las articulaciones alveolares presentan una grado de intensidad mayor, así como mayor desorden en la distribución de sus frecuencias. Este mayor desorden, la estridencia, en una palabra, se debe a la presencia de una barrera, de un obstáculo suplementario a la salida del aire, que son los dientes. A medida que el lugar de articulación va avanzando y se sitúa en la proximidad

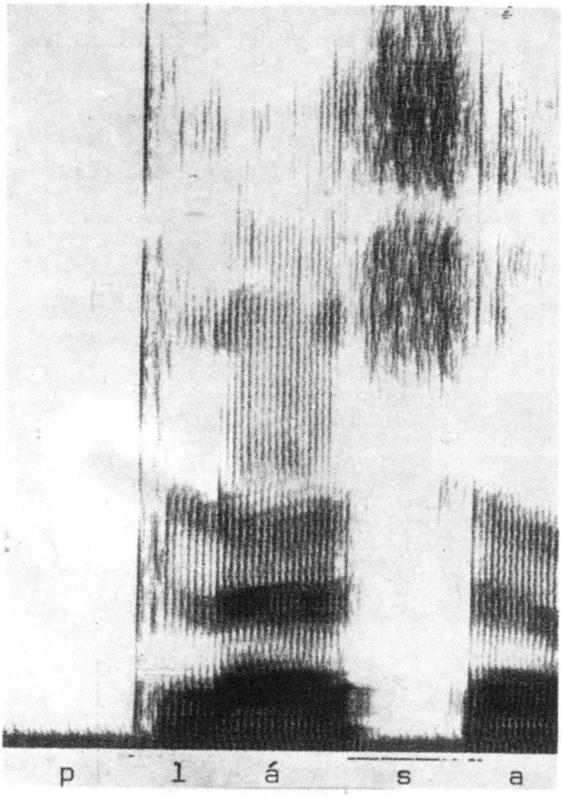

FIG. 8.15. Sonograma de /s/ predorsoalveolar en *plaza*

dental, la estridencia va disminuyendo, dejando paso a la cualidad de mate, que se hace patente en el espectro de la [s] predorsodentoalveolar de la figura 8.16. La característica mate lleva consigo una concentración o distribución más regular de las regiones de frecuencias, distribución que origina espectros semejantes a los de [θ].

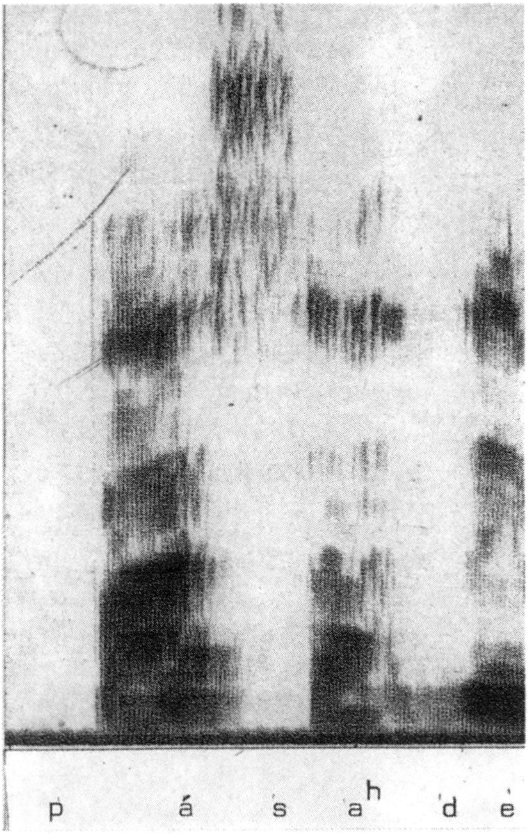

FIG. 8.16. Sonograma de /s/ predorsodentoalveolar en [pásah] *pasas*

2. Cuanto más anterior es la articulación, más alto es el comienzo de las frecuencias porque el resonador anterior disminuye de volumen. Compárense las frecuencias del comienzo de las resonancias de fricación de cada una de las realizaciones de /s/.

8.4.2.4. [x], [ç]

De acuerdo con el trabajo de V. Marrero *(1990),* las realizaciones de la aspiración tienen las siguientes características acústicas:

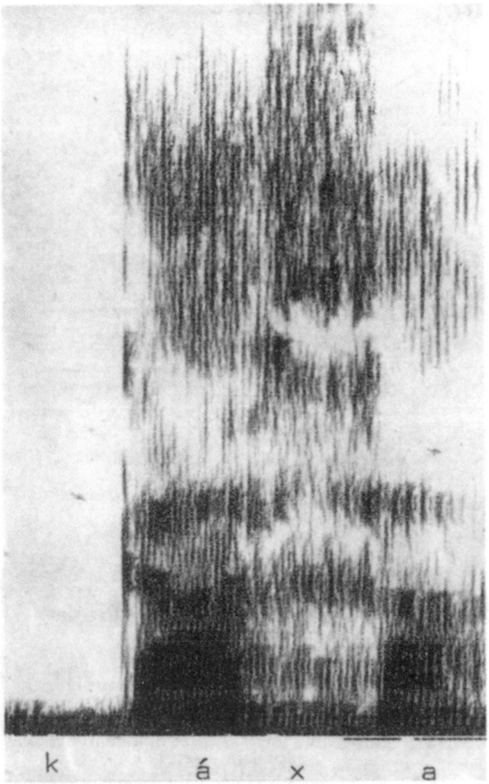

FIG. 8.17. Sonograma de [káxa] *caja*

la velar, [x], aparece con concentraciones inarmónicas de energía a frecuencias variables; es la que más firme se mantiene como sorda. La faríngea, [h], se muestra casi como un sonido turbulento, aunque el comienzo de la fricación va parejo al F_2 de su vocal silábica. La laríngea, [ħ], presenta una estructura con concentraciones de energía pseudoformánticas, que se distribuyen a frecuencias similares a los formantes de su vocal silábica; es la que más tiende a la sonoridad, dado que la constricción se realiza en la misma glotis.

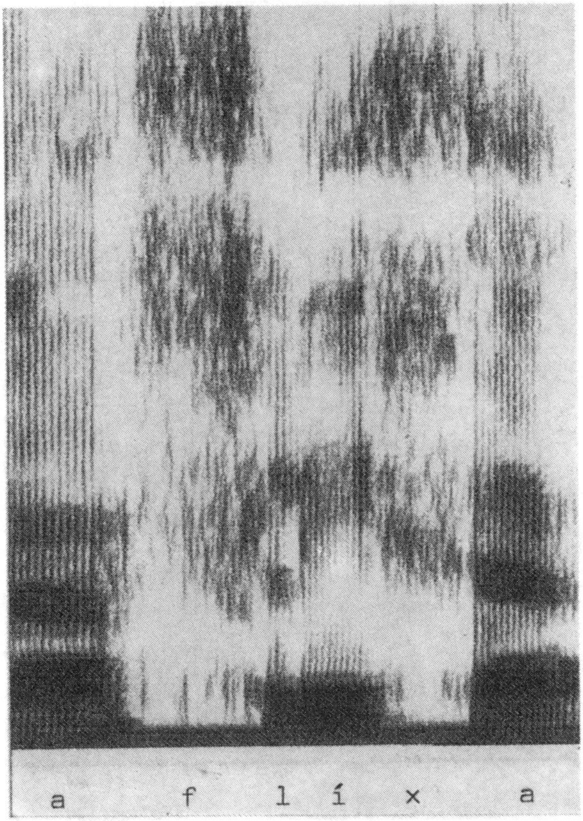

FIG. 8.18. Sonograma de [aflíxa] *aflija*

Las figuras 8.17. y 8.18. representan los sonogramas de [x] en posición intervocálica, emitido por un madrileño *(caja)* y por un colombiano *(aflija)*, respectivamente. Ambas realizaciones de [x] presentan concentraciones horizontales de energía propias de una consonante mate. La [x] del madrileño, en [káxa], está también marcada por unas estriaciones verticales, que corresponden a unas pequeñas vibraciones que se han producido entre el postdorso de la lengua y el velo del paladar en el momento de la constricción.

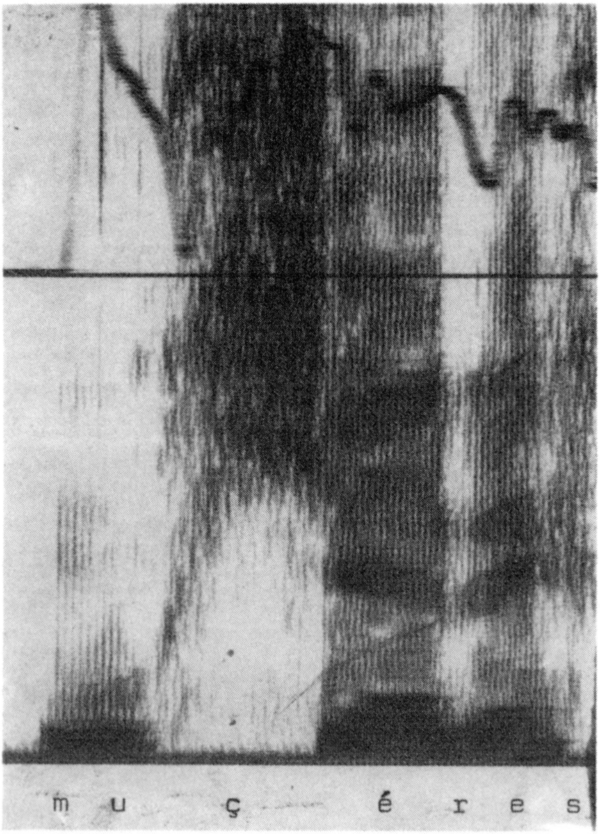

FIG. 8.19. Sonograma de [muçéres] *mujeres*. Hablante chileno

Como ya dijimos, el fonema /x/ tiene en el español hablado en Chile dos alófonos en distribución complementaria: [x] y [ç]; este último, que aparece ante /i/, /e/, se distingue del anterior por su grado de palatalización, como muestra el espectro de la figura 8.19. Acústicamente, según Quilis *(1975)*, [ç] es *aguda:* su fricación comienza en la parte central superior de su espectro, frente a [x], cuyo comienzo de fricación se localiza en la región de bajas frecuencias. Es *mate,* aunque este índice acústico esté menos marcado que en [x], porque el grado de presión acústica de [ç], y también el de sonía, es mayor. Es *densa.*

Las figuras 8.20. y 8.21. representan los espectogramas de dos frases que contienen las realizaciones de los cinco fonemas fricativos: *las azafatas* y *la maya maja.* Estas frases han sido pronunciadas a un ritmo normal de elocución. Sobre estos espectrogramas se pueden ver perfectamente las diferencias de intensidad y de cantidad de cada una de las consonantes, así como los movimientos que cada una infiere sobre los formantes vocálicos; para ver comparativamente mejor este movimiento es por lo que hemos buscado que los contornos sean fonéticamente normales.

8.5. CLASIFICACIÓN ACÚSTICA

Las consonantes fricativas se clasifican acústicamente del siguiente modo:

1. Son *compactas:* [ʝ] o [y]; [x]; [ɣ] o [g̞]; [ç]; [h]; son *difusas:* [f]; [θ]; [s]; [ð] o [đ]; [β] o [ƀ].

2. Son *graves:* [f]; [β] o [ƀ]; [x]; [h]; son *agudas:* [θ]; [s]; [ð] o [đ]; [ʝ] o [y]; [ç].

3. Son *estridentes:* [s]; son *mates;* [f], [θ], [x]. En el espectrograma de las figuras puede verse claramente cómo mientras que en [f, θ, x], por ejemplo, hay regiones de formantes horizontales

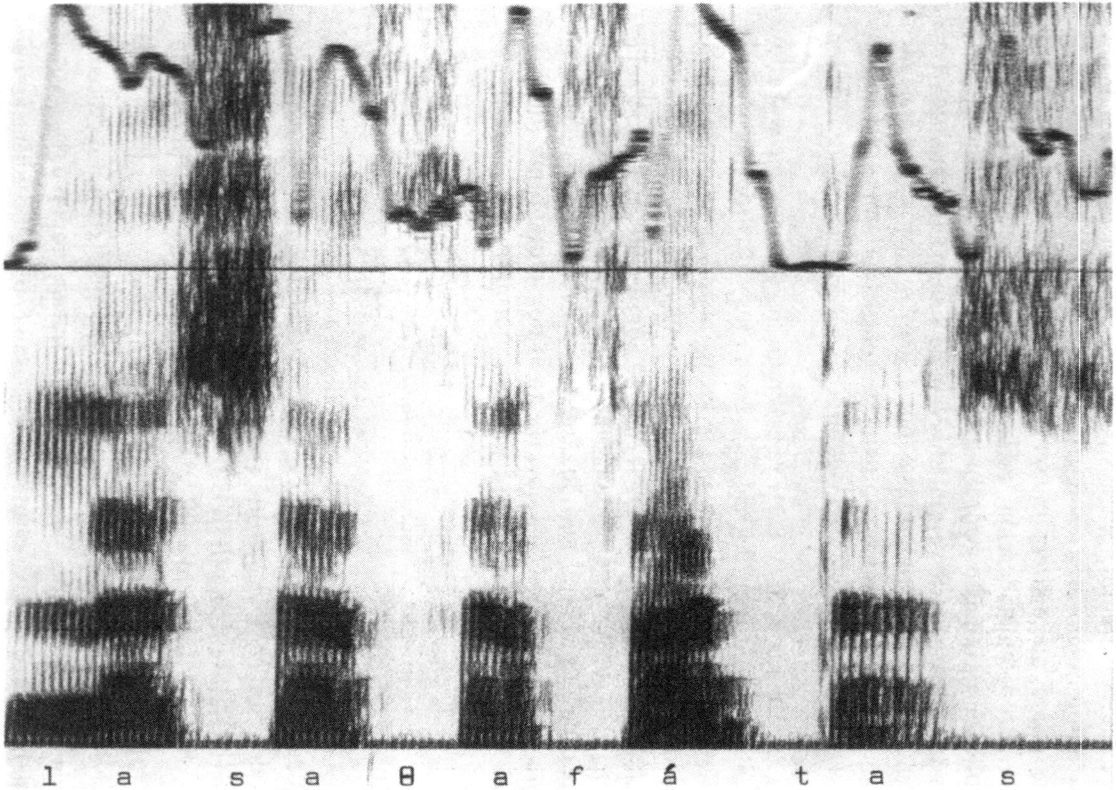

FIG. 8.20. Sonograma de la realización de los fonemas fricativos /f/, /θ/, /s/ en [las aθafátas] *las azafatas*

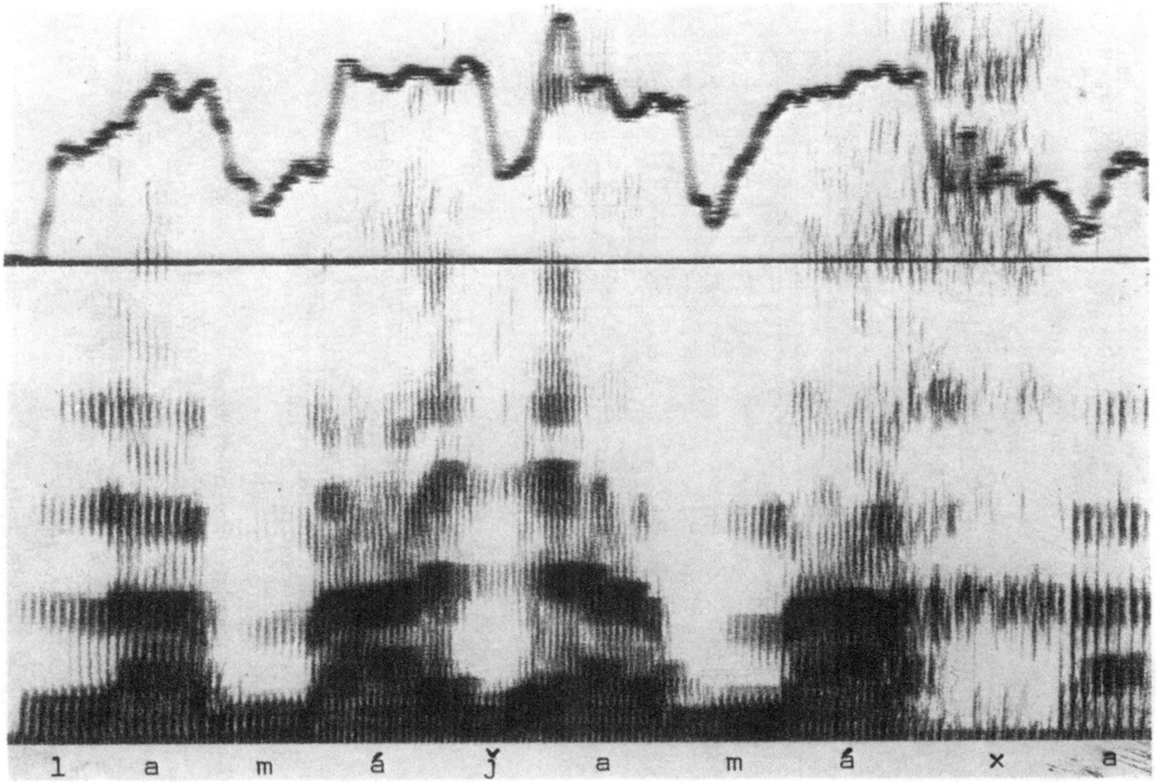

FIG. 8.21. Sonograma de la realización de los fonemas fricativos /ǰ/, o /y/, y /x/ en [la maǰa máxa] *la maya maja*

bastante claros, en [s], aparece su espectro con una inarmonicidad tremenda. Por otro lado, las consonantes estridentes tienen una intensidad mayor que las consonantes mates.

4. Todas son *orales* y *continuas.*

5. Son *sonoras:* [β] o [ƀ]; [ð] o [đ]; [γ] o [ǥ]; [ǰ] o [y]; son *sordas:* [f]; [θ]; [s]; [x]; [ç]; [h].

Los rasgos de los fonemas fricativos aparecen en el siguiente cuadro:

Rasgos	*f*	θ	*s*	*ǰ*	*x*
Vocálico - no vocálico	—	—	—	—	—
Consonántico - no consonántico	+	+	+	+	+
Denso - difuso	—	—	—	+	+
Grave - agudo	+	—	—	—	+
Sonoro-sordo	—	—	—	+	—
Continuo - interrupto	+	+	+	±	+
Estridente - mate	—	—	+	—	—

8.6. DEFINICIÓN Y DISTRIBUCIÓN DE LOS FONEMAS FRICATIVOS

1. /f/: Articulatoriamente: *fricativo, labiodental, sordo.*
Acústicamente: *no vocálico, consonántico, difuso, grave, oral, continuo, sordo, mate.*
Ortográficamente, se representa por *f.*

Tiene un sólo alófono: [f].

2. /θ/: Articulatoriamente: *fricativo, interdental, sordo.*
Acústicamente: *no vocálico, consonántico, difuso, agudo, oral, continuo, sordo, mate.*
Ortográficamente, se representa por *c+e, i* o por *z+a, o, u.*

Tiene un alófono: [θ].

Como toda consonante sorda, se puede sonorizar: [áθ̬lo] *hazlo.*

3. /s/: Articulatoriamente: *fricativo, alveolar, sordo.*
Acústicamente: *no vocálico, consonántico, difuso, agudo, oral, continuo, sordo, estridente.*
Ortográficamente, se representa por *s.*

Tiene un álofono: [s].

Como toda consonante sorda, se puede sonorizar: [ísla].

4. AFI: /ǰ/; RFE: /y/:
Articulatoriamente: *fricativo, palatal, sonoro.*
Acústicamente: *no vocálico, consonántico, denso, agudo, oral, sonoro.*
Ortográficamente, se representa por *y* o por *hi* más vocal.

Tiene dos alófonos en distribución complementaria:

a) AFI [d͡ʒ]; RFE [ŷ]: *africado, palatal, sonoro.* Se produce como tal, cuando se encuentra después de pausa, de consonante nasal, o de [l]:

b) AFI: [ǰ]; RFE: [y]: *fricativo, palatal, sonoro.* Aparece en el resto de los contornos:

5. /x/: Articulatoriamente: *fricativo, velar, sordo.*
Acústicamente: *no vocálico, consonántico, denso, grave, oral, continuo, sordo, mate.*
Ortográficamente, se representa por *j+a, e, i, o, u* o por *g+e, i.*

Tiene un alófono: [x].

8.7. FENÓMENOS DIALECTALES RELACIONADOS CON LAS FRICATIVAS

8.7.1. ASPIRACIÓN DE /-S/

Mencionamos anteriormente el caso de la aspiración de /-s/ postnuclear o implosiva, que llega hasta su pérdida: /-s/ > [-h] > [*cero*].

Este proceso está atestiguado en otras lenguas, además de la española:

a) J. Chlumský *(1956)* señaló que el antiguo eslavo perdió el fonema /-s/ del indoeuropeo.

b) G. Straka *(1964)* manifestó que en francés ocurrió algo similar: desde el siglo XI hay testimonios del inicio de este cambio. El debilitamiento de [-s] y su desaparición fueron analizados por Rousselot en los valles de los Alpes y en el S.O.; en el dominio provenzal, por Ronjat, y últimamente, J. A. Allières consagró un trabajo al estudio de hechos semejantes en una región en la que el polimorfismo de la *s* implosiva es notable: es la región que va a lo largo del Garona, desde la frontera española hasta el Lot-et-Garonne.

En español, el fenómeno de la aspiración coexiste muchas veces con el de la pérdida en los mismos hablantes o en las mismas localidades. Se produce aspiración en Andalucía, Extremadura, Canarias, Murcia, Toledo, en la Mancha, en ciertas partes de las provincias de Madrid (en la capital está muy extendida hasta en las clases cultas), Cuenca, Ávila, Salamanca, Rioja Baja [26].

En Hispanoamérica, la aspiración se produce en el Sur de Méjico, Centroamérica (incluido Panamá, según Quilis y Graell, *1992,* 591-594), extremos de la isla de Cuba, interior de Venezuela y Colombia, Uruguay, Paraguay, Argentina, Chile, zonas del Ecuador, zona costeña del Perú y oriente de Bolivia. Se pierde en el centro de la isla de Cuba, en Puerto Rico, Santo Domingo, Panamá y regiones costeras de Venezuela y Colombia (Canfield, *1962,* mapa 4).

Parece evidente, que el fenómeno español hay que ponerlo en relación con el románico, como han puesto de manifiesto M. Alvar *(1955),* D. Alonso *(1962),* Llorente Maldonado de Guevara *(1958-1959)* y G. Straka *(1964).*

---

[26] Para este punto, véanse los trabajos de M. Alvar *(1955),* Dámaso Alonso *(1962),* A. Llorente Maldonado de Guevara *(1958-1959),* J. Mondéjar *(1970).*

La causa de este proceso es una disminución de la energía articulatoria que puede afectar tanto a una [s] ápicoalveolar como predorsoalveolar. En los dominios caracterizados por una articulación apical, una primera consecuencia del debilitamiento de /s/ es la realización predorsoalveolar, anunciadora, la mayoría de las veces, de estos cambios ulteriores.

En la figura 8.22. hemos representado los esquemas articulatorios de los dos tipos de /s/: a la derecha, el apical; a la izquierda,

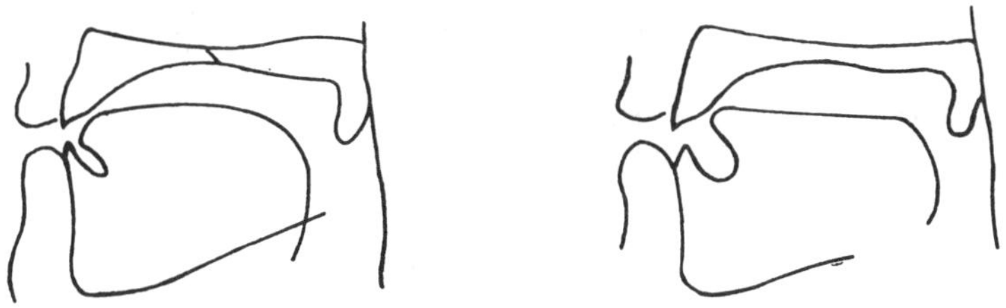

FIG. 8.22. Esquemas articulatorios de una [s] apical, derecha, y otra predorsoalveolar, izquierda

el predorsal; obsérvese cómo en este último la lengua adopta una forma convexa, estando situado el ápice detrás de los incisivos; por el contrario, en la ápicoalveolar la lengua suele mantener el predorso recto o cóncavo y el ápice es el que realiza la constricción contra los alvéolos.

Como dice Chlumský *(1956),* toda evolución posterior de una *s* predorsal (primaria o como resultado de una apical) es la consecuencia de un debilitamiento progresivo de la actividad de la lengua, sobre todo de su parte anterior; este debilitamiento se traduce en un descenso de la posición de la lengua y en el retroceso del cuerpo de la lengua. Este proceso de lenición es una manifestación de la pérdida de tensión que caracteriza a toda articulación postnuclear. En la figura 8.23. pueden observarse dos palatogramas de sendas realizaciones de /s/, según Straka *(1964):* el palatograma de la izquierda muestra la huella que deja sobre los bordes del paladar la articulación de una [s] prenuclear; el palatograma de la derecha es la huella de una [s] en posición implosiva (las dos en sílaba tónica); como puede verse fácilmente, el contacto de la lengua sobre el paladar es mucho más amplio en la prenu-

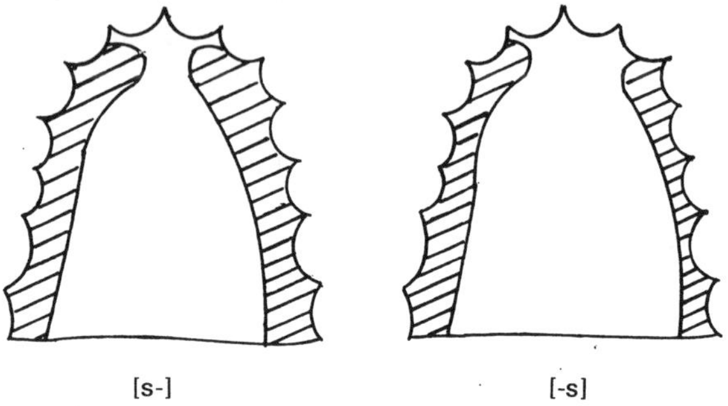

FIG. 8.23. Palatogramas de [s]: izquierda: [s] prenuclear; derecha: [s] implosiva

clear; el menor contacto en la postnuclear se debe a la pérdida de energía articulatoria.

Si una lenición suplementaria se añade a la debilidad articulatoria propia de todo fonema en posición implosiva, puede producirse un debilitamiento mayor en la parte anterior de la lengua, desapareciendo, como consecuencia, todo contacto en esa zona; sólo queda un débil punto de apoyo de la lengua contra los molares posteriores, produciéndose una amplia constricción. La figura 8.24 muestra: I: articulación de [-h] (< /-s/) en [máhmápah] *más mapas;* II: articulación de [-s-] en [mása] *masa;* III: articulación de [-h-] en [báha] *baja,* según Chlumský *(1956).*

Un debilitamiento aún mayor hace descender la lengua perdiéndose todo contacto entre ésta y los rebordes del paladar: en este caso, sólo queda el soplo del aire laríngeo que produce la impresión de una [h] alemana o inglesa. Si (I) de la figura 8.24. muestra la realización [-h] (< /-s/), en la que aún se ven en la parte posterior del paladar dos pequeños contactos de la lengua contra el paladar, en III de la misma figura, [-h-], apenas si queda una pequeña huella en la zona posterior izquierda. A esta articulación llegaría la última fase que acabamos de ver, e incluso, como ocurre en muchas zonas, a una aspiración faríngea o laríngea.

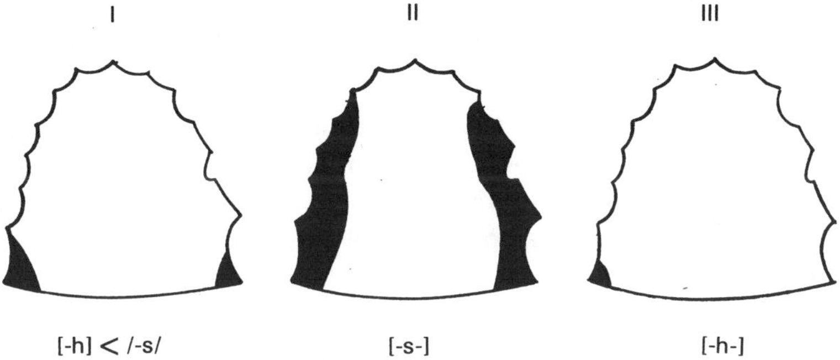

FIG. 8.24. Palatogramas de [s] y de [h]

Dos consecuencias se derivan inmediatamente de esta aspiración:

1. *Consecuencias del debilitamiento de* [*s*] *sobre la duración de la vocal precedente.*

El debilitamiento de [-s] en [-h] y su pérdida posterior ha influido sobre la duración de la vocal precedente. La explicación que se ha dado de un «fenómeno compensatorio», no parece convincente. No es presumible que el alargamiento se haya producido inevitablemente después de la desaparición total de [h], y que sea una consecuencia de ello. Navarro Tomás *(1939)* señaló que en murciano la aspiración final existía siempre, pero, a veces, «como un soplo sonoro que parece ser una simple prolongación de la vocal precedente». Del mismo modo, Wulff había comprobado que la *h* en la pronunciación de los andaluces podía dar la impresión de que la vocal era alargada.

Las causas que pueden producir este alargamiento son las siguientes:

a) El aire laríngeo que se emite para [h], sobre todo si llega a ser sonoro por el efecto de la vocal precedente, se confunde fácilmente con ésta, y el alargamiento no es un alargamiento compensatorio en el sentido propio de la palabra: las resonancias de la aspiración de [h] se manifiestan en zonas de concentración de energía de la misma frecuencia, aproximadamente, que la de los formantes de la vocal precedente.

b) Por otra parte, el alargamiento de la vocal puede producirse también en un estadio anterior a la evolución de la consonante siguiente, desde que ésta alcanza un grado suficiente de debilitamiento; se sabe que cuanto más débil es la consonante que sigue, tanto más se reafirma la vocal precedente, alargándose.

2. *Consecuencias del debilitamiento de* [*s*] *sobre el timbre de las vocales precedentes.*

La articulación de una aspirada lleva consigo, como hemos visto, dos movimientos de la lengua: uno, de retroceso; otro, sólo cuando aún se conserva algún contacto con la bóveda del paladar, de una pequeña elevación, de la parte posterior y un descenso de la anterior. De este modo, las articulaciones del tipo /e/, /a/ se ven afectadas por esta posición lingual para la aspiración, abriendo y retrasando el lugar de articulación de estas vocales. Para la articulación de /o/, el mismo retroceso de la lengua con el descenso de la parte media anterior para la emisión de [h], hace que la vocal /o/, se abra, pudiendo modificar de este modo su timbre.

En general el cambio /-s/ > [-h] > [*cero*] se atribuye a la influencia andaluza, que desde el Sur, en España, se va extendiendo como una mancha de aceite por la Península. En América se atribuye a la misma influencia: la mayoría de los pobladores primitivos que fueron de España procedían de Andalucía o Extremadura, zonas donde, en germen, ya se producía la aspiración.

Algunas tesis argumentaron también la teoría de que en las zonas americanas donde el resultado de esta /s/ era *cero,* el proceso se debía a la influencia negroide. Hoy no se pueden sostener estas opiniones, porque al mismo resultado se llega, a través de una evolución normal, tanto en España como en América (y en otras lenguas románicas).

8.7.2. Aspiración procedente de /f-/ latina

La *f-* latina empezó a perderse en Castilla desde el siglo IX. La comarca del Ebro castellano y la montaña cántabra fue la zona donde se inició esta pérdida. El primer paso de la evolución fue la aparición de una consonante aspirada de articulación posterior, [h]. El segundo paso fue la desaparición de esta aspirada: durante los siglos XV y XVI, la [h-] dejó de pronunciarse en Castilla la Vieja. La evolución fue la siguiente: lat. f u m u > esp. ant. /húmo/ *humo* > esp. mod. /úmo/ *humo.*

En España, la aspiración se conserva en la montaña santanderina, en el ángulo Nordeste de León y parte oriental de Asturias, ángulo noroeste de Salamanca (comarca de la Ribera del Duero); Sur de Salamanca, lindando con Extremadura. En zonas de la Provincia de Ávila. Toda la Provincia de Badajoz y casi toda la de Cáceres, y en la de Toledo, en su límite con aquélla [27]. En Andalucía, según Alvar *(1972a)*, la aspiración se produce en las provincias de Huelva, Sevilla, Córdoba, Cádiz, Málaga y Granada. En Málaga, por ejemplo, según el mismo autor, la aspiración es un marcador de estratificación social: los malagueños cultos no aspiran, mientras que los de escasa instrucción sí lo hacen: los primeros dirán [óǰa], u [óya], *hoya,* [íɣo], o [ígo], *higo,* mientras que para los segundos es [hóǰa], o [hoya], *hoya, [híɣo*], o [hígo], *higo.*

En estas zonas, [h] también es el resultado de la [x] del español actual, como ya vimos [28].

---

[27] Zamora, *1967,* 55-73.

[28] La *f-* latina se conserva en Asturias (salvo el extremo oriental), en la mitad occidental de León y Zamora. En el extremo norte de la provincia de Zaragoza y la mitad norte de Huesca. Además, en gallego, portugués y catalán.

En América, se produce esporádicamente esta aspiración en Perú, en la altiplanicie de Méjico, en Argentina (San Luis). En toda Colombia, según Luis Flórez *(1964,* 7) en el habla popular, aunque, lamentablemente, los dos ejemplos facilitados en el *ALEC* no sean los más adecuados para comprobarlo [29]; en Chile, Ecuador, Venezuela, Paraguay, etc. También, esporádicamente, en Centroamérica; en la República Dominicana, muy poco, según Jiménez Sabater *(1975);* se mantiene con bastante vitalidad en Puerto Rico, según Navarro *(1948b)* y Álvarez Nazario *(1991,* 675), etc.

Ejemplos obtenidos en El Salvador, Nicaragua y Guatemala en nuestras encuestas para el *ALH:* [hát͡ʃa], o [háĉa], *hacha,* [heðjóņdo] *hediondo,* [hóņda] *honda,* [hóņdo] *hondo,* [heņdér] *hender,* [húmo] *humo,* [hórno] *horno,* [haraɣán], o [haragán], *haragán,* [heríða] *herida,* [hóǰo], o [hóyo], *hoyo,* [hoǰín], o [hoyín] *hollín,* [hjél] *hiel.* En otros territorios, [hwír] alterna con [fwír] *huir* y [hjér̄o] con [fjér̄o] *hierro.*

En el resto de los territorios de habla española, la *f-* latina se perdió, manteniéndose sólo ante /r/, /l/, /ie/ y, a veces, ante /ue/: *frío, flor, fiesta, fuerte.*

8.7.3. Velarización de /f-/ moderna

Según Menéndez Pidal *(1958,* 122), la [f-] de la Edad Media «se conservó en la lengua literaria sólo ante el diptongo *ue,* y a veces ante *ie,* o en otras circunstancias mal definidas»: f o l l e > *fuelle,* *f o r t e* > *fuerte,* *f o c u* > *fuego,* etc. Esta *f* moderna del español se ha velarizado en muchas zonas, realizándose como [h] o como [x]. Es una evolución semejante a la que hemos visto en el epígrafe anterior, pero sin tener nada que ver cronológicamente con ella: el caso de la actual velarización del /f/ moderno consiste en pronunciar con [h] toda [f] del español actual, principalmente ante vocales posteriores: [hwérte] *fuerte,* [hweráno] *fuerano;* [hwé-

[29] Son *fumar* y *fácil.*

γo], o [hwégo] *fuego,* [perhumár] *perfumar, jogón* «fogón», *jue* «fue», *dijunto* «difunto», etc.

El fenómeno está muy extendido [30] por todo el mundo de habla española: en Nuevo Méjico, alcanza, a veces hasta *e, i: julano, rejunjuñar* y *Jelipe* «Felipe», *ajirmar,* etc. También en los estados del Sur de Méjico. En Venezuela, es corriente el cambio [fw] > [xw]. Este cambio es normal en toda Colombia y en el habla vulgar es corriente la transformación de cualquier /f/ en /x/: *jamosa* «famosa», *cajé* «café», *dijicultar* «dificultar», *jorastero* «forastero», *jusil* «fusil», *jlores* «flores», *ojrenda* «ofrenda», *jresca* «fresca», etc. Ante vocales posteriores, se produce el cambio en Ecuador, Perú, Chile, Argentina, etc.

8.7.4. Seseo y ceceo

Hemos mencionado más arriba que el español conoce los fonemas /s/ y /θ/; pero hay amplias zonas hispánicas donde sólo existe /s/. Este resultado procede, como es lógico, de un proceso histórico algo complejo y muy revolucionario.

El español medieval poseía tres parejas de sibilantes que se oponían por el rasgo de sonoridad: /s/ frente a /z/: /óso/ *osso* 'oso', el animal y /ózo/ *oso* de «osar»; /ts/ o /ŝ/ frente a /dz/ o /ẑ/: /fátses/ o /fáŝes/ *faces* (< lat. f a s c e s) frente a /fádzes/ o /fáẑes/ *fazes* (< lat. f a c i s); y, por último /ʃ/ o /š/ frente a /ʒ/ o /ž/: /fíʃo/ o /fíšo/ (< lat. f i x u m) *fijo,* frente a /fíʒo/ o /fížo/ (< lat. f i l i u m) *hijo.*

En el proceso del seseo y del ceceo están implicadas las cuatro primeras: /z/ - /s/, /ts/ - /dz/. La evolución es como sigue:

Las africadas dentoalveolares /ts/ - /dz/ pierden su momento de oclusión y se convierten en las predorsodentales convexas /ṣ/ y /ẓ/, sorda y sonora, respectivamente. (Existen testimonios de que en Sevilla, durante el siglo xv, ya se había realizado este cambio

[30] Véase el artículo de Gay Doman *(1969).*

y se utilizaban las predorsales citadas). /ş/ - /z̧/ coexisten entonces con /s/ y /z/ que eran ápicoalveolares. La distinción entre las primeras predorsodentales y las ápicoalveolares tenía un escaso margen de seguridad. Por ello, las predorsodentales avanzan su lugar de articulación en castellano hasta convertirse en /θ/, siendo éste el homorgánico fricativo de la oclusiva /t/ y de su correlato sonoro /d/. En castellano, el esquema de la transformación es el siguiente:

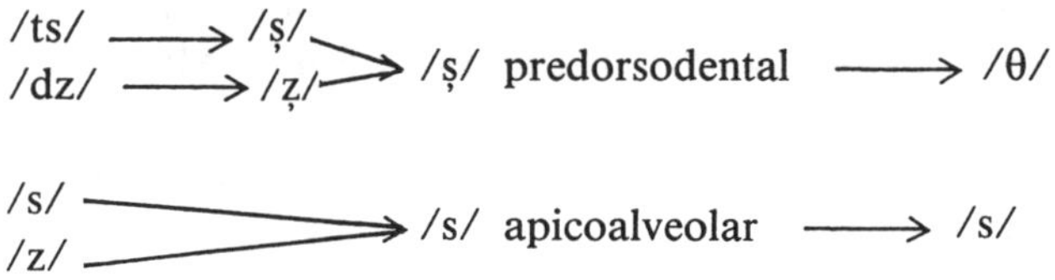

En Andalucía, el fenómeno se realizó del siguiente modo: el primer paso fue común con el anterior: /ts/ > /ş/ y /dz/ > /z̧/; antes de que el ensordecimiento se propagase desde el castellano, a fines del siglo XVI, la predorsal /ş/ se confundió con la apical /s/ y del mismo modo, /z̧/ con /z/, dando como resultado /ş/ y /z̧/, respectivamente. Sólo cuando el ensordecimiento alcanza al sur, aparece como solución única /ş/:

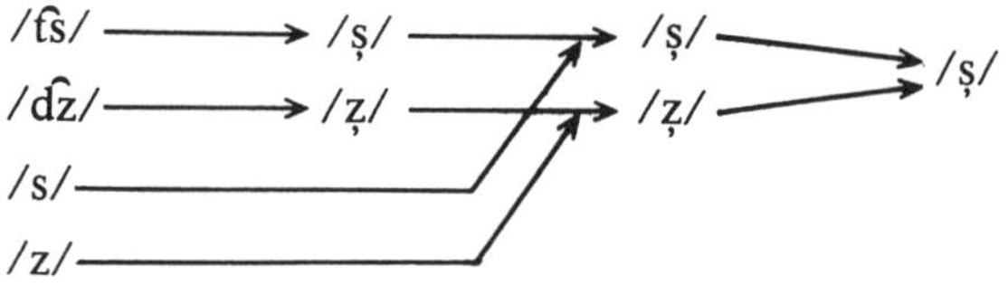

Esta realización predorsal /ş/ se realiza con el ápice de la lengua apoyado contra los incisivos inferiores y dos estrechamientos del predorso lingual: uno contra los alvéolos y otro contra los incisivos superiores. Si predomina la constricción alveolar, el sonido resultantes es «estridente», es decir, de timbre semejante a [s], mientras que si predomina la constricción dental, el sonido resultante es «mate», es decir, de timbre semejante a [θ]. De ahí, que en Andalucía haya zonas de ceceo (Huelva, Cádiz, Málaga), mientras que otras sean de seseo (Córdoba, Sevilla).

Esta terminología de *ceceo* y *seseo* es moderna. En el siglo XVI se conocía con el nombre de *ceceo* la igualdad de /ts/ - /s/ en /ṣ/, mientras que la igualación de /dz/ - /z/, en favor de /ẓ/ se denominó *zezeo*.

Cuando se igualaron /ṣ/ y /ẓ/ en /ṣ/ es decir, en la predorsoalveolar, el fenómeno recibe el nombre de *ceceo* (el término *seseo* se reservaba para la igualación en favor de la ápicoalveolar, como en catalán).

Por lo tanto, el fenómeno que los antiguos conocían con el nombre de *ceceo* (igualación de /ṣ/ y /ẓ/ en /ṣ/ se duplica, según que la solución posterior de /ṣ/ sea estridente o mate:

/ṣ/ → [ṣ] —— estridente, timbre seseante = *seseo*
/ṣ/ → [θ̣] —— mate, timbre ceceante = *ceceo*

Es decir, que los llamados hoy *seseo* y *ceceo* son dos variedades del antiguo *ceceo*.

[θ̣] es una realización diferente de la [θ] interdental castellana: la articulación andaluza se realiza por medio de una constricción entre el predorso lingual y la cara interior de los incisivos superiores e inferiores.

El andaluz conoce una zona del nuevo ceceo, [θ̣], que ocupa todo el litoral, desde Ayamonte hasta Almería, avanzando hacia el norte por las provincias de Sevilla, Málaga y Granada. La zona del nuevo seseo es una franja, intermedia entre el ceceo y la distinción /s/ - /θ/, que se extiende por Córdoba, Norte de la provincia de Málaga, Norte de la provincia de Sevilla (Sevilla capital es un foco seseante en zona de ceceo), Oeste de Huelva, centro de la provincia de Jaén (Andújar, Baeza, etc.). Según M. Alvar *(1972a)*, hoy el ceceo se juzga como rasgo vulgar en las zonas que lo practican, por lo que los hablantes cultos sesean.

Estando la evolución en el estadio de *ceceo* primitivo (igualación en /ș/ de /ș/, /ẓ/ es cuando pasa el español a América y allí se consolida en la variante estridente [ș], lo mismo que en Canarias. Hay que tener en cuenta que el 39,7 por ciento de los pobladores que pasaron a América eran andaluces.

La realización del nuevo ceceo [θ̦] también aparece en focos de América (alrededores de Bogotá y departamento de Antioquia, en Colombia, en zonas de El Salvador, costa de Veracruz, Chiapas, en Méjico, Honduras y Nicaragua, zona centro-oeste de Cuba, hablantes panameños, etc.); esta variante bien pudo ir en el mismo español europeo, bien se pudo desarrollar posteriormente allí, o presentar, según las zonas, distintas soluciones.

IX

SEMIOCLUSIVAS O AFRICADAS

9.1. CARACTERÍSTICAS

Las consonantes africadas se caracterizan porque en su articulación intervienen dos momentos: uno, oclusivo, seguido de otro constrictivo. Lo característico, además, de una consonante africada española es que tanto la oclusión como la fricación se producen en el mismo lugar articulatorio.

Africado es el término que corresponde a estas consonantes desde el punto de vista acústico. Su correspondiente articulatorio es el de *semioclusivo.*

9.2. NATURALEZA DE LAS CONSONANTES AFRICADAS

La naturaleza de las africadas ha sido siempre un problema muy discutido, tanto desde el punto de vista de la fonética y de la fonología generales, como desde el de la descripción de algunas lenguas en particular.

Para algunos investigadores, como por ejemplo M. Grammont, la combinación de una consonante oclusiva con cualquier fricativa da origen a una africada. De este modo, habría tantas consonantes africadas como combinaciones de consonantes del mencionado tipo existiesen. Para otros, sin embargo, las africadas son oclusivas cuya oclusión se combina con una fricación (Hála, Chlumský, etc.). El problema se centra en saber si son sonidos simples o compuestos. Algunos fonetistas como Sievers, Jespersen, Tomson, Forchamer y Grammont consideran las africadas como una combinación de dos sonidos. Sin embargo, para Chlumský, Meillet, Hála son sonidos simples.

Los criterios que hay que tener en cuenta para considerar una africada como un sonido simple son los siguientes:

1. Las dos fases articulatorias de las africadas (la oclusión y la constricción) deben realizarse en el mismo lugar de articulación y por los mismos órganos articulatorios (Roudet, *1910,* 159). En la pronunciación de la consonante española [t͡ʃ], o [ĉ], *ch,* en [át͡ʃa], o [áĉa], *hacha,* por ejemplo, ambas fases se articulan con el predorso lingual contra la región prepalatal.

2. El límite silábico en una palabra que contenga una africada estará situado siempre antes o después de ella, pero es imposible dividir una africada entre dos sílabas, como podría hacerse, por ejemplo, con secuencias consonánticas, como [t] + [s] o [t] + [ʃ], o [š] (Chumský, *1934).* En español, la silabicación siempre es *mu-cha-cha.*

3. Existen diferencias entre la articulación de una africada y la articulación de combinaciones del tipo [t] + [s], o [t] + [ʃ], o [š] (Dauzat, *1899).* En español, la última secuencia ([t] + [ʃ] o [š]) es la más próxima a [t͡ʃ], o [ĉ], de *hacha,* pero las diferencias son importantes: en la emisión de la secuencia [t] + [ʃ], o [š], los lugares de articulación son distintos: dientes y mediopaladar, y también las partes de los órganos articulatorios: ápice lingual y dientes para [t] y, para el segundo sonido, mediodorso lingual y mediopaladar; sin embargo para la africada española de *hacha,* como dijimos antes, los dos momentos se producen en los mismos lugares de articulación y por las mismas partes de los mismos órganos articulatorios.

4. Aunque las dos fases principales de las africadas manifiestan una cierta semejanza con los sonidos que forman parte del sistema fonético de una lengua, no quiere decir que sean los mismos sonidos (Halá, *1952)*.

5. El hablante que posee africadas en su lengua materna las siente, en su emisión y en su percepción, como si fuesen consonantes simples y no compuestas (Dauzat, *1899*, y Chlumský, *1934)* [1].

6. Desde el punto de vista fonológico, también se discute la naturaleza mono o bifonemática de las africadas (Martinet, *1939)*. En español, existe como hemos visto, [t͡ʃ], o [ĉ], en [kórt͡ʃo] *corcho*, por ejemplo; también existe [t], como en [kórto] *corto*, pero no tenemos [ʃ], o [š], aisladamente: no existe *[kórʃo], o *[kóršo]; el segmento fricativo tiene que ir siempre con el oclusivo: es solidario con él; al no tener la forma *[kórʃo], es [t͡ʃ], o [ĉ], en [kórt͡ʃo], o [kórĉo], el que se opone a [t] en [kórto]. Por lo tanto, /t͡ʃ/, o /ĉ/, es monofonemático en español.

El análisis cinerradiográfico de una semioclusiva [t͡ʃ] entre dos vocales bajas [a] de la palabra *tacha* (en la frase *Un hombre sin tacha)*, figura 9.1., nos da los siguientes resultados: en un primer movimiento el ápice de la lengua se acerca a los alvéolos formando lo que podríamos denominar el primer momento de la oclusión. En esta posición la distancia entre los incisivos es de 6,5 mm.; los tres primeros fotogramas mantienen esta posición. En la cuarta imagen cambia la posición; ya no es sólo el ápice sino también el predorso el que forma contacto con los alvéolos; la distancia entre los incisivos disminuye hasta los 5 mm.; esta posición se mantiene durante las imágenes 5 y 6. En las imágenes 7, 8 y 9 la zona de contacto aumenta y los incisivos se cierran hasta los 3 mm. Sigue aumentando la

[1] Puede verse, además, la siguiente bibliografía: Forchhammer: «Zur lösung des Affrikaten-problems», *ANPhe*, 17, 1941, 9-20; Richter: «Die italienischen č- und c-Laute», *ANPhe*, 16, 1940, 1-38; Belgeri: *Les affriquées en italien et dans les principales langues de l'Europe*, 1924; Deuska: *Polskie afrykary*, 1937; Hegedus: «Die Natur der ungarischen Affrikaten», *ANPhe*, 15, 1939, 97-102: Hála: «La nature des consonnes mi-oclusives mise en lumière au moyen des procédés expérimentaux modernes», *Actes X CILFR*, 887-889.

presión de la lengua sobre la zona de contacto del paladar duro, y también continúan cerrándose los maxilares. Las imágenes 13, 14 y 15 son las que presentan el mayor cierre de los maxilares —distancia entre los incisivos 2 mm—. En el fotograma 16, la lengua se separa ya del paladar y de los alvéolos formando una estrechez a través de la cual discurre el aire contenido en la cavidad bucal: constituye el momento fricativo de la semioclusiva; el maxilar presenta el mismo grado de cierre que en la imagen 15. Esta posición se mantiene durante las imágenes 16, 17 y 18. En las tres siguientes 19, 20 y 21, el maxilar se abre un poco, siendo la distancia entre los incisivos de 2,5 mm.; en estas imágenes la lengua se despega algo más, aunque muy poco. En la imagen 22 se deshace por completo la articulación de esta semioclusiva.

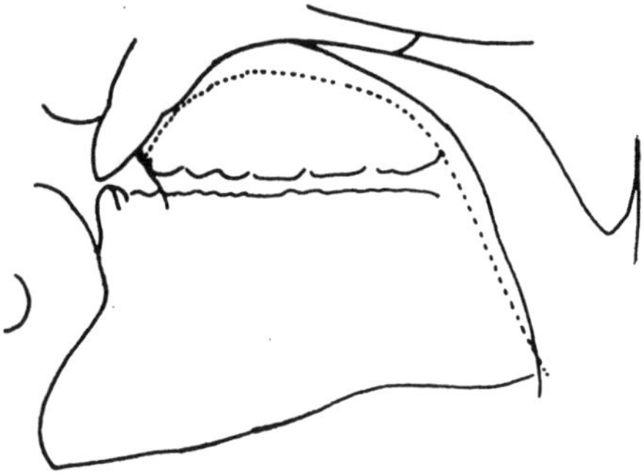

FIG. 9.1. Africada sorda en *tacha;* su articulación presenta 21 imágenes. En la figura la línea continua es la imagen n.° 15, que es también donde el cierre y el contacto sobre el paladar duro son mayores. La línea de puntos muestra la articulación lingual durante la fricación en la imagen n.° 21, es decir, la última

9.3. DISTRIBUCIÓN

El español tiene un solo fonema africado: el linguopalatal sordo: AFI: /t͡ʃ/; RFE: /ĉ/ [2].

[2] El AFI aconseja utilizar el símbolo /c/ en las lenguas cuyas africadas son monofonemáticas, como el español.

A veces, también se utiliza en la RFE el símbolo /ŝ̥/.

Fonéticamente, el español tiene dos africadas: la linguopalatal sorda, [t͡ʃ], o [ĉ], alófono de /t͡ʃ/, o /ĉ/, y la linguopalatal sonora, AFI [d͡ʒ]; RFE: [ŷ], alófono de /ǰ/, o /y/ [3].

Africadas			Fricativas
Fonológicamente	Fonéticamente		Fonológicamente
/t͡ʃ/ ⟶	[t͡ʃ]		
	[d͡ʒ]	⟵	/ǰ/

9.3.1. Africada linguopalatal sorda

Para su articulación el predorso de la lengua forma primero una oclusión con la zona alveoloprepalatal, seguida inmediatamente por una constricción. Las cuerdas vocales no vibran.

En la fig. 9.1., la línea continua representa el momento de la oclusión, y la línea de puntos el de la constricción.

Sólo aparece en posición silábica prenuclear.

Ortográficamente se representa por medio de la grafía *ch*.

AFI		RFE		
/mut͡ʃát͡ʃo/	[mut͡ʃát͡ʃo]	/muĉáĉo/	[muĉáĉo]	*muchacho*
/t͡ʃíko/	[t͡ʃíko]	/ĉíko/	[ĉíko]	*chico*

9.3.2. Africada linguopalatal sonora

Su modo y lugar de articulación son los mismos que los de la correspondiente sorda, diferenciándose de ésta por la vibración de las cuerdas vocales, y, en general, por una duración menor.

Es un alófono del fonema fricativo palatal central sonoro /ǰ/, o /y/, que se produce como africado cuando se encuentra precedido por una consonante lateral, [l] *l*, o nasal, [n] *n*, las que por influencia de la consonante palatal amplían su zona articulatoria

[3] El AFI aconseja [ɟ] cuando la africada sonora es monofonemática. La RFE utiliza también, a veces, el símbolo [ẑ].

de contacto, resultando algo palatalizadas; se transcriben entonces como [ɲ̟] y [l̟] respectivamente. También cuando /ǰ/, o /y/, se encuentran en posición inicial de palabra, después de pausa, se realiza como africado.

Ortográficamente, al igual que el fonema /ǰ/, o /y/, responde a las grafías *y* o *hi*+vocal en posición inicial.

AFI		RFE		
/kóNǰuxe/	[kóɲ̟d͡ʒuxe]	/kóNyuxe/	[kóɲ̟ŷuxe]	*cónyuge*
/el ǰélo/	[el̟ d͡ʒélo]	/el yélo/	[el̟ ŷélo]	*el hielo*
/yó/	[d͡ʒó]	/yó/	[ŷó]	*yo*

9.4. OPOSICIONES FONOLÓGICAS

/t͡ʃ/ o /ĉ/ se opone a /p/, /t/, /k/, /ɲ/ o /n̮/, /ǰ/ o /y/, /s/, como ya hemos visto.

9.5. CARACTERIZACIÓN ACÚSTICA

Si articulatoriamente una consonante africada se caracteriza por dos momentos: uno oclusivo seguido de otro constrictivo, acústicamente, su sonograma aparecerá también con dos fases: una primera en blanco, con ausencia de energía, idéntica a la de una consonante explosiva, y la segunda fase, con la turbulencia propia de una consonante fricativa. Por ello, las africadas participan de las características de los dos modos (explosivo y fricativo) antes descritos.

El momento de constricción de la africada es mayor que el que se produce en una explosiva aspirada y normalmente menor que el de una fricativa: ésta se percibe como tal cuando su ruido dura por lo menos 110 ms; para la percepción de una consonante como africada sorda es necesario que la turbulencia de la fricación dure por lo menos 50 ms, y para las explosivas sordas aspiradas es necesario que el ruido de su aspiración dure cuanto más 30 ms.

En el dominio del español hay múltiples variantes de africadas, tanto de las sordas como de las sonoras.

9.5.1. Africadas sordas

En las africadas sordas, las mayores variaciones se reflejan en las duraciones de los momentos oclusivo y fricativo, así como en el nivel de frecuencias en el que aparece la fricación.

Generalmente, la oclusión es mayor que la constricción; pero ocurre a veces, en ciertas áreas dialectales, que la oclusión es menor; en estos casos se puede vislumbrar una tendencia hacia la pérdida del momento oclusivo, y a convertir la consonante explosiva en fricativa. Según el trabajo de Quilis *(1966a),* en las africadas del español peninsular la duración media del momento oclusivo es de 9,25 cs, mientras que la del momento fricativo es de 7, 36 cs, y la duración total, de 16,61 cs. La diferencia, por consiguiente, entre el momento oclusivo y el fricativo es de 1,89 cs a favor del primero.

La frecuencia a la que aparece la fricación nos indicará el lugar de articulación: su altura es directamente proporcional a la anterioridad articulatoria. La frecuencia media a la que comienza la fricación en las africadas del español peninsular es de 2.516 cps (africadas linguoprepalatales).

La figura 9.2. muestra el sonograma de dos africadas de este tipo.

Una articulación más avanzada origina un resonador anterior de menor volumen y, consecuentemente, un comienzo de la fricación a frecuencias más altas. En el sonograma de la figura 9.3., de una hablante sevillana, el ruido de fricación comienza a los 4.010 cps: su articulación es predorsoalveolar.

En español, como ya dijimos, no tenemos el problema de la consideración bifonemática de nuestras africadas; por otra parte, que [t͡ʃ] o [ĉ] es un solo sonido se ve claramente en los sonogramas:

las transiciones de los formantes de las vocales anteriores y posteriores a la africada tienen un movimiento hacia el mismo locus. Si fuese una consonante compuesta de [t + ʃ], o [t + š], la vocal an-

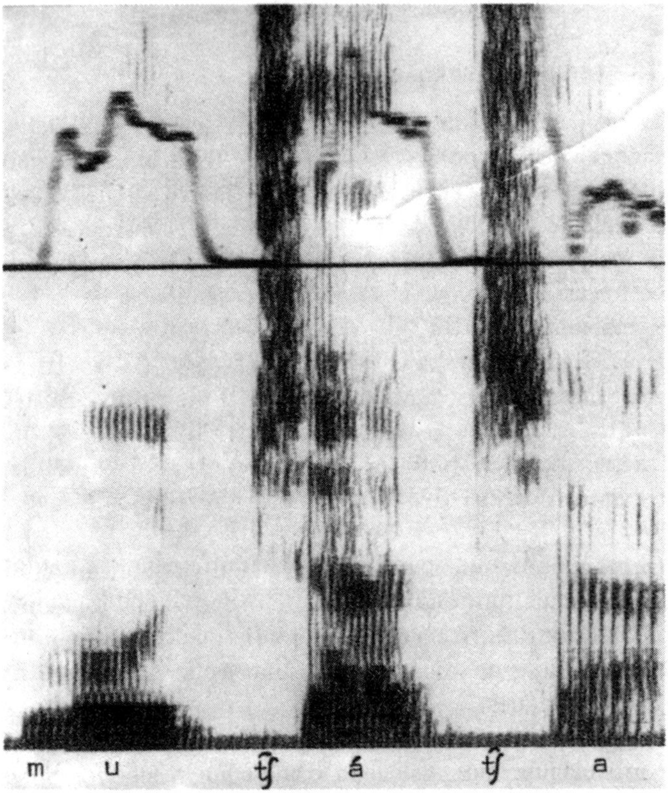

Fig. 9.2. Realizaciones africadas de /t͡ʃ/, o /č/, en *Muchacha*. Obsérvese el momento oclusivo que sigue a [u] y a [á]: el sonograma presenta un espacio totalmente en blanco, ausente de energía. A continuación, aparece el momento fricativo, que se caracteriza por su inarmonicidad (es semejante al espectro de [s])

terior a [t] tendría el locus de las dentales, y la posterior a [ʃ], o [š], el locus de las palatales, y en nuestras figuras se puede ver claramente cómo los locus del contorno vocálico son los propios de las palatales.

9.5.2. Africadas sonoras

Las africadas sonoras presentan en español dos variantes principales de realizacón: *a)* una, con momento fricativo, que transcribi-

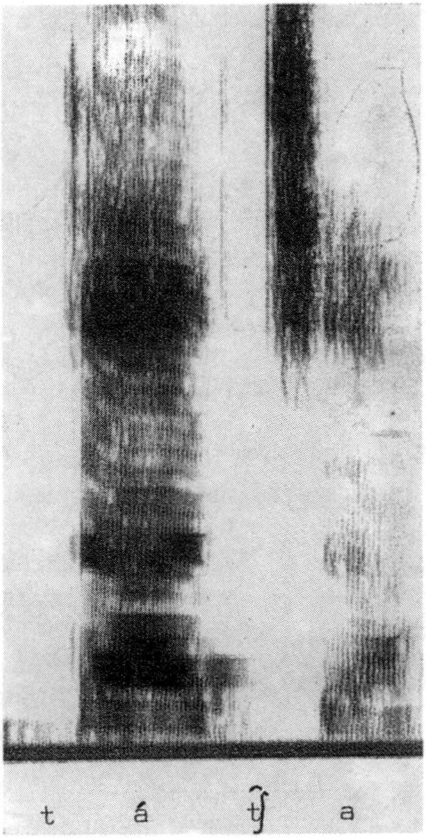

Fig. 9.3. Realización articulatoria predorsoalveolar de [t͡ʃ], o [ĉ], de *tacha,* en una informante sevillana. El comienzo de las frecuencias de la fricación es mucho más alto que el de la figura anterior

mos con el signo [d͡ʒ], o [ž̂], *b)* otra, sin fricación, o con una brevísima fricación, que transcribimos con el signo [ɟ], o [ŷ].

La realización [d͡ʒ] presenta una duración media total de 8,48 cs —la mitad aproximadamente de [t͡ʃ]—, repartida del siguiente

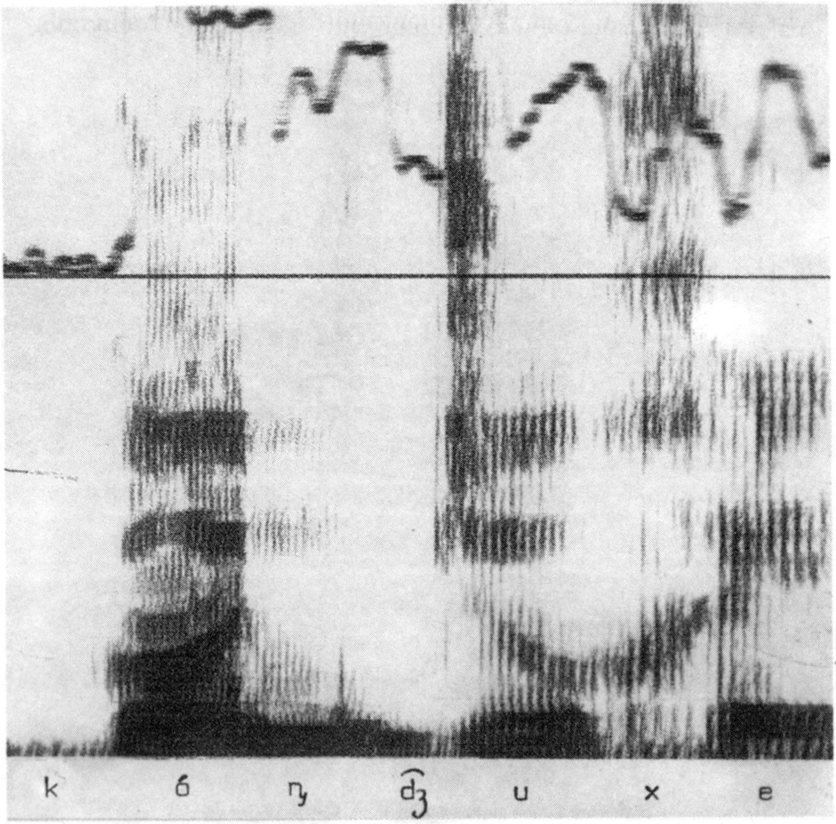

FIG. 9.4. Realización africada (después de consonante nasal) del fonema fricativo palatal central sonoro /ǰ/ en *cónyuge*

modo: momento interrupto, 5,28 cs; momento fricativo, 3,2 cs. La frecuencia media a la que aparece el ruido de la fricación es de

2.184 cps. Si comparamos esta media con la de las africadas —2.516 cps— vemos que la frecuencia de las sonoras es menor en 332 cps. Esta diferencia de frecuencias puede ser debida a que el alófono

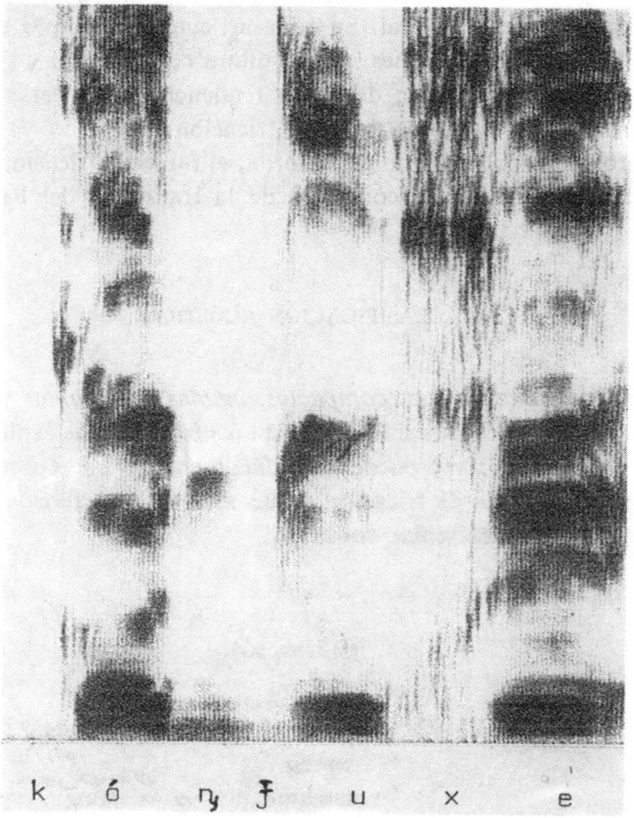

Fig. 9.5. Realización africada sonora en *cónyuge*. Obsérvese la brevísima fricación de la africada

sonoro aparece por lo general con una zona de contacto palatal mayor y más posterior.

La realización [ɟ] no presenta momento fricativo, siendo la duración media del momento explosivo de 4,5 cs. En la figura 9.5. tenemos un alófono [ɟ]. En él aparece una fricación muy breve en la parte superior de su espectro; pero realmente, más que fricación, es la explosión de la palatal. Su zona articulatoria es más amplia que en las otras realizaciones, tanto sonora como sorda, y su articulación es más adherente; de ahí la tendencia a mostrarse como una verdadera *oclusiva palatal,* sin fricación.

Tanto en la sonora como en la sorda, el ruido de fricación suele comenzar a la altura del comienzo de la transición del F_2.

9.6. CLASIFICACIÓN ACÚSTICA

Nuestras africadas son: *compactas, agudas, interruptas* y *estridentes,* ya que las consonantes interruptas mates son las explosivas, y en las africadas, como puede verse fácilmente en los espectrogramas, existe un ruido de fricación de las mismas características que la estridente linguoalveolar sorda [s].

9.7. DEFINICIÓN

AFI: /t͡ʃ/; RFE: /ĉ/: Articulatoriamente: *africado, palatal, sordo.*

Acústicamente: *no vocálico, consonántico, denso, agudo, oral, interrupto, sordo, estridente.*

Ortográficamente, se representa por *ch.*

Tiene un solo alófono.

9.8. REALIZACIONES DEL FONEMA AFRICADO SORDO EN EL DOMINIO HISPÁNICO

En el dominio de la lengua española, se producen numerosas variantes de realización del fonema africado sordo: desde la pura africada (oclusión + constricción) hasta la fricativa total, y desde la mediopalatal hasta la alveolar. La transformación de una consonante africada en fricativa se debe a la pérdida de la fase oclusiva, motivada por un proceso de lenición articulatoria.

En la República Dominicana, Jiménez Sabater *(1975,* 108-110), señaló siete realizaciones: una fricativa en el Sur, apuntada por Henríquez Ureña *(1940),* y distintos tipos de africadas en el resto del país.

En el estudio sobre las realizaciones de /t͡ʃ/, o [ĉ] en el área metropolitana de San Juan de Puerto Rico (Quilis y Vaquero, *1973)* encontramos hasta seis tipos diferentes, que clasificamos del siguiente modo: Tipo 1: africado (oclusión + fricación). Se percibe como africada. Tipo 2: fricativo (sólo fricación). Se percibe como fricativa. Tipo 3: africado (con tres momentos: fricativo + oclusivo + fricativo). Se percibe como africado. Tipo 4: fricativo (con dos momentos de fricación: el primero, menos intenso, y en general de frecuencia más alta, y el segundo, más intenso y de frecuencia más baja). Se percibe como fricativo. Tipo 5: fricativo (con tres momentos de fricación, diferenciados por su intensidad). Se percibe como fricativo. Tipo 6: africado (con tres momentos: oclusivo + fricativo breve y poco intenso + fricativo intenso). Se percibe como africado. De los seis tipos de /t͡ʃ/, o [ĉ], hallados, un mismo informante presentó cinco, y otros cuatro informantes realizaron cuatro de los tipos señalados. La distinta configuración de estas variantes puede mostrar, por otra parte, el proceso que puede seguir la evolución /t͡ʃ/ > /ʃ/ (o /ĉ/ > /š/): mantenimiento del momento oclusivo + momento fricativo > tres momentos: oclusivo + fricativo poco intenso + fricativo intenso > tres momentos: fricativo + oclusivo + fricativo > dos o tres momentos de fricación diferenciados por su intensidad > un solo momento fricativo.

Las realizaciones del tipo 1 presentan una duración media del momento interrupto de 6,31 cs y del fricativo de 7,34 cs, siendo

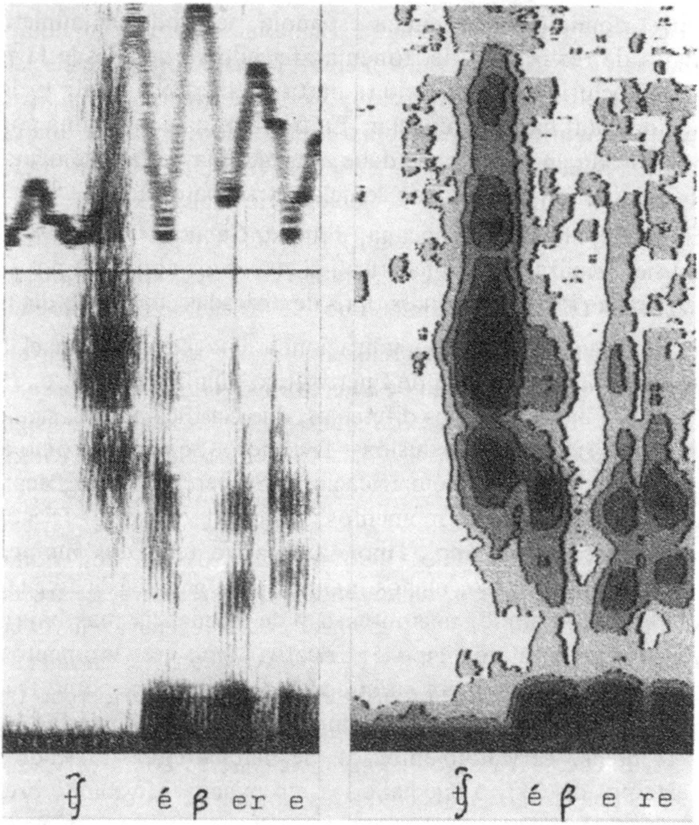

Fig. 9.6. Realización africada de /t͡ʃ/, o /ĉ/. Informante puertorriqueño

su duración media total de 13,66 cs. Se diferencia de la [t͡ʃ] peninsular en una menor duración y en ser el momento oclusivo menor que el fricativo. El comienzo de la frecuencia de fricación presenta un valor medio de 1.619, 48 cps, lo que supone 897 cps menos que la peninsular.

El tipo 2 presenta una duración media de 12,99 cs, realizándose el comienzo de su fricación a una frecuencia media de 1.607 cps.

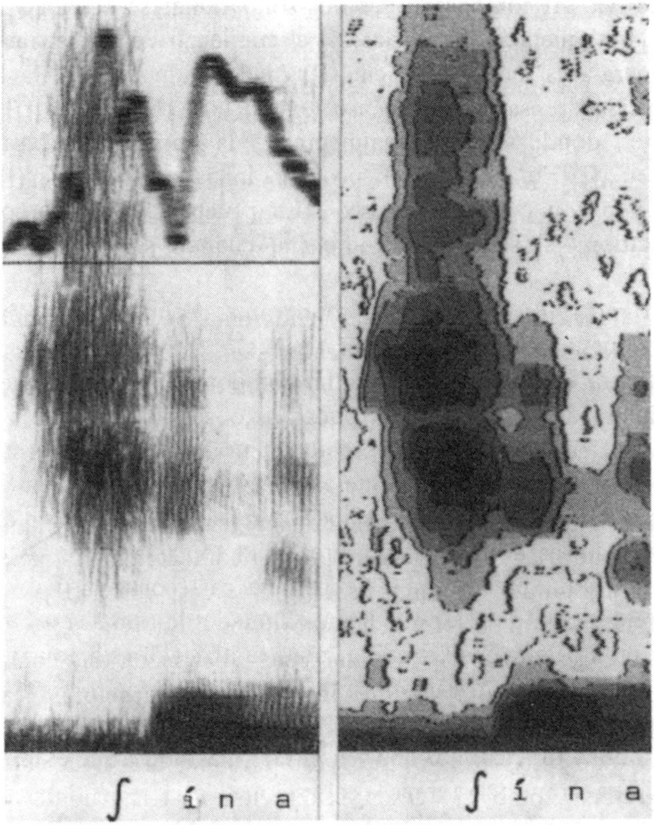

FIG. 9.7. Realización fricativa de /t͡ʃ/, o /ĉ/, perteneciente al mismo informante de la figura anterior

Estos datos indican, en general, una articulación más posterior que la del español central de España.

Veamos algunos ejemplos:

Los sonogramas de las figuras 9.6. y 9.7. muestran dos realizaciones de este fonema en posición inicial, pertenecientes a un mismo informante puertorriqueño: la primera es africada, y la segunda, fricativa. Al comparar estos dos sonogramas se perciben entre ambos las siguientes diferencias: *a)* el comienzo de la distribución de la energía es más brusco en [t͡ʃ]; *b)* derivado de ello, la línea de intensidad presenta un ascenso mucho más vertical en [t͡ʃ] que en [ʃ], en donde sube gradualmente; *c)* la duración es bastante mayor en [ʃ]. En realidad, en posición inicial, [t͡ʃ] es una [ʃ] sin intensión o con comienzo brusco. (En pruebas realizadas con el segmentador, [s] se percibe como [t͡s] cuando se corta el principio.)

La figura 9.8. representa el sonograma de una realización [ʃ] puertorriqueña, en posición intervocálica.

La figura 9.9. muestra una realización de /t͡ʃ/, de las que hemos denominado de tipo 4. En ella podemos observar: *a)* los dos momentos de fricación; *b)* la diferente intensidad de ambos (menos intenso el primero); *c)* el diferente comienzo de sus frecuencias (más alto el primero). Este tipo se percibe, en general, como [ʃ] (en algún caso, cuando las diferencias de intensidad son muy notorias, más de las que aquí presentamos, se percibe casi como [t͡ʃ]).

La realización de /t͡ʃ/, que hemos llamado de tipo 3, está representada en la figura 9.10. En ella, nuestra africada está constituida por tres momentos: fricación + interrupción + fricación, recayendo la mayor intensidad en este tercer momento fricativo. Pese a su primer momento fricativo, que siempre es más breve que el tercero, se perciben como si fuesen realizaciones africadas del tipo 1 (oclusión + fricación). (Africadas de este tipo hemos encontrado también en Panamá.)

Por último, la figura 9.11. muestra dos realizaciones distintas de /t͡ʃ/ en una misma palabra.

En Cuba, hemos encontrado un número considerable de realizaciones: el modo de articulación predominante es el africado, prepalatal; en cuanto a tipo de africada, el más frecuente es aquél en el que predomina la fricación sobre la oclusión; le sigue otro tipo de africada muy semejante a la castellana: oclusión ligeramente su-

FIG. 9.8. Realización fricativa de /t͡ʃ/, o /ĉ/, en posición intervocálica

perior a la fricación: en tercer lugar, la variante fricativa pre o mediopalatal; y después otros cuatro tipos de africadas de distintas características. Para la ciudad de la Habana, Haden y Matluck *(1973)* señalan como predominante la africada prepalatal, seguida de la fricativa.

En Méjico, predomina la articulación africada.

En Panamá, según Quilis y Graell *(1992),* hay varias soluciones para el fonema africado, en las que se combinan modo y lugar

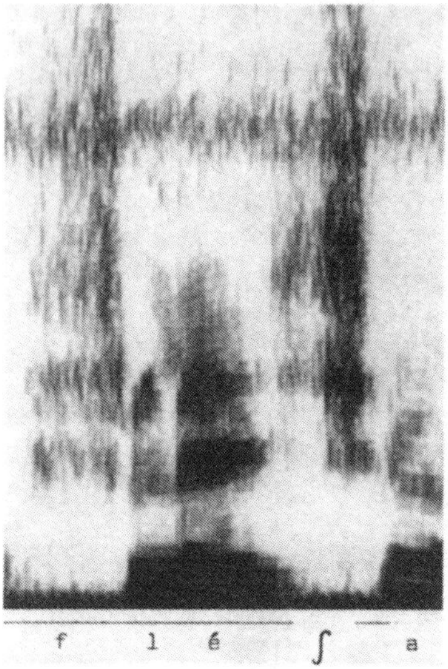

FIG. 9.9. Realización fricativa de /t͡ʃ/ en un informante puertorriqueño. Está constituida por dos momentos fricativos de distinta intensidad y frecuencia

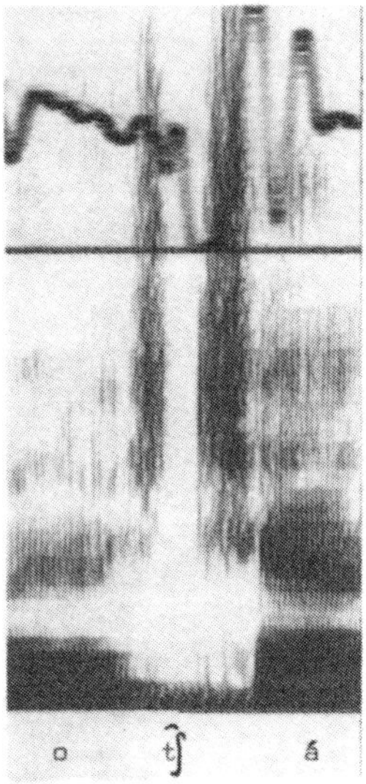

FIG. 9.10. Realización africada de /t͡ʃ/ en la secuencia [otʃá] de *abrochar.* Informante puertorriqueño. Obsérvense sus tres momentos: fricación + oclusión + fricación. Se percibe como africada

de articulación. En cuanto al modo, puede articularse tanto africado como fricativo. A su vez, la africación puede estar formada por oclusión más constricción o por dos momentos fricativos consecutivos: el segundo mucho más intenso que el primero (esta diferencia de intensidad es la causa de que se perciba como africada).

Los lugares de articulación encontrados fueron: el mediopalatal, el prepalatal y el alveoloprepalatal.

En Panamá capital siempre se articula como fricativo mediopalatal; en el resto del País se producen, en distribución libre, tanto los alófonos africados como los fricativos.

La realización fricativa aparece a veces también en Colombia; en Chile, se extiende por Antofagasta, Coquimbo, Norte Chico,

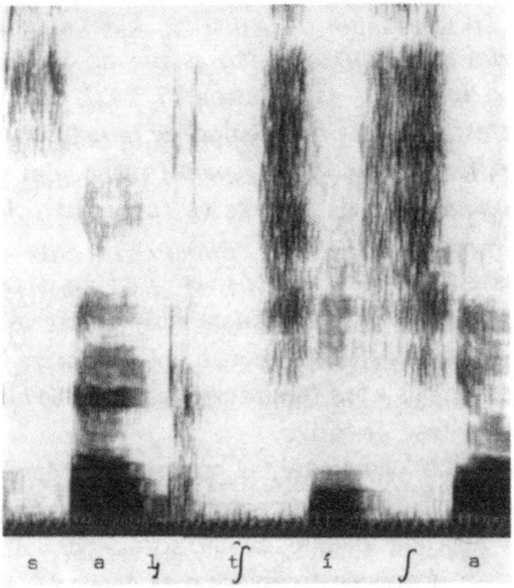

FIG. 9.11. Realizaciones africada y fricativa de /t͡ʃ/, o /ĉ/, en la misma palabra

Norte y Valparaíso. El artículo de Duque y Tassara *(1976)* dio a conocer cuatro tipos de realizaciones de /t͡ʃ/ en Valparaíso: tres africados y uno fricativo; los primeros son más generales [5].

En el resto de Hispanoamérica, aparece la africada, con diferentes tipos de realización.

[5] Sobre la africada de Valdivia, véase Bernales *(1978)*.

En Andalucía, según Llorente Maldonado de Guevara *(1962)* pueden aparecer «infinitas realizaciones fonéticas» de este fonema africado; de un modo general, establece el área de la variante fricativa en la ciudad de Granada y su vega, sur de Sevilla, costa de Cádiz, occidente de Málaga, clases populares de la ciudad de Almería y su costa; en el resto, las articulaciones son africadas.

En el trabajo de Alvar y Quilis *(1966)* se analizaron las características de la /t͡ʃ/ «adherente». Esta africada aparece en el andaluz, en el canario y en el español de América. Sus características son: 1) la duración del momento oclusivo es mucho mayor que la del fricativo: tiempo medio de la oclusión, 7,3 cs; tiempo medio de la fricación, 2,8 cs; la media del tiempo de la oclusión casi triplica a la fricación, mientras que en el español peninsular la diferencia entre ambos momentos es de 1,89 cs en favor del oclusivo; 2) las frecuencias del momento fricativo comienzan a una altura media de 2.516 Hz; esta fricación, además, es muy poco tensa; 3) este tipo de africadas tienen una tendencia muy fuerte a la sonorización, apareciendo muchas veces plenamente sonorizadas; en estos casos son muy parecidas a las realizaciones africadas del /ǰ/, o /y/, con escasa o nula fase fricativa.

Sobre el asturiano occidental, el trabajo de Martínez Álvarez *(1969)* muestra las características acústicas de las africadas sordas [t͡ʃ], [ts] y [th] (=africada, palatal, apical, sorda) del bable de Quirós.

En Canarias, se producen tres variantes generales de africadas, según el *ALEICan* (Marrero, *1988,* 190-214), y algunas otras intermedias de menor extensión: la africada prepalatal sorda, la adherente plenamente sonora y la adherente ensordecida. Ya Ramón Trujillo *(1980,* 80 y sigs.) decía que las realizaciones de este fonema oscilaban entre lo plenamente sordo y lo plenamente sonoro, pasando por matices intermedios.

X

LÍQUIDAS

10.1. CONCEPTO Y TERMINOLOGÍA

La fonética acústica rehabilitó el término de consonante líquida para incluir bajo esta denominación las consonantes laterales y las vibrantes. La causa fue la existencia en estas consonantes de ciertas características que les infieren una fisionomía intermedia entre las vocales y las consonantes: a) desde el punto de vista articulatorio, la cavidad bucal presenta una abertura global mayor que el resto de las consonantes, pero en algún lugar de esta cavidad se crea un obstáculo a la salida del aire [1]; b) acústicamente, poseen rasgos vocálicos y consonánticos: como vocales, solamente tienen una fuente armónica; como consonantes, aparecen zonas de antirresonancia en su espectro.

Sobre la naturaleza acústica de este grupo de consonantes se han realizado muy pocas investigaciones [2]. Los índices que, según Delattre *(1958)*, afectan a [l] y [r] son los siguientes:

1. Durante la tensión, la aparición de un primer formante de frecuencia relativamente alta, de unos 400 Hz de media, que distingue estas consonantes, sobre todo, de las nasales.

---

[1] Piénsese en [l], por ejemplo: el ápice de la lengua, al apoyarse en los alvéolos, impide la salida del aire fonador por el centro de la cavidad bucal.

[2] V., por ejemplo, la de O'Connor, Gerstman, Liberman, Delattre y Cooper *(1957)*.

2. También durante la tensión, la aparición de formantes superiores al F_1, de intensidad mayor que los de la consonante nasal, pero menor que los de las vocales.

3. Las transiciones aparecen en continuidad con los formantes de la tensión, mientras que las transiciones de las nasales pueden aparecer en discontinuidad.

4. Las transiciones aparecen con una lentitud relativa: una media de alrededor de 100 Hz (la transición de las oclusivas, por ejemplo, posee una media de 50 Hz).

5. El locus de [r] está situado aproximadamente a unos 1.100 Hz; el de [l], a unos 1.300 Hz.

6. Desde el punto de vista de la percepción, las experiencias de Mijawaki, Liberman, Fujimura, Stranger y Jenkins *(1973)* pusieron de relieve que las líquidas [l] y [r] se comportan como el resto de las consonantes, es decir, su percepción es categorial.

7. La estructura formántica de las líquidas es muy similar a la de las vocales; difiere de éstas en: a) la frecuencia del fundamental es menor: b) su intensidad global también es menor.

10.2. DISTRIBUCIÓN

El español tiene dos grupos de consonantes líquidas:

1.° El de los fonemas laterales, continuos: /l/ y /λ/, o /l̬/.

2.° El de los fonemas vibrantes, interruptos: /r/ y /r̄/.

10.3. LÍQUIDAS LATERALES

Las consonantes laterales se articulan mediante un contacto entre la lengua y algún lugar de la región central superior de la boca (incisivos, alvéolos, paladar), dejando salir el aire fonador por un lado de ese contacto o por los dos.

10.3.1. Lateral linguoalveolar

El fonema líquido, lateral, linguoalveolar, /l/, aparece en cualquier posición: /ládo/ *lado,* /ála/ *ala,* /plómo/ *plomo,* /kál/ *cal.* Cuando se encuentra en posición silábica postnuclear o implosiva, se asimila, en su realización, al sonido siguiente, como veremos más adelante.

En las realizaciones articulatorias de este fonema, el ápice o la región ápicopredorsal de la lengua toca los dientes, los alvéolos o la zona alveoloprepalatal, impidiendo la salida del aire por la parte central del conducto vocal.

Ortográficamente, se transcribe por *l.*

Los alófonos de este fonema son los siguientes:

10.3.1.1. *Alófono lateral linguoalveolar:* [l]

El fonema /l/ se realiza como [l] en los siguientes contornos:

1.° Cuando se encuentra en posición silábica prenuclear, precediendo a una vocal: /ála/ [ála] *ala.*

2.° Cuando encontrándose en posición silábica postnuclear, va seguido de vocal, de pausa o de cualquier consonante que no sea

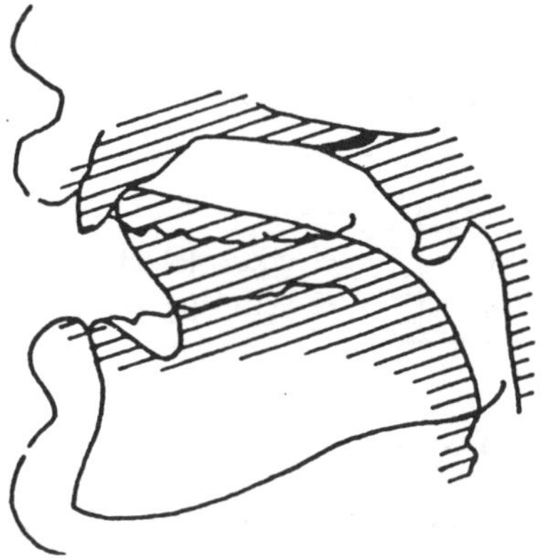

Fig. 10.1. Realización del fonema /l/ de /málaga/ *Málaga*

/t/, /d/, /θ/ y /t͡ʃ/, o [ĉ]: /mal/ [mál] *mal,* /el aire/ [eláire] *el aire,* /alféreθ/ [alféreθ] *alférez,* /púlpo/ [púlpo] *pulpo.*

Se articula con el ápice de la lengua contra los alvéolos.

10.3.1.2. *Alófono lateral linguointerdental:* [l̟]

Se articula con el ápice de la lengua entre los incisivos. Se produce cuando /l/ está en posición silábica postnuclear y precede a /θ/: /kalθáR/ [kal̟θár] *calzar,* /dúlθe/ [dúl̟θe] *dulce.*

Como es lógico, no aparece en las zonas del seseo.

10.3.1.3. *Alófono lateral linguodental:* [l̪]

Se articula con el ápice de la lengua apoyado en la cara interior de los incisivos.

Se produce cuando /l/ está en posición silábica postnuclear y precede a /t/ o /d/: /el tóldo/ [el̪ tól̪do] *el toldo.*

10.3.1.4. *Alófono lateral linguopalatalizado:* [l̡]

Este alófono, totalmente distinto de la consonante lateral palatal [λ], o [l̯], se articula apoyando la zona anterior apicopredorsal de la lengua en la alveoloprepalatal.

Aparece cuando /l/ está en posición silábica postnuclear y precede a una consonante palatal:

AFI	RFE	
/el t͡ʃiko/ [el̡ t͡ʃiko] /el ǰélo/ [el̡ d͡ʒélo]	/el ĉiko/ [el̡ ĉiko] /el yélo/ [el̡ ŷelo]	*el chico* *el hielo*

10.3.2. Lateral linguopalatal

El fonema líquido, lateral, linguopalatal, /λ/, o /l̯/, sólo aparece en posición prenuclear: /kaλe/, o /kál̯e/, [káʎe], o [kál̯e], *calle.*

Ortográficamente, se transcribe por medio de la grafía *ll.*

La articulación de este fonema se realiza del siguiente modo: el ápice y los rebordes de la lengua se adhieren a los alvéolos y a las encías superiores, respectivamente, así como algo de la parte central de la lengua a la parte central del paladar, dejando un pequeño canal que desde el centro se dirige hacia la parte lateral de la lengua y del paladar, por donde escapa el aire fonador. Esta linguopalatal lateral se distingue precisamente de la fricativa linguopalatal central en la dirección que adopta este pequeño canal: mientras que en la lateral [λ], o [l̮], el aire fonador sale por un lado, en la fricativa central, [ǰ], o [y], el aire sale por el centro de la cávidad bucal.

FIG. 10.2. Realización del fonema /λ/ o /l̮/ en *callar*

10.3.3. OPOSICIONES FONOLÓGICAS

/l/ se opone a /λ/, o /l̮/, en cuanto *alveolar/palatal: velo/bello, lama/llama.*

/l/ y /λ/, o /l̮/, se oponen a /r/ y a /r̄/, en cuanto *continuas/interruptas: pelo/pero, pala/parra, lata/rata, milla/mira/mirra, llamo/ramo.*

Ambas se oponen por el sistema general de las oposiciones a todas las demás consonantes, en cuanto *líquida/no líquida.*

10.3.4. Caracterización acústica

Las consonantes líquidas laterales se caracterizan por su continuidad, lo que da origen a que en su espectro aparezcan ciertos formantes análogos a los vocálicos.

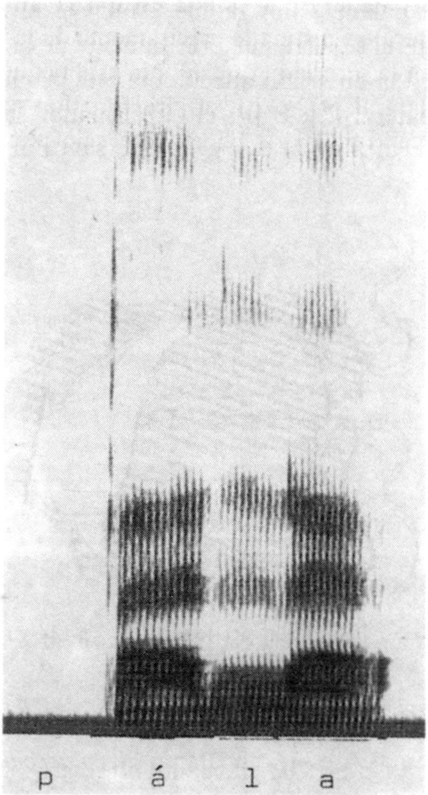

Fig. 10.3. Sonograma de *pala*

Del trabajo de Quilis, Esgueva, Gutiérrez y Cantarero *(1979)* podemos deducir las siguientes características acústicas de las consonantes laterales.

a) Las frecuencias medias correspondientes a los tres primeros formantes de /l/ en las diferentes ocurrencias en las que puede aparecer, son las siguientes: F_1: 333 cps; F_2: 1.554 cps; F_3: 2.564 cps.

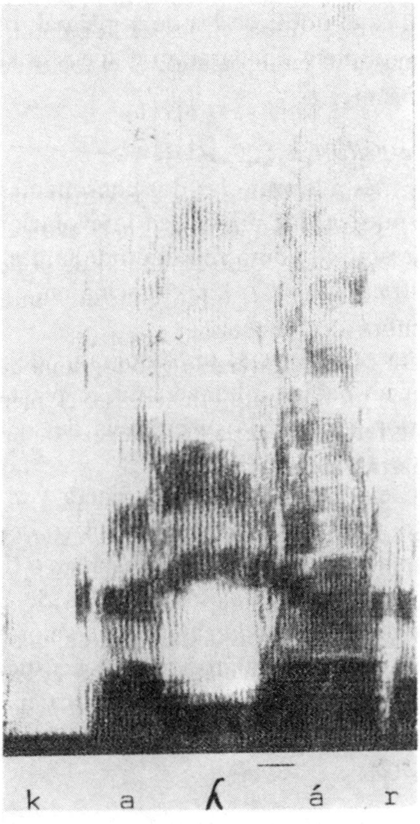

FIG. 10.4. Sonograma de *callar*

Las transiciones: T_1 siempre es negativa; T_2 son negativas con /i/, /e/; positivas con /o/, /u/; fluctúan con /a/.

b) Las frecuencias medias correspondientes a los tres primeros formantes de /λ/, o /l̬/, son las siguientes: F_1: 290 cps; F_2: 2.047

cps; F_3: 2.653 cps. Las transiciones: T_1 siempre es negativa; T_2 es positiva: siempre con /a/, /o/, /u/; predominantemente positiva con /i/, /e/.

Ambas consonantes se diferencian entre sí por: a) la duración de las transiciones: es el doble en las de la palatal; b) la frecuencia del F_2: 500 Hz más alto en la palatal; c) el locus de las transiciones de ambas consonantes [3].

10.3.4.1. *La fricativa* [ʒ], *o* [ž]

Como veremos más adelante, las dos consonantes palatales [λ], o [l̮], y [ĵ], o [y], pueden dar origen, en la evolución de cada una por separado, o de ambas, como resultado de la desfonologización de la lateral, a la fricativa [ʒ], o [ž], conocida en la filología española con el nombre de *rehilada.*

En la figura 10.5., puede verse un sonograma de esta consonante, pronuniada por un hablante bonaerense: es plenamente sonora; en su mitad superior, aparece la turbulencia de su fricación, más intensa en su parte final.

El trabajo de Bès *(1964)* puso por primera vez de manifiesto que el rehilamiento no es un fenómeno exclusivo del español, sino que es común a tantas fricativas sonoras del mismo tipo que existen en otras lenguas. Posteriormente, los artículos de Barbón Rodríguez *(1975* y *1978)* demostraron la carencia de valor científico, tanto desde el punto de vista articulatorio como acústico, del término «rehilamiento», ya que se trata de un «modo articulatorio común, igual y no diferente en lo esencial de cualquier fricativa sonora de su clase» *(1978,* 212).

10.3.5. Fenómenos dialectales relacionados con las consonantes laterales

10.3.5.1. *Conservación y pérdida de* /λ/, *o* /l̮/

El fonema /λ/, o /l̮/, se encuentra articulatoria y acústicamente, muy cerca de /ĵ/, o /y/: las realizaciones de los dos son palata-

---

[3] Para más detalles, véase Quilis, *1988,* 276-290.

les y sonoras, por un lado, y densas por otro; se diferencian acústicamente por el rasgo vocálico, presente sólo en la lateral, y, articulatoriamente, por el cierre central del conducto vocal, también en la lateral. Si se produce un proceso de lenición, la lengua pierde

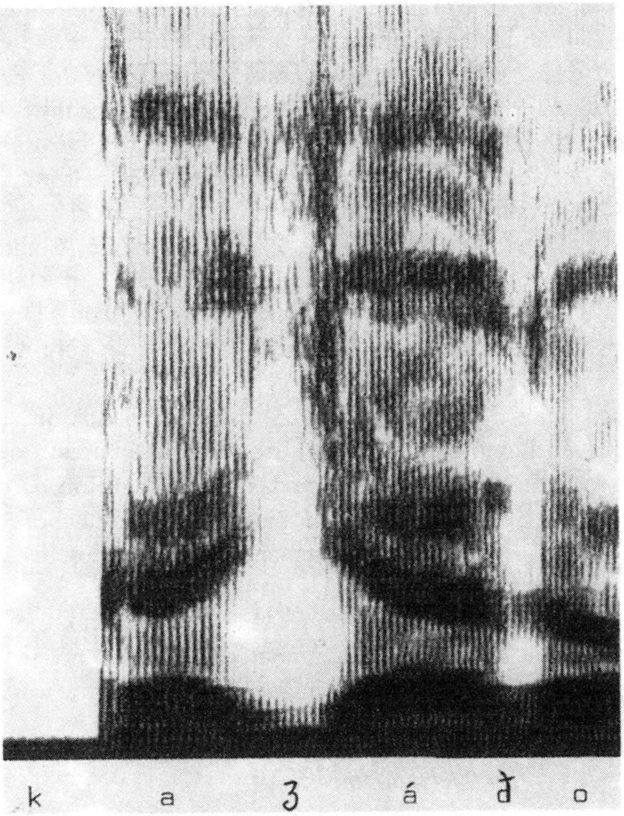

FIG. 10.5. Realización de [ʒ], o [ž] en *callado*. Informante bonaerense

su contacto con la parte central y anterior del paladar y sobreviene la articulación central: [ĵ], o [y]. De este modo, la distinción entre las dos palatales desaparece; este fenómeno de desfonologizacón se conoce con el nombre de *yeísmo*. Oposiciones como *pollo/poyo, malla/maya* se pierden, dando como único resultado *poyo, maya*.

Amado Alonso *(1961a,* 163) señaló como fecha del comienzo del yeísmo en España el siglo XVIII, pero estudios posteriores la han adelantado: Corominas *(1953)* encontró un yeísmo incipiente en Aragón y zonas colindantes, en los finales de la Edad Media; Galmés *(1951)* señala la confusión constante entre las dos palatales en un relato morisco del siglo XVII; Lapesa *(1964)* encontró yeísmo en *ll* inicial de palabra, desde el siglo XVI y, para la misma consonante, en interior de palabra, desde comienzos del siglo XVIII. Guitarte *(1971)* señala el fenómeno a partir de 1547, en el Cancionero de Pedro del Pozo, de Salamanca, y, posteriormente, Claudia Parodi *(1977)* encontró casos en América desde 1527, en Méjico. El fenómeno lo registra, en el XVI, también en Cuba, Santo Domingo, Honduras, Venezuela, Nueva Granada y Perú, y no sólo en textos de personas de escasa cultura.

Amado Alonso *(1961a,* 204 y 205) dijo, y creemos que llevaba razón, que no había habido en la historia de la aparición del yeísmo «*un* foco de producción con ondas de propagación de diverso alcance», sino que tuvo «repetido nacimiento en muchos lugares independientes», siendo, frecuentemente, las ciudades los centros de iniciación del fenómeno.

En lo que sigue, vamos a exponer las soluciones, tanto del mantenimiento de la oposición entre ambas palatales, como de su desfonologización, indicando las principales áreas geográficas en las que se produce.

10.3.5.1.1. *En Hispanoamérica*

10.3.5.1.1.1. *Mantenimiento de la oposición y/ll*

El mantenimiento de la oposición entre las dos palatales se puede realizar de diversas formas, como veremos a continuación:

a) *Distinción entre* [λ], *(o* [l̬]*)* *y* [ĵ], *(o* [y]*)*

En Puerto Rico, como señaló M.ª Vaquero *(1971)* se mantiene entre los viejos de la zona rural de Barranquitas.

En Colombia, según el *ALEC* (vol. VI) se produce en una amplia franja, en el centro, que arranca en la frontera con el Ecuador y llega, en dirección al Nordeste, hasta la frontera con Venezuela. Comprende: partes de Norte de Santander, Santander, Boyacá, Caldas, Cundinamarca (incluida Bogotá), Tolima, Cauca (menos el N. y la Costa), Huila, partes de Meta, Nariño (excepto la zona costera) y partes de Caquetá y de Putumayo.

En el Perú, la distinción se mantiene en la mayor parte de las tierras altas, aunque con indicios de retroceso. En la costa Sur, se mantienen restos (Caravedo, *1992,* 723-724, 731).

En Bolivia, en todo el País; según Mendoza *(1992*, 440), se mantiene sólo en la zona andina; en nuestras encuestas para el *ALH*, hemos encontrado la distinción tanto en los Andes como en el Oriente.

En Chile, siguiendo a Oroz *(1964* y *1966),* quedan «según parece, algunos islotes de lleísmo en el sur únicamente, sobre todo en regiones cordilleranas algo apartadas».

También se produce en partes del Ecuador y de la Argentina, como veremos más adelante.

b) *Distinción entre* [λ], *(o* [l̮]*) y* [dʒ], *(o* [ŷ]*)*

En el Paraguay, la fricativa central ha evolucionado hasta convertirse en una africada, mientras que la lateral se ha mantenido; es decir: la oposición entre los dos fonemas se mantiene, realizada del siguiente modo: λ/d͡ʒ (o l̮/ŷ). La conservación de la lateral es, según Malmberg *(1947)* y Granda *(1988),* general en todo el País; sin embargo, según el último autor, son perceptibles realizaciones deslateralizadas de /λ/, o /l̮/, en hablantes menores de 30 años, pertenecientes a estratos sociales urbanos altos y medios.

También se produce en partes del Ecuador y de la Argentina, como veremos más adelante.

c) *Distinción entre* [ʒ], *(o* [ž]*), y* [ǰ] *(o* [y]*)*

En este caso, se ha producido la deslateralización de /λ/, o /l̮/, pero, para mantener la distinción con la palatal central, la lateral ha pasado a realizarse como rehilada: [ʒ], o [ž]. El fenómeno se produce en el Ecuador y en la Argentina.

En el Perú, en el español de la zona amazónica (Caravedo, *1992,* 734).

En el Ecuador, según Quilis *(1988b* y *1992)* la Sierra y el Oriente son zonas distinguidoras; la Costa no lo es. En general, en el Sur (Loja, Cañar, El Oro, Azuay, Zamora) la distinción se mantiene entre [ʎ], o [l̮], y [ʝ], o [y]. Desde Imbambura hasta Chimborazo también existe la oposición, pero con bastante polimorfismo: mientras que en Ibarra se mantiene entre la central y la lateral, en Quito se mantiene la central sin rehilamiento, mientras que la lateral puede realizarse como africada [dʒ], o [ŷ], o como fricativa rehilada [ʒ], o [ž]; en esta misma Capital, aparece el yeísmo en la generación joven. En algunos informantes, también aparece la lateral.

En el Oriente: en Macas y en Nuevo Rocafuerte, se distingue entre las dos palatales. Puyo coincide con la solución más general de Quito, mientras que en Francisco de Orellana hay yeísmo.

Algunos filólogos, entre ellos Boyd Bowman *(1953),* atribuyen el mantenimiento de la lateral en el español del Ecuador al sustrato y posterior adstrato indígena. Todo puede ser posible, pero en Macas, donde todo el mundo mantiene la lateral, encuesté a una india de la tribu Shuar, que es la de la región, bilingüe perfecta, que pronunciaba siempre la lateral cuando hablaba en español, mas la lengua shuar no tiene la palatal lateral: sólo conoce la central [4].

En la Costa, el yeísmo es general. En Guayaquil, aparece tanto la articulación central, como la africada o la fricativa rehilada. En contra de la posición de Harol V. King *(1953)* de que en esta ciudad «la palatal lateral ocurre sólo entre vocales», nunca apareció en mis encuestas sistemáticas ni en las que realicé a otras personas, para comprobar algunos fenómenos.

---

[4] Véase Ángel Rouby y Otto Riedmayer: *Shuar Chicham, Gramática Shuar,* Quito, 1983, pág. 5.

La Argentina presenta una situación más compleja: la distinción entre [λ], o [l̮], y [ǰ], o [y], se produce en el Norte, en Jujuy, y Salta, Tucumán, Catamarca, La Rioja, Chaco, Santiago del Estero, Norte de Santa Fe. La distinción entre [ʒ], o [ž], y [ǰ], o [y], aparece en Santiago del Estero, y la que se establece entre [λ], o [l̮], y [dʒ], o [ŷ], se da como continuación de la zona paraguaya: en Formosa, el Chaco, Corrientes y Misiones. En el resto del País, se produce la nivelación en [ǰ], o [y], más o menos abierta, o en la rehilada [ʒ], o [ž].

10.3.5.1.1.2. *Desfonologización de* y/ll

En el resto de Hispanoamérica, se produce la desfonologización de las mencionadas consonantes palatales; las soluciones son varias:

a) Nivelación en la fricativa rehilada [ʒ], o [ž]. En Colombia, según el vol. VI del *ALEC,* se produce en el Sur de Antioquia y en el Centro de Norte de Santander.

El fenómeno es general en el Uruguay.

En Argentina, ocupa una gran extensión en la zona oriental: según Canfield *(1981),* toda la zona porteña, la Patagonia, Tierra del Fuego, y el este de una línea que va aproximadamente desde Córdoba a Bariloche, en la frontera con Chile, mantiene esta articulación.

Este fenómeno, en la Argentina, ha sido objeto de varios estudios. Aparte de la extensión del fenómeno, que fue ya descrito por Tiscornia *(1930,* 39-42), su naturaleza fue expuesta por Zamora Vicente *(1949)* en un artículo en el que señalaba la existencia de tres realizaciones: la fricativa sonora, [ʒ], o [ž], la sorda, [ʃ], o [š], que, según él, era la más frecuente y propia del estrato sociolingüístico bajo, y una tercera realización intermedia entre las dos. De la misma opinión era Malmberg *(1950).* Guitarte *(1955)* publicó posteriormente un trabajo en el que estudió el ensordecimiento del «žeísmo» porteño: el resultado de sus encuestas fue el siguiente: el 51% de sus informantes pronunciaban [ʒ], o [ž]; sólo el 15%, [ʃ], o [š̬]; el 34% restante, articulaba una variante ensordecida. Según Guitarte, el ensordecimiento de [ʒ], o [ž], es un fenómeno «ampliamente extendido que se muestra en la pronunciación débilmente sonora o semisorda de muchos hablantes, que utilizan a menudo variantes ensordecidas»; por otra parte, el fenómeno es más frecuente en las mujeres y parece que su foco de irradiación está situado en la burguesía media. Wolf y Jiménez *(1979,* 115-144), aplicando el modelo de Labov, comprobaron que el ensordecimiento es casi total para la generación porteña más joven, que las mujeres son las que más ensordecen, y que es el nivel social alto el más innovador. Donni de Mirande *(1980)* atribuye la realización ensordecida a «grupos de mujeres y jóvenes del nivel culto» [5].

Lope Blanch *(1966-1967)* señaló, dentro de la nivelación absoluta de las dos palatales, «la aparición de variantes rehiladas más o menos tensas, y también de articulaciones africadas en cualquier posición», en Puebla, Oaxaca, México, Distrito Federal, y Tlaxcala.

b) Nivelación en la fricativa central [ǰ], o [y]

Posiblemente, sea la solución más extendida. La articulan así en Cuba, Puerto Rico, República Dominicana, Méjico, Centro América, Venezuela, gran parte de Colombia, Ecuador, Perú, Argentina, Chile, y en el español de los Estados Unidos.

En algunas zonas (Norte y Sur de Méjico, Centro América, excepto Panamá, Costa atlántica de Colombia, zona central argentina) esta fricativa se realiza muy abierta. En contacto con la vocal palatal, /i/, se pierde a veces: [kapía] *capilla,* [poíto] *pollito;* por ejemplo, en Ecuador, en Esmeraldas y en el habla rústica de la Costa, según Toscano *(1964),* en el Norte de México, según Canfield *(1981*, 77-78), en Guatemala, de acuerdo con las encuestas para el *ALH* y con Alvar *(1980*[6]).

---

[5] Malmberg *(1965,* 93-97) estudió la diferencia de pronunciación que en la Argentina se realizaba entre [ǰ] en *hierba* y [ʒ], o [ž], en *yerba;* distinción prácticamente desaparecida hoy.

[6] En este artículo, puede observarse el fenómeno en el sonograma de [poíto] *pollito.*

10.3.5.1.1.3. *El yeísmo y las zonas dialectales en Hispanoamérica*

José Pedro Rona *(1964)* utilizó cuatro fenómenos lingüísticos, cuyas isoglosas se conocen bastante bien, para determinar las áreas dialectales de Hispanoamérica: un fenómeno fonético: el žeísmo; otro fonológico: el yeísmo; otro sintáctico: la ocurrencia del voseo, y otro morfológico: las formas verbales que se utilizan con el pronombre *vos*. Tomando los dos primeros fenómenos, que son los que aquí nos interesan, se pueden fijar las siguientes zonas:

a) zonas yeístas y žeístas: Uruguay, zona costera del Ecuador, Provincias gauchescas de la Argentina;

b) zonas yeístas y no žeístas: Costa Pacífica de Colombia y el interior de Venezuela; zona costera del Perú, excepto el Sur; zona meridional del Perú; centro de Chile, español en los Estados Unidos; Cuba y Puerto Rico; Méjico;

c) no yeístas y žeístas: Paraguay (excepto Concepción) y las Provincias argentinas de Misiones, Corrientes y Formosa; parte del Ecuador;

d) no yeístas y no žeístas: Sur del Perú, zona andina de Colombia y Perú, Norte de Chile, de Argentina, Bolivia, Sur de Chile y parte de la Patagonia argentina, etc.

10.3.5.1.2. *En España*

La publicación del *ALPI* dio una visión de conjunto sobre el mantenimiento o no de la palatal lateral en España. Hay tres mapas, en el único tomo publicado, que contienen el mencionado fonema: *caballo, castillo, cuchillo*. Según Navarro Tomás *(1964)* el actual yeísmo en lugares de Santander y Asturias está relacionado «probablemente con el de la propia tradición dialectal». En Andalucía, el yeísmo comprende «la parte oriental de la región, desde Cádiz a Almería. Hacia el Oeste, algunos pueblos muestran la *ll* normal en Córdoba y Sevilla y especialmente en Huelva». Desde Andalucía, el yeísmo se extiende hacia el Norte por Extremadura y por el Oeste de Castilla, y continúa el mismo Navarro: «La extensión del yeísmo por Castilla, según estos datos, alcanza en el habla popular hasta Madrid y Ávila. El avance ha sido menor por el lado oriental de la región. Apenas se encuentra el yeísmo por el campo de Murcia y Albacete, y no se registra en el *ALPI* desde Cuenca a la Rioja y Vasconia». Según el recuento de Navarro, los porcentajes de distinción normal y de *ll* predominante, alcanzan en España, en las provincias de habla española, el 44,6%.

Posteriormente a la recopilación de los materiales del *ALPI,* otros trabajos han puntualizado lo reflejado en él. El más importante, el *ALEA,* con una red de puntos densísima, ofreció una nueva panorámica. Llorente Maldonado de Guevara *(1962)* recogió los resultados de sus materiales: en Andalucía, veinticinco puntos conservan la *ll:* en Huelva, siete [7]; en Sevilla, seis [8]; en Cádiz, dos puntos, en la serranía de Grazalema; tres en Málaga, en la vertiente inferior de la serranía de Ronda; dos en Jaén, en las Sierras de Segura y Cazorla; tres en Granada [9]; dos en Almería, en el Norte, en la cuencua del Segura, mirando hacia Murcia. Como puede deducirse, prácticamente toda Andalucía es yeísta [10].

El artículo de Hidalgo Caballero *(1977)* dio a conocer nuevos puntos distinguidores en las provincias de Córdoba, Huelva, Sevi-

[7] Uno confina Badajoz y Portugal; cinco en la zona del Andévalo, enfrentada a Portugal, y uno en la serranía, cerca del límite sevillano.

[8] «Uno en la serranía, cerca de la provincia de Huelva; tres en la orilla derecha del Guadalquivir, mirando hacia Huelva y las marismas, y dos en plena campiña».

[9] «Uno en la Alpujarra oriental, otro en el Nordeste, cerca de Almería, y el tercero en el mismo límite de Murcia».

[10] Su literatura ha recogido abundantemente el fenómeno (Quilis, *1977).* El siguiente fragmento de la *Segunda Antología Poética* de Juan Ramón Jiménez, verdadera joya literaria dialectal, basta para ilustrarlo:

> «Mare, me jeché arena zobre la quemaura.
> Te yamé, te yamé dejde er camino... ¡nunca
> ejtubo ejto tan zolo! Laj yama me comían,
> mare, y yo te yamaba, y tú nunca benía!».

lla, Cádiz y Málaga, y señala las áreas distinguidoras del Sur, Sureste y Nordeste de la provincia de Badajoz. En la provincia de Cáceres también hay puntos distinguidores. Además de los datos del *ALPI* en los mapas 29, 37 y 58, véase Cummins *(1974,* 77-78) y Lorenzo Criado *(1948,* 401).

El *ALECant* muestra que es yeísta el norte y el centro de la provincia santanderina. Como ya indicó Alvar *(1977a),* la conservación de la palatal lateral «forma un arco por el Sur de la provincia con estribos de apoyo en los extremos orientales y occidentales y alguna salpicadura no lejos de Santander»; es decir, la desfonologización de la lateral parece el resultado de una irradiación lingüística producida desde la capital.

El *ALEANR* indica la presencia de la palatal lateral en todo Aragón, en Navarra y en Rioja.

En Canarias, el mantenimiento de la oposición o su desaparición está bien estudiado [11]. La lateral se conserva de forma mayoritaria, pero, según la bibliografía existente, los jóvenes van abandonando la distinción. Según V. Marrero *(1988,* 221-228), que estudia los datos del *ALEICan,* los grupos sociales más conservadores parecen ser los campesinos y las mujeres. Distinguen en el Hierro y La Graciosa; distinguen mayoritariamente en Tenerife y Las Palmas; no distinguen mayoritariamente Gran Canaria y Fuerteventura, y, en parte, distinguen La Gomera y Lanzarote.

En la isla del Hierro, a veces, la palatal lateral se realiza como [l]: [galína] *gallina.*

10.3.5.1.3. *En otros dialectos del español*

En judeoespañol, el yeísmo es general, articulándose la palatal central con un grado considerable de abertura.

[11] M. Alvar *(1959,* 41; *1965,* 307; *1971,* 14; *1972,* 124 y *1968* «Notas sobre el yeísmo y la oposición de *elle* y *ye*», pág. 79 y sgs.). Trujillo *(1980,* 63), Catalán *(1964,* 243-244 y 255-258); Lorenzo Ramos *(1976,* 73); C. Alvar *(1975,* 38); Régulo *(1970,* 37).

En el español de Filipinas, se mantiene la lateral.

En el español de Guinea Ecuatorial, es frecuente encontrar la palatal lateral, por influencia evidente de la escuela (Quilis y Casado, *1992).*

10.3.5.1.4. *Realización* [l] *del fonema lateral palatal*

A veces, en judeoespañol, aparece [l] en lugar de la palatal: [pelísku] *pellizco,* [lúvjas] *lluvias.* Este fenómeno ha sido señalado también en el Paraguay, donde Granda *(1988,* 134) da *holin* (< hollin), *polito* (< pollito) en hablantes bilingües rurales. En Bogotá y en la costa atlántica colombiana, registró Flórez *(1951,* 244-245) casos como *rebulicio, melizo, pelizco, agua luvia, molejón, desholiná,* etc. En el español de Guinea Ecuatorial también hemos registrado el fenómeno: *gàlina,* por ejemplo (Quilis y Casado, *1992).* En Chile, según Oroz *(1966,* 152) *chilido, grandulón, gamela.* Navarro Tomás *(1975,* 137) lo mencionó, como resultado del estudio de los materiales del *ALPI,* en «lugares fronterizos —asturianos, leoneses, zamoranos y cacereños— de habla gallega o portuguesa», y también en el Norte de León, Sureste de Cáceres, en el Norte de Soria, Oeste de Burgos, etc., ejemplos: *cabalo, castilo, cuchilo.*

10.3.5.1.5. *Pérdida de la palatal*

Cuando la consonante palatal, ya sea central o lateral (en zonas o hablantes distinguidores) se encuentra en contacto con las vocales anteriores, desaparece, por lo general: en judeoespañol: [gaína] *gallina,* [éos] *ellos,* [mãnzía] *mancilla;* en el español de Guinea Ecuatorial: [aí] *allí* o *ahí,* [poíto] *pollito,* [botéa] *botella,* [aér] *ayer* (Quilis y Casado, *1992).* En Colombia (Flórez, *1951,* 237 y 244), *aá* «allá», *zambuí* «zambullí», *chirimoas* «chirimoyas», *antiaer* «antiayer». En Chile, según Oroz *(1966,* 135) [kaéndo] *cayendo,* [kreó] *creyó*, etc. En Perú, en el español costeño y andino (Caravedo, *1992,* 723, 733), y en Guatemala: *cuchío, mantequía.*

10.3.5.1.6. *Palatalización de la secuencia «li + vocal»*

La secuencia tautosilábica «[li] + vocal» se palataliza unas veces como lateral y otras como central en algunos dialectos del español. Flórez *(1951,* 222) señala el fenómeno en los campesinos de Nariño: *famillas, vallente, jullo,* etc. En judeoespañol, *cayenti* «caliente». Hills *(1938,* 15) dice que, en Méjico, esta secuencia «tiende a hacerse *y»: sayendo* «saliendo», *moyendo* «moliendo». En el español de Guinea Ecuatorial, [famíλa], o [famíl̬a] y [famíǰa] o [famíya] *familia,* produciéndose también su ulterior pérdida: *famía, domisío* «domicilio», según Quilis y Casado *(1992).*

10.3.5.1.7. *Nasalización de la palatal*

La nasalización de la consonante palatal, tanto de [ǰ], o [y], como de [λ], o [l̬], normalmente deslateralizada se encuentra en Hispanoamérica, en algunas palabras sobre todo; son casos como *ñema* «yema», *ñamar* «llamar» *ñapa* «yapa», e incluso *ñato* «chato».

10.3.5.2. *Realizaciones de [-l] postnuclear o implosiva*

Amado Alonso y Raimundo Lida *(1945)* dieron a conocer hace tiempo la evolución de *r* y de *l* implosivas en España y América. En este capítulo, hemos recogido, simpre que nos ha sido posible, datos posteriores al mencionado trabajo. Tratamos por separado la evolución de ambas consonantes porque, aunque en la mayoría de las veces se producen en los mismos territorios, y las soluciones sean semejantes, su extensión o intensidad no es, en múchos casos, la misma.

10.3.5.2.1. [-l] > [-r] [12]

En Cuba, no es constante esta solución: la hemos encontrado, con muy poca frecuencia en Bahía Honda, la Habana y en Cárdenas: [delantár] *delantal* [múrta] *multa,* [púrso] *pulso* ('pulsera'); rara vez en Jovellanos y Martí. En Puerto Rico, el cambio es frecuen-

[12] Incluimos en este apartado los datos sobre la realización intermedia entre [l] y [r].

te en todas las clases sociales. En la República Dominicana, según Jiménez Sabater *(1975,* 104), se prefiere esta solución, en el Cibao, y en el Distrito Nacional.

En Panamá el fenómeno no es demasiado frecuente. En Colombia, en la parte Norte y en las dos costas.

En Venezuela, aparece a veces, en la costa. El artículo de D'Introno, Rojas y Sosa *(1979)* sobre las líquidas implosivas en Caracas, indica que en los estratos sociales medio y alto, [-l] se mantiene en el 99% de los casos. En el nivel bajo, las realizaciones y sus porcentajes son los siguientes: [-l]: 76,9%; realizaciones de tipo [-ŕ]: 6,6%; realizaciones intermedias entre [-r] y [-l]: 14,8%; pérdida de [-l]: 1,6%. Ecuador: se produce en la costa y con representación bastante escasa. En Perú, también en la costa. Chile: frecuente en la clase popular y familiar. En Argentina, a veces, en Neuquén.

En Canarias, según Marrero *(1988,* 394-463), /-l/ final de palabra se mantiene en el 78% de los casos, seguido de su pérdida, y de la realización [-r] en un 2,6% [13]. En interior, se conserva en un 75%, y es [-r] en 20% [14]. En Andalucía, de acuerdo con Quilis-Sanz *(1998),* en interior de palabra se realiza como [-r] en el 66% de los casos, seguida de [-l], y de la mixta entre [l] y [r].

10.3.5.2.2. *Pérdida de* [-l]

La pérdida de [-l] se puede producir tanto en posición final de palabra, como en interior: [pumõnía] *pulmonía,* [degáo] *delgado* [15], [alkó] *alcohol.* Algunas veces, su pérdida puede afectar a la duración de su vocal silábica o a la de la consonante siguiente: [kám:a] *calma,* [pú:po] *pulpo,* o a la de las dos: [gó:p:e] *golpe* [16].

En Cuba, se pierde frecuentemente en Guane y Jovellanos y, a veces, en Bahía Honda y Artemisa, afectando a la duración en

[13] Otras realizaciones muy esporádicas suponen el 2,2% restante.

[14] En Canarias, en general, /-l/ implosivo, tanto en final como en interior de palabra, se mantiene en más del 75% de los casos.

[15] En este caso, permanece [g] como oclusiva, pese a la pérdida de [l]. (Como recordamos, se trata de los casos en los que [b], [d], [g] se producen como oclusivas después de las consonantes líquidas).

[16] Ejemplos sacados de nuestras encuestas de Cuba.

ambos puntos; en La Habana, en Güines (donde, en esta secuencia, [-l], cuando se mantiene, suele ser cacuminal y [t] y [d], en contacto con ella, o solas, como resultado de su pérdida, suelen ser alveolares; también lo son, y muy cóncavas, en Artemisa, en contacto con [l]), y en Cárdenas; en Puerto Rico, en zonas de negros. En la República Dominicana, con menos frecuencia que las otras evoluciones; en el español cibaeño, según Alba *(1990,* 119) el fenómeno ocurre sólo en el nivel socioeconómico bajo y es tres veces menos frecuente que la pérdida de [-r], que, además, se produce también en el estrato socioeconómico alto.

En Panamá, según Robe *(1960)* entre los campesinos de las Provincias centrales.

En Colombia, en las costas; en Ecuador, con poca frecuencia, en la costa.

Su pérdida, en posición interior de palabra, puede originar, por asimilación a la consonante siguiente, la geminación de ésta: [ággo] *algo,* [pámma] o [páṃma] *palma,* [góppe] *golpe.* No hemos registrado el fenómeno en Cuba. Se produce, a veces, en Puerto Rico y en la República Dominicana.

En Panamá, según Robe *(1960),* en las provincias centrales.

En Colombia, en la costa; en Chile, en el centro del País. No lo hemos encontrado en el Ecuador.

Según los trabajos mencionados en el epígrafe anterior, en Canarias /-l/ final de palabra se pierde en el 16,7% de los casos, y en Andalucía, en el 71%. En ambos territorios, su pérdida en interior de palabra tiene un porcentaje muy bajo.

10.3.5.2.3. [-l] > [-h]

En Cuba, hemos encontrado esta aspiración, algunas veces, en Guane; [ahpalgáta] *alpargata;* ocasionalmente, en Jovellanos. En Puerto Rico y en la República Dominicana, según Jiménez Sabater *(1975,* 105), aunque no dé ejemplos del fenómeno.

En Colombia, es frecuente, entre el vulgo, en Bolívar.

En Canarias y en Andalucía, la aspiración se produce muy esporádicamente.

10.3.5.2.4. *Vocalización de* [-l] *en* [-i̯]

Son ejemplos como [ái̯γo] (o [ái̯go]) *algo,* [dúi̯se] *dulce,* [ai̯mohá] *almohada,* [baúi̯] *baúl*[17].

Según Jiménez Sabater *(1975,* 90 y sigs.), en la República Dominicana, la vocalización de [-l] y [-r] ocurre en casi todas las posiciones, salvo: al final de palabra no oxítona, ante /n/ y /l/ y, sólo parcialmente, ante /t͡ʃ/ (o /ĉ/) y /s/. Los límites geográficos del fenómeno son muy amplios: toda la costa norte, hasta la mitad occidental de la península de Samaná y, por el Sur, hasta «casi las mismas puertas de Santo Domingo de Guzmán»[18]. El estudio de Coupal, Germozen y Sabater *(1988)* sobre [-l] y [-r] implosivas puso de manifiesto que las variantes vocalizadas predominan, en general, siendo los porcentajes más altos de lo que se había dicho hasta ahora. El elemento vocálico resultante es [j], cuando está acentuado y [ə] cuando está inacentuado. Según O. Alba *(1990,* 119) la vocalización de [-l] en final de palabra sólo se produce en Santiago, Capital de Cibao, en el estrato socioeconómico bajo y es más frecuente que la vocalización de [-r] en la misma posición[19].

En Colombia, según Flórez *(1951,* 202-203 y 227-229), se produce, a veces, en el habla vulgar de las dos costas.

En Canarias, Diego Catalán *(1964,* 244) cita un solo ejemplo: *aiguito* «alguito», y en Andalucía, es muy esporádica.

10.3.5.2.5. [-l] > [-n]

Ocasionalmente, hemos registrado en Cuba la realización nasal de [-l] en Guane, Bahía Honda y Martí: [kansonsíȷ̌o] (o [kansonsí-

---

[17] Ejemplos tomados de Jiménez Sabater *(1975).*

[18] Comprende las provincias de Montecristi, Dajabón, Santiago Rodríguez, Valverde, Puerto Plata, Santiago, Espaillat, Salcedo, María Trinidad Sánchez, Duerte, La Vega, Sánchez Ramírez, la mitad oeste de la provincia de Samaná y parte de la provincia de San Cristóbal.

[19] N. Rojas *(1982)* estudió la semivocalización de las líquidas en el español cibaeño de San Francisco de Macoris.

No tiene sentido el término de *desconsonantización* que algunos emplean para la vocalización de [-l], [-r], ni tampoco el de *deslizada* para la [i] resultante, cuando es parte de un diptongo, como otro cualquiera.

yo]) *calzoncillo,* [pjén] *piel.* Jiménez Sabater *(1975,* 101) señala el fenómeno en posición final de palabra: [baún] *baúl,* [hjén] *hiel* [20].

10.3.5.3. *El cambio* [l] > [r] y [r] > [l] *en secuencias consonánticas tautosilábicas*

El cambio «consonante + [l] > consonante + [r]» y «consonante + [r] > consonante + [l]» en secuencias tautosilábicas se produce en varias lenguas y dialectos de la Romania, registrándose casos ya en el mismo latín medieval. El trabajo de Salvador Salvador *(1978)* da cuenta de la extensión del fenómeno y recoge la bibliografía pertinente. El más frecuente es el cambio *l > r,* que se da en italiano y en portugués; el inverso se produce en los dialectos sardos.

En España, el fenómeno es muy corriente en el dominio leonés: *cravu, pranta, fror, fran, cravel, igresia, branco,* etc., y con menos frecuencia *plonto, clin, blazo, gluta, flagua,* etc. (Vid. también Torreblanca, *1989).*

Además, hay ejemplos de Murcia y Canarias. En Andalucía, el fenómeno se registra con mayor intensidad en las provincias de Granada y Málaga, Sur de Córdoba y Suroeste de Almería.

En América, aparece en Colombia (Bogotá y costa atlántica) según Flórez *(1951).* En Cuba, hemos registrado *ombrigo, frauta, cocobranco,* en Guane y en Güines.

10.4. LÍQUIDAS VIBRANTES

El español tiene dos fonemas vibrantes: el simple, /r/, y el múltiple, /r̄/.

Su articulación se realiza entre el ápice de la lengua y los alvéolos, produciendo una o varias oclusiones —«vibraciones»— muy breves. Son sonoros.

---

[20] En Canarias, V. Marrero *(1988,* 435) da dos ejemplos de asimilación a la nasal siguiente: [emmâĉo] *el macho* y [ammiré] *almírez.* En Andalucía, es muy escaso.

10.4.1. Vibrante simple: /r/

Tiene un solo alófono ápicoalveolar: [r]. Su articulación se forma por medio de una breve oclusión entre el ápice de la lengua y los alvéolos. La lengua adopta una forma cóncava, como puede verse en la figura 10.6.

Este fonema aparece sólo en interior de palabra, en posición silábica prenuclear: a) entre vocales: /kamaréro/ [kamaréro] *camarero;* /kóro/ [kóro] *coro;* /bára/ [bára] *vara;* b) entre /p/, /t/, /k/, /b/, /d/, /g/, /f/ y una vocal: /prokréa/ [prokréa] *procrea;* /trés/ [trés] *tres;* /brísa/ [brísa] *brisa;* /dráma/ [dráma] *drama;* /frío/ [frío] *frio.*

Su grafía es *r.*

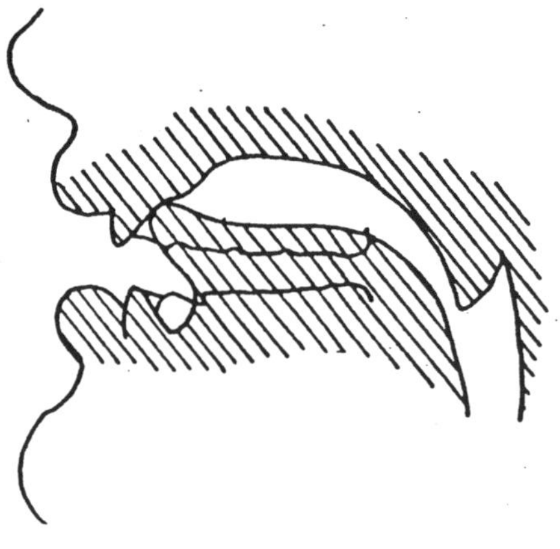

Fig. 10.6. Realización articulatoria del fonema /r/ de /aráR/ *arar*

10.4.2. Vibrante múltiple: /r̄/

Tiene un solo alófono ápicoalveolar: [r̄]. Su articulación se realiza por medio de dos o más oclusiones breves entre el ápice de la lengua y los alvéolos. La forma de la lengua es cóncava, como puede verse en la figura 10.7.; en ella, la línea continua del perfil lingual refleja el momento de la oclusión, mientras que la línea de puntos señala la posición de la abertura entre cada oclusión.

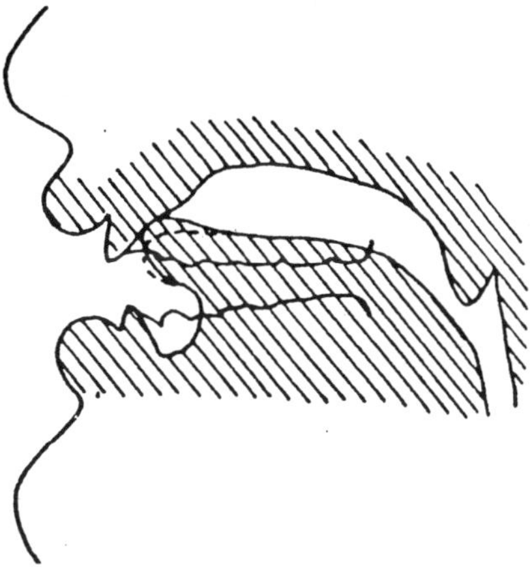

FIG. 10.7. Realización articulatoria del fonema /r̄/ en /pár̄a/ *parra*

Este fonema aparece en posición silábica prenuclear, en las siguientes posiciones: a) al principio de una palabra: /r̄óka/ [r̄óka] *roca;* b) en posición interior de palabra, entre vocales: /kór̄o/ [kór̄o] *corro;* /bár̄a/ [bár̄a] *barra;* c) en posición interior de palabra, precedido de /n/ o /l/: /óNr̄a/ [ṍnr̄a] *honra;* /alr̄ededóR/ [alr̄eðeðór] *alrededor.*

Ortográficamente, responde bien a la grafía *r* cuando se encuentra en posición inicial de palabra, o en medial precedida de *n* o *l,* bien a la grafía *rr,* cuando se halla en posición intervocálica, en interior de palabra.

10.4.3. NEUTRALIZACIÓN DE LOS FONEMAS VIBRANTES EN POSICIÓN SILÁBICA POSTNUCLEAR

Los fonemas vibrantes /r/ y /r̄/ funcionan plenamente en posición prenuclear interior de palabra: *coro - corro, cero - cerro, carera - carrera, moro - morro,* etc.

Cuando una consonante vibrante se encuentra en posición implosiva, se realiza como una variante alofónica de cualquiera de las dos vibrantes, ya que según un mayor o menor énfasis puede resultar simple, múltiple o fricativa: [pwérta], [pwér̄ta], [pwéɹta] *puerta.* En esta posición final las consonantes vibrantes quedan neutralizadas, resultando un archifonema vibrante: /R/: /puéRta/.

Ejemplos:

Nivel ortográfico	Nivel fonológico	Nivel fonético
rama	/r̄ama/	[r̄ama]
perro	/pér̄o/	[pér̄o]
pero	/péro/	[péro]
Enrique	/eNr̄íke/	[ẽnr̄íke]
perla	/péRla/	[pér̄la] o [pérla]
cortar	/koRtáR/	[kortár] o [kor̄tar̄]
el río	/el r̄ío/	[el r̄ío]

10.4.4. Oposiciones fonológicas

Como hemos visto anteriormente, las vibrantes se oponen a las laterales; como líquidas, se oponen a todas las demás consonantes, que no son líquidas. Entre sí, se oponen como interrupta simple a interrupta múltiple: *coro/corro, caro/carro, cero/cerro, moro/morro, carera/carrera,* etc.

10.4.5. Caracterización acústica

Como hemos dicho repetidamente, las consonantes vibrantes se caracterizan por su cualidad de interruptas.

En la figura 10.8., están representados los sonogramas de las secuencias [pár̄a] *parra* y [pára] *para.* Inmediatamente, se percibe la diferencia entre las dos vibrantes: en [r̄] hay tres breves oclusiones; en [r] sólo hay una. En la múltiple, [r̄], puede verse después de [á] un espacio casi en blanco: es el momento en que el ápice de la lengua ha formado la oclusión contra los alvéolos (señalado con *o* en la figura); a continuación, una estrecha columna (señalada con *e* en la figura) que corresponde al momento en que el ápice de la lengua se separa de los alvéolos (línea lingual de puntos en la figura 10.7.); sigue de nuevo otra oclusión; otro elemento vocálico y nueva oclusión; y, a continuación la [-a]. Esta vibrante múlti-

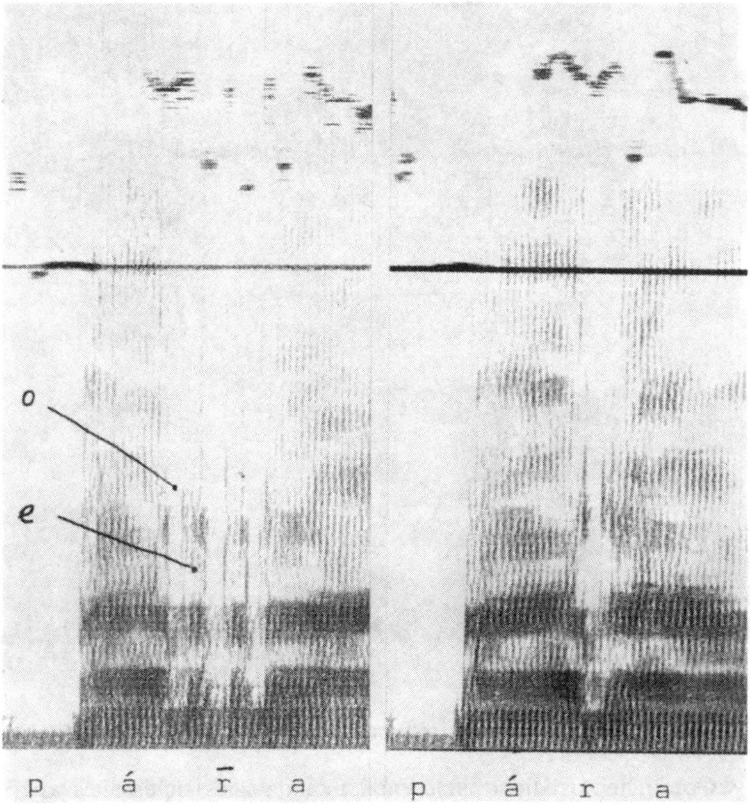

FIG. 10.8. Sonograma de [pár̄a] *parra* y [pára] *para*. En [pár̄a]: *o* corresponde al momento de la oclusión entre el ápice y los alvéolos; *e* es el momento de abertura; [r̄] tiene tres oclusiones

ple tiene tres oclusiones, que es lo normal en ella. En [pára] sólo se realiza una oclusión. Compruébese también la transición de los formantes.

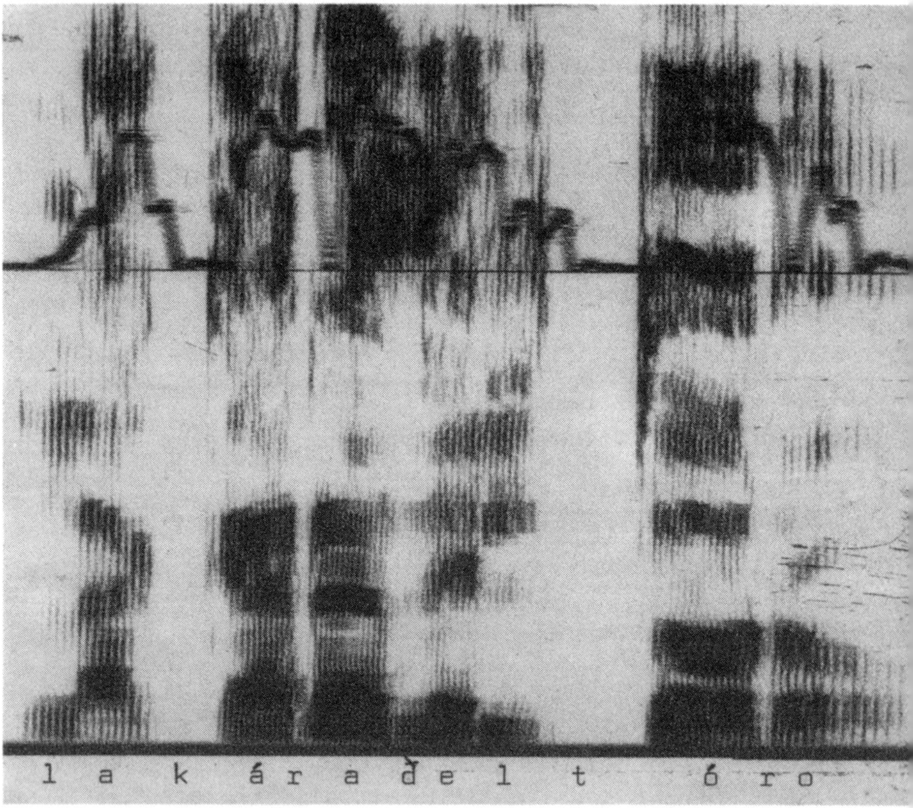

FIG. 10.9. Sonograma de la secuencia /la kára del tóro/ *la cara del toro*

Como hemos dicho, entre cada una de las oclusiones aparece una composición espectrográfica vertical *(e,* en la figura 10.8.) de características análogas a las de una vocal: aparición de unas zonas de formantes netamente caracterizadas. Si prescindimos de las interrupciones, puede observarse una continuación sobre la vibrante múltiple de los formantes vocálicos adyacentes.

Las figuras 10.9. y 10.10. muestran las realizaciones de las dos vibrantes en las frases *La cara del toro* y *La rama de la parra.*

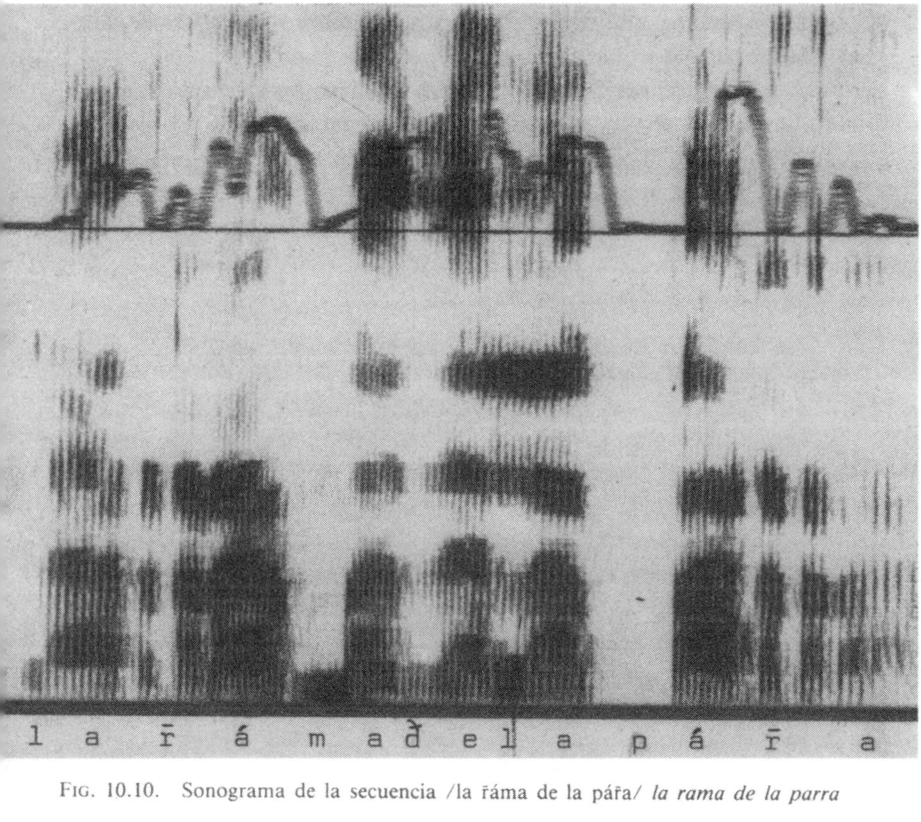

FIG. 10.10. Sonograma de la secuencia /la řáma de la pářa/ *la rama de la parra*

En la primera, la vibrante simple se realiza por medio de una sola y muy breve oclusión (compárese su duración con la de [k] o [t]), En la segunda frase, la vibrante múltiple de *rama* posee dos oclusiones muy tensas y una tercera que tiende ya hacia la fricación. En la de *parra* ocurre lo mismo. Obsérvese también cómo desciende la línea de intensidad en la oclusión y tiene un pico en el elemento vocálico.

10.4.5.1. *Vibrante simple* [r]

La duración media del momento interrupto en la consonante vibrante simple es de 2 cs.

Las transiciones de los formantes adyacentes a esta consonante son las siguientes: T_1 es negativa; T_2 es negativa con [i, e], positiva con [o, u]; con [a] la transición es muy pequeña, siendo unas veces positiva y otras negativa; T_3 con [a] es muy pequeña, bien negativa, bien positiva, y negativa con las demás vocales.

10.4.5.2. *Vibrante múltiple* [r̄]

La duración media total de esta consonante es de 8,51 cs, y la de sus transiciones de 2,13 cs.

La media de interrupciones que aparece en cada vibrante múltiple es de tres, siendo su duración media de 1,5 cs.

La media de elementos vocálicos es de dos, siendo el valor medio de su duración de 1,8 cs.

Las frecuencias medias para los dos primeros formantes de /r̄/ (F_1 r̄ y F_2 r̄), con cada una de nuestras cinco vocales, son las siguientes:

F_1 r̄	F_2 r̄	F_1 vocal	F_2 vocal	
368	1.246	359	2.020	*i*
468	1.178	488	1.739	*e*
557	1.193	637	1.303	*a*
408	1.062	467	1.097	*o*
332	948	381	980	*u*

En la figura 10.11. se han representado los valores del cuadro anterior sobre una carta de formantes: los números indican la situación de [r̄], con cada una de las vocales con las que forma sílaba; es decir, 1 representa la [r̄] de [r̄i], etc. Como puede observarse, las coordenadas de /r̄/ ocupan una posición bastante posterior en el triángulo vocálico, siguiendo a grandes trazos la disposición vocálica.

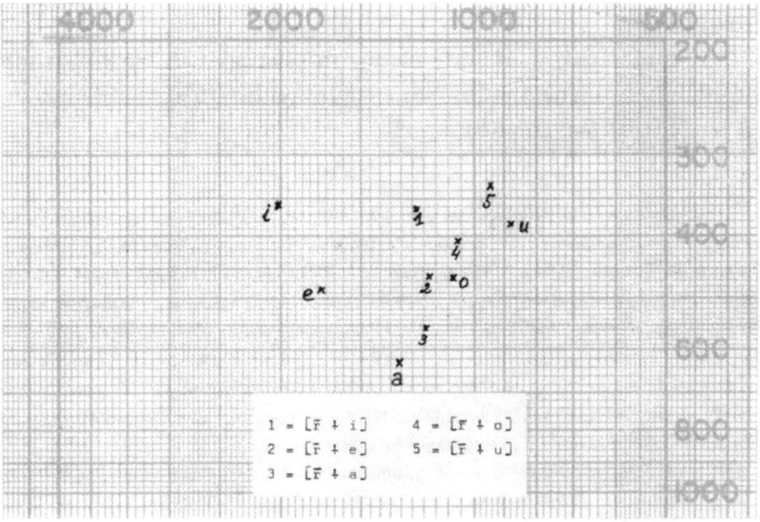

FIG. 10.11. Situación de la carta de formantes de los elementos vocálicos de [r̄] (números) y de sus vocales silábicas

Las transiciones en esta vibrante múltiple son las siguientes: T_1 es siempre negativa. T_2 es negativa con [i, e, a] y positiva con [o, u]. T_3 con [a] es muy pequeña, y suele ser bien positiva, bien negativa; es negativa con todas las demás vocales.

10.4.5.3. *El elemento esvarabático*

En español, los grupos tautosilábicos formados por fonema oclusivo más vibrante o fricativo labiodental más vibrante, situados en posición silábica prenuclear —/pr, br, tr, dr, kr, gr, fr/—, desarrollan en su realización un elemento esvarabático [21].

La figura 10.12. muestra cuatro secuencias *(prado, trece, fresa* y *droga)* en las que aparece muy claramente el mencionado elemento, señalado en los sonogramas por *e*. Como puede observarse, su duración es considerable, dándose, además, la presencia en él de formantes.

Las características de este elemento esvarabático, en los grupos consonánticos mencionados, son, según Quilis *(1970,* e investigaciones en curso), las siguientes:

---

[21] La presencia del elemento vocálico parásito en estos grupos fue señalada por primera vez por Rodolfo Lenz en sus «Chilenische Studien» publicados en la revista *Phonetische Studien,* tomos V (1892, págs. 272-293) y VI (1893, págs. 18-34), describiéndolo del siguiente modo: «yo he oído a españoles y peruanos, y a menudo también a chilenos cultos, pronunciarla (la *r)* con sonoridad muy completa, como en *arte, trabajar, cuerpo,* donde entre el golpe de lengua de la *r* y las consonantes vecinas puede percibirse un perfecto sonido glótico *(svarabhakti).* Entre vocal y consonante sonora o en posición final, este elemento vocálico es en Santiago muy común, especialmente en la pronunciación culta».

(La traducción española de los «Chilenische Studien» fue recogida en la *Biblioteca de Dialectología Hispanoamericana,* VI, 1940, Págs. 87-258, bajo el título *Estudios Chilenos.* Nuestra cita corresponde a las págs. 103-104. Véase también en el mismo volumen el trabajo de Amado Alonso, *Rodolfo Lenz y la Dialectología Hispanoamericana,* págs. 271-278.)

Mas tarde se ocupa del mismo problema Navarro Tomás *(1918,* 385-386), refiriéndose a la presencia del elemento esvarabático y a su duración: «la vibración de la *r* en interior de sílaba *(prado, tropa, brazo,* etc.) tiene aproximadamente igual duración que la de la *r* intervocálica; pero dicha vibración no sigue inmediatamente a la explosión de la consonante anterior, sino que entre una y otra se produce generalmente un pequeño elemento vocálico, cuya duración iguala con frecuencia y aun a veces supera a la de la misma *r*».

Para Gili Gaya *(1921),* «la duración de este sonido intermedio alcanza en la mayoría de nuestros casos una duración superior a la misma *r*».

Bertil Malmberg («Los grupos de consonantes en español», en Malmberg, *1965,* 29-49) estudia el fenómeno más extensamente, deduciendo de él toda una serie de consecuencias para la historia del español y para ciertas formaciones dialectales sincrónicas.

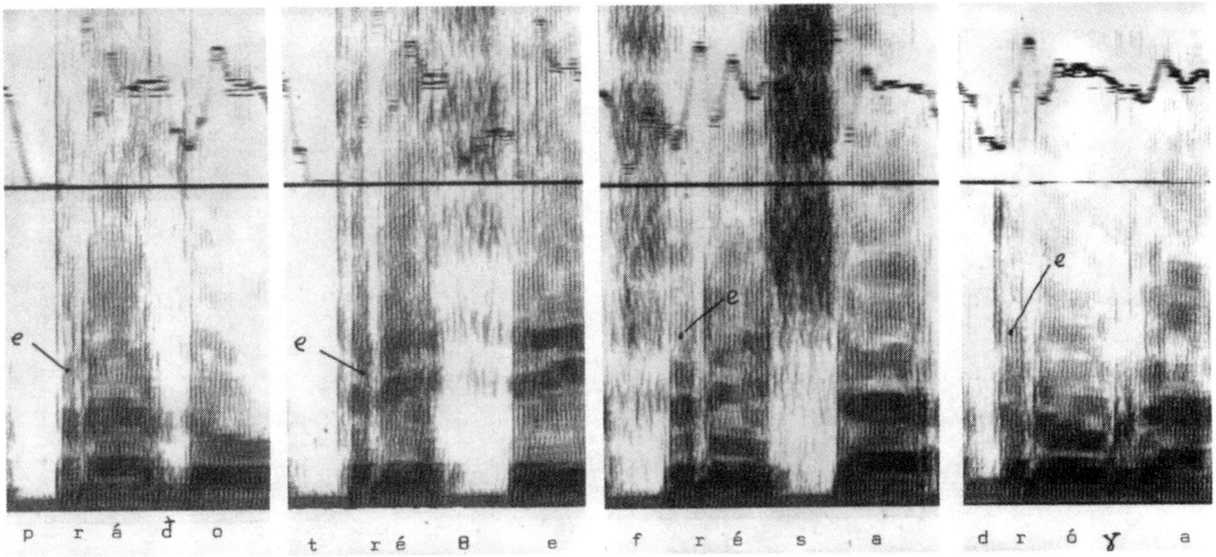

FIG. 10.12. Sonogramas de *prado, trece, fresa, droga,* en los que aparece el elemento esvarabático (*e* en la figura)

1. La duración del elemento vocálico es muy variable: hemos encontrado valores comprendidos entre las 0,8 cs hasta las 5,6 cs. La media de su duración es de 2,9 cs.

2. La duración de la oclusión de la consonante vibrante se extiende entre 1,6 cs y 3,6 cs. /r/ se realiza siempre con una sola oclusión, cuando no es fricativa, lo que no es muy frecuente. Su duración media es de 2 cs.

3. Este elemento esvarabático posee una estructura acústica muy semejante a la de una vocal: conformación de formantes a lo largo de su espectro. Estos formantes están mejor marcados cuanto mayor es su duración y su intensidad. Normalmente, la intensidad es menor que la de la vocal siguiente.

Constantemente, aparecen los dos primeros formantes, estando los demás bastante debilitados.

Los valores medios obtenidos para los dos primeros formantes del elemento esvarabático, con cada una de nuestras cinco vocales aparecen en el siguiente cuadro:

[ə]		Vocal		
F_1	F_2	F_1	F_2	
348	1.745	318	2.360	*i*
388	1.645	414	2.011	*e*
469	1.482	642	1.486	*a*
396	1.213	445	1.114	*o*
340	1.111	343	988	*u*

Como puede observarse en la figura 10.13., donde se han llevado sobre una carta de formantes los valores del cuadro anterior, la situación del elemento esvarabático sigue muy de cerca la disposición triangular de su vocal núcleo silábico.

Resumiendo, podemos concluir diciendo que: *a)* la situación de los formantes del elemento esvarabático sigue a la de los formantes de las vocales que forman el núcleo silábico; y *b)* como consecuen-

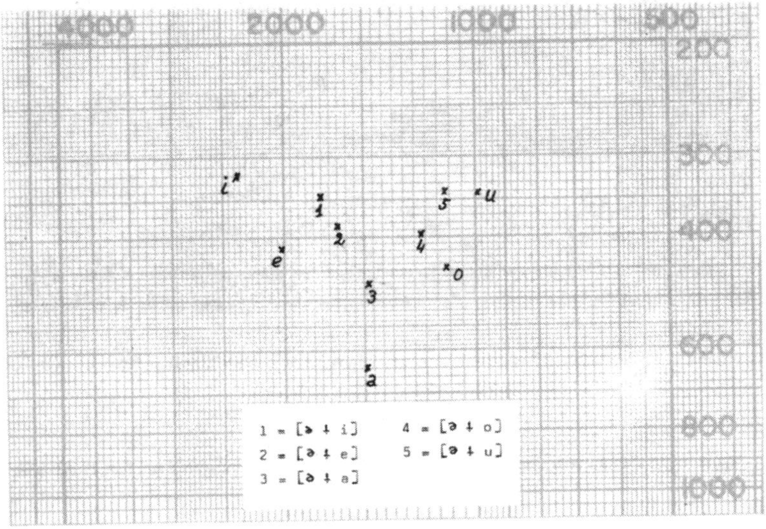

FIG. 10.13. Representación de los elementos esvarabáticos (números) y de sus vocales silábicas

cia, su configuración se adecua al núcleo silábico. (En la fig. 10.14. damos el esquema del elemento esvarabático con cada uno de nuestros cinco fonemas vocálicos.)

Dada la naturaleza de este elemento, no es de extrañar que cuando se desarrolla y se constituye como vocal plena, formando un nuevo núcleo silábico, suela ser de la misma naturaleza que el núcleo silábico al que pertenecía; es decir, que *pra > para, bro > boro,* etc.; por ejemplo, *tiguere* (*< tigre), tarabilla* (*< trabilla), corónica*

(< *crónica), gurupa* (< *grupa), chácara* (< *chacra), queresa* (< *cresa), albiricias* (< *albricias),* pero *cangarejo* (< *cangrejo).*

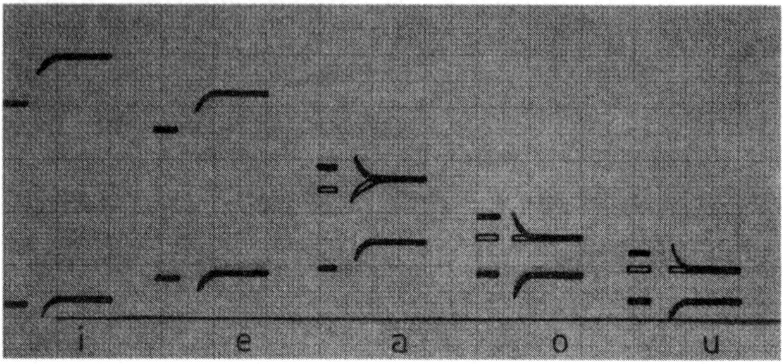

FIG. 10.14. Esquema de los dos primeros formantes del elemento esvarabático con las vocales [i, e, a, o, u]

10.4.6. CLASIFICACIÓN ACÚSTICA DE LAS CONSONANTES LÍQUIDAS

Rasgos	l	λ	r	r̄
Vocálico - no vocálico	+	+	+	+
Consonántico - no consonántico	+	+	+	+
Continuo - Interrupto	+	+	—	—
Interrupto simple - Interrupto múltiple			+	—
Compacto - Difuso	—	+		

10.4.7. DEFINICIÓN Y DISTRIBUCIÓN DE LOS FONEMAS LÍQUIDOS

1. /l/: Articulatoriamente: *lateral, alveolar, sonoro.*
Acústicamente: *vocálico, consonántico, difuso, continuo.*
Ortográficamente, se representa por *l.*

Este fonema tiene los siguientes alófonos en distribución complementaria:

[l̪]: *lateral, dental sonoro.* Se realiza como tal, cuando precede a [t] o [d].

[l̟]: *lateral, interdental, sonoro.* Se produce este alófono cuando /l/ va seguido de /θ/. Como es lógico, no existe en las zonas de seseo.

[l̮]: *lateral, palatalizado, sonoro.* Aparece este alófono palatalizado, diferente de la realización palatal, cuando el fonema /l/ en posición silábica postnuclear precede a un fonema palatal.

[l]: *lateral, alveolar, sonoro.* En el resto de los contornos.

2. AFI: /ʎ/; RFE: /l̮/:
   Articulatoriamente: *lateral, palatal, sonoro.*
   Acústicamente: *vocálico, consonántico, denso, continuo.*
   Ortográficamente, se representa por *ll.*

Tiene un solo alófono que se produce siempre en posición silábica prenuclear.

3. /r/: Articulatoriamente: *vibrante simple, apicoalveolar, sonoro.*
   Acústicamente: *vocálico, consonántico, interrupto simple.*
   Ortográficamente, se representa por r en posición intervocálica o postnuclear.

4. /r̄/: Articulatoriamente: *vibrante múltiple, apicoalveolar, sonoro.*
   Acústicamente: *vocálico, consonántico, interrupto múltiple.*
   Ortográficamente, se representa por *rr* en posición intervocálica o por *r* en posición inicial de palabra o en interior precedida de *l, n* o *s.*

Los fonemas vibrantes se neutralizan en posición postnuclear.

10.4.8. Evolución de las consonantes vibrantes

Como dice Straka *(1965a),* la *r* latina era sin ninguna duda una vibrante apicoalveolar. Esta articulación se ha conservado durante mucho tiempo en toda la Romania y se conserva aún en la mayoría de las lenguas románicas; sin embargo, en algunas de ellas (francés, español, portugués) ha sufrido diversas modificaciones.

En líneas generales, las consonantes vibrantes pueden seguir las evoluciones siguientes:

10.4.8.1. *Transformación, por pérdida de las oclusiones, en una consonante continua*

Es el caso, en español, del cambio de [r̄] y, aunque menos, también de [r], en la asibilada [ř] ȯ en la líquida lateral [l].

Como puede verse en los esquemas articulatorios de las consonantes vibrantes, la punta de la lengua se extiende hacia adelante hasta tocar los alvéolos; es evidente que esta acción de la lengua exige un movimiento y una contracción muy precisos de los músculos de la lengua, y, sobre todo, de los que tienen que llegar hasta el ápice.

El origen de los cambios de las consonantes vibrantes es el resultado del debilitamiento del movimiento orgánico de la punta de la lengua. Como dice Straka *(1965a),* con relación a una vibrante, pronunciada con una energía articulatoria media, en posición intervocálica, una vibrante debilitada, pronunciada débilmente en la misma posición o, normalmente, en posición implosiva, que es débil por sí misma, presenta un contacto menos amplio de los órganos articulatorios (lo que significa menor elevación de la lengua) y un ligero adelantamiento del lugar de articulación sobre los alvéolos, hacia los incisivos superiores. Tanto en las vibrantes como en las laterales, con energía articulatoria debilitada, la punta de la lengua, al elevarse menos, toca los alvéolos en su parte más baja y, por ello, su lugar de articulación está más adelantado que en la articulación normal. A partir de aquí, son posibles dos soluciones:

a) La punta de la lengua se inflexiona y se sitúa por detrás de los incisivos inferiores formando una constricción predorsoalveolar. Al mismo tiempo, la lengua va perdiendo su concavidad o su configuración dorsal plana para ir adoptando una forma convexa. Es así como /r̄/, perdidas sus oclusiones, pero conservando su plena sonoridad, se convierte en [ř]. Véase más adelante, en el § 10.4.9.1., su descripción acústica.

b) Si en el estadio de una vibrante debilitada, cuyo ápice ha dejado de vibrar, pero que pretende seguir manteniendo el contacto ápicoalveolar, el aire fonador tiene que salir al exterior, es el borde lateral de la lengua (o los dos) el que se separa de su borde homólogo de la bóveda del paladar. De este modo se origina la lateral [l].

Por otra parte, la estructura acústica de las vibrantes y la de [l] es bien semejante: si en las primeras desaparecen los momentos oclusivos, obtenemos unas consonantes de estructura formántica semejante a la lateral.

10.4.8.2. *Pérdida o vocalización de* [r]

Si el descenso del ápice de la lengua va acompañado de un descenso completo de la misma, no queda ninguna constricción; puede ocurrir:

a) que se origine aún una posición lingual anterior suficiente para que se produzca un resonador capaz de emitir una vocal; en español actual, y en este caso, que afecta a lugares de articulación anteriores, la vocal producida es [i] [22];

b) que la lengua descienda completamente y no se produzca ninguna articulación: la vibrante se pierde; es el caso extremo de la relajación articulatoria; las posiciones implosivas y final de palabra favorecen esta pérdida, pero también puede darse en posición intervocálica.

[22] El proceso de vocalización de [l] en [i] es el mismo. Para la vocalización de [l] en [u], véase Straka, *1968*.

10.4.8.3. *Articulación velar de* [r̄]

Cuando el ápice y la parte anterior del dorso de la lengua descienden totalmente, la vibrante aun puede articularse si el hablante, haciendo un esfuerzo, eleva la parte posterior de la lengua hacia la bóveda del paladar; en este caso, se sustituyen los movimientos del ápice de la lengua por las vibraciones de las partes blandas de la parte posterior de la boca o de la úvula.

En esta zona, pueden darse tres soluciones distintas: *1)* una articulación dorsovelar; *2)* una articulación uvular; *3)* una simple aspiración, faríngea o laríngea.

La figura 10.15. nos muestra las tres realizaciones más importantes de la vibrante, según Straka *(1965b):* I: es la articulación de la [r̄] apicoalveolar, como la del español general; II: es la realiza-

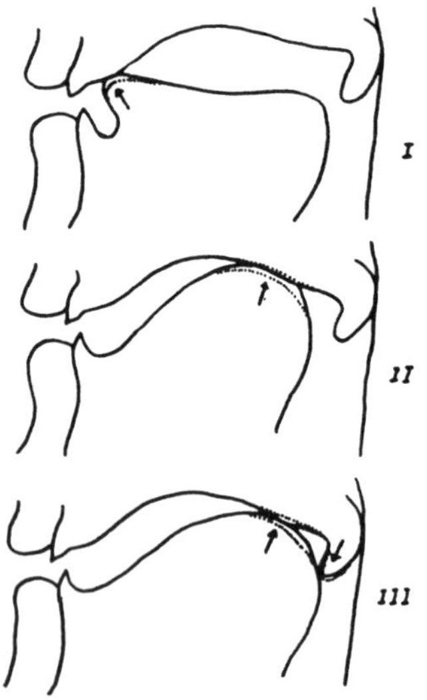

FIG. 10.15. Realizaciones de las consonantes vibrantes: I: apicoalveolar; II: dorsovelar; III: velar (Según Straka, *1965b)*

ción dorsovelar: el tipo parisino llamado «grasseyé»; III: es la variante velar, con participación vibratoria de la úvula; aquí es donde las vibraciones del ápice se han trasladado a la parte posterior. Esta articulación, con o sin la acción uvular, es la que se suele producir en las zonas hispánicas donde se da el fenómeno.

10.4.9. FENÓMENOS DIALECTALES RELACIONADOS CON LOS FONEMAS VIBRANTES

10.4.9.1. *Realización asibilada,* [ř]

La realización asibilada, [ř], principalmente de /r̄/ (a veces también de /r/), presenta la siguiente distribución geográfica.

Hispanoamérica: En Cuba, es muy frecuente, tanto en posición inicial, como medial, en Guane, Güines, Martí y Cienfuegos, con porcentajes superiores al 25%; es muy frecuente en Jovellanos (14%), Sancti Spiritus, Sagua la Grande, y ocasional en Bahía Honda, Nuevitas, Las Tunas y Holguín.

En Méjico, a veces, en Ajusco, Guanajuato, Jalisco, Oaxaca, San Luis Potosí, Valle de Méjico y Yucatán.

En América Central, a veces, en Guatemala y en Costa Rica; en este último País, en general, se siente como un fenómeno estigmatizado. También en Panamá (Quilis y Graell, *1992,* 603).

En Sudamérica: Colombia (Bogotá, Cordillera Oriental, interior de Nariño, partes de Norte de Santander). Ecuador: predomina en toda la zona serrana y en Oriente. En Bolivia. En el Perú, en Lima, Arequipa, partes del interior, en el Sur y Centro. En Chile. En el Paraguay. Argentina: el territorio comprendido entre el límite con Bolivia y el Paraguay, por el Norte; con Chile por el Oeste, hasta Neuquén inclusive; al Este, Misiones, Corrientes y Entre Ríos; en el Centro, hasta el Sur de Santa Fe, Córdoba, San Luis y Mendoza. En los Estados Unidos, en Nuevo Méjico [23].

[23] Véase, Canfield *(1962),* A. Alonso *(1961* y *1925),* Cárdenas *(1958),* Gandolfo *(1964).*

España: los datos recientes del *Atlas Lingüístico y Etnográfico de Aragón, Navarra y Rioja* y el trabajo de A. Llorente Maldonado de Guevara *(1965)*, sobre datos del mismo, sitúan el fenómeno en las dos orillas del Ebro, desde Logroño hasta casi Zaragoza.

En principio, Lenz atribuyó la existencia de esta [ř] a influencia araucana. Más tarde, Aurelio M. Espinosa lo encuentra en Nuevo Méjico y piensa en una influencia del inglés, aunque encontraba diferencias en la articulación de este grupo consonántico en español y en inglés. Menéndez Pidal, que conoce la existencia del fenómeno en la Península, rechaza las hipótesis sustratísticas. El fenómeno, tanto en América como en España, deriva de una evolución paralela de la vibrante múltiple hacia la fricatización, a través de la pérdida de las oclusiones.

Fonológicamente, Cárdenas *(1958)* explica el hecho del siguiente modo: en latín clásico, había un modelo geométrico de la siguiente correlación:

n	l	r
nn	ll	rr

donde /nn/, /ll/, /rr/ serían las consonantes geminadas correspondientes a /n/, /l/, /r/. En el romance castellano, al palatalizarse /nn/ y /ll/, queda aislado /rr/:

n	l	r
ɲ	λ	— rr (aislado)

pero buscando la economía del sistema, /rr/ pierde sus oclusiones, se hace continuo y se asibila, aproximándose a las otras dos palatales:

n	l	r
ɲ	λ	ř (se integra)

El estudio acústico del fenómeno, realizado por Quilis y Carril *(1971)*, muestra que esta realización asibilada presenta las siguientes características:

a) Es continua, en contraste con [r̄], que es interrupta.

b) Normalmente, es sonora. En los análisis citados más arriba, sólo el 12,5% de los casos presentaba ensordecimiento, y de ellos, el 25%, en contacto con consonante sorda.

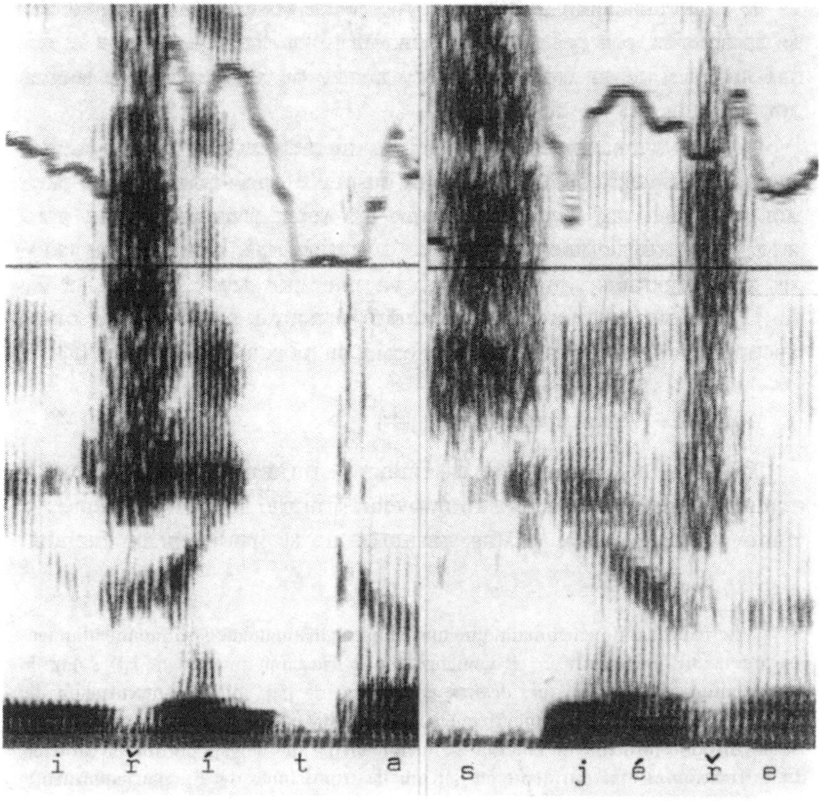

FIG. 10.16. Sonogramas de realizaciones asibiladas de /r̄/ en *irrita* y *cierre*

c) En los casos de sonoridad, el F_1 presenta una altura similar a la de las consonantes líquidas.

d) Esta realización asibilada posee normalmente un F_2, cuya situación frecuencial está por debajo del F_2 de /i/, /e/, por encima del F_2 de /o/, /u/ y, con pequeñas variaciones, aproximadamente al mismo nivel del F_2 de /a/.

En el 50% de los casos estudiados, este F_2 ha presentado una total armonicidad.

e) La realización asibilida, como puede verse en la figura 10.16., se caracteriza por poseer una fricación turbulenta que ocupa la mitad superior de su espectro. El comienzo de la fricación se realiza por encima del F_2 de [ř].

f) Las transiciones del F_2 son las siguientes: con /i, e/, fuertemente negativas; con /a/ presentan bastantes variaciones: tanto pueden ser positivas, negativas, como no tener transición. Por otro lado, estas transiciones no son muy pronunciadas; con /o/, los valores más generales son positivos, ya que, por regla general, el F_2 de [ř] está por encima de su segundo formante; como en este caso, las transiciones varían con /u/ según la posición del F_2 de [ř] [24].

10.4.9.2. *Realización velar,* [ʀ]

En las zonas que vamos a señalar a continuación, /r̄/ se puede realizar como fricativa postdorsovelar sonora, la más frecuente, o como vibrante uvular. Estas variantes no se producen en España.

---

[24] La realización mencionada que nos ocupa se distingue de [s] fundamentalmente: por la distinta altura en el comienzo de la fricación (mayor en [s]) y por la mayor altura frecuencial que alcanza el espectro de [s]; por la concentración de energía, que se produce a una frecuencia más baja en [ř]; porque la anchura de la mayor concentración de energía es menor en [ř] que en [s]; porque el carácter de la fricación es más estridente en [s]; por las transiciones del F_2, particularmente con /i, e, a/; por la mayor intensidad de [s], y, sobre todo, en las [ř] sonoras, por la presencia del primer formante.

Se distingue de [ʒ], o [ž]: por la frecuencia diferente del comienzo de la fricación, mayor en [ʒ], o [ž]; su espectro fricativo alcanza valores más altos que el de [ř] (aunque más bajos que [s]); la zona en que se concentra la energía ocupa en [ʒ], o [ž], una posición intermedia entre [ř] (más baja) y [s] (más alta); por las transiciones del F_2, que son positivas para [ʒ], o [ž], con todas las vocales, aumentando este carácter desde la zona anterior a la posterior.

En Cuba, la modalidad velar predomina en Holguín (90% de los casos) y es muy frecuente en Las Tunas y Manzanillo. Como variante de ella, se encuentran ocasionalmente en Holguín [hʀ-] y [ʀh-]; también en Guane, a veces, apareció [x]: [xahkálse] *rascarse.* En Puerto Rico, según Vaquero y Quilis *(1990)* puede realizarse como velar vibrante múltiple sonora, y, a veces, ensordecida, y como velar vibrante simple, precedida de aspiración sonora. También encontraron en sus análisis una consonante mixta formada por la vibrante múltiple, sonora, seguida de un segmento líquido continuo, que puede ser [l] o una vibrante alveolar fricativa. El artículo de López Morales *(1979a)* sobre la actitud y creencias de los puertorriqueños ante la [ʀ] velar puso de relieve la opinión negativa mayoritaria de los hablantes ante el fenómeno, pensando que no pertenecía al español general, y que era propio de hablantes rurales o de estratos socioculturales bajos, o que podría ser producido por un defecto anatómico (el frenillo); los que lo aceptan ven en él un fenómeno caracterizador del español puertorriqueño; otros piensan que todas las pronunciaciones son lingüísticamente correctas. En la República Dominicana, recoge Jiménez Sabater *(1975,* 86-87) esta realización velar, en el Cibao.

En Centroamérica, fue señalado el fenómeno por Robe *(1960)* para las provincias centrales de Panamá, ocasionalmente. En nuestras encuestas, no apareció nunca.

En Méjico aparece, ocasionalmente, en el habla rural de San Luis Potosí y en algunos hablantes de Yucatán.

En las costas de Venezuela y Colombia, se produce a veces, según Canfield *(1962,* 91-92 y mapa VIII).

10.4.9.3. *Realización mixta: aspiración faríngea seguida de una articulación apicoalveolar vibrante múltiple:* [hr̄]

En Cuba, se produce muy frecuentemente esta realización mixta, con aspiración faríngea sonora, en posición inicial y medial de palabra, en Martí, Cienfuegos, Guantánamo, Guane, Sancti Spiritus, Nuevitas, Las Tunas y Manzanillo; ocasionalmente, en Santa

Cruz del Sur y en Holguín. Como variante hemos registrado algunas veces [hr-] en Manzanillo, Holguín y Las Tunas, y [hř-] en Martí y Cienfuegos. En Puerto Rico, Vaquero y Quilis *(1990)* encontraron dos tipos de realizaciones; una formada por una aspiración sonora seguida de la vibrante múltiple, y otra formada por una aspiración sonora seguida de una vibrante simple. En el mismo País, el fenómeno ya fue señalado por M. Vaquero *(1971)* en Barranquitas y por Cerezo *(1971)* para Aguadilla. También ha sido señalado por Jiménez Sabater *(1975,* 85) para la República Dominicana.

En Colombia, en el habla informal, de cultos e incultos, de las costas, según Flórez *(1964,* 8).

En los Estados Unidos, aparece, a veces, en San Antonio (Nuevo Méjico).

10.4.9.4. *Realización vibrante simple:* [r]

Esta realización vibrante simple, procedente de [r̄], aparece muy frecuentemente en Cuba (en Guane, Bahía Honda, Güines, Jovellanos, Nuevitas y Las Tunas. En el resto del País, es ocasional). En Puerto Rico, también se da, según Vaquero y Quilis *(1990).*

En Colombia, aparece en Bolívar, y, en Argentina, en la zona guaraní de Corrientes. También en Luisiana, en los Estados Unidos. Es una pronunciación también muy frecuente en Guinea Ecuatorial (Quilis y Casado, *1992).*

10.4.9.5. *Realización africada del grupo* [tr]

1. R. Lenz *(1891)* fue el primero que llamó la atención sobre la articulación ápicoprepalatal africada sorda de la secuencia tautosilábica /tr/ en Chile. El fenómeno, estudiado dialectal y articulatoriamente por Amado Alonso *(1961b),* se encuentra muy difundido por Hispanoamérica y aparece también en España.

2. Las descripciones de su articulación son bastante variadas: en general, se ha caracterizado como una africada apical (postden-

tal, alveolar o prepalatal) o dorsal (prepalatal), generalmente sorda, en la que, según algunos autores, se percibe, a veces, algún resto de la vibrante. Se suele transcribir como [tř] o como [tř̥].

3. Según los datos que poseemos, en el Continente americano, se da en gran parte de la Argentina: Corrientes y Entre Ríos; en Chile; en Colombia: Bogotá, Boyacá y Nariño, en el Departamento del Norte de Santander, y en la población no culta de Santander; en el Ecuador: en la Sierra y en algún punto del Oriente, alternando con [tr]; en la región andina de Bolivia, donde también aparece [tr], según nuestras encuestas; en el Paraguay; en los hispanohablantes de algunas zonas de los Estados Unidos: Louisiana y Nuevo Méjico; en Méjico: a veces, en Guanajuato, en zonas de Oaxaca y de San Luis Potosí, y en el Valle de Méjico; en Guatemala; en el Valle Central de Costa Rica [25].

En España, según Amado Alonso, en la región «navarro-riojano-aragonesa». El estudio más reciente de Antonio Llorente Maldonado de Guevara *(1965)* atestigua el fenómeno desde Logroño hasta casi Zaragoza, en las dos orillas del Ebro.

4. Esta articulación africada fue atribuida a la influencia de las lenguas indígenas de los diferentes países: en el Ecuador, al contacto con el quechua; en Chile, a influencia del araucano; en el Paraguay, por el guaraní; en España, por el sustrato vasco; pero, según amado Alonso, en Hispanoamérica, «hay que rechazar toda explicación de aportación indígena», y en España, «no parece admisible la influencia vasca sobre el romance» *(1961b,* 157 y 130, respectivamente): estas pronunciaciones se pueden explicar dentro del mismo sistema del español sin necesidad de acudir a influencias indígenas.

En la figura 10.17., puede examinarse esta africada en [kwáţo] *cuatro,* perteneciente a un hablante culto de Cuenca (Ecuador); obsérvese: a) la larga oclusión y la breve fricación; b) la marcada

[25] En Cuba sólo lo encontramos en Guane. En Costa Rica y en el Ecuador, según nuestras encuestas esta articulación africada está estigmatizada.

barra de explosión que precede a la fricación. Como contraste, en la figura 10.18., aparece la africada sorda [t͡ʃ], o [ĉ], del mismo hablante, en *cachos:* las diferencias de duración de los dos momentos de ambas consonantes son notables (vid. Quilis, *1997).*

El fenómeno alcanza también, a veces, a la secuencia [dr], que se articula como una africada predorsoalveolar sonora.

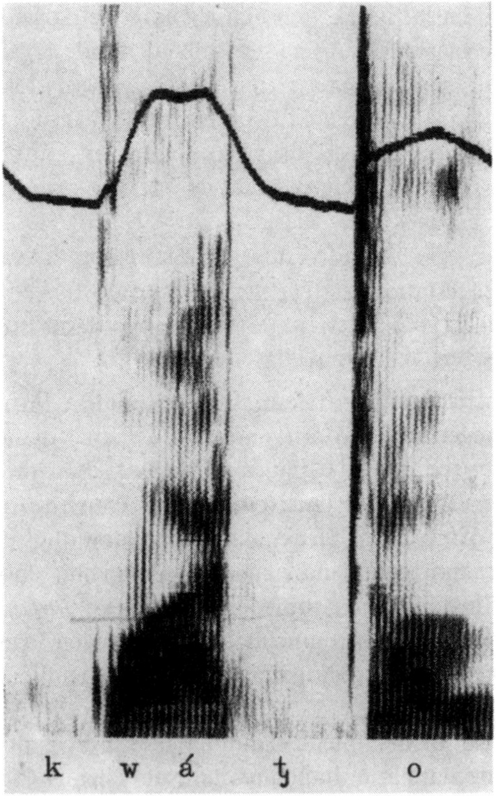

FIG. 10.17. Sonograma de la realización africada alveolar de /tr/ en [kwáȶo] *cuatro*

10.4.9.6. *Realizaciones de [-r] postnuclear o implosiva*

Las realizaciones más notables de [-r] en posición postnuclear o implosiva son las siguientes:

10.4.9.6.1. [-r] > [-l] [26]

En Cuba, es muy frecuente este cambio en todo el País, con excepción de La Habana, Ciego de Ávila, Holguín y algunos ha-

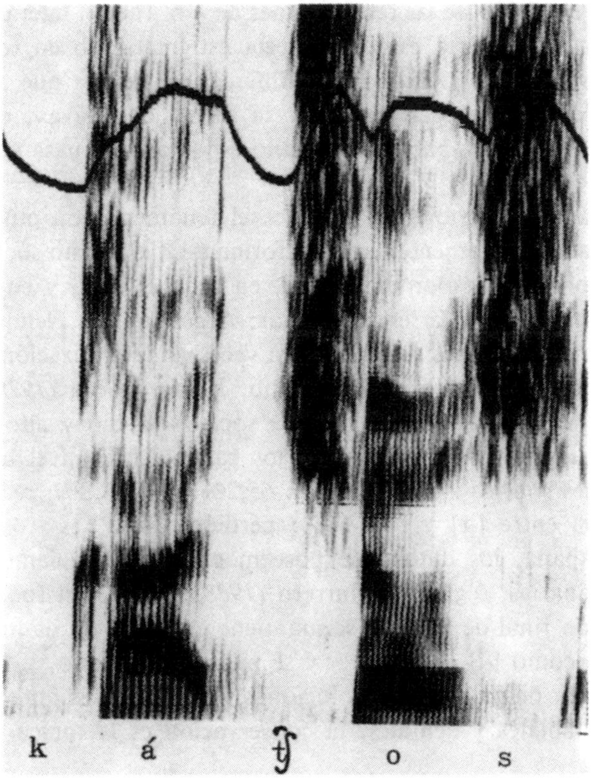

FIG. 10.18. Sonograma de la africada [t͡ʃ] en [kát͡ʃos] *cachos,* del mismo hablante ecuatoriano de la fig. 10.17.

[26] Incluimos en este apartado los datos sobre la realización intermedia entre [l] y [r].

blantes de Santiago de Cuba; los porcentajes son mayores en posición final de palabra, que en interior. Son ejemplos como *abrochal, comel, abril,* «abrir», *mal* «mar», *tambol, soldo* «sordo», *secalse* «secarse»; ante nasal, el cambio ocurre pocas veces. En la República Dominicana, es frecuente el fenómeno. En Puerto Rico, la lateralización de /-r/ es un rasgo que siempre llamó la atención por su alta ocurrencia. El estudio de López Morales *(1983a)* corrobora el hecho: el 38,9% de las realizaciones de /-r/ fueron laterales. Este fenómeno, en el área estudiada, está estigmatizado en todos los estratos sociales y «tiende a ser eliminado a medida que aumenta el cuidado y la preocupación por la forma expresiva», es decir, cuando el hablante abandona el estilo espontáneo y pasa a los estilos más cuidados.

En Panamá, también se produce el fenómeno con mucha frecuencia; más, lógicamente, en los informantes del estrato social bajo.

En Colombia, esporádicamente, en todo el País, y en las dos costas; Ecuador: en la lengua vulgar; Argentina, en Neuquén. En general, en Venezuela, se produce, a veces, la lateralización de esta consonante. El trabajo de D'Introno, Rojas y Sosa *(1979)* sobre Caracas, indica que en los estratos sociales medio y alto, [-r] se mantiene como tal en el 97% de los casos. En el nivel bajo, los porcentajes son los siguientes: [-r]: 65,2%; [-l]: 13,8%; realización intermedia entre [-r] y [-l]: 18%; pérdida: 3% [27].

En España, los datos que poseemos son los siguientes.

En Canarias, según V. Marrero *(1988,* 394-463) el fonema /r/ en posición final de palabra se mantiene en el 66,4% de los casos; se realiza como [-l] en el 5,7% y se pierde en el resto [28]. En posición interior de palabra, las soluciones son diferentes: ante las consonantes labiales y dentales, la conservación es la tónica general;

[27] Teniendo en cuenta los tres estratos sociales, los porcentajes son los siguientes: [-r]: 75,5%; [-l]: 2,2%; realización intermedia: 3,5%; pérdida: 18,8%.

[28] No hay diferencia apreciable entre la pérdida, la conservación o la lateralización de /-r/ final de un infinitivo o de un sustantivo.

en la secuencia [rs] se conserva: [márso] *marzo*; también ante consonante velar en un 77%, o se realiza como [-l] en un 9%, o se pierde en el resto [29]. En Andalucía (Quilis-Sanz, *1998)*, en posición interior de palabra, se pierde en un 93% de los casos; sigue [-l] a mucha distancia, y luego, realizaciones minoritarias.

10.4.9.6.2. *Pérdida de* [-r]

La pérdida de [-r] se puede producir tanto en posición final de palabra, como interior. En el primer caso, en algunos dialectos, modifica el timbre de la vocal con la que formaba sílaba; en otros, no: *ver,* puede ser [bɛ́] [30] o [bé]. En interior de palabra, puede suceder: que no afecte a ningún segmento vecino: [báko] *barco;* que prolongue la duración de la vocal con la que formaba sílaba: [nó:te] *norte* o de la consonante siguiente: [sék:a] *cerca,* [súd:o] *zurdo,* o la de ambas: [má:k:a] *marca* [31]; que se produzca, por asimilación, una geminación en la consonante siguiente: [bákko] *barco,* [pellíta] *perlita,* [kánne] *carne,* [tádde] *tarde* [32].

En Cuba, no es muy corriente la pérdida en posición final de palabra [33]; cuando ocurre, no afecta al timbre de la vocal. En posición interior de palabra, es más frecuente que desaparezca, sin producir ninguna modificación; cuando las produce, afectan a la duración de los segmentos contiguos, y rara vez originan la geminación de la consonante. En Puerto Rico y en la República Dominicana, también se pierde, a veces, en posición final de palabra, sin afectar al timbre de la vocal. En posición interior, no muy frecuentemente, se asimila a la consonante siguiente, produciendo su geminación.

---

[29] En Canarias, en general, /-r/ implosivo, tanto en final como en medial de palabra, se realiza como vibrante en más del 70% de los casos.

[30] RFE: [bę̣].

[31] En estos casos, la consonante siguiente a la [-r] perdida se articula con una energía articulatoria muy superior a la normal.

[32] Ejemplos procedentes de las encuestas de Cuba.

[33] Hemos registrado el fenómeno en Bahía Honda, Artemisa, Cárdenas, Jovellanos, Martí, Cienfuegos y, con menos intensidad, en Guane y Güines.

En Méjico, se han señalado ambos fenómenos en Oaxaca. En Panamá, a veces, en las zonas rurales.

En Colombia, sobre todo, en ambas costas. En Ecuador, a veces, en la costa, se pierde en final de palabra; también en Venezuela y en Santa Fe (Argentina). Chile, en la clase popular, a veces.

En Canarias, se pierde en posición final de palabra en el 27,4% de los casos. En posición interior de palabra, se pierde ocasionalmente ante consonantes labiales y dentales; ante consonantes velares, en un 13,1%, y mayoritariamente ante [l]. En Andalucía, se pierde en un 70% de los casos; en el resto, se realiza como [-l] y [-r], en este orden.

10.4.9.6.3. [-r] > [-h]

Son casos como [koméh] *comer,* [éhnja] *hernia,* [péhla] *perla* [34].

En Cuba, en posición final de palabra, sólo se registró, y con poca frecuencia, en Cárdenas. En posición interior de palabra, se aspiró sólo ante [n] y [l] [35] con variable y relativa frecuencia, según los puntos. En Puerto Rico, a veces. República Dominicana: se aspira sólo ante [n] y [l].

En Panamá, según Robe *(1960),* se produce en las provincias centrales.

En Colombia, en ambas costas, ante nasal. En Chile, a veces [36].

En Canarias y Andalucía, se aspira, a veces, en posición interior de palabra.

10.4.9.6.4. *Vocalización de* [-r] *en* [-i̯]

Son ejemplos como [muhéi̯] *mujer,* [poi̯ké] *porqué,* [tai̯ðe] *tarde,* [kwéi̯po] *cuerpo,* [fwéi̯sa] *fuerza,* [kái̯lo] *Carlos* [37].

Donde el fenómeno se produce con mayor intensidad es, según Jiménez Sabater *(1975)* en la región del Cibao, en la República Do-

[34] Ejemplos de Cuba. Otros casos pueden ser: [sohprésa] *sorpresa,* [fahmásja] *farmacia,* etc.

[35] En Cuba, las secuencias [rm], [rs] dan [m], [s], o se conservan.

[36] No hemos registrado el fenómeno en el Ecuador.

[37] Ejemplos tomados de Jiménez Sabater *(1975).*

minicana. En Puerto Rico: señalado por Figueroa *(1971)*, ocasionalmente, para Ponce.

El fenómeno también ha sido señalado en las costas colombianas y en el Norte del País [38].

A. Alonso *(1961*, 254) recoge el fenómeno en Andalucía: *seipentón* «serpentón», *goipe* «golpe». En Canarias, Diego Catalán *(1964*, 244) da *Caimen* «Carmen» y Victoria Marrero *(1988*, 398), [pwéi̯to] *puerto* y [pói̯ke] *porque.*

10.4.9.6.5. [-r] > [-s]

Los datos sobre el fenómeno de asibilación [-r] > [-s] no son demasiado exactos. Ejemplos [kásne] *carne,* [pjésna] *pierna.* En Cuba, no hemos encontrado el fenómeno, y en la República Dominicana no lo registró Jiménez Sabater *(1975)*. Se da esporádicamente en Puerto Rico.

Aparece en Colombia, en ambas costas, a veces, y en Chile, en el habla de los incultos.

En España, A. Alonso *(1961*, 258) recoge el fenómeno en Andalucía tomando como fuente a Alcalá Venceslada: *mislo* «mirlo», *casne* «carne», *piesna* «pierna».

10.4.9.6.6. [-r] > [-n]

La vibrante final de palabra se realiza como [-n], algunas veces, en Cuba; hemos registrado el fenómeno en Cárdenas y Martí: [kalamãn] *calamar.* También señala este cambio Jiménez Sabater *(1975*, 101) para la República Dominicana.

[38] No lo hemos encontrado en el Ecuador ni en Cuba.

XI

LA SÍLABA

11.1. DEFINICIÓN

La sílaba es una unidad a la vez tensiva, articulatoria, auditiva, cinética y psicológica [1], que agrupa los fonemas [2] en la cadena hablada [3].

[1] Chlumský *(1935)* concibió la sílaba desde los siguientes puntos de vista: 1) *Fisiológico:* una articulación o grupo de articulaciones que constituyen una unidad fisiológica caracterizada por una tensión creciente al principio y decreciente al final. 2) *Articulatorio:* una unidad que tiene un solo impulso de energía muscular. 3) *Acústico:* un sonido o más que constituyen una unidad auditiva, cuyo centro está formado por un máximo de sonoridad (vocales, diptongos, consonantes que pueden ser núcleos silábicos, como *l, r, m, n).* 4) *Dinámico:* unidad basada en un «crescendo-decrescendo» de la intensidad. 5) *Psicológico:* unidad de la que los hablantes son conscientes y que tiende a conservarse.

[2] Lógicamente, existen sílabas formadas por un solo fonema.

[3] Si hay dificultades para definir la sílaba, es porque se han utilizado criterios muy diversos y porque, experimentalmente, sólo hay indicios sobre su naturaleza; pero en la experiencia cotidiana, hay pruebas evidentes de que el hombre ha sentido y manifestado la existencia de la sílaba: a) la escritura fue silábica en sus orígenes, antes de convertirse en fonológica; b) los semianalfabetos dividen las palabras en sílabas sin titubeos; c) las palabras cantadas se dividen en sílabas, nunca en fonemas; d) el ritmo poético descansa sobre el número de sílabas; e) las personas con afasia motriz subcortical realizan tantos movimientos espiratorios como sílabas hay;

11.2. ESTRUCTURA FONÉTICA DE LA SÍLABA

Desde los orígenes de los estudios lingüísticos, se estableció una distinción entre vocal y consonante de acuerdo con su capacidad para formar sílabas [4]. Pero no sólo las vocales pueden formar sílaba, o el centro de una sílaba: existen muchas lenguas en las que algunas consonantes, como las líquidas y las nasales, pueden formar también sílabas o centro silábico: en inglés, por ejemplo, en *people,* la última sílaba es [pl̩], con centro o núcleo silábico en la [l]; en alemán *aber,* la última sílaba, [br̩], tiene como núcleo silábico [r]; la palabra checa *prst* 'el dedo' es monosílaba, con núcleo silábico en [r], etc. Esto no niega la validez de la dicotomía vocal/consonante: sólo pone de manifiesto que una cosa es la naturaleza intrínseca de los segmentos y otra la que deriva de su función en la sílaba.

De este modo, los sonidos se clasificarían, según Hála *(1973,* 26), del modo siguiente:

Según sus cualidades articulatorias y acústicas	Vocales	Consonantes	
		Sonoras	No sonoras
Según su función en la sílaba	Sonánticas	Sonánticas o no sonánticas.	No sonánticas.

Los sonidos sonánticos serían los susceptibles de formar sílaba (vocales y consonantes sonoras), mientras que los no sonánticos, no.

f) en el lenguaje hablado, por muy lento que sea, las sílabas mantienen su existencia, y el lenguaje jamás se ha descompuesto en fonemas aislados.

[4] Para los gramáticos de la India había tantas sílabas como vocales; para los griegos y, después, para los latinos, sólo las vocales son capaces de formar sílaba.

La sílaba está formada por tres fases sucesivas: 1.ª: la fase inicial; 2.ª: la fase culminante o central; 3.ª: la fase final. La más importante es la segunda, que recibe los nombres de *núcleo, centro* o *cumbre* de la sílaba. El fonema que la constituye se denomina *fonema silábico* (o *fonema central* o *silabema)*. Los fonemas que constituyen la parte marginal de la sílaba, es decir, las fases inicial o final, se denominan *fonemas marginales* (o *asilabemas):* los fonemas que preceden al núcleo de la sílaba se denominan *explosivos* o *prenucleares;* los que están después del núcleo silábico *implosivos* o *postnucleares* [5].

El fonema que desempeña el papel de núcleo silábico debe dominar por su sonoridad sobre los fonemas circundantes (máximo de sonoridad); debe ser el más sonoro y, por lo tanto, el más perceptible de los que componen la sílaba (máximo de perceptibilidad); debe poseer el máximo de abertura, el máximo de intensidad y debe ser susceptible de prolongar su duración.

11.3. JERARQUÍA DE LOS FONEMAS EN LA SÍLABA

Como hemos visto, no todos los fonemas son capaces de constituir núcleo silábico, pero es que, además, en torno al núcleo se establece una jerarquía: si el núcleo silábico es el fonema que mejores propiedades reúne de entre todos los que conforman la sílaba, estarán más próximos a él aquellos cuyas propiedades se aproximen más a las suyas, y viceversa [6].

Los fonemas que se agrupan alrededor del núcleo, se ordenan de tal modo que presentan las características siguientes:

---

[5] También *ascendentes* y *descendentes,* respectivamente.

[6] Jespersen estableció una *escala acústica* o de audibilidad conforme al aumento de la sonoridad: 1. Consonantes sordas; 2. Oclusivas sonoras; 3. Fricativas sonoras; 4. Nasales y laterales; 5. Vibrantes; 6. Vocales cerradas; 7. Vocales semicerradas; 8. Vocales abiertas. Saussure estableció una *escala articulatoria* basada en la diferencia de grados de abertura, que es paralela a la de Jespersen.

11.3.1. Desde el punto de vista acústico

a) Los fonemas que se encuentran antes del núcleo silábico presentan un aumento de *intensidad* desde un mínimo hasta un máximo en el núcleo. Los fonemas que se encuentran después del núcleo presentan una disminución de la intensidad, desde el máximo, en el núcleo, hasta un mínimo.

b) Los fonemas que se encuentran antes del núcleo silábico presentan un aumento de *sonoridad* desde un mínimo hasta un máximo en el núcleo silábico; los que se encuentran después del núcleo presentan una disminución de sonoridad desde el máximo en el núcleo hasta un mínimo.

c) Los fonemas que se encuentran antes del núcleo silábico tienen un aumento gradual de la *perceptibilidad,* desde un mínimo hasta un máximo en el núcleo silábico, y los que se encuentran después del núcleo aparecen con una disminución gradual desde el máximo de perceptibilidad hasta un mínimo.

11.3.2. Desde el punto de vista articulatorio

Los fonemas que se encuentran antes del núcleo silábico muestran una *abertura* gradual de los órganos articulatorios desde un mínimo hasta un máximo en el núcleo; los que están después del núcleo silábico se ordenan desde un máximo de abertura hasta un mínimo.

11.3.3. Desde el punto de vista espiratorio

Los fonemas que se encuentran antes del núcleo silábico presentan un aumento gradual de la *presión del aire,* desde un mínimo hasta un máximo en el núcleo. Los fonemas que se encuentran después del núcleo silábico aparecen con un descenso de la presión del aire desde el máximo en el núcleo hasta un mínimo.

11.3.4. Desde el punto de vista de la tensión muscular

Los fonemas que se encuentran situados antes del núcleo silábico presentan un aumento gradual de la *tensión muscular* desde un mínimo hasta un máximo en el núcleo. Los fonemas que se encuentran situados después del núcleo silábico presentan un descenso gradual de la tensión desde un máximo en el núcleo hasta un mínimo.

En una palabra como *transportar,* por ejemplo, que está constituida por tres sílabas, *trans-por-tar,* puede verse claramente cómo se cumplen las propiedades que hemos enunciado antes.

En la primera sílaba, *trans,* existe un aumento gradual de la intensidad desde un mínimo en la oclusiva linguodental, [t], hasta

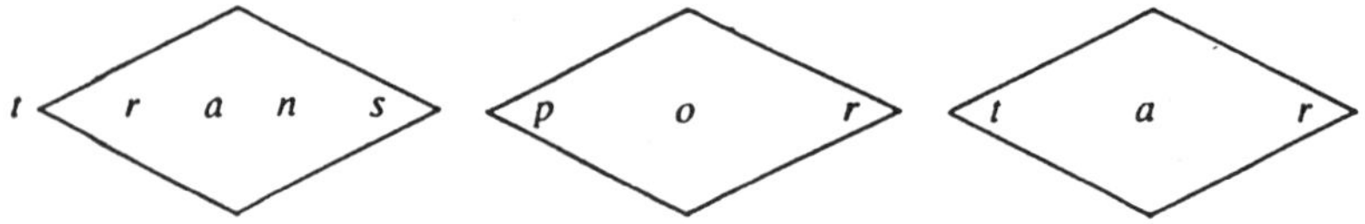

Fig. 11.1. Esquema silábico de *transportar*

un máximo en la vocal [a], pues la vocal, portadora siempre en español de una mayor o menor carga acentual, es también la que posee la mayor intensidad de los fonemas que componen la sílaba. Desde este máximo localizado en la vocal, en el núcleo, la intensidad disminuye gradualmente a medida que nos alejamos de ella. Lo mismo puede decirse de las sílabas *por* y *tar.*

En las mismas sílabas, se puede observar el juego de aumento y disminución en la abertura de los órganos articulatorios. La primera sílaba, por ejemplo, muestra una abertura gradual desde una perfecta cerrazón en la oclusiva linguodental sorda, [t], a una abertura relativa en la líquida vibrante simple, [r], y a una máxima abertura en la vocal [a]; a partir de este punto, se estrechan gradualmente los órganos articulatorios hacia un cierre relativo en la nasal linguoalveolar [n] (la lengua adopta una forma cóncava y el paso rinofaríngeo está abierto), y más estrecho aún en la fricativa linguoalveolar sorda [s]. Lo mismo podemos decir de las otras sílabas.

11.4. LÍMITES SILÁBICOS

La *frontera,* o *límite silábico,* está situada donde se produce un mínimo entre dos máximos [7]. Este mínimo corresponde a la intensidad, a la sonoridad, a la presión espiratoria, a la tensión muscular, e, incluso, a la energía articulatoria en general.

El límite silábico desempeña una función distintiva en las lenguas en las que coincide forzosamente con el límite entre morfemas, como en inglés o alemán. En la primera lengua, la diferencia entre [ə néim] *a name* 'un nombre' y [ən éim] *an aim* 'un objetivo' viene dada por la diferente situación del límite silábico. En este caso, como veremos más adelante, se trata del fenómeno conocido con el nombre de *juntura.*

Bohuslav Hála estableció las siguientes tres leyes para el establecimiento del límite silábico:

Primera ley: *El límite entre sílabas está colocado en el punto en el que la estrechez es más acusada, de manera que se pueda introducir la sonante siguiente.* El caso más simple es el de una vocal entre dos consonantes; la división se realiza de la siguiente manera: *ca-ma-re-ro;* este tipo de división CV-CV es general.

Segunda ley: *En la formación de la sílaba se manifiesta una tendencia a hacer la estrechez lo más clara posible y, por consiguiente, a reforzarla en el caso de que hubiera sufrido algún debilitamiento.* Así, en español, por pérdida de la vocal postónica h o -

[7] Los dos máximos corresponden a los núcleos de las dos sílabas entre las que se establece el límite.

m i n e > *homne:* la evolución posterior muestra la inserción de *b* para reforzar el límite silábico: *hombre.* Recuérdense los ejemplos que dimos al hablar de la tendencia antihiática del español.

Tercera ley: *La frontera silábica cae siempre entre dos consonantes vecinas, jamás en el interior de una consonante.* Aun en el caso de la africada española /t͡ʃ/, o /ĉ/, constituida por dos momentos, oclusivo y fricativo, el límite silábico está siempre antes de ella. Si recayese en /t͡ʃ/, tendríamos dos consonantes /t + ʃ/ y no una sola.

11.5. CARACTERIZACIÓN ACÚSTICA DE LA SÍLABA

Bertil Malmberg *(1955)* estudió los límites silábicos basándose en las transiciones de los formantes vocálicos. Por medio de la síntesis pudo establecer cómo una consonante explosiva entre dos vocales se percibía formando sílaba con la vocal que poseyese las transiciones de la mencionada consonante.

En la figura 11.2. aparece el esquema de dos vocales sintetizadas [a] con la consonante explosiva [g] entre ellas formando la se-

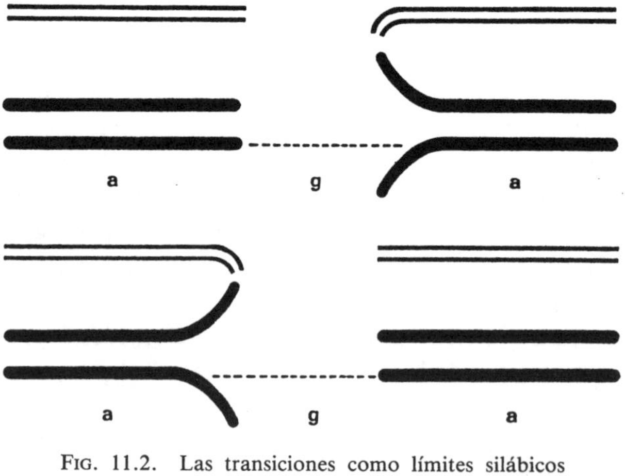

FIG. 11.2. Las transiciones como límites silábicos

cuencia [aga]. Esta [g] se percibirá formando sílaba con la segunda vocal, [a-ga], cuando la primera [a] aparezca con sus formantes en posición horizontal, y la segunda [a] posea las transiciones de las velares, como muestra la parte superior de la figura. Por el contrario, se percibirá formando sílaba con la primera vocal [ag-a] cuando ésta posea las transiciones propias de [g] y la segunda vocal tenga sus formantes sin transición, como muestra la parte inferior de la mencionada figura.

La experiencia no ha resuelto el problema, pero sí ha marcado una línea de investigación. Como dijo el mismo Malmberg *(1956)* posteriormente: «No pretendo haber resuelto con estas experiencias el problema silábico. Pero pretendo haber sido el primero en encontrar un rasgo físico susceptible de ser interpretado por el oído como una diferencia de límite silábico. Probablemente hay otros. Utilizando los métodos sintéticos será posible cualquier día encontrarlos y definirlos en términos acústicos primero, y después también en términos articulatorios».

11.6. SÍLABA ABIERTA Y SÍLABA CERRADA

La sílaba que termina en vocal, es decir, en el mismo núcleo silábico, recibe la denominación de *abierta,* como, por ejemplo, CA-SA, es-TU-diar, RA-zón, etc., y la vocal se llama *libre.*

Por el contrario, la sílaba que termina en una o más consonantes recibe el nombre de *cerrada,* como por ejemplo TRANS-fe-RIR, CO-RRER, TER-mi-NAR, etc., y la vocal de esta sílaba se llama *trabada.*

11.7. SÍLABA ACENTUADA O TÓNICA Y SÍLABA INACENTUADA O ÁTONA

Aquellas sílabas cuyo núcleo silábico soporta la intensidad de la palabra o grupo fónico en que se encuentran situadas, reciben el nombre de *acentuadas* o *tónicas* como, por ejemplo, ca-ma-RE-ro, re-fe-RIR, ma-ES-tro.

Por el contrario, las sílabas cuyo núcleo silábico no posee una intensidad del mismo grado que el de las tónicas, reciben el nombre de *inacentuadas* o *átonas,* como, por ejemplo, SOL-da-DOS, AU-TO-mó-VI-LES.

11.8. CARACTERÍSTICAS DE LA SÍLABA ESPAÑOLA [8]

1. *Conforme a su capacidad de poder constituir sílabas o no,* los fonemas españoles se pueden clasificar en: *silábicos* (vocales) y *no silábicos* (consonantes); las consonantes nunca pueden formar núcleo silábico, mientras que las vocales pueden ser núcleos silábicos y márgenes silábicos, como en el caso de los diptongos y triptongos.
2. *La sílaba, según el número de fonemas que la constituyen,* puede ser: *monofonemática,* cuando sólo tiene uno, como A-É-re-O, *aéreo; polifonemática,* cuando tiene más de uno: LE-a, *lea.*
3. El español muestra una clara *tendencia a la sílaba abierta,* como veremos más adelante.

11.9. LA DIVISIÓN SILÁBICA EN ESPAÑOL

La división de la sílaba en español responde a las siguientes características:

[8] Como trabajos más importantes sobre la sílaba en español, véanse: Alonso, *1945;* Catalán, *1971;* Malmberg, *1948* y *1949;* Torreblanca, *1980.*

1) *Cuando una consonante se encuentra entre dos vocales,* en virtud de la tendencia que posee el español a la sílaba abierta, la consonante se agrupa con la vocal siguiente: [ká-sa] *casa,* [mi-rá-ron] *miraron,* [de-mó-ra] *demora,* etc.

2) *Cuando dos consonantes se encuentran entre dos vocales,* hay que tener en cuenta:

a) Son inseparables los grupos que están formados por consonantes bilabiales o labiodentales más una líquida: /pr, br, pl, bl, fr, fl/, como: /o-prí-mo/ *oprimo,* /o-bré-ro/ *obrero,* /a-pló-mo/ *aplomo,* /a-bláṇ-do/ *ablando,* /ká-fre/ *cafre,* /a-flo-xár/ *aflojar.* Igualmente los formados por consonantes linguovelares más líquidas: /gr, gl, kr, kl/, como: /lo-grár/ *lograr,* /lá-kre/ *lacre,* /a-klá-mar/ *aclamar,* /a-gru-pár/ *agrupar.*

Y, finalmente, los formados por consonantes linguodentales más vibrantes: /dr, tr/, como: /kuá-dro/ *cuadro,* /kuá-tro/ *cuatro.* En Canarias e Hispanoamérica, /tl/ forman una secuencia tautosilábica: /á-tlas/ *atlas,* mientras que en el español peninsular es /áD-las/.

b) Cualquier otra pareja de consonantes que se encuentre entre dos vocales queda dividida, de manera que la primera consonante cierra la sílaba inmediatamente anterior, y la segunda forma parte de la rama explosiva de la sílaba siguiente. Por ejemplo: /in-se-pa-rá-ble/ *inseparable,* /kuén-ta/ *cuenta,* /ar-tís-ta/ *artista,* etc.

3) *Cuando tres o más consonantes se encuentran entre dos vocales,* puede ocurrir:

a) Que las dos últimas formen un grupo consonántico, una de las cuales sea una líquida; /iN-fla-máR/ *inflamar,* /koN-tra-éR/ *contraer,* /eN-ple-á-dos/ *empleados,* /eN-glo-báR/ *englobar,* en donde permanece inseparable el grupo formado por *consonante + líquida.*

b) Que las dos primeras formen una secuencia como [ns] o [bs], también inseparables en estas circunstancias: /koNs-tru-íR/ *construir*, /iNs-tau-ráR/ *instaurar*, /koNs-táR/, *constar*, /oBs-tá-ku-lo/ *obstáculo,* /oBs-truG-θióN/ *obstrucción*, etc.

4) *El contacto entre dos vocales que no sean altas* da origen a dos sílabas distintas: /a-é-re-o/ *aéreo,* /pe-le-ár/ *pelear,* /lé-a/ *lea,* etc.

5) *El contacto entre una vocal baja o media y otra alta o viceversa,* si forma diptongo, constituye una sílaba: /ái-re/ *aire,* /eu-ró-pa/ *Europa,* /á-sia/ *Asia,* /bué-no/ *bueno,* etc.

6) *Un triptongo,* del mismo modo que el diptongo, forma sílaba o parte de ella: /a-so-θjáis/ *asociáis,* /buéi/ *buey,* etc.

7) *Cuando se encuentran en contacto una vocal no cerrada inacentuada y una vocal cerrada acentuada,* se originan dos sílabas distintas: /a-bí-a/ *había,* /pa-ís/ *país,* /r̄e-ú-no/ *reúno,* /ba-úl/ *baúl,* etc.

11.10. FRECUENCIA DE LOS TIPOS DE ESTRUCTURA SILÁBICA EN ESPAÑOL

Rafael Guerra *(1983),* basándose en recuentos realizados sobre la lengua hablada, da las siguientes frecuencias relativas para las estructuras silábicas españolas:

1.	cv	55,81
2.	cvc	21,61
3.	v	9,91
4.	vc	8,39
5.	ccv	3,14
6.	ccvc	0,98
7.	vcc	0,13
8.	cvcc	0,02
9.	ccvcc	0,01

Los datos expuestos más arriba indican que: a) hay una gran diferencia entre las dos primeras estructuras silábicas y el resto; b) las sílabas terminadas en vocal suponen el 68,86% del total; c) la sílaba CV, que representa más de la mitad de las estructuras silábicas españolas, es el único tipo de sílaba que tienen todas las lenguas (tipo silábico universal); d) el porcentaje de sílabas con dos consonantes postnucleares es muy pequeño: el 0,16%.

XII

FONOSINTAXIS

12.1. DEFINICIÓN

Bajo el nombre de fonosintaxis se estudian las modificaciones que sufren los fonemas al agruparse, con las palabras, dentro de un enunciado.

Hasta ahora hemos visto cómo la *sílaba* es la unidad de orden superior al fonema; *la palabra* es el orden superior a la sílaba, ya que está constituida por éstas; y el orden inmediatamente superior a la palabra es el *sirrema.*

12.2. SIRREMA

Recibe el nombre de sirrema la agrupación de dos o más palabras que constituyen una unidad gramatical, unidad tonal, unidad de sentido, y que, además, forman la unidad sintáctica intermedia entre la palabra y la frase.

Las palabras que constituyen un sirrema permanecen siempre íntimamente unidas, no permitiendo la realización de una pausa en su interior. Forman sirrema las siguientes partes de la oración:

1) *el artículo y el sustantivo:* /elkář̄o/ *el carro,* /lasmésas/ *las mesas,* /elamóR/ *el amor,* etc. [1].

2) *el pronombre átono y el elemento que en la cadena hablada viene a continuación de él o al que se une:* /ledixéroN ke sekomjése elpáN/ *le dijeron que se comiese el pan,* /dile kebéNga/ *dile que venga.*

3) *el adjetivo y el sustantivo* o viceversa: /el pér̄obláNko/ el *perro blanco.*

4) *el sustantivo y el complemento determinativo:* /el pér̄odeluís/ el *perro de Luis.*

5) *los tiempos compuestos de los verbos:* /ékomído muí biéN/ *he comido* muy bien.

6) *los elementos constitutivos de las perífrasis o frases verbales:* /émosdexádodesér nosótros mísmos/ *hemos dejado de ser* nosotros mismos.

7) *el adverbio y su verbo, adjetivo o adverbio:* /pasároNbiéN losmásdestakádosalúNnos/ *pasaron bien* los *más destacados* alumnos.

8) *la conjunción y la parte del discurso que introduce:* /xuáN ipédro/ Juan *y Pedro.*

9) *la preposición con su término:* /la káma deaNtónio/ la cama *de Antonio,* /bói koNxuáN/ voy *con Juan.*

En realidad, la necesidad de agruparse de algunas de estas partes del discurso que hemos enumerado —artículo, pronombre átono, adjetivos posesivos apocopados, preposiciones y conjunciones— responde, como veremos en el capítulo correspondiente, a una necesidad de apoyo acentual. Todos estos miembros átonos, precisamente por la carencia de acento —alguien ha dicho que el acento es el alma de las palabras—, no pueden tener una existencia fónica por sí mismos, no pueden vivir asilados; de ahí la necesidad que tienen de apoyarse en otro elemento, en otra palabra que lleve acento, y formar con ella, como consecuencia, un núcleo indisoluble.

[1] Nótese que en esta notación transcribimos unidas las palabras que dan origen al sirrema.

Fuera de estos casos, las relaciones entre las funciones de estas partes de la oración (sujeto-verbo, verbo-complementos, etc.) están sometidas a grandes variaciones, pudiendo afirmar que no existe ningún grado de fusión entre ellas; así, su unión o su separación es completamente arbitraria, en contraposición a los elementos que integran los sirremas antes mencionados.

Por consiguiente, para nuestro caso concreto de ver en la sintaxis de la frase los elementos que debemos considerar como un todo homogéneo, como un núcleo inseparable, tendremos en cuenta los nueve casos antes mencionados, pues son ellos únicamente los que permanecen siempre unidos [2].

Como *otro rasgo sintáctico* propio del español y de las lenguas románicas, hay que destacar la facilidad de entrelazamiento y unión que existe entre sus vocablos. Así como, por ejemplo, las lenguas anglosajona y germánica tienden a delimitar las palabras, a trazar unas fronteras lexemáticas por medio de variados recursos fonéticos —golpe de glotis en las vocales iniciales, aspiración de las oclusivas sordas iniciales, ensordecimiento de las oclusivas sonoras iniciales, etc.— la cadena hablada española se presenta como una concatenación de palabras entre las que no se produce ningún fenómeno fonético que los separe, a excepción, claro está, de la pausa.

12.3. CONCURRENCIA DE FONEMAS HOMÓLOGOS

Un hecho directamente derivado de lo que acabamos de exponer es el encuentro de fonemas homólogos en español; esto es, la solución que se produce cuando al final de una palabra aparece un fonema determinado y el principio de la siguiente se repite el mismo fonema.

---

[2] Es fundamental el concepto de *sirrema* para el estudio del fenómeno métrico conocido con el nombre de *encabalgamiento*. Véase Quilis, *1988a*.

12.3.1. Concurrencia de dos vocales homólogas

1. *Cuando las dos vocales que se hallan en contacto son tónicas,* la solución es una *vocal tónica, larga* o *normal;* esta última es la solución preferida en el habla espontánea; la primera, en la lectura o en la dicción más cuidada o, a veces, enfática: [papá:n̩da] o [papán̩da] *Papá anda* [3].

2. *Cuando las vocales que se encuentran en contacto son átonas o inacentuadas,* el resultado es una *vocal normal átona:* [la frútaxéna] *La fruta ajena;* [anĩŋgúnatjén̩de] *A ninguna atiende.* Lo mismo ocurre, lógicamente, cuando una de las dos vocales pertenece a una palabra inacentuada (artículo determinante, preposición, conjunción, etc.): [pón el póstren la mésa] *Pon el postre en la mesa;* [parampáro] *Para Amparo.*

3. *Cuando una de las dos vocales que se encuentran en contacto es átona o inacentuada, y la segunda tónica o acentuada,* la solución preferente en la dicción cuidada es *una vocal larga acentuada;* en el lenguaje conversacional, *una vocal acentuada normal:* [en su tjéřa sú:so] *En su tierra su uso;* [está en ló:n̩do], [está en lón̩do] *Está en lo hondo;* [don̩dé:n̩tra el sol] [don̩dén̩tra elsól] *Donde entra el sol, no hay telaraña escondida,* etc. [4].

4. *Cuando concurren dos vocales homólogas, la primera acentuada y la segunda inacentuada* la solución preferente es *una vocal normal tónica: [bjén sél pán ke kjéres] Bien sé el pan que quieres;* [xwán estáténto] *Juan está atento.*

12.3.2. Concurrencia de dos consonantes homólogas

1. *Cuando dos consonantes fricativas linguoalveolares sordas,* [s], se encuentran en contacto, *la solución es una sola* [s], cuya

---

[3] Lógicamente, también puede realizarse como dos vocales: [papá ánda] *Papá anda.*

[4] También pueden aparecer dos vocales: [su úso], [lo óndo], etc.

duración viene a ser aproximadamente la misma que la de cualquier consonante [s] intervocálica. Ejemplos: [lasómbras] *Las sombras;* [lasálas] *Las salas.*

2. *Cuando se encuentran en contacto dos consonantes nasales linguoalveolares,* [n], la solución es una sola [n] que tiene una duración un poco mayor que la correspondiente intervocálica, en el lenguaje cuidado, pero de la misma duración en el lenguaje coloquial. Ejemplos: [kon:áta] o [konáta] *Con nata;* [ű̃n:ő̃mbre] o [ű̃nő̃mbre] *Un nombre.* No suele producir geminación el encuentro de dos consonantes de este tipo.

3. *Cuando hay dos consonantes vibrantes en contacto,* la solución es una sola vibrante múltiple, [r̄], de la misma naturaleza que la vibrante múltiple intervocálica: el mismo número de vibraciones (dos o tres) y la misma energía articulatoria. Ejemplos: [umór̄aθjonál] *Humor racional:* [koxér̄ókas] *Coger rocas.*

4. Cuando hay dos consonantes laterales linguoalveolares en contacto, la solución más general es la de *una sola lateral larga* o *normal,* sin llegar nunca a casos de geminación. Ejemplos: [el:óro] o [elóro] *El loro.*

5. *Cuando hay dos consonantes linguodentales [d] en contacto,* la solución más general es la de una consonante fricativa [ð]. Ejemplos: [el maðriðe kárlos terθ̬éro] *El Madrid de Carlos III* [5].

12.4. PERTINENCIA DE LA CANTIDAD

Hemos visto en el párrafo anterior que la concurrencia de dos vocales o de dos consonantes homólogas puede dar origen a una prolongación cuantitativa del sonido resultante. Esta prolongación aparece, como hemos dicho, cuando la dicción es lenta o enfática,

[5] Véase para todo lo anterior, Carmen Sanz, *1979.*

pero en la conversación normal, tiende a suprimirse, apareciendo el sonido resultante con la misma duración que si se encontrase en posición intervocálica.

En español, pueden darse oposiciones como *azahar-azar, cohorte-corte, léelo-lelo, loores-lores, paséee-pasé, vahar-bar, para alabar-para lavar, mi hijo-mijo, la avenida-la venida, lo oculto-lo culto, un nombre-un hombre, un novillo-un ovillo, el lado-helado-el hado, el loro-el oro, haz zumo-haz humo, los soles-los oles, las salas-las alas,* etc. Aunque en ciertas posiciones, y en un nivel cuidado de registro de habla, existe una diferencia cuantitativa, realmente, la cantidad no es pertinente en español, ya que la solución normal es un solo sonido, y el contexto desambigua siempre [6].

12.5. JUNTURA

De acuerdo con Trager y Bloch *(1942,* 47) se puede caracterizar el fenómeno de la juntura en los siguientes términos: «La transición desde una pausa hasta el primer segmento fonémico de una expresión, o desde el último segmento fonémico hasta la pausa siguiente, la definimos como *juntura externa abierta;* la transición de un sonido a otro no marcado por ninguno de los rasgos que hemos mencionado [7] es la *juntura cerrada*». Y continúan: «Algunas observaciones hechas posteriormente muestran que los rasgos de la *juntura*

[6] Véase A. Quilis, *1965.*

[7] Entre estos rasgos señalan los siguientes: 1. *Después de pausa:* a) un acento en la primera sílaba eleva rápidamente el fundamental del primer segmento fonémico; b) las vocales iniciales pueden presentar un ataque vocálico suave o duro; c) las oclusivas sordas son aspiradas; d) todas las consonantes son normalmente cortas. 2. *Delante de pausa:* a) un acento fuerte en la última sílaba hace descender lentamente el fundamental de los fonemas segmentales; b) las vocales finales y los diptongos, así como las consonantes nasales y las laterales, en posición final, son excepcionalmente largas; c) las oclusivas pierden su aspiración; d) las sonoras y fricativas se ensordecen. Y dicen a continuación «Todos estos fenómenos y algunos otros

abierta no están presentes solamente antes y después de una pausa, sino también en el interior de algunas expresiones».

Se establece, por lo tanto, la siguiente división en el fenómeno de la *juntura:*

juntura { cerrada / abierta } { externa / interna }

A partir de estos estudios, han sido varias las teorías que se han intentado establecer acerca de la *juntura,* y con más intensidad aún sobre la *juntura interna abierta.*

Según unos lingüistas, desde el punto de vista fonémico, la *juntura interna abierta* sería un segmento fonémico; para otros, un suprasegmento, y para otros, finalmente, un fonema *sui generis,* es decir, un *fonema juntural.*

Pero el desacuerdo no sólo se manifiesta en lo que se refiere al valor fonológico, sino que también se discute su constitución fonética. Para unos, la *juntura interna abierta* constituye la totalidad de rasgos fonéticos que caracterizan a los segmentos y suprasegmentos fonémicos desde el principio hasta el fin de una expresión aislada; otros piensan que es una pausa de duración indeterminada, una pausa breve o una variación libre; para otros no tiene rasgos fonéticos por sí misma; otros opinan que puede estar determinada morfológicamente por un desplazamiento de la cantidad silábica; hay alguno que la considera como una serie implosiva y explosiva, en la que la implosión y la explosión se refieren a límites silábicos; también se cree que es un rasgo cuantitativo, susceptible

asociados a alófonos post y prepausales, los resumiremos como rasgos de *juntura abierta*».

En inglés son casos como *A nice man - an iceman, Grade A - Gray day, A name - An aim,* donde antes de la vocal de *iceman,* de *A,* y de *aim* se produce un ataque vocálico duro que impide la formación silábica con la consonante final de la palabra anterior; en casos como *night rate - nitrate,* se mantiene la secuencia /tr/ como [tr] en el primer caso, mientras que se realiza como africada en el segundo, etc. Véase el fundamental trabajo de Ilse Lehiste *(1960)* para el inglés.

de ser definido en términos de prolongación del segmento fonético que precede a la juntura; y para otros, por último, la semántica de la palabra juntura es confusa y está llena de contradicciones [8]. B. Malmberg *(1967,* 285) entiende por juntura los «diferentes fenómenos fonéticos que, funcionalmente, tienen en común el indicar divisiones entre unidades fonemáticas mayores que los fonemas».

Stockwell, Bowen y Silva Fuenzaliza *(1956)* señalaron para el español la existencia de una *juntura interna abierta,* que era un segmento fonémico más. La *plus juntura,* como la denominaron, no tenía para ellos «una realidad física más allá de lo que emana de una posición distintiva», era, más que nada «un propósito de transcripción conveniente». Esta juntura se produciría en la zona del Caribe, en América Central y en el Centro de España, según los mencionados autores, en oposiciones como: /enáguas/ *enaguas* - /eŋáguas/ *en aguas;* /enóxo/ *enojo* - /eŋóxo/ *en ojo;* /enéros/ *eneros* - /eŋéros/ *en Eros.* En estos casos, la realización velar de la nasal de la preposición *en,* es debida al fenómeno de juntura interna abierta: la tendencia a realizar como [ŋ] toda nasal ante pausa, frecuente en muchos dialectos españoles y en muchos hablantes cultos, contribuiría a que se realizase como tal velar en los contornos mencionados, sin asimilarse al sonido siguiente, como es habitual.

Sería un caso de silabicación, donde el segmento velar se mantendría como tal: /-vN | v-/ > [-vŋ | v-] > [-v | ŋv-] *en ojo;* /-v | nv-/ > [-v | nv-] *enojo.* Pero nuestras encuestas sistemáticas en las zonas mencionadas por los autores [9] han puesto de relieve que son minoritarias las realizaciones de [ŋ] en los contornos mencionados, alternando con la alveolar [n] como ocurrencia mayoritaria, incluso, muchas veces, en el mismo hablante. No es, por lo tanto, un fenómeno sistemático ni rentable [10].

[8] Véase A. Quilis, *1964.*

[9] En América, son las llevadas a cabo para el *Atlas Lingüístico de Hispanoamérica.*

[10] Piénsese en el escaso número de oposiciones que se pueden producir: las mencionadas y poco más. Por otro lado, ¿en qué contexto sería eficaz esa oposición?

Según los mencionados autores, en algunos dialectos del sudoeste de América del Sur, en las Islas Canarias, y en otros, además de los antes citados, la fricativa [s], la aspirada [h] y la velar [x] se oponen en posición intervocálica en ejemplos como: /ahábah/ *haz habas* - /asábah/ *asabas* - /axábah/ *ajabas;* /mahórkah/ *más horcas* - /masórkah/ *mazorcas* - /maxórkah/ *majorcas; /maharéteh/ más aretes* - /maxaréteh/ *majaretes,* etc. La aspiración [h] (< /-s/) se explica por un fenómeno de debilitamiento articulatorio del fonema que se encuentra en posición implosiva, bien en final de la palabra o en interior cuando le sigue alguna consonante; una vez realizada esta aspiración, la [h] pasa a formar sílaba con la vocal siguiente, formando esta silabicación [é hótro] *es otro;* [la hólah] *las olas,* etc. [11], debido simplemente a la fuerte tendencia del español hacia la sílaba abierta, demostrada por Bertil Malmberg *(1948)* [12] y puesta de relieve por los recuentos realizados sobre tipos silábicos del español [13].

Respondería también a una diferencia de silabicación, teniendo en cuenta, además, que [s] es débil en posición implosiva, como en la primera de *las mesas,* por ejemplo, y es fuerte en las primeras de *asabas* y en *las habas (la-sabas):* [-v | sv-] > [-v | sv-] *asabas;* [-vs | v-] > [-vh | v-] > [-v | hv-] *las habas.*

La falta de rigor en el estudio de la distribución geográfica y social de los fenómenos aducidos, la asistematicidad en la realización velar de [n], la inconsistencia en la explicación de los fenómenos fonéticos, y la escasez de oposiciones que se podrían originar son motivos suficientes para no admitir en español la existencia de la juntura interna abierta.

---

[11] A veces, esta aspiración alcanza a /s/ prenuclear: [lóha] *loza.*

[12] Piénsese, además, que en la mayoría de las zonas mencionadas por los autores /x/ se realiza, no como [x], sino como [h], confluyendo con [h] procedente de /-s/.

[13] Véase también Torreblanca, *1978.*

12.6. COMBINACIÓN DE FONEMAS

En los capítulos anteriores, hemos visto las posiciones que pueden ocupar los fonemas en la sílaba o en la palabra. A continuación, vamos a examinar la combinatoria de fonemas dentro de la palabra que permite la Lengua española [14].

1. Todas las vocales pueden aparecer en cualquier posición de palabra: en inicial: *ir, es, as, os, un*; medial: *mis, mes, más, mus, los, les*; final: *si, se, so, su, la*.

2. Secuencias vocálicas. Con vocales diferentes, son posibles todas las secuencias, que pueden ser, como ya vimos, tautosilábicas o heterosilábicas: *bien, bienio; Asia, hacía; labio, río; viuda, diurno; ley, leí; lea; leo; feudo, reuma; hay, ahí; cae; nao; auto, aúna; hoy, oí; soez; loa; bou; cuida, jesuita; bueno, luético; cuadro, púa; dúo, duodécimo*.

Con vocales iguales, sólo no hemos encontrado ejemplos de *uu* [15]: *azahar, leer, loor, riito*.

3. Todas las consonantes pueden aparecer en posición inicial de palabra, salvo /r/, y las palatales /λ/, o /l̯/, y /ǰ/, o /y/, seguidas de /i/.

4. En posición inicial de palabra, son posibles las secuencias consonánticas /pr/, /br/, /fr/, /tr/, /dr/, /kr/, /gr/, /pl/, /bl/, /fl/, /tl/ [16], /kl/, /gl/: *prisa, brisa, frisa, trama, drama, craso, graso, plegar, blegar, flaco, clavo, gleba*.

---

[14] V. Malmberg, *1948*, *1949*; Saporta, *1955*; Saporta y Olson, *1958*.

[15] Si exceptuamos el *continuum* tan usado por los lingüistas.

[16] /tl/, sólo en palabras indígenas americanas: *Tlatelolco*, *tlaxcalli*. Secuencias como /ps/ en *psicología* /gn/ en *gnomo*, son poco frecuentes.

5. En posición final de palabra, sólo pueden aparecer /d/, /θ/, /s/, /x/ (escasísimo), /N/, /R/: *red, luz, los, boj* [17], *pan, bar* [18].

6. En interior de palabra: en posición silábica prenuclear, pueden aparecer todas las consonantes, y todas las secuencias consonánticas mencionadas en el anterior § 4: *copra, cobra, cofre, cuatro, cuadro, locro, logro, aplique, cable, aflorar, atlas, aclamar, regla*.

En posición postnuclear o implosiva, sólo pueden aparecer los archifonemas /B/, /D/, /G/, /N/, /R/ y los fonemas /θ/, /s/, /l/ [19]. De este modo, se originan las siguientes secuencias heterosilábicas, en las que el segundo término puede ser, a su vez, una secuencia bifonemática: /B-b/: *obvio*; /B-t/: *apto*, *obtuso*; /B-d/: *abdomen*; /B-f/: *subfiador*; /B-θ/: *obcecar*; /B-ǰ/ o /B-y/: *abyecto*; /B-s/: *observar*, *cápsula*; /B-k/: *subcomisión*; /B-g/: *subgobernador*; /B-x/: *subjetivo*; /B-m/ *submarino*; /B-n/: *subnormal*; /B-r/: *subrayar*; /D-pr/: *adpreso*; /D-b/: *adverbio*; /D-ǰ/ o /D-y/: *adyacente*; /D-k/: *adquirir*; /D-x/: *adjetivo*; /D-m/: *admirar*, *atmósfera*; /D-n/: *adnato*, *étnico*; /D-l/: *atlante*, *adlátere*; /G-t/: *acto*; /G-d/: *amígdala*; /G-θ/: *acción*; /G-s/: *taxi*; /G-m/: *sintagma*; /G-n/: *ignorar*; /N-p/: *impopular*; /N-pr/: *comprar*; /N-pl/: *himplar*; /N-b/: *bomba;* /N-br/: *hombro*; /N-f/: *infierno*; /N-fr/: *enfrentar*; /N-t/: *antes*; /N-tr/: *encontrar*; /N-d/: *duende*; /N-dr/: *andromorfo*; /N-θ/: *concebir*; /N-t͡ʃ/, o /N-ĉ/: *ancho*; /N-ǰ/, o /N-y/: *cónyuge*; /N-s/: *insípido*; /N-k/: *encalar*; /N-kr/: *incrédulo*; /N-g/: *angustia*; /N-gr/ *ingrato*; /N-x/: *injerto*; /N-m/: *enmienda*; /N-n/: *columna*; /N-l/: *enlosar*; /N-λ/ o /N-l̬/: *conllevar*; /N-r̄/: *honrar*; /l-p/: *culpa*; /l-pr/: *salpresar*; /l-pl/: *escalplo*; /l-b/: *salvar*; /l-br/: *albricias*; /l-f/ *alfar*; /l-t/: *alto*; /l-tr/: *altruísmo*; /l-d/: *aldea*; /l-dr/: *aldrán*; /l-θ/: *alzar*; /l-t͡ʃ/, o /l-ĉ/: *colcha*; /l-s/: *bal-*

[17] En *reloj*, la pronunciación más normal y más extendida es [r̄eló].

[18] Las otras consonantes pueden aparecer en esta posición en préstamos léxicos de otra lenguas: *frac, chip, jet, smog, Job, crack, kill*. También *fax, relax*.

[19] /f/ es muy raro: *cofto, difteria*.

sa; /l-k/: *alquería*; /l-kr/: *alcrebite*; /l-g/: *algarrobo*; /l-r̄/: *alrota*; /R-p/: *cuerpo*; /R-pr/: *interpretar*; /R-pl/: *perplejidad*; /R-b/: *turbar*; /R-f/: *arfar*; /R-t/: *arte*; /R-tr/: *artritis*; /R-d/: *arder*; /R-θ/: *arcilla*; /R-t͡ʃ/, o /R-ĉ/: *parche*; /R-s/: *arsenal*; /R-k/: *arco*; /R-g/: *argolla*; /R-x/: *argentado*; /R-m/: *arma*; /R-n/: *carne*; /R-l/: *perla*; /θ-p/: *gazpacho*; /θ-b/: *luzbel*; /θ-t/: *azteca*; /θ-d/: *mazdeísmo*; /θ-k/: *izquierda*; /θ-g/: *pontazgo*; /θ-m/: *diezmar*; /θ-n/: *lezna*; /θ-l/: *puzle*; /s-p/: *raspa*; /s-pr/: *desprender*; /s-pl/: *desplomar*; /s-b/: *desviar*; /s-br/: *desbravar*; /s-bl/: *desbloquear*; /s-f/: *esfuerzo*; /s-fr/: *disfraz*; /s-fl/: *desflorar*; /s-t/: *asta*; /s-tr/: *distribuir*; /s-d/: *desde*; /s-dr/: *esdrújulo*; /s-θ/: *asceta*; /s-t͡ʃ/, o /s-ĉ/: *deschuponar*; /s-ǰ/, o /s-y/: *desyerbar*; /s-k/: *casco*; /s-kr/: *escrúpulo*; /s-kl/: *desclavar*; /s-g/: *musgo*; /s-gr/: *esgrima*; /s-gl/: *desglosar*; /s-x/: *desjarretar*; /s-m/: *asma*; /s-n/: *asno*; /s-l/: *isla*; /s-r̄/: *Israel*. También /s-m/: *postmeridiano*, /s-p/: *postparto*.

XIII

SUPRASEGMENTOS. ACENTO

13.1. SUPRASEGMENTOS O PROSODEMAS

En el nivel de la expresión, se realiza una división entre los *fonemas*[1], como /a/, /m/, /o/ y los *prosodemas* o *suprasegmentos*[2], como el *acento*, la *cantidad*, la *entonación*[3]. En español, por ejemplo, la secuencia de fonemas /amo/ lleva necesariamente un acento sobre /a/ o sobre /o/ y una entonación ascendente, /↑/, o descendente, /↓/:

---

[1] O *fonemas segmentales.*

[2] O *fonemas suprasegmentales.*

Los términos *suprasegmento* o *fonema suprasegmental*, tienen la ventaja de considerar a los dos tipos de unidades como pertenecientes a la misma clase: los fonemas (fonemas segmentales y fonemas suprasegmentales), pero también tienen sus inconvenientes: por un lado, el prefijo «supra» puede dar la idea, equivocada, de algo que se superpone al fonema; por otro lado, la denominación de suprasegmentos ha sido utilizada por algunos lingüistas en un sentido más amplio, ya que han incluido también los fenómenos que se conocen con el nombre de *componentes largos* («long components»), como la armonía vocálica, la faringalización, etc. (V., por ejemplo, J. R. Firth: «Sounds and prosodies», *Transactions of the Philological Society*, 1948, 127-152, recogido en *Prosodic Analysis*, Ed. F. R. Palmer, London, 1960. V. también la crítica de Archibald A. Hill: «Suprasegmentals, Prosodies, Prosodemes», *Language*, XXXVIII, 1961, 457-468.)

[3] Para algunos, como por ejemplo para Malmberg, *1967*, 285, también la *juntura*.

/amo/	/ámo/	/ámo ↑/	*¿amo?*
		/ámo ↓/	*amo*
	/amó/	/amó ↑/	*¿amó?*
		/amó ↓/	*amó*

Entre segmentos y suprasegmentos, existe una diferencia de clase. En la realización de los suprasegmentos, intervienen índices acústicos y articulatorios que están presentes también en la realización de los fonemas:

a) la vibración de las cuerdas vocales es tanto la fuente de sonoridad de los segmentos sonoros, que se identifica en un momento determinado del tiempo, como del movimiento del fundamental —cuya función es independiente de la sonoridad— que puede utilizarse en la distinción de palabras (tono) [4] o de oraciones (entonación) [5]; es decir, la frecuencia fundamental está presente en la sonoridad, para identificar un segmento como sonoro, y en la manifestación de un patrón tonal o entonativo.

b) Todo segmento, para ser reconocido como tal, tiene una dimensión temporal que en algunas lenguas desempeña una función determinada, al hacer distintiva la duración inherente [6].

c) Cada segmento, al realizarse, tiene una cierta intensidad, como resultado de haber sido producido con cierto esfuerzo articu-

[4] En las lenguas tonales. Por ejemplo, en fang (Guinea Ecuatorial): *a-ngá-ke* «él o ella iba»; *á-nga-ke* «él o ella se va»; *a-ngá-ké* «él o ella irá». En servocroata dialectal, *dêl* 'de las obras', con tono descendente, frente a *dél* 'parte', con tono ascendente.

[5] Por ejemplo, un enunciado declarativo, como *Le daba la mano*, frente a un enunciado interrogativo *¿Le daba la mano*?

[6] Piénsese en latín, por ejemplo, la distinción entre vocales largas y breves. Del mismo modo, en checo, *vila* 'villa' con /i/ breve, frente a *víla* 'hada', con /i:/ larga.

latorio; esta intensidad, bien sola o con otros parámetros acústicos, funciona, al ser reforzada, como acento [7].

Como vemos, los mismos índices articulatorios y acústicos están presentes en los segmentos y en los suprasegmentos: en los primeros, los mencionados índices conforman determinados rasgos que son inherentes a cada fonema, y sólo a él; en los suprasegmentos, el rasgo prosódico afecta, normalmente, a más de un fonema (sílaba, palabra, oración): si en /kásta/ el acento se adjudica a /a/ es porque esta vocal es el núcleo silábico, pero en realidad afecta a toda la sílaba /kás/. Otro tanto se puede decir de los demás prosodemas: ¿a qué segmento adjudicaríamos el prosodema entonativo en *¿blanco?*, por ejemplo?

Entre segmentos y suprasegmentos también existe una diferencia de grado, que hace que consideremos los suprasegmentos como unidades distintas e independientes de los fonemas. ¿Por qué en /ámo/ y /amó/ sólo consideramos /a/ en lugar de /á/ y /a/, es decir, un solo fonema /a/, acompañado o no de acento?

Según Alarcos, se complicaría la descripción de una lengua si tuviésemos en cuenta por un lado fonemas acentuados y por otro fonemas inacentuados; es más rentable considerar por un lado todos los fonemas y por otro el acento. Según esto, también podríamos aislar la /sonoridad/, como un rasgo que se une a veces a ciertos fonemas y, en ese caso, en lugar de oponer fonemas sordos a sonoros (*p/b*, *t/d*, etc.), podríamos decir que /b/ = /p/ + /sonoridad/, pero nadie diría esto; sin embargo, sí decimos que /á/ de /ámo/ es más «fuerte» que /a/ de /amó/. Algo justifica este distinto tratamiento.

De acuerdo con el citado lingüista, los rasgos fónicos que caracterizan los fonemas son propiedades inherentes a ellos, y, por lo tanto, están presentes o no lo están: la diferencia entre /p/ y /t/ no es gradual: es /p/ o es /t/: es labial o es dental. Lo mismo

[7] Véanse los siguientes trabajos: Alarcos, *1967*; Haugen, *1949*; Hill, *1961*; Lehiste, *1970*; Malmberg, *1971a*, 184.

ocurre entre /b/ y /p/, está presente el rasgo de sonoridad o no; por el contrario, la diferencia de acento es gradual: /á/ tiene más «fuerza» que /a/. Podría argüirse que la condición de «gradual» se produce también en los fonemas vocálicos, y sería posible considerar sólo dos: uno /anterior/ y otro /posterior/, acompañados de un /prosodema de abertura con tres grados: abierto, medio, cerrado/: en /píso/ y /péso/, tendríamos un solo fonema anterior con distinta abertura; esta descripción complicaría excesivamente los hechos.

Entonces, ¿por qué se justifica que el prosodema acentual se disocie de los fonemas y no parece conveniente separar la abertura vocálica? Sólo la *función* de los elementos explica los hechos lingüísticos.

La función de los fonemas es *distintiva*: son unidades que en un contexto dado se excluyen mutuamente: /pípa/ - /pépa/ - /pápa/ - /pópa/ - /púpa/. Si, por ejemplo, /p/ y /b/ o /k/ y /g/ se distinguen no es porque uno y otro aparezcan o no en las mismas secuencias: *vapor*, *baba*, *cogote*, *gago*, sino porque dos secuencias iguales se distinguen exclusivamente por la diferencia que existe entre uno y otro: *boca* y *poca*, *casa* y *gasa*.

La función de los suprasegmentos es *contrastiva*, no distintiva, ya que no pueden alternar en el mismo contexto; en /ámo/ — /amó/ lo distintivo es el esquema acentual /—́—/ frente a /——́/, pero no el acento en sí: el suprasegmento requiere la presencia contrastante de su opuesto en la misma secuencia, es decir, depende de la existencia de otro.

Los segmentos también pueden contrastar, aunque en ellos no sea importante: en *mayo* y *baño*, la nasalidad contrasta en ambas sílabas de igual modo que el acento en *amo* y *amó*, pero mientras que a /ámo/ no puede oponerse un /amo/ totalmente átono y un /ámó/, a *mayo* se oponen un *bayo* sin nasalidad y un *maño* con ella.

13.2. DEFINICIÓN DEL ACENTO

El acento es un rasgo prosódico que permite poner de relieve una unidad lingüística superior al fonema (sílaba, morfema, palabra, sintagma, frase; o un fonema, cuando funciona como unidad de nivel superior) para diferenciarla de otras unidades lingüísticas del mismo nivel. Por lo tanto, el acento se manifiesta como un contraste entre unidades acentuadas y unidades inacentuadas.

13.3. TIPOLOGÍA ACENTUAL

Algunas lenguas se caracterizan por la posición fija del acento en la palabra: son las lenguas de *acento fijo;* por ejemplo, en francés o en turco, el acento recae siempre sobre la última sílaba; en finés y en checo, se sitúa en la primera sílaba; en polaco, sobre la penúltima, etc.

En otras lenguas, el acento puede ocupar distintas posiciones (dos o tres) dentro de la palabra: son las lenguas de *acento libre;* por ejemplo, el inglés, el italiano, el español, etc.

Cuando la posición del acento depende de cualquier otra característica fonológica de la palabra, nos hallamos ante un *acento condicionado.* Por ejemplo, el acento latino, condicionado a la cantidad de la penúltima sílaba: es decir, se sitúa sobre la penúltima sílaba, salvo si ésta es breve, en cuyo caso se sitúa sobre la antepenúltima.

13.4. FUNCIÓN DEL ACENTO

El acento desempeña diversas funciones:

a) La *función contrastiva,* que se ejerce en el eje sintagmático, es decir, entre las secuencias de unidades, al poner de relieve las sílabas acentuadas frente a las no acentuadas. Esta función aparece tanto en las lenguas de acento fijo, como en las lenguas de acento libre.

b) La *función distintiva* se realiza en el eje paradigmático en las lenguas de acento libre. Su cambio de situación sirve para distinguir dos unidades de significado diferente. Por ejemplo, en inglés, *content,* con acento en la primera sílaba es un sustantivo: *cóntent* «contenido», mientras que con el acento sobre la segunda sílaba es un adjetivo: *contént* «contento»; lo mismo ocurre con *import: ímport* «importación», frente a *impórt* «importar», etc. En italiano, *áncora* «ancla» / *ancóra* «todavía»; *débito* «deuda» / *debíto* «debido». En español, *paso / pasó; término / termino / terminó*. En portugués, *sábia* «erudita» / *sabía* «él sabía» / *sabiá* «nombre de un pájaro»; *amara / amará,* etc.

c) La *función demarcativa* actúa sólo en las lenguas de acento fijo: señala los límites de las diversas unidades en una secuencia: puede indicar el final de una palabra, como en francés o en turco; el principio como en checo; u ocupar una posición fija con relación al principio y al final de la palabra, como en polaco.

d) La *función culminativa,* en las lenguas de acento libre o combinado; señala la presencia de una unidad acentual, sin indicar exactamente los límites.

El acento desempeña en la lengua española las funciones *contrastiva, distintiva* y *culminativa:*

a) la contrastiva entre sílabas acentuadas e inacentuadas y entre palabras acentuadas (sustantivos, verbos, etc.) y palabras inacentuadas (preposiciones, conjunciones, artículo *el,* etc.);

b) la distintiva, dando origen a los esquemas léxicos acentuales siguientes:

oxítono: __ __ __́: habitó
paroxítono: __ __́ __: habito
proparoxítono: __́ __ __: hábito

y en las formas compuestas con pronombres átonos enclíticos, también al

superproparoxítono: ´_ _ _ _: *ábremelo* [8];

c) la culminativa, agrupando alrededor de la unidad central otras unidades inacentuadas: *y por si la mayoría lo resuelve...*; en torno a la sílaba *rí* se agrupan *y por si la mayo - a* y en torno a *suel, lo re - ve.*

Pensemos por un momento la importancia que en la métrica adquiere la sílaba que configura la rima, pues en ella, además de darse la culminación temporal, la reiteración de timbre y la inflexión melódica, recae también el acento, conjugándose plenamente las tres funciones indicadas, e incluso potenciándose la culminativa.

Hemos de hacer una advertencia importante: en este nivel fonológico, desde el que estamos haciendo estas observaciones, hay que tener en cuenta que si una palabra es acentuada siempre lo es; de manera que no son válidos los artilugios que para intentar obtener fantasías estilísticas quitan o ponen acentos a capricho.

13.5. PALABRAS ACENTUADAS Y PALABRAS INACENTUADAS EN ESPAÑOL

Es evidente que toda palabra aislada, sacada fuera del contexto en que se halla, presenta una sílaba con una determinada carga acentual; pero las cosas cambian cuando esa misma palabra se encuentra situada en el decurso de la cadena hablada. En la frase, se percibe claramente la presencia de sílabas tónicas en unas palabras y su ausencia en otras.

En español, una palabra no tiene nada más que una sílaba portadora de acento, llamada *acentuada* o *tónica,* por contraposición a todas las demás que, al carecer de él, son *inacentuadas* o *átonas.*

[8] *Oxítono* o *agudo; paroxítono* o *grave* o *llano; proparoxítono* o *esdrújulo; superproparoxítono* o *sobresdrújulo.*

En condiciones normales, tan sólo un grupo de palabras, los llamados adverbios en *-mente,* poseen dos sílabas tónicas: /miserábleméNte/ *miserablemente,* /sólaméNte/ *solamente,* etc.

La diferencia existente en la lengua hablada entre palabras acentuadas e inacentuadas, es la siguiente: palabras acentuadas, 63,44 por 100; inacentuadas, 36,56 por 100.

13.5.1. Palabras acentuadas

Las palabras que en español siempre llevan una sílaba acentuada son:

1) *El sustantivo:* /el gáto/ *el* gato, /la mésa/ *la* mesa.

2) *El adjetivo:* /el gáto négro/ *el gato* negro, /la kása grís/ *la casa* gris, /la tríste biúda/ *la* triste *viuda,* etc.

3) *El pronombre tónico,* que funciona como sujeto o como complemento con preposición: /tú sábes póko/ tú *sabes poco,* /él i nosótros xugarémos/ él *y* nosotros *jugaremos,* /para mí i para tí/ *para* mí *y para* ti, etc.

4) *Los indefinidos,* adjetivos o pronombres, apocopados o no: /algúN óNbre/ algún *hombre,* /biéne algúno/ *viene* alguno, /niNgúN ótro káso/ ningún otro *caso,* /álgo fatigádo/ algo *fatigado,* etc.

5) *Los pronombres posesivos:* /la kúlpa és mía/ *la culpa es* mía, /éste lápiθ és túǰo/ *este lápiz es* tuyo, /el gáto nó és buéstro és nuéstro/ *el gato no es* vuestro, *es* nuestro.

6) *Los demostrativos,* tanto pronombres como adjetivos: /kiéro éste líbro/ *quiero* este *libro,* /prefiéro akél/ *prefiero* aquél.

7) *Los numerales,* tanto cardinales como ordinales: /dós kásas/ dos *casas,* /míl kásas/ mil *casas,* /biéne el priméro/ *viene el* primero. Sin embargo, en un compuesto numeral, el primer ele-

mento no se acentúa: /dos míl kásas/ dos *mil casas,* /kuareNta i séis gátos/ cuarenta *y seis gatos.*

8) *El verbo,* aunque sea auxiliar: /el gáto kóme/ *el gato* come, /se kásaN ói/ *se* casan *hoy,* /el páxaro és négro/ *el pájaro* es *negro,* /pépe á komído/ *Pepe* ha comido.

9) *El adverbio:* /kóme póko/ *come* poco, /xuéga mál/ *juega* mal. (Véase más adelante el § 13.5.2.10. de las palabras inacentuadas.)

10) Las formas interrogativas *qué, cuál, quién, dónde, cuándo, cuánto, cómo:* /ké kiéres/ *¿qué quieres?,* /kómo bá la bída/ *¿cómo va la vida?*

13.5.2. Palabras inacentuadas

Las palabras que en español no llevan acento son:

1) *El artículo determinado:* /el álma/ el *alma,* /la kása/ la *casa,* /los músikos/ los *músicos.* Sin embargo, el artículo indeterminado se acentúa: /úN sáko/ un *saco,* /únas pésas/ unas *pesas.*

2) *La preposición:* /bíno desde málaga/ *vino* desde *Málaga,* /trabáxa para koméR/ *trabaja* para *comer.* (Se exceptúa *según,* que, tanto preposición como adverbio, es tónica: como preposición: /segúN lo estableθído/ según *lo establecido,* /segúN él estói biéN/ según *él estoy bien;* como adverbio: /segúN me díθes bíno mál/ según *me dices, vino mal).*

3) *La conjunción.* En la conjunción hay que tener en cuenta que son átonas:

a) Las copulativas *y, e, ni:* /nó bí ni el konéxo ni la liébre/ *no vi* ni *el conejo* ni *la liebre,* /xosé i pédro/ *José* y *Pedro.*

b) Las disyuntivas *o, u:* /o biénes o me bói/ o *vienes* o *me voy.*

c) La polivalente *que,* copulativa: /ábla ke ábla/ *habla* que *habla;* disyuntiva: /ke kiéra ke nó kiéra á de leéR/ que *quiera* que *no quiera ha de leer;* determinativa: /ke lo páses biéN/ que *lo pases bien;* final: /béN ke te díga úna kósa/ *ven* que *te diga una cosa,* etc.

d) Las adversativas *pero, sino, mas, aunque* (ya sea adversativa, ya concesiva): /ábla pero mal/ *habla,* pero *mal.*

e) Las causales *pues, porque, como, pues que, puesto que, supuesto que:* /puesto ke nó kiéres kédate/ puesto que *no quieres quédate.*

f) Las consecutivas *pues, luego, conque:* /ás deskaNsádo biéN koNke aóra a trabaxáR/ *has descansado bien* conque *ahora a trabajar.*

g) Las condicionales *si, cuando:* /si kiéres bói/ si *quieres voy,* /kuaNdo lo díθe será beRdáD/ cuando *lo dice será verdad.*

h) Las concesivas *aunque, aun cuando:* /auN kuaNdo kiéra nó puéde beníR/ aun cuando *quiera, no puede venir.*

Son conjunciones tónicas:

a) Las disyuntivas *ora, ya, bien:* /óra xuéga óra lée/ ora *juega* ora *lee.*

b) La consecutiva *así:* /no mentiría así le matáraN/ *no mentiría* así *le mataran.*

c) La temporal *apenas:* /apénas se lábe sále/ apenas *se lave, sale.*

d) Las compuestas, adversativas: *no obstante, con todo, fuera de;* consecutivas: *en efecto, por tanto, por consiguiente, así que;* temporales: *aún no, no bien, ya que, luego que, después que, en tanto que* (es átono *en cuanto* o su forma menos culta *en cuanto que:* /eN kuaNto la siNtió/ *en* cuanto *la sintió);* las condicionales: *a no ser que, dado que, con tal que;* las concesivas: *por más que, a pesar de que, mal que, ya que,* etc.

4) *Los términos de tratamiento:* /doN xosé/ don *José,* /doɲa maría/ doña *María,* /frai pédro/ fray *Pedro,* /saNto tomás/ santo *Tomás.*

5) El primer elemento de los compuestos: /maria xosé/ María *José,* /dos míl/ dos *mil,* y de las palabras compuestas en las que aún se sienten sus componentes: /tragalúθ/ traga*luz,* /bokamáNga/ boca*manga.*

6) *Los pronombres átonos* que funcionan como complemento y el reflexivo *se:* /se lo díxe sériameNte/ se lo *dije seriamente,* /os bímos ói/ os *vimos hoy.*

7) *Los adjetivos posesivos,* apocopados o no: /mi pádre i mi mádre/ mi *padre y* mi *madre,* /nuestra kása/ nuestra *casa,* /tus dós gátos/ tus *dos gatos,* /buestros íxos/ vuestros *hijos.* Compárese entre /nuestros gátos/ y /los gátos nuéstros/. En Asturias, León y Castilla la Vieja se acentúan estos posesivos.

8) Las formas *que, cual, quien, cuyo, donde, cuando, cuanto, como,* cuando no funcionan como interrogativas ni exclamativas: /lo dexé komo lo bí/ *lo dejé* como *lo vi,* /bíno kuaNdo salía/ *vino* cuando *salía.*

Obsérvese en los siguientes ejemplos la diferencia acentual existente entre estas formas, según funcionen como interrogativas o no:

¿Cuándo lo viste?	*Cuando jugaba*
¿Dónde estaba?	*Donde siempre*
¿Qué pasa?	*Que la gente discute*
¿Cómo se encuentra?	*Como ya sabes*
¿Quién grita?	*Quien quiere*
¿Cuánto quiere?	*Cuanto pueda*

Cual no se acentúa cuando ejerce una función modal: *le puso cual digan dueñas.*

9) En los vocativos y expresiones exclamativas cortas de cariño o reproche, son inacentuados los elementos que acompañan al núcleo. Compárese entre: /ŋó puédo bueN óNbre/ *no puedo,* buen

hombre, /nó és úN buéN óNbre/ *no es un* buen *hombre,* /béN aquí graN píkaro/ *ven aquí,* gran *pícaro,* /éres úN gráN píkaro/ *eres un* gran *pícaro.*

Usadas como tratamiento, en formas vocativas, pierden su acentuación palabras como *señor, señora, señorito, -a, hermano,* etc. Compárese entre: /adiós | seɲoR péreθ/ *adiós, señor Pérez,* /biéne el seɲóR péreθ/ *viene el* señor Pérez, /peRdóne | eRmano xuáN/ *perdone,* hermano *Juan,* /peRdóno al eRmáno xuáN/ *perdono al* hermano *Juan.*

10) Hay formas léxicas, que en virtud de lo que hemos dicho son tónicas o átonas según su función:

Luego: tónica, en función temporal: /luégo bámos/ luego *vamos;* átona, en función consecutiva: /piéNso | luego eGsísto/ *pienso,* luego *existo.*

Aún: tónica, función adverbial: /aúN bíbo/ aún *vivo;* átona, función preposicional: /ni auN para bibíR tiéne ánimos/ *ni* aun *para vivir tiene ánimos.*

Mientras: tónica, función adverbial: /estúdia | miéNtras | ǰó léo/ *estudia;* mientras, *yo leo;* átona, función conjuntiva: /estúdia mieNtras ǰó léo/ *estudia* mientras *yo leo.*

Medio: tónica, función adjetival: /á pasádo médio día/ *ha pasado* medio *día;* átona, en lexías complejas (formas compuestas): /está medio doRmído/ *está* medio *dormido,* /biéne al medio día/ *viene al* medio *día.*

Más: tónico, como adverbio: /kiéro más/ *quiero* más; átono cuando es nexo de relación: /kuátro mas dós/ *cuatro* más *dos.*

Menos: tónico cuando es adverbio: /pésa ménos/ *pesa* menos; átono, cuando funciona como nexo de relación: /kuátro menos dós/ *cuatro* menos *dos,* /kuéNta tódo menos lo ke pasó/ *cuenta todo* menos *lo que pasó.*

13.6. ACENTO ENFÁTICO O DE INSISTENCIA

Aunque las palabras acentuadas en español sólo poseen una sílaba acentuada (recuérdese la excepción de los adverbios en *-mente),* ocurre a veces que por un énfasis especial que tiene por objeto poner de relieve una palabra determinada, o por afectación propia de algunas personas, se señala por medio de un segundo acento una de las sílabas inacentuadas de la palabra o una palabra átona: /baxo mi r̄ésponsabilidáD/ *bajo mi responsabilidad,* /iNtéRpretáda/ *interpretada,* /trabáxo de lá memória/ *trabajo de la memoria,* etc.

Este acento también puede manifestarse como refuerzo de un acento ya existente, para poner de relieve alguna parte de un enunciado, o distinguir dos enunciados que podrían confundirse. Por ejemplo, en la secuencia /él estába akí/ *él estaba aquí,* las tres palabras están acentuadas; pero si por no haber comprendido bien el mensaje, porque se desea una ratificación del mismo, o por extrañeza, se pregunta *¿Quién estaba aquí?,* se responderá: *ÉL estaba aquí.* Del mismo modo, a la pregunta *¿Dónde estaba?,* se responderá: *él estaba AKÍ,* o a *¿Está aquí todavía?,* la respuesta será: *él ESTÁBA aquí.* Otro ejemplo: si deseo hacer en una situación determinada una distinción entre el *un* numeral y el artículo indefinido, dado que los dos son tónicos, deberé utilizar el acento enfático sobre el numeral: *Dáme un melón* (uno cualquiera), frente a *Dáme ÚN melón* (sólo uno).

13.7. CAMBIOS ACENTUALES EN ESPAÑOL

Muchos de los cambios de posición del acento en la palabra se han producido en la Lengua española a lo largo de su historia [9] y se siguen produciendo en la actualidad.

Amado Alonso *(1930,* 317-370) realizó la siguiente reagrupación tipológica de los principales casos registrados:

1) Los cambios acentuales que llevan aparejados la transformación de una secuencia heterosilábica en tautosilábica; son casos como: *máiz, páis, ráiz, bául* [10]. El fenómeno, no explicado satisfactoriamente hasta ahora en nuestra Lengua, puede justificarse, como ya hemos indicado anteriormente, por: *a)* la tendencia antihiática del español (§ 5.11.5.); *b)* la tendencia general a reducir el gasto del aire (§ 2.5.1.2.).

2) El segundo grupo comprende casos como *váyamos, háyamos, téngamos, duérmamos,* que se forman por analogía con otras personas del paradigma verbal [11].

3) El último grupo, muy amplio, incluye las «acentuaciones erróneas», como *méndigo, périto, cólega, záfiro, intérvalo, díploma, cónsola,* etc., y también, aunque menos extendidas, *cantáro, sabána, jicára, medúla,* etc. Según Amado Alonso *(1930,* 354 y sigs.) la explicación está siempre en «una necesidad mental de ordenar y sistematizar la materia idiomática, en un prurito de construcción que lleva al parlante a relacionar determinadas secuencias de soni-

---

[9] Piénsese, por ejemplo, en los antiguos *reína,* hoy *réina, vaína,* hoy *váina,* etc.

[10] *Engréido, egóista, óido, créible, fréido, léido, máistro* «maestro», *tráir* «traer», *fáina* «faena», etc.

[11] *Tenga, tengas, tenga, téngamos, téngais, tengan; duerma, duermas, duerma, duérmamos, duérmais, duerman; quiera, quieras, quiera, quiéramos, quiérais, quieran,* etc.

dos con determinados esquemas rítmicos»; en definitiva, es la analogía con las palabras [12] en las que se repiten determinados sufijos átonos la que ha influido en la traslación acentual de muchas otras.

Según esto, las terminaciones átonas *-ago, -ego, -igo* en palabras como «espárrago», «murciélago», «galápago», «estómago», «luciérnaga», «látigo», «relámpago», «albóndiga», etc., han producido acentuaciones como *cólega, méndigo, téstigo, íntriga, cuádriga,* etc. Del mismo modo, la terminación átona *-imo* en «óptimo», «prójimo», «pócima», «último», «séptimo», «décimo», «ínfimo», «lágrima», «lástima» influyó en *rácimo, ópimo, tárima,* etc. Acción similar pudo tener el átono *-ito* [13] en *erúdito, périto, expédito,* por analogía con «súbdito», «lícito», «tácito», «empréstito», etc.

Los casos como *sabána, cantáro,* etc., se explican fácilmente por la adecuación a la estructura paroxítona del español, que es la más frecuente.

13.8. NATURALEZA FONÉTICA DEL ACENTO ESPAÑOL

Las posiciones adoptadas sobre la naturaleza fonética del acento español han sido, en líneas generales dos:

1. La de los que opinan que el acento está en función del fundamental, como, por ejemplo, la *Gramática* de la Real Academia Española *(1959,* 459) cuando dice: «*Acento* es la máxima entona-

[12] También García de Diego *(1961,* 46-49) indicaba que la «causa principal de las traslaciones de acento es la analogía», citando ejemplos como el cambio del clásico etimológico *ímpio* a *impío* por analogía con *pío;* contra el correcto y etimológico «sutil», se dice *sútil (*< s u b t i l e), por analogía con «fácil», «útil» (con sufijo -i l e); M e r c ú r i > *M é r c o r i s, por analogía con M a r t i s, J o v i s, V e n e r i s; de ahí que hoy tengamos *miércoles,* en lugar de *miercóles,* etc.

[13] Diferente del diminutivo tónico *-íto.*

ción con que en cada palabra se pronuncia una sílaba determinada». Andrés Bello *(1949,* 32) piensa que está en función de la cantidad y del fundamental: «El *acento* consiste en una levísima prolongación de la vocal que se acentúa, acompañada de una ligera elevación del tono».

2. La de los que piensan que es una mera consecuencia de la intensidad: Rufino José Cuervo *(1954,* 941): «Por el acento se realza una sílaba entre las demás de una palabra, o una sílaba que de por sí forma palabra entre otras sílabas inmediatas. Esto se consigue o aumentando la expiración [sic] con que producimos el sonido o alzando el tono; el primer acento, llamado de intensidad o expiración, es el que conocemos en castellano y en las demás lenguas europeas modernas: ... al definir nuestro acento debemos caracterizarlo por la mayor intensidad».

T. Navarro Tomás *(1957)* considera el acento español como acento de intensidad. *Intensidad* es el título del capítulo dedicado al acento en su *Manual de Pronunciación (1957,* 181). En el mismo capítulo indica: «El oído español es evidentemente más sensible a las modificaciones del acento de intensidad que a las de otros elementos fonéticos». En el § 183, al establecer las relaciones entre el fundamental y el acento de intensidad dice: «En la pronunciación de las palabras aisladamente consideradas, coinciden en líneas generales el tono y el acento de intensidad, recayendo de ordinario el tono normal sobre la misma sílaba que lleva el acento y pronunciándose por debajo de este tono, con inflexión ascendente o descendente, según los casos, las demás sílabas de la palabra». En el *Manual de entonación (1948,* 25) comenta: «El elemento esencial en la estructura prosódica de las palabras es en español el acento dinámico o de intensidad».

Los trabajos experimentales recientes conceden al fundamental el papel predominante en la pronunciación y percepción del acento en español (Bolinger-Hoppad, *1961;* Contreras, *1963).* Así, para Quilis *(1971)* el índice principal es la frecuencia del fundamental, sola o acompañada de la duración; ésta ocupa, en orden de importancia, el segundo lugar. Por último, y en contados casos, cuando no actúan ni la frecuencia del fundamental, ni la duración, es la intensidad la que pone de relieve el prosodema acentual.

El importante trabajo de Emilia V. Enríquez, Celia Casado y Andrés Santos *(1988)* demuestra, valiéndose de la síntesis del lenguaje, que, indiscutiblemente, el acento español depende de la frecuencia del fundamental.

13.9 FRECUENCIA DE LOS ESQUEMAS ACENTUALES EN ESPAÑOL

Siempre se dice que el esquema acentual más frecuente en español es el paroxítono, que la ortografía no señala normalmente con diacrítico (salvo las excepciones por todos conocidas). Esta afirmación ha sido más intuitiva que comprobada sobre recuentos amplios que mostrasen los porcentajes de los patrones acentuales de nuestra lengua.

En un trabajo nuestro [14], analizamos una población de 20.361 palabras, procedentes de la lengua hablada. Las conclusiones más importantes de la mencionada investigación son las siguientes:

1. En primer lugar, la diferencia existente entre palabras tónicas y átonas es:

Palabras	*Frecuencia absoluta*	*Frecuencia relativa*
Tónicas	12.917	63,44%
Átonas	7.444	36,56%
Totales	20.361	100

[14] Quilis, *1983*, recogido también en Quilis, *1981*.

2. En el total de las categorías átonas, la distribución es la siguiente:

Palabras	*Frecuencia absoluta*	*Frecuencia relativa en las categorías átonas*	*Frecuencia relativa en la población*
Monosílabas	6.717	90,23%	32,99%
Bisílabas	727	9,77%	3,57%
Totales	7.444	100	36,56%

3. En las categorías tónicas debemos distinguir entre los monosílabos, los adverbios en *-mente,* que como se sabe tienen dos sílabas acentuadas, y el resto de los esquemas silábicos: bisílabos, trisílabos, etc. La distribución, atendiendo sólo al número de sílabas, es la siguiente:

Número de sílabas	*Frecuencia absoluta*	*Frecuencia relativa en las categorías tónicas*	*Frecuencia relativa en la población*
1	3.581	27,72	17,59
2	5.423	41,98	26,63
3	2.625	20,32	12,89
4	850	6,58	4,17
5	274	2,12	1,35
6	36	0,28	0,18
7	10	0,08	0,05
8	1	0,008	0,005
Adv.*-mente*	117	0,9	0,57
Totales	12.917	99,988	63,435

El rango de las palabras en cuanto al número de sílabas se establece del siguiente modo: 1, bisílabos; 2, monosílabos; 3, trisílabos;

4, tetrasílabos; 5, pentasílabos; 6, adverbios en *-mente;* 7, hexasílabos; 8, heptasílabos; 9, octosílabos.

Esta distribución abunda en el axioma ya conocido de que la frecuencia de las palabras es inversamente proporcional al número de sus sílabas.

Si tomamos los 9.219 casos de los tres esquemas considerados (oxítonos, paroxítonos y proparoxítonos; descartando las palabras átonas, los monosílabos tónicos y los adverbios en *-mente),* obtenemos los siguientes valores [15]:

[15] En cuestiones de fonoestilística es importante tener en cuenta la frecuencia de las distintas unidades lingüísticas, tanto por sí misma como comparada con la frecuencia de esas mismas unidades en la lengua hablada, que es la comúnmente utilizada. Veamos un ejemplo de la siguiente estrofa de Unamuno:

Arlanzón, Carrión, Pisuerga,
Tormes, Águeda, mi Duero,
lígrimos, lánguidos, íntimos,
espejando claros cielos,
abrevando pardos campos,
susurrando romanceros.

Esquemas acentuales	*En el texto*	*En lengua hablada*
Oxítonos	11,76%	17,68%
Paroxítonos	64,70%	79,50%
Proparoxítonos	23,52%	2,76%

E incluso en los fonemas:

Unidades fónicas	*En el texto*	*En lengua hablada*
Cons. vibrantes	10,40%	2,36%
/N/	8,06%	4,86%
Total consonantes	57,25%	51,48%
Total vocales	42,74%	47,55%
Diferencia	—14,51	—3,93

Esquema	*Frecuencia absoluta*	*Frecuencia relativa*
Oxítono	1.629	17,68
Paroxítono	7.336	79,50
Proparoxítono	254	2,76
Totales	9.219	99,94

El rango, en cuanto a los esquemas acentuales, es el siguiente: 1, paroxítonos (casi cuatro veces superior al de los otros dos); 2, oxítonos; 3, proparoxítonos.

En el conjunto de la población, la distribución de estos esquemas acentuales es la siguiente:

Palabras	*Frecuencia relativa*
Paroxítonas	36,01%
Monosílabas átonas	32,99%
Monosílabas tónicas	17,59%
Oxítonas	7,98%
Bisílabas átonas	3,57%
Proparoxítonas	1,22%
Adv.*-mente*	0,57%

13.10. ESCALA DE INTENSIDAD DE LOS SONIDOS ESPAÑOLES

En la producción y percepción de los sonidos, como vimos anteriormente, se combinan diversos parámetros, cuya función o pertinencia varía según los casos.

La intensidad de un sonido está en función de la energía —o de la fuerza con que ha sido puesto en vibración— y de su frecuencia vibratoria, y estos factores dependen, en el caso de los sonidos articulados, de la fuerza de articulación, de la actividad infraglótica —que imprime en el aire fonador una determinada presión y velocidad, modificada por la resistencia del conducto vocal—, etc.; por parte del receptor, además, está todo lo referente a la percepción e interpretación de esa intensidad.

La intensidad [16] de los sonidos españoles ha sido establecida recientemente por Albalá y Marrero *(1993)*. Los resultados que obtuvieron son los siguientes [17]:

[s]	28,68	
[t͡ʃ]	26,20 (momento fricativo)	
[a]	25,18	
[e]	24,74	
[o]	22,53	
[i]	21,92	
[r̄]	20,67 (elementos vocálicos)	
[u]	20,58	
[l]	20,48	
[n]	19,77	
[ɲ]	19,45	
[m]	19,34	
[λ]	19,34	
[r̄]	18,93 (momento oclusivo)	
[x]	18,50	
/d/	16,66	
	[d] 15,70	
	[δ] 17,30	
/ǰ/	16,60	
	[ǰ] 19,40	
	[d͡ʒ] 17,90 (momento fricativo)	
	[d͡ʒ] 9,80 (momento oclusivo)	
/g/	16,52	
	[g] 16,20	
	[ɣ] 16,74	

[16] Las cifras corresponden, naturalmente, a dB.

[17] En los casos de /d/, /ǰ/, /g/, /b/ damos también los valores del fonema como representante, aquí, del valor global del segmento, que incluye los valores de la intensidad de sus alófonos.

/b/	16,10	
		[b] 15,70
		[β] 17,10
[r]	15,80	
[θ]	13,90	
[f]	13,13	
[k]	9,07	
[t]	7,53	
[p]	6,17	
[t͡ʃ]	4,80 (oclusión)	

El elemento esvarabático, en las secuencias /pr/, /br/, etc., presenta una intensidad de 0,82 dB más que la media de /a/.

Del examen de los valores anteriores, podemos colegir:

13.10.1. Gradación de la escala

a) El sonido más intenso es [s], con casi 24 dB más que el momento oclusivo de [t͡ʃ], que es el que presenta menor intensidad. El momento fricativo de [t͡ʃ] sigue a [s] en intensidad.

b) Por encima de los 20 dB, se encuentran las vocales y las líquidas [l] y [r̄].

Dentro de las *vocales*, el orden de mayor a menor intensidad es el siguiente:

— vocales bajas: [a];
— vocales medias: [e], [o], en este orden;
— vocales altas: [i], [u], en este orden;

como se puede percibir, a igualdad de abertura, la articulación posterior es menos intensa. También el grado de cierre es inversamente proporcional al de intensidad: a mayor cierre, menor intensidad.

c) Entre los 15 dB y los 20 dB, se encuentran las siguientes *consonantes*: las nasales; [λ] y [x]; /d/, /ǰ/, /g/, /b/, cuyos alófonos continuos tienen más intensidad que los interruptos; [r].

d) Entre los 10 dB y los 15 dB, sólo las continuas mates [θ] y [f].

e) Por debajo de los 10 dB, las sordas oclusivas [k], [t], [p] y el momento oclusivo de [t͡ʃ].

13.10.2. Intensidad de los rasgos acústicos

El rango de intensidad de los rasgos acústicos, de mayor a menor, es el siguiente:

1. El *vocálico* (21 dB) más que el *consonántico* (15,8 dB).
2. El *denso* (19 dB) más que el *difuso* (16 dB).
3. El *agudo* (18,2 dB) más que el *grave* (15,7 dB).
4. El *nasal* (19,5 dB) más que el *no nasal* (15 dB).
5. El *continuo* (19,2 dB) más que el *interrupto* (13,6 dB).
6. El *sonoro* (16,4 dB) más que el *sordo* (14,2 dB) [18].

13.10.3. La intensidad en cuanto al modo de articulación

1. Vocales: 22,8.
2. Consonantes laterales: 19,9.
3. Consonantes nasales: 19,6.
4. Consonantes fricativas: 18,3.
5. Consonantes vibrantes: 18,2.
6. Consonantes africadas: 15,1.
7. Consonantes oclusivas: 10,3.

13.10.4. La intensidad en cuanto a la posición silábica

En las secuencias tautosilábicas, las vocales que no forman núcleo silábico tienen una intensidad menor que su núcleo correspondiente: [j] prenuclear es 5,8 dB menos que [i]; [w] prenuclear e [i̯] postnuclear son 1,2 dB menos intensas que [u] e [i], respectivamente; [u̯] postnuclear sólo difiere de [u] en 0,6 dB.

Las consonantes tienen en posición postnuclear o implosiva las siguientes intensidades:

[18] Los fonemas estridentes, /s/ y /t͡ʃ/, son 16 dB más intensos que los mates.

Archif	*Realiz.*	*dB*	*Dif. con posic. prenuclear*
/B/	[p]	9,17	+ 3
	[p̬]	9,50	
	[b]	14,75	— 0,95
	[β]	15,40	— 1,7
	[β̥]	15,17	
/D/	[t]	10	+ 2,47
	[t̬]	9	
	[d]	11,33	— 4,37
	[δ]	17	— 0,3
	[δ̥]	10	
	[θ]	17	+ 3,1
/G/	[k]	10	+ 0,93
	[k̬]	15	
	[g]	10	— 6,2
	[γ]	15,4	— 1,34
	[γ̥]	6,5	
	[x]	10,33	— 8,17
	[x̬]	9	
/N/	[m]	19,40	— 0,06
	[n]	19,17	— 0,6
/s/	[-s]	29,46	+ 0,78
/l/	[-l]	19,53	— 0,95

Como puede observarse, las realizaciones en posición postnuclear tienen menos intensidad que sus equivalentes en posición prenuclear. Se exceptúan [p], [t], [k], cuya mayor intensidad en la mencionada posición puede explicarse por el aumento de tensión articulatoria realizada por el hablante para articularlas como tales oclusivas sordas. En el caso de [θ], el aumento del esfuerzo articulatorio para mantener una [-δ] ha producido el ensordecimiento y la mayor intensidad.

13.10.5. La intensidad en cuanto a la tonicidad silábica

Las consonantes poseen aproximadamente la misma intensidad: en sílaba tónica aparecen con una intensidad media de 16,9 dB, mientras que en sílaba átona tienen 17,95 dB, es decir, 1 dB más. Es más relevante la menor intensidad (13,21 dB) que tienen las consonantes en posición inicial absoluta.

Las vocales, como son el núcleo silábico, sí presentan mayor diferencia: en posición interior de grupo fónico, tienen más intensidad las vocales tónicas (25,05 dB) que las átonas (21,38 dB). En posición inicial y final de grupo fónico, tienen una intensidad intermedia (23,36 dB y 23,28 dB, respectivamente).

XIV

ENTONACIÓN

14.1. DEFINICIÓN

El suprasegmento entonativo es uno de los componentes más complejos de una lengua: sus variadas formas, sus diversas funciones, su incidencia más o menos directa en la significación y en la caracterización del hablante lo convierten en un campo de estudio en el que no faltan las dificultades.

La entonación se ha definido, en general, según el centro de interés de cada investigador o en función de los objetivos que se perseguían en cada investigación.

1) Unas definiciones se refieren exclusivamente al plano de la sustancia, haciendo incidir la función entonativa en las variaciones de frecuencia del fundamental, como la de D. Jones *(1909):* «Variaciones en el tono de la voz del hablante».

2) Otras tienen en cuenta distintos parámetros, además del fundamental, como la de P. Lieberman *(1965*, 40): «Todo el conjunto de contornos tonales, niveles tonales y niveles acentuales que ocurren cuando se emite una oración» [1].

---

[1] Para K. Hadding-Koch y M. Studdert-Kennedy *(1963*, 65), la entonación es, ante todo, «Un contorno de frecuencia fundamental. La frecuencia fundamental es [...] el único índice acústico fuerte de la entonación, aunque otras variables puedan desempeñar un papel como correlatos acústicos de la entonación».

3) Finalmente, existen definiciones que giran alrededor de la función lingüística de la entonación, como la de F. Daneš *(1960*, 34) para quien la entonación es «uno de los recursos comunicativos elementales de la lengua, que forma un sistema fonológico especial, y sirve para la organización de enunciados de un modo diferente en diferentes lenguas». Según Ilse Lehiste *(1970*, 95), «El uso de los rasgos tonales para proporcionar una información lingüística a nivel de oración es uno de los significados del término *entonación*» [2].

4) Para nosotros, la entonación es *la función lingüísticamente significativa, socialmente representativa e individualmente expresiva de la frecuencia fundamental en el nivel de la oración* [3].

14.2. FORMA Y SUSTANCIA DE LA ENTONACIÓN

La posibilidad de considerar la entonación como parte integrante de un nivel de análisis lingüístico es un problema cuya solución, afirmativa o negativa, divide la opinión de los investigadores [4].

La cuestión se centra principalmente en que la entonación, como todo enunciado lingüístico, posee una sustancia y una forma.

---

[2] Para V. A. Artemov *(1962*, 403), la entonación es «El fenómeno lingüístico observable en el lenguaje oral, a través del cual el contenido de sentido de una frase, su significación comunicativa, su composición lexical, la estructura sintáctica y los caracteres estilísticos adquieren una expresión concreta».

[3] El tema de la entonación está tratado con más amplitud en Quilis, *1988*, 337-443.

[4] André Martinet *(1960*, 79), por ejemplo, atribuye a la entonación un papel marginal en el análisis lingüístico: escribe que no se puede «negar valor lingüístico a la entonación. Pero su juego no entra en el cuadro de la doble articulación, puesto que el signo que puede representar la elevación melódica no se integra en la sucesión de monemas y no presenta un significante analizable en una serie de fonemas. Las variaciones de la curva de entonación ejercen, de hecho, funciones mal diferenciadas, funciones directamente significativas, como en *il pleut?*, pero más frecuentemente una función del tipo que hemos llamado *expresiva*». Es, en definitiva, para Martinet, el carácter no discreto de la entonación (frente al discreto de los fonemas) lo que le lleva a no valorar plenamente su función lingüística.

La forma, o estructura de la entonación, viene dada por la descripción lingüística, que debe establecer el número de elementos que integran ese nivel y examinar sus relaciones y sus funciones. La sustancia es un contínuum en el que hay que delimitar las unidades de entonación para obtener elementos discretos y establecer así sus patrones melódicos y la naturaleza de sus elementos [5].

En el caso de los rasgos prosódicos, los diferentes niveles de análisis se ven muy complicados, porque por debajo del nivel meramente estructural, donde se dan una serie de oposiciones, bastante limitadas, por otra parte (la mayoría de las veces binarias: presencia o ausencia de una marca [6]), hay un valor simbólico, susceptible, seguramente, de una dicotomía. Este valor simbólico provoca reacciones diferentes sobre el oyente, por lo que hay que considerar esos términos como significativos [7]; y aun por debajo de estos niveles, se encuentra todo el cúmulo de datos, toda la sustancia, que sólo se puede elaborar en función del nivel estructural [8]. Entre el nivel de la sustancia y el nivel de la forma, nos encontramos, como dice Malmberg *(1966*, 99), con «toda una serie de *niveles* o *grados de abstracción*, elegidos arbitrariamente por el investigador según el fin que se proponga. Entre la descripción analítica de todos los hechos de sustancia concretos que son accesibles al fonetista y a sus recursos instrumentales, por un lado, y una presentación enteramente matemática o algebraica de relaciones puras, por otro, hay una serie ilimitada de estados intermedios. La fórmula global que excluye *a priori* toda referencia a una sustancia, cualquiera que sea,

---

[5] Es en este punto de la descripción de la entonación donde desempeñan un papel primordial el *análisis auditivo*, que tiene por objeto reconocer, por medio del oído, los tipos estructurales establecidos, y el *análisis instrumental*, que permite la obtención de los constituyentes físicos y la comprobación de cuál o cuáles de ellos es el pertinente.

[6] Piénsese en *¿Viene?* con entonación o final melódico ascendente, término marcado, frente a *Viene*, enunciado declarativo con entonación descendente.

[7] Puede ser la expresión de sorpresa o de cólera, por ejemplo.

[8] Véase Malmberg, *1962*, *1966*, *1967a*, *1967b*.

y que obtiene por eso mismo una validez muy general, marca uno de los extremos. El otro es la presentación de una masa de hechos, instrumentales o auditivos, que se refieren a un corpus de materiales concretos, y que es válido sólo para éste. La primera de estas descripciones permanece exacta en tanto que el sistema relacional descrito no cambie. La segunda sólo vale para el corpus examinado. La primera es por definición exhaustiva. La segunda no lo es necesariamente».

Relacionado asimismo con el problema lingüístico de la entonación se encuentra el de su *grado de arbitrariedad*. Evidentemente, éste no es comparable al de los fonemas. Nos encontramos de nuevo ante una jerarquización gradual, en uno de cuyos extremos, aparece una serie de rasgos motivados, que vienen determinados por características psicológicas casi constantes, y en el otro, una serie de rasgos propios de las estructuras específicas de la lengua dada [9]. Por un lado, existe, ciertamente, todo un conjunto de fenómenos de índole emotiva, expresiva, e incluso de peculiaridades regionales que infieren una motivación en las formas entonativas, pero, frente a éstas, la entonación también se ha especializado en determinados usos de orden distintivo. Es decir, existe un grado en el que la entonación es espontánea, natural, y estimulada psicológicamente; otro, en el que estas formas naturales de entonación se utilizan intencionalmente, y un último grado, en el que aparecen oposiciones entonativas que entran dentro de la estructura peculiar de cada lengua y donde el valor psicofisiológico de la entonación es irrelevante. Charles Bally *(1952*, 126) decía que «las entonaciones engendradas por la emoción no permanecen en el patrimonio del lenguaje instintivo. Penetran bajo una forma esquematizada en la misma lengua», a lo que habría que añadir la afirmación de F. Daneš *(1960*, 35) de que «Su grado de arbitrariedad es proporcional al grado de intelectualidad de la función entonativa».

En lo que sigue, nos referiremos, en primer lugar, a los problemas de la sustancia entonativa y, a continuación, a los de la forma.

---

[9] Véase Faure, *1970*, y Rigault, *1964*.

14.3. PARÁMETROS FÍSICOS DE LA ENTONACIÓN

Como vimos en el Capítulo III, la onda sonora del lenguaje es un complejo de parámetros íntimamente relacionados y difíciles de analizar por separado si no se recurre a la síntesis del lenguaje. De entre estos parámetros —frecuencia del fundamental, duración, intensidad y estructura armónica-, el que tiene mayor relieve en la función entonativa es el de las variaciones de frecuencia del fundamental, cuyo correlato fisiológico es la vibración de las cuerdas vocales.

La figura 14.1. es, como se sabe, un sonograma de banda ancha de la pregunta *¿No ve la luna?*

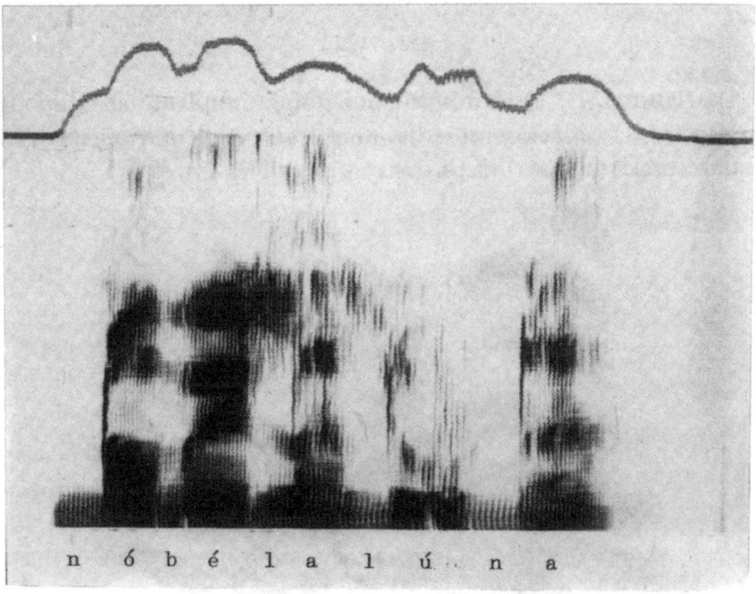

FIG. 14.1.

La figura 14.2. es el mismo sonograma con filtro de banda estrecha; en él, puede verse el fundamental y todos los armónicos.

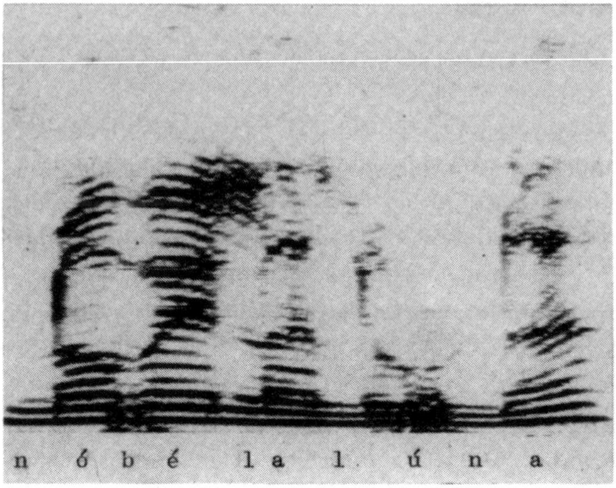

FIG. 14.2.

La figura 14.3. es el mismo sonograma ampliado en el eje de frecuencias; la duración no se ha modificado. Los movimientos del fundamental resultan mucho más perceptibles en él.

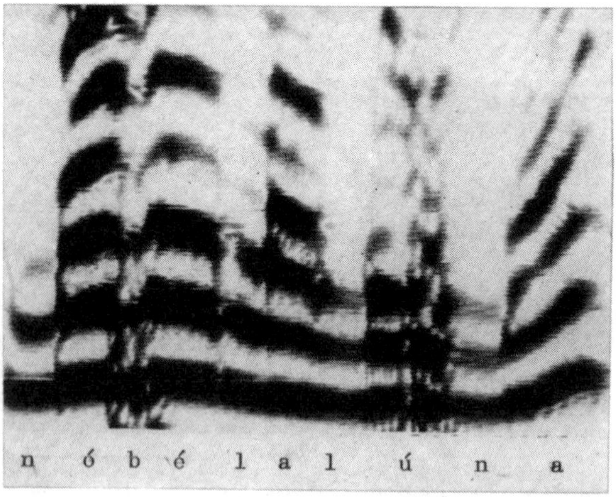

FIG. 14.3.

Por último, la figura 14.4. representa sólo el fundamental de la mencionada frase.

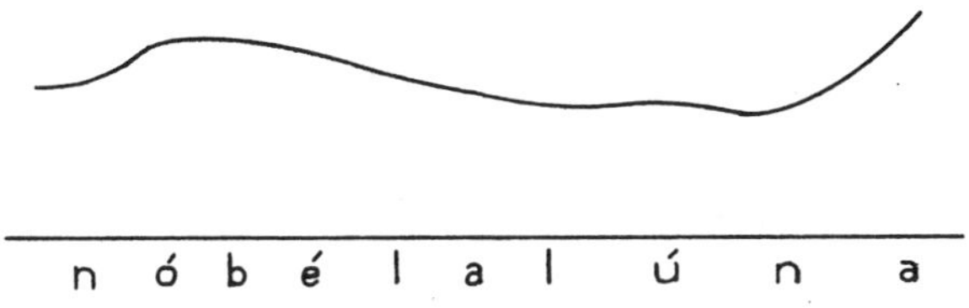

FIG. 14.4.

14.3.1. FACTORES QUE CONDICIONAN EL VALOR DEL FUNDAMENTAL

Como hemos dicho, la frecuencia del fundamental depende de las vibraciones de las cuerdas vocales, pero hay, además, una serie de factores fonéticos que lo condicionan.

14.3.1.1. Existe una relación entre la cualidad de la vocal y la altura relativa de la frecuencia fundamental asociada con ella: permaneciendo constantes los demás factores, las vocales altas tienen un fundamental más elevado. Según los trabajos de Lehiste y Peterson *(1961a)*, las frecuencias medias que corresponden a las vocales son las siguientes:

[i]	183 Hz	[u]	182 Hz
[ɪ]	173 Hz	[ʊ]	171 Hz
[e]	169 Hz	[o]	170 Hz
[ɛ]	166 Hz	[ɔ]	165 Hz
[æ]	162 Hz	[ə]	164 Hz
[a]	163 Hz		

Como puede observarse, el valor del fundamental desciende desde las vocales altas hasta las bajas. Lo que explica la diferencia de frecuencia del fundamental para cada vocal es lo siguiente: como ya mencionamos, la frecuencia fundamental aumenta cuando lo hace la corriente de aire espiratorio, la tensión de las cuerdas vocales o ambas simultáneamente. Los músculos de la lengua están unidos a la parte superior del hueso hioides y algunos de los músculos laríngeos están unidos a la parte inferior. Cuando se eleva la lengua para la articulación de una vocal media o alta, la laringe también sube y los músculos laríngeos se tensan. De este modo, aumenta la tensión de las cuerdas vocales y se origina un aumento en el número de sus vibraciones [10].

14.3.1.2. La frecuencia fundamental de una vocal puede verse afectada por la influencia de las consonantes que la preceden o siguen: las frecuencias fundamentales más altas aparecen después de las consonantes sordas, y las más bajas, después de las consonantes sonoras; por ejemplo, según Lehiste, la frecuencia de [i] en [ti] es de 191 Hz, y en [di] de 180 Hz [11].

14.3.1.3. Además del fundamental, la duración y la intensidad también intervienen en la producción y en la percepción de la entonación: a veces, un pequeño descenso del fundamental, acompañado de una elevación de intensidad, se percibe como un tono levemente ascendente o en suspensión. En ocasiones, en una enumeración, la percepción de finalidad frente a la no finalidad se produce no por el nivel más bajo alcanzado por el fundamental (más bajo al final, menos bajo en los grupos interiores), sino por la diferente duración del segmento final del fundamental en cada uno de los grupos: mayor duración en los grupos interiores —no finalidad—, menor en el último —finalidad— [12].

14.3.2. La pausa

Las interrupciones o detenciones que hacemos cuando hablamos o cuando leemos en voz alta reciben el nombre de pausas.

Las pausas son necesarias por dos razones: *a)* fisiológica: es imprescindible respirar y almacenar aire en los pulmones para poder realizar los actos de habla; *b)* lingüística: la sintaxis, el significado,

---

[10] Véase Ilse Lehiste, *1970*, 68-83.

[11] Gili Gaya, *1924*, ya puso de manifiesto la influencia que ejercían las consonantes en las curvas de entonación.

[12] Véanse los trabajos de P. Denes, *1959* y de Denes y Milton-Williams, *1962*.

la expresividad exigen la segmentación del contínuum fónico en pausas.

También pueden aparecer en el habla pausas que son debidas a titubeos, a dudas, a no encontrar la palabra adecuada, etc.

Lingüísticamente, la pausa puede ser:

1) *Final absoluta*: la que aparece después de un enunciado completo. Es la que la ortografía señala por medio de un punto o de punto y coma.

2) *Significativa*: su presencia o ausencia cambia la significación del enunciado: *No, necesitamos estudiar más*, frente a: *No necesitamos estudiar más*; *El campo, que está sembrado, se pierde de vista*, frente a: *El campo que está sembrado se pierde de vista.*

3) *Enumerativa*: la que se produce entre los miembros de una enumeración: *Están callados, serios, tristes.*

4) *Explicativa*: la que aparece en el principio y en el final de un enunciado explicativo introducido en un enunciado más amplio: *El emperador, muy emocionado, besaba la bandera*; *Los niños, a su aire, jugaban en el jardín.*

5) *Potencial*: la que se realiza por voluntad del hablante; lógicamente, no es necesaria; puede ser: *hiperbática*: «*Cuando llegamos, lo encontramos durmiendo*». *Expresiva*: «*El fin de semana / llega pronto*».

Como veremos más adelante, pausa y entonación están estrechamente relacionadas.

14.4. FORMA DE LA ENTONACIÓN

Como hemos señalado anteriormente, el análisis de la entonación implica la segmentación en unidades que sean lingüísticamente pertinentes y que formen un sistema en el que se conjunten.

El problema es establecer esas unidades y demostrar que el fenómeno entonativo se estructura en unidades tan discretas como los mismos fonemas.

¿Cuáles y cuántas son estas unidades? No hay acuerdo entre los investigadores: las respuestas a los dos miembros de la pregunta son numerosas y variadas [13].

En la descripción del español, nosotros vamos a distinguir, en primer lugar, entre el *grupo fónico* y el *grupo de entonación*.

14.4.1. Grupo fónico

El grupo fónico es la porción de discurso comprendida entre dos pausas. El enunciado *Platero es pequeño, peludo, suave* consta de tres grupos fónicos, separados por pausas:

[1] *# Platero es pequeño # peludo # suave #* [14].

Navarro Tomás *(1948*, 40), utilizando siempre datos tomados de la lengua escrita literaria [15], afirma que «los límites de la unidad melódica coinciden en español con los del grupo fónico»; ambos, en la «elocución normal castellana», aparecen en una zona «situada entre las unidades de cinco y diez sílabas, con visible realce y predominio de las de siete y ocho» *(1948*, 46) [16], que constituyen el 26,32% de sus materiales.

Sin embargo, en la lengua hablada [17], los hechos son radicalmente diferentes, porque: *a)* en ella, los grupos fónicos más numerosos se extienden desde los que tienen una sílaba, el más numeroso, hasta los de dieciséis; *b)* el 51% de los grupos fónicos corres-

---

[13] Véase Quilis, *1988*, 359-376.

[14] « # » simboliza la pausa.

[15] De «varias páginas de autores contemporáneos», como Unamuno, Baroja, Azorín, Ayala, Miró.

[16] Y también en Navarro Tomás, *1939b*.

[17] Datos tomados de nuestros materiales de la norma lingüística culta de la lengua española hablada en Madrid.

ponden a los que tienen de una a cinco sílabas; *c)* la media del número de sílabas por grupo fónico es de 9,5 [18]; *d)* la duración media del grupo fónico es de 130,55 c.s. [19].

14.4.2. Grupo de entonación

El grupo de entonación es la porción de discurso comprendida entre dos pausas, entre pausa e inflexión del fundamental, entre inflexión del fundamental y pausa, o entre dos inflexiones del fundamental, que configura una unidad sintáctica más o menos larga o compleja (sintagma, cláusula, oración).

En [1], los grupos de entonación coinciden con los grupos fónicos: hay inflexión del fundamental, [↓], y pausa:

[2] *# Platero es pequeño ↓ # peludo ↓ # suave ↓ #.*

Si este enunciado fuese impausado, los adjetivos que integran la enumeración estarían delimitados sólo por la inflexión del fundamental y constituirían grupos de entonación:

[3] *# Platero es pequeño ↓ peludo ↓ suave ↓ #.*

En este caso, [3] es un grupo fónico en el que hay tres grupos de entonación: 1.°: *Platero es pequeño*; 2.°: *peludo*; 3.°: *suave.*

En español, por ejemplo, el sintagma nominal que funciona como sujeto suele formar un grupo de entonación:

[4] *# Cristóbal Colón ↑ descubrió América ↓ #* [20].

En la lengua hablada, los grupos de entonación presentan las siguientes características: *a)* el 57,7% de ellos, están compuestos, en orden decreciente, por una, cuatro, tres y dos sílabas; *b)* la me-

[18] Los valores medios son mayores en las mujeres que en los hombres.

[19] En general, la duración es mayor en las mujeres que en los hombres.

[20] [4] es un grupo fónico con dos grupos de entonación. A veces, se ve en la prensa, e incluso en escritos de personas instruidas, una coma después del sujeto.

dia del número de sílabas por grupo de entonación es de cinco; *c)* la duración media del grupo de entonación es de 69,7 c.s.

14.4.3. Las unidades de la entonación

El grupo de entonación es, evidentemente, una unidad entonativa, pero, ¿es posible distinguir en ella otras unidades menores? Existen dos posiciones ante esta pregunta:

14.4.3.1. Por un lado, la que ha sido más general y más tradicional en Europa; según ella, la entonación está integrada por un cuerpo melódico, indivisible, y un final; cuerpo y final que constituyen un conjunto orgánico. Es decir, consideran la curva melódica, con todas las variaciones frecuenciales del fundamental, como un todo en el que se pueden distinguir, o no, dos partes: el final y el resto. Es lo que se ha denominado *análisis de configuraciones.*

En la figura 14.5., está representado este tipo de análisis. La diferencia entre el enunciado *1*) *Vamos a ver qué pasa* y el *4*) *¿Vamos a ver qué pasa*? estriba en la distinta dirección del movimiento del final del fundamental, a partir de la sílaba tónica, [pá], de [pása] *pasa*: en *1*), baja, y en *4*), sube. El cuerpo melódico que precede a *pasa* es prácticamente igual en ambos enunciados [21].

14.4.3.2. Por otro lado, está la posición de la mayoría de los lingüistas norteamericanos; para ella, los contornos entonativos, que son unidades significativas, constituyen morfemas suprasegmentales integrados por fonemas: tonales, acentuales y junturales. Éste es el llamado *análisis de niveles.*

En la parte derecha de la figura 14.5., hay una muestra de este tipo de análisis: /2/ y /1/ son los fonemas tonales; /ˈ/ es el fonema acentual; /↑/ y /↓/ son los fonemas junturales.

---

[21] En las curvas de entonación, las líneas de puntos representan la interrupción del fundamental, por corresponder esos espacios a consonantes sordas.

En las gráficas de entonación, utilizamos la transcripción fonética ancha.

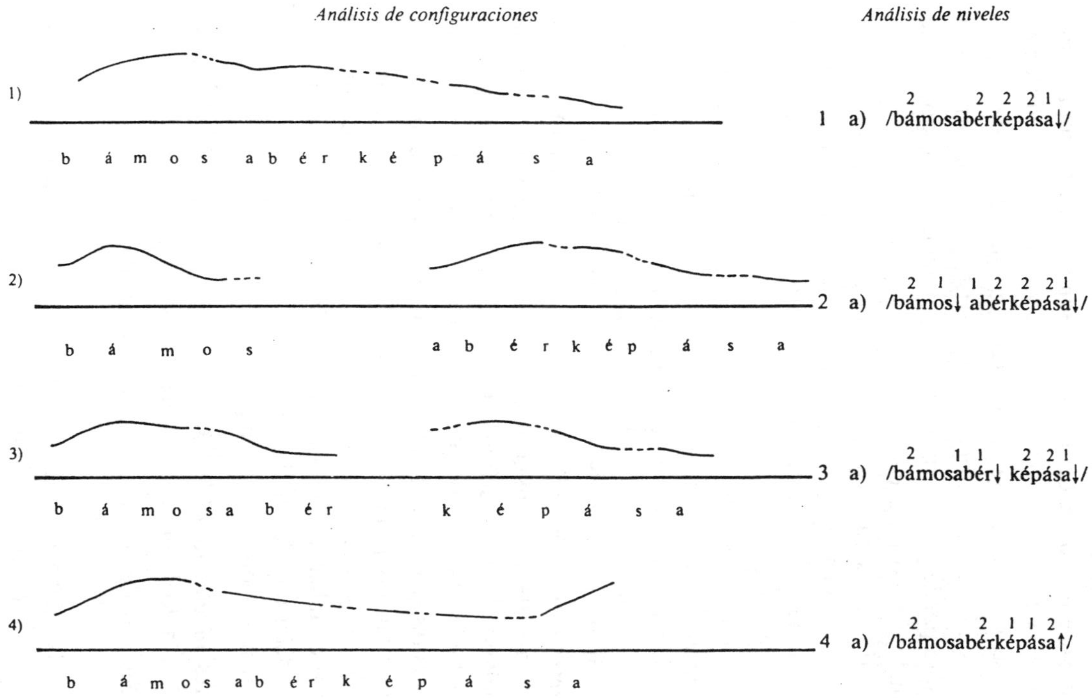
Análisis de configuraciones
Análisis de niveles
1)
b á m o s a b é r k é p á s a
1 a) /bámosabérképása↓/
2 2 2 2 1
2)
b á m o s a b é r k é p á s a
2 a) /bámos↓ abérképása↓/
2 1 1 2 2 2 1
3)
b á m o s a b é r k é p á s a
3 a) /bámosabér↓ képása↓/
2 1 1 2 2 1
4)
b á m o s a b é r k é p á s a
4 a) /bámosabérképása↑/
2 2 1 1 2

FIG. 14.5.

La cuestión de aplicar uno u otro procedimiento no es tan simple como parece. Por ello, F. Daneš *(1960*, § 2.1.) propuso que la controversia entre el *análisis de niveles* y el *análisis de configuraciones* fuese resuelta partiendo de las *configuraciones de niveles*, ya que «los niveles de entonación no existen sin contornos y su número sólo puede ser determinado por un análisis de todo el sistema entonativo y no para cada contorno separadamente». Aunque la postura de Daneš parezca de compromiso, es la más lógica, porque: *a)* mirando una curva de entonación, se distinguen claramente una sucesión de ascensos, descensos, deslizamientos a todo lo largo del enunciado; pero para un oído normal, la melodía del lenguaje no reside en estas sucesivas variaciones de frecuencia del fundamental, sino en una secuencia de niveles tonales, cada uno de los cuales es más alto, más bajo o está a la misma altura que el precedente; *b)* el análisis configurativo incluye también los niveles al describir sus materiales: alto ascendente y descendente, bajo ascendente y descendente; y también incluye las junturas, puesto que los movimientos finales del fundamental, ascendente o descendente, no pueden manejarse si no se perfilan unas unidades más pequeñas. Ambos procedimientos son complementarios: el análisis de niveles tonales y junturas es necesario, como dice Hadding-Koch *(1961*, 44-46), para «describir los puntos pertinentes entre los que se mueve la melodía del lenguaje. Una notación de configuraciones, por otra parte, es probablemente necesaria para describir las características tonales y determinadas actitudes».

En español, podemos distinguir:

a) tres *niveles tonales*: /3/: alto; /2/: medio; /1/: bajo; su distribución a lo largo del enunciado es la siguiente:

1. Después de pausa (posición inicial absoluta) o de juntura terminal.

2. En la sílaba con acento débil después de la última sílaba con acento fuerte de un enunciado.

3. En todas las sílabas con acento fuerte del enunciado.

4. En cualquier sílaba con acento débil que esté inmediatamente antes de la última sílaba con acento fuerte que precede a una juntura terminal.

b) dos *junturas terminales*, seguidas o no de pausa:

1. /↓/: descendente; se realiza por medio de un fundamental descendente. Aparece al final de un enunciado con sentido completo, en los términos de una enumeración, en la frase introductoria de un enunciado en estilo directo, etc.

2. /↑/: ascendente; se realiza por medio de un fundamental ascendente o en suspensión. Aparece al final de un enunciado con sentido incompleto: sintagma sujeto, complementos hiperbatizados o parentéticos, enunciados interrumpidos [22], primer término de una aposición [23], enunciado interrogativo, etc.

c) dos *acentos*: /ʹ/: el fuerte, que es el que se marca, y el débil /˘/, que normalmente no se señala. La distribución de estos fonemas acentuales viene dada por las reglas de acentuación de la lengua [24].

14.4.4. ¿Pueden ser estos elementos que hemos señalado unidades con las que podemos operar en el estudio de la entonación?

14.4.4.1. Si las unidades del lenguaje deben poseer una función *combinatoria*, o sea, deben tener «la capacidad de combinarse mutuamente para formar grupos o complejos capaces de identificar y distinguir palabras y oraciones» [25], los niveles tonales, acentuales y las junturas terminales desempeñan esa función. En efecto, todos los elementos que hemos señalado anteriormente tienen una distri-

---

[22] Por ejemplo: *Cuando iba...*

[23] Por ejemplo: *Portugal, país europeo, mira al Atlántico. Portugal* termina con un fundamental ascendente o en suspensión.

[24] Véase también I. Silva-Fuenzalida, *1956-57*, y R. P. Stockwell, J. D. Bowen e I. Silva-Fuenzalida, *1956*.

[25] J. Lyons, *1973*, pág. 67.

bución determinada y todos están presentes en el suprasegmento entonativo.

14.4.4.2. Si una unidad debe delimitar y organizar una sustancia, y como tal debe ser localizable, sustituible y el resultado último de la segmentación en su nivel de análisis, los elementos mencionados cumplen esa función. Isačenko y Schädlich *(1970)* lo demostraron para el alemán, sirviéndose de la síntesis del lenguaje: el continuum de un enunciado fue segmentado en determinadas unidades discretas, utilizando sólo dos contornos del fundamental: ascendente y descendente, situados en diferentes puntos del enunciado. Los resultados fueron plenamente satisfactorios.

14.4.4.3. Si las unidades del lenguaje, en virtud de las relaciones sintagmáticas y paradigmáticas, desempeñan una función *contrastiva* y *distintiva*, los elementos mencionados también la poseen. Compárese entre:

2 1 21 1 1 2 1
/kuáNdo biéne ↓/ - /kuaNdo biéne ↓/

o entre:

1 2 2 12 1 1 2 2 12 1
/la sekretária está deláNte ↓/ y /la sekretaría está deláNte ↓/.

14.4.4.4. Estos elementos que hemos podido aislar reúnen, por lo tanto, las características de unidades, unidades prosódicas mínimas que se denominan *fonemas prosódicos* o *fonemas suprasegmentales*.

14.4.4.5. Y si, por último, una unidad lingüística no se concibe como tal si no se la puede identificar en una unidad más alta [26], los fonemas suprasegmentales se insertan en una unidad superior a ellos, que es el *morfema de entonación* [27].

---

[26] E. Benveniste, *1966*, pág. 123.

[27] Para el paralelismo entre los fonemas segmentales y los suprasegmentales, véase Quilis, *1975*.

14.5. FUNCIONES DE LA ENTONACIÓN

El principal problema que ha estado siempre presente en el momento de describir la entonación de una lengua ha sido el no tener en cuenta los diferentes niveles en los que actúa, ni las diferentes funciones que desempeña en cada uno de ellos, porque la entonación es, como veremos más adelante, el vehículo lingüístico ideal para transmitir las más diversas informaciones, que, aunque en el proceso de la comunicación vayan tremendamente mezcladas, el oyente descodifica automáticamente, y sabe si su interlocutor pregunta o afirma, es de Chile o de España, está enfadado o contento, pertenece a un estrato social o a otro, etc. No distinguir estas funciones supone presentar una masa de datos indiscriminados y difícilmente utilizables, como ocurría en muchos manuales y tratados de concepción prefonológica.

Nosotros distinguiremos, siguiendo los presupuestos científicos generalmente admitidos en lingüística [28], tres niveles en el estudio de la entonación: 1. El *nivel lingüístico* (denotativo, nocional u objetivo). 2. El *nivel sociolingüístico* (connotativo, subjetivo). 3. El *nivel expresivo*.

14.5.1. FUNCIONES DE LA ENTONACIÓN EN EL NIVEL LINGÜÍSTICO

Las funciones que la entonación realiza en este nivel son las siguientes: 1. La función integradora; 2. La función distintiva; 3. La función delimitadora.

14.5.1.1. *Función integradora de la entonación*

Una de las funciones fundamentales de la entonación es la de transformar las palabras de unidades apelativas en unidades comunicativas, esto es, en enunciados. Cada palabra, o sucesión de palabras, se convierte automáticamente en un enunciado cuando se pro-

[28] Véase, por ejemplo, Rigault, *1964*.

nuncia con una cierta forma de entonación [29]. El enunciado, como un conjunto, y con validez comunicativa, está conformado y señalado doblemente: por un lado, por su forma gramatical; por otro, por la entonación. La entonación es, por lo tanto, el recurso más común y el más elemental del enunciado: puede haber enunciados sin forma gramatical, pero sin entonación, no [30].

De lo anteriormente expuesto se deduce que la entonación es un factor importante en el estudio gramatical, y viceversa. Según Crystal (*1969*, 254), «una estructura gramatical dada tiene una correlación regular con un modelo determinado de entonación; un cambio en la entonación produce una nueva interpretación de la estructura sintáctica de un enunciado, sin que sea necesario ningún cambio morfológico». Las relaciones entre entonación y gramática se pueden establecer a distintos grados: algunas estructuras gramaticales pueden usarse menos que otras, y determinados patrones de entonación pueden usarse más frecuentemente que otros para establecer contrastes gramaticales. Por eso, en la relación entre gramática y entonación, es conveniente seguir dos caminos que parten de dos niveles de análisis distintos [31], pero que son convergentes: uno deriva del nivel fonológico y trata de descubrir los recursos fonológicos de la entonación que originan un significado gramatical; el otro deriva del nivel gramatical e indaga qué sistemas gramaticales se originan por medio de la entonación.

Los sistemas de entonación son tan gramaticales como los de aspecto, número y modo, que se formalizan por otros medios. En la elaboración gramatical, no hay diferencias entre sistemas con exponente claramente fonológico, tales como los realizados por la entonación, y los manifestados indirectamente por medio de una lar-

---

[29] Amado Alonso decía: «la figura melódica de la frase es como el hilo donde se enhebran las palabras, haciendo de las perlas aisladas un collar». («El ideal artístico de la lengua y la dicción en el teatro», en *Materia y forma en poesía*, Madrid, Gredos, 3.ª ed., 1977, pág. 76.)

[30] Véase F. Daneš, *1960*.

[31] Como también señalan, por ejemplo, Crystal, *1969;* y Halliday, *1967*.

ga cadena de abstracciones gramaticales. Por lo tanto, en una descripción gramatical, los sistemas de entonación y los de no entonación deben figurar juntos, no deben ser tratados como sistemas de diferentes tipos. Además, puesto que los sistemas de entonación operan en lugares muy diferentes de la gramática de una lengua, no se deben aislar en un capítulo: se deben incorporar a lo largo de la descripción, allí donde sean pertinentes, y la decisión de su pertinencia o no, es de índole gramatical, no fonológica.

14.5.1.2. *Función distintiva de la entonación*

Muchos estudiosos opinan que la función distintiva de la entonación reside en los movimientos descendente o ascendente de la frecuencia del fundamental al final del enunciado: un enunciado declarativo termina con un fundamental descendente, mientras que un enunciado interrogativo acaba con un fundamental ascendente: *Viene* se opone así a *¿Viene?* Ahora bien, una pregunta espera una respuesta, mientras que un enunciado declarativo no la espera. Es decir, la pregunta representa un enunciado con sentido incompleto, no acabado; por el contrario, el enunciado declarativo posee un sentido completo, acabado. De ahí, que el mismo movimiento ascendente del fundamental puede servir, en cuanto indicador de sentido no acabado, para formular preguntas o para expresar relaciones entre distintas partes de un enunciado.

Pero la función distintiva desempeñada por la entonación en el caso del enunciado declarativo frente al interrogativo no es constante. Existe, como cualquier otro fenómeno lingüístico, mientras se mantiene la oposición, pero puede desaparecer bajo determinadas condiciones gramaticales, tales como la inversión del orden de palabras o la presencia de una palabra interrogativa. En español, como hemos dicho, *Viene / ¿Viene?* se distinguen por «entonación descendente / entonación ascendente», pero en el enunciado *¿Dónde vas?*, la entonación es descendente [32], porque el *dónde* interro-

[32] La entonación ascendente en un enunciado como éste lleva consigo una connotación expresiva. Volveremos sobre este punto más adelante.

gativo suple la función de la entonación, que pasa a ser redundante[33].

En otras palabras, podemos decir que si el significado de un enunciado está suficientemente indicado por medio del texto (palabras, estructura gramatical), la entonación no desempeña prácticamente ningún papel; pero si no lo está, es la entonación la que se lo da.

Como hemos dicho, la función distintiva se realiza al oponer el *enunciado declarativo* al *enunciado interrogativo*.

14.5.1.2.1. El *enunciado declarativo* se caracteriza por la terminación descendente del fundamental. Su patrón es el siguiente: /2 1 ↓/: juntura terminal descendente precedida de un nivel tonal bajo. Las gráficas [1]–[4] representan las configuraciones de los siguientes enunciados, cuyos análisis de niveles reproducimos a continuación.

1 2 21 2 1
[1] /akí biéne káRmeN ↓/ *Aquí viene Carmen*

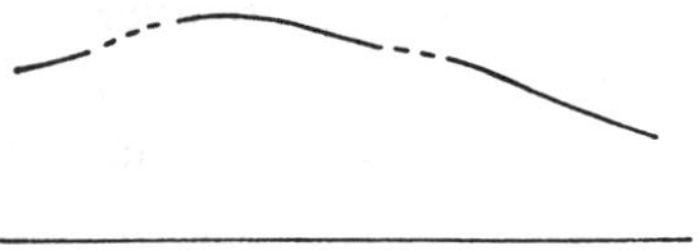

[1] a k íbi ének ár men

1 2 1 2 1
[2] /está koNtéNto ↓/ *Está contento*

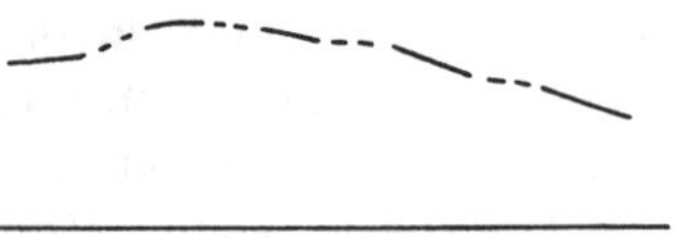

[2] e st á kon t́ é n t o

[33] Lo mismo pasa, por ejemplo, en francés, donde la distinción *Il vient / Il vient?* depende de la entonación, que deja de funcionar como indicadora de pregunta en enunciados como: *Est-ce qu'il vient?* o *Vient-il?* o *Où allez-vous?*; en ellos, la entonación ascendente es redundante.

1 2 1 2 1
[3] /estubiéroN esperáNdo ↓ / *Estuvieron esperando*

[3] e st u b i é ronesp e r á n d o

1 2 2 2 1
[4] /los kabáλos sóN négros ↓ / *Los caballos son negros*

[4] l oskab á ʎ o s ó n é g r o s

14.5.1.2.2. El *enunciado interrogativo* tiene dos modalidades en español:

14.5.1.2.2.1. El *enunciado interrogativo absoluto:* es el que espera una respuesta *sí* o *no*. Se caracteriza por un final ascendente del fundamental, que arranca, generalmente, del final de la última sílaba tónica, si el final del enunciado es paroxítono o proparoxítono; si es oxítono, empieza en la penúltima o en la última sílaba.

Su patrón es: /1 2 ↑ /: juntura terminal ascendente precedida de un nivel tonal medio. Las gráficas [5]–[10] representan las configuraciones de los siguientes enunciados:

1 2 2 1 1 2
[5] /akí biéne káRmeN ↑ / *¿Aquí viene Carmen?*

[5] a k í biének á r m e n

1 2 2 1 1 2
[6] /abía múʧ͡a xéNte ↑ / *¿había mucha gente?*

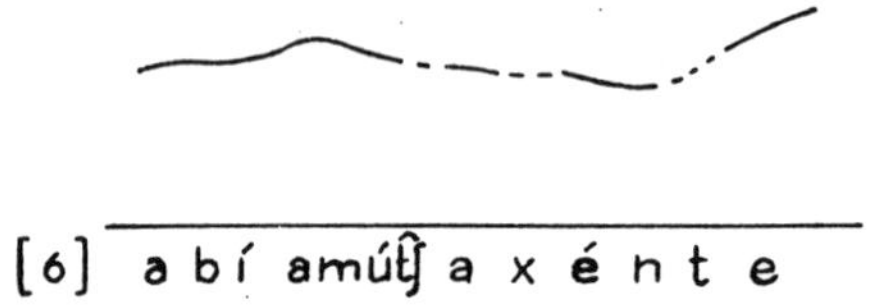

1 2
[7] /biénes ↑ / *¿Vienes?*

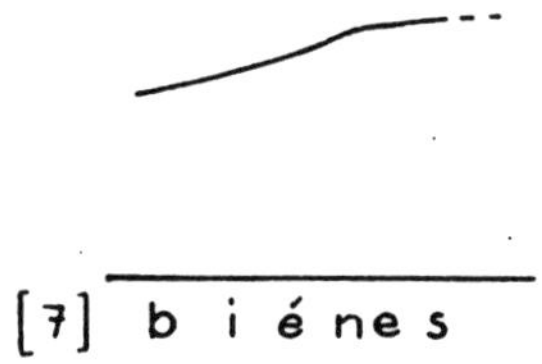

1 2 1 1 2
[8] /estubiéroN esperáNdo ↑ / *¿Estuvieron esperando?*

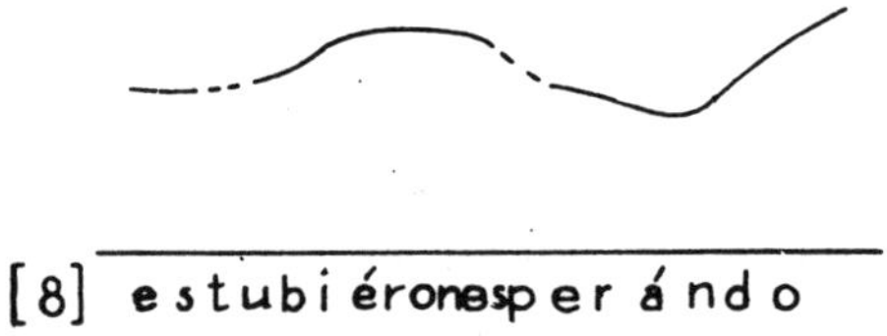

2 1 1 2
[9] /él se lo preguNtó ↑ / *¿Él se lo preguntó?*

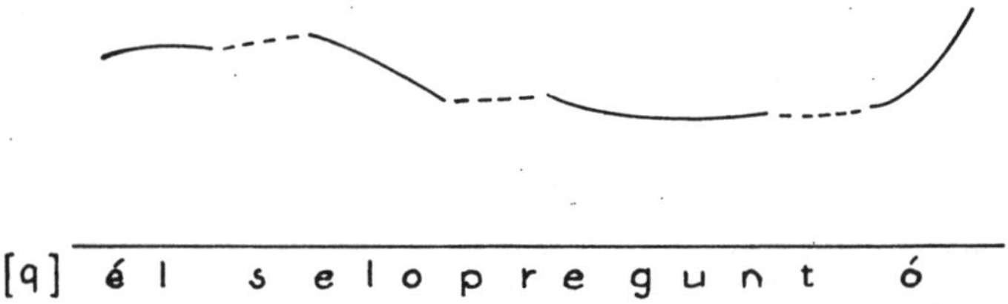

     1   1 2
[10] /se lo λebó ↑ / *¿Se lo llevó?*

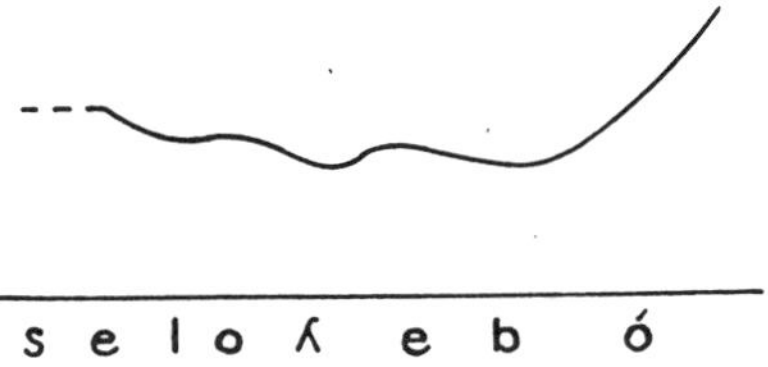

[10]

Como puede observarse en las gráficas anteriores, la inflexión ascendente del fundamental se produce en la última sílaba acentuada.

En español, es frecuente la inversión en el orden de palabras en el enunciado interrogativo: normalmente, el verbo se sitúa en primer término. Compárese entre: *Este libro es tuyo* y *¿Es tuyo este libro?*; *Los libros son caros* y *¿Son caros los libros?*

14.5.1.2.2.2. El *enunciado interrogativo pronominal*, se caracteriza por la presencia de elementos gramaticales (no sólo pronombres, sino otras partículas interrogativas), tales como *qué*, *quién*, *cuál*, *cómo*, *cuánto*, *cuándo*, *dónde*, que son por sí solos indicadores del enunciado interrogativo. El fundamental presenta un final descendente. Su patrón es: /2 1 ↓ /: juntura terminal descendente precedida de un nivel tonal bajo; es decir, un patrón semejante al del enunciado declarativo; la diferencia entre éste y el enunciado interrogativo pronominal viene dada por la presencia del elemento gramatical interrogativo, según ya hemos indicado. Como la economía de la lengua tiende a evitar redundancias, basta un solo signo para indicar la pregunta. Si un enunciado con elemento gramatical interrogativo presenta un patrón como el dado antes para el enunciado interrogativo absoluto, es decir, con juntura terminal ascendente, nos encontramos ante la pregunta pronominal con matiz de cortesía, que estudiaremos más adelante, en el nivel expresivo.

Las gráficas [11]–[15] representan las configuraciones de los enunciados cuyos niveles reproducimos a continuación:

1 2 2 1 2 1
[11] /poR ké nó me lo díθes ↓/ *¿Por qué no me lo dices?*

[11] porkénómelodíθ es

2 1 2 1
[12] /kuáNdo biénes ↓/ *¿Cuándo vienes?*

[12] kuándobiénes

2 1 2 1
[13] /kuáNto kuésta ↓/ *¿Cuánto cuesta?*

[13] kuántokuésta

2 2 1 21
[14] /ké bás a aθéR ↓/ *¿Qué vas a hacer?*

[14] kébásaθér

2 1 21

[15] /dóNde bás ↓ / *¿Dónde vas?*

[15] 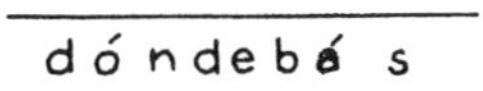

14.5.1.3. *Función demarcativa*

En español, la función demarcativa o delimitadora puede poseer o no una función distintiva.

14.5.1.3.1. *Función demarcativa distintiva*

La función demarcativa distintiva opone un enunciado no marcado por la entonación a otro marcado. Esta función puede manifestarse por la presencia de una pausa, por la realización de una inflexión del fundamental, o por ambas causas al mismo tiempo.

Es la función que aparece en la distinción que se realiza entre las oraciones de relativo explicativas —marcadas— y las especificativas —no marcadas—:

[16] *Los alumnos, que viven lejos, llegan tarde.*

[17] *Los alumnos que viven lejos llegan tarde.*

(Después de *los alumnos* de [16], hay juntura terminal ascendente, realizada por medio de un fundamental en suspensión, y pausa. Después del mismo sintagma de [17], no hay nada).

Asimismo, origina la oposición entre la adjetivación explicativa frente a la especificativa:

[18] *Algunos, inquietos, preguntaban por él.*

[19] *Algunos inquietos preguntaban por él.*

También marca una oposición entre el estilo indirecto, [20], y el directo, [21]:

[20] *Juan pregunta quién va a entrar.*

[21] *Juan pregunta: quién va a entrar.*

[16] *Los alumnos, que viven lejos, llegan tarde.*

[16] l o s a l ú mnos kebí b e n l é x o s ʎégant á r d e

[17] *Los alumnos que viven lejos llegan tarde.*

[17] l o s a l ú mnoskeb í benl é x o s ʎ égant á r d e

[18] *Algunos, inquietos, preguntaban por él.*

[18] a l g ú n o s i n k i é t o s preguntábanp o r é l

[19] *Algunos inquietos preguntaban por él.*

[19] a l g ú n o s i n k i é t o s p r e g u n t á b a n p o r é l

[20] *Juan pregunta quién va a entrar.*

[20] x u á n p r e g ú n t a k i é n b á e n t r á r

[21] *Juan pregunta: quién va a entrar.*

[21] x u á n p r e g ú n t a k i é n b á e n t r á r

O entre éstos y el vocativo:

[22] *Juan, pregunta quién va a entrar.*

[22] x u á n   p r e g únt a k i énbáent r á r

Desempeña esta función en frases del tipo:

[23] *Dos, por tres más uno.* «2 × (3 + 1)».

[23] d ó s   p or t rés m á s ú n o

[24] *Dos por tres, más uno.* «(2 × 3) + 1».

[24] d ó s p o r t r é s   m á s ú n o

[25] *¿Quieres té o café?*

[25] kiéres té okafé

[26] *¿Quieres té o café?*

[26] kiéres té okafé

En [25], se pregunta si quieres una cosa u otra, mientras que en [26] se pregunta si quieres tomar té o café o alguna otra cosa.

Lo mismo puede ocurrir en enunciados como *¿Has visto a Juan y a Pedro?*, donde la falta de pausa y de inflexión tonal ascendente después de Juan significa que se pregunta por los dos juntos, mientras que una pausa después de *Juan* o una inflexión tonal ascendente significa que pregunto por cada uno de ellos separadamente.

Esta función delimitadora distintiva se da en secuencias donde una palabra o un sintagma tengan distinta incidencia o desempeñen su función en diferentes oraciones, como por ejemplo, en:

No quiero comer / No, quiero comer.
Si te quiere bien, te ayudará / Si te quiere, bien te ayudará.
Felizmente resueltos los problemas, siguieron el camino / Felizmente, resueltos los problemas, siguieron el camino.
Encontré la casa quemada / Encontré la casa, quemada.
Con su amigo, Juan iba de caza / Con su amigo Juan, iba de caza.
Esta es mi sobrina Lucía / Esta es mi sobrina, Lucía.

Y lo mismo puede suceder entre:

[27] *Mi padre, me dice este amigo, es muy listo.*
[28] *Mi padre me dice: este amigo es muy listo.*
[29] *Yo no quiero morir, joven.*

[27] *Mi padre, me dice este amigo, es muy listo.*

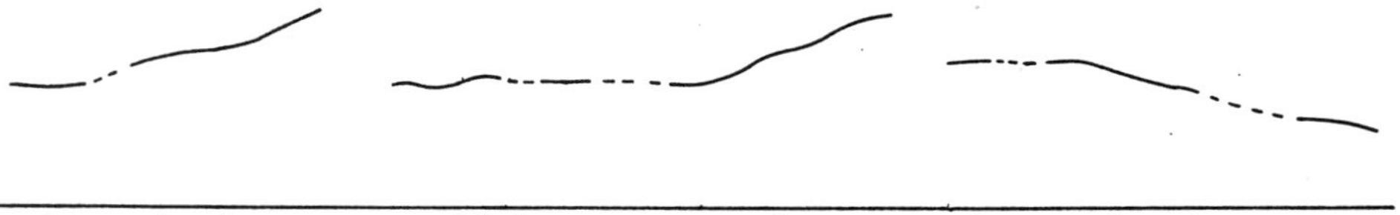

[27] mi p á d r e medí θ e s t e a m í g o és m ú i l í s t o

[28] *Mi padre me dice: este amigo es muy listo.*

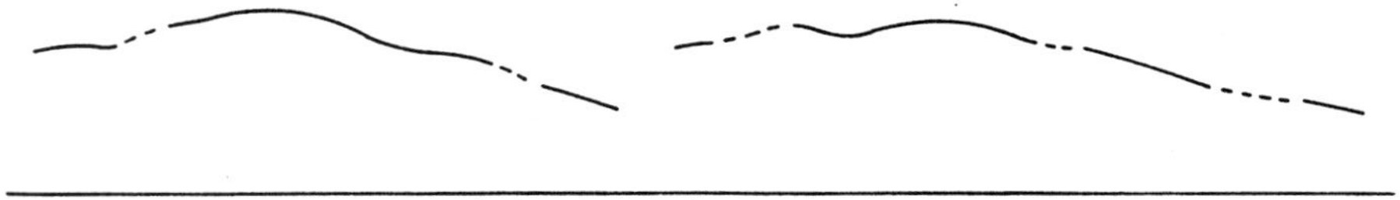

[28] m i p á d r e m e d í θ e é s t e a m í g o é s m ú i l í s t o

[29] *Yo no quiero morir, joven.*

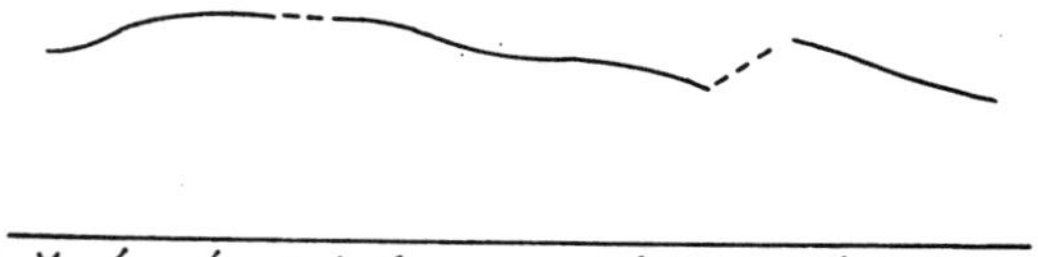

[29] ʝ ó n ó k i é r o m o r í r x ó b e n

[30] *Yo no quiero morir joven.*

[30] ǰónók i é romorír x ó b e n

En el ejemplo [29], no existe pausa entre *morir* y *joven*, pero es suficiente la presencia del cambio en el nivel de la frecuencia del fundamental entre las mencionadas palabras, para que se produzca la distinción.

14.5.1.3.2. *Función demarcativa no distintiva*

Otras muchas veces, la función demarcativa no es distintiva, pero resulta imprescindible para la descodificación e interpretación del mensaje [34]. En este apartado, podemos distinguir:

14.5.1.3.2.1. La *pregunta disyuntiva y la pregunta copulativa*:

Ambas preguntas se distinguen por su estructura gramatical y por su comportamiento entonativo.

El patrón tonal de la pregunta disyuntiva o alternativa es: /1 2 ↑ 2 1 ↓ /, como en:

---

[34] Escribía Unamuno: «Y otra cosa me sucedió una vez, y fue que un amigo vino a decirme que no acababa de entender cierto artículo que por entonces publiqué. Cogí el artículo, le rogué me advirtiese en cuanto llegara algo oscuro, y empecé a leérselo. Se lo leí entero, y él sin rechistar. '¿Y bien?', le dije al concluir. 'Pues hombre —contestó— no sé en qué consista, porque ahora lo he entendido muy bien'. 'Yo sí sé en qué consiste —le repliqué—, y es en que no sabes leer. Porque estás hecho a leer lengua escrita, no más que con los ojos, lengua en que se sustituye el tono, las pausas, los calderones, la modulación por artificios sintácticos; necesitaríamos algunos entre línea y línea un pentagrama con algo de notación, porque, aunque te sorprenda, yo me dicto lo que escribo'». («Sobre la Lengua española», en *Obras completas*, III, ed. de M. García Blanco, Madrid, Afrodisio Aguado, 1958, pág. 500).

[31] *¿Tuvo niña o niño?*

[31] t úbon íɲa o n í ɲ o

[32] *¿Usa azul o negro?*

[32] ú s a θ ú l o négr o

En ambos casos, el nivel tonal más alto aparece en las sílabas tónicas de *niña* y *azul*, y el más bajo, al final del enunciado. Este modelo de pregunta alternativa contrasta con el del enunciado copulativo interrogativo, cuyo patrón tonal es: /2 1 ↓ 1 2 ↑/, como en:

[33] *¿Tuvo niña y niño?*

[33] t ú b o n í ɲa i n í ɲ o

[34] *¿Usa azul y negro?*

[34] ú s a θ ú l i né gr o

En ellos, el primer miembro de la coordinación tiene un fundamental descendente, y el segundo, y último, ascendente.

14.5.1.3.2.2. La *enumeración* es un caso de conjunción entre enunciados completos e incompletos. Su estructura sintáctica responde a una serie de elementos unidos normalmente por yuxtaposición, con excepción del último, que puede ir precedido o no de una conjunción copulativa, generalmente *y*. Cuando está presente *y*, la enumeración se denomina completa; cuando no lo está, incompleta.

14.5.1.3.2.2.1. La *enumeración completa*: es aquella cuyo último término va precedido de la conjunción *y*; su presencia indica que la enumeración va a terminar. Si ésta sigue al verbo, el miembro que precede a la conjunción tiene un fundamental ascendente, como en *rápido* del siguiente enunciado:

[35] *El caballo es fuerte, rápido y negro.*

Si la enumeración precede al verbo, su último término también tiene el fundamental ascendente, como en *los olivos* de

[36] *Los almendros, los ciruelos y los olivos están en flor.*

El fundamental es descendente, en el final del enunciado —*negro*, *flor*— y en cada uno de los demás términos de la enumeración [35], que son, al mismo tiempo, grupos de entonación.

El mismo patrón del enunciado [36] es el que se produce, por ejemplo, en: *Lo viviente, lo presente, lo actual es lo que llamamos moderno*: el fundamental es ascendente en *actual*.

14.5.1.3.2.2.2. La *enumeración incompleta*: el último término de la enumeración no va precedido de la conjunción *y*:

[37] *El caballo es fuerte, rápido, negro.*

Después de *negro*, se pueden seguir añadiendo adjetivos. Todos los términos tienen un fundamental descendente. No hay ninguna señal gramatical que indique el final del enunciado. Este tipo de enumeración es más literario que coloquial.

---

[35] Los demás términos de la enumeración también podrían presentar entonación ascendente, que indicaría que esos enunciados no son finitos, pero lo más común, como hemos dicho, es que sea descendente.

[35] *El caballo es fuerte, rápido y negro.*

[35] elkabáʎoésfuérte r̄ápidoinégro

[36] *Los almendros, los ciruelos y los olivos están en flor.*

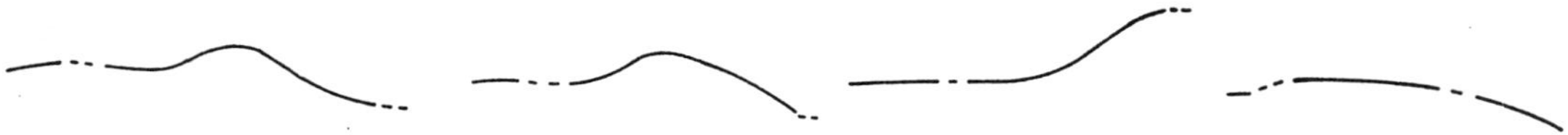

[36] losalméndros losθiruélos ilosolíbos estánenflór

[37] *El caballo es fuerte, rápido, negro.*

[37] elkabáʎoésfuérte r̄ápido négro

14.5.1.3.2.3. El *complemento hiperbatizado*. Cuando un complemento se encuentra hiperbatizado, presenta una entonación suspensiva o ascendente:

[38] *Sobre el caballo, con el sombrero en la mano, cabalga el jinete.*

Los dos complementos, que están hiperbatizados, terminan en juntura terminal ascendente: indican que el significado de la frase aún no ha concluido. Lo mismo ocurre, como decíamos más arriba, con el sintagma sujeto o con cualquier expresión de significado no finito. En

El jinete cabalga sobre el caballo,

El jinete presenta entonación ascendente y *caballo* descendente. En

El jinete cabalga sobre el caballo, con el sombrero en la mano,

el final de *caballo* aparece con entonación ascendente o suspensiva.

Como hemos visto, el enunciado declarativo presenta una juntura terminal descendente, mientras que la del interrogativo es ascendente (salvo en el caso de la presencia de *qué*, *dónde*, etc.). La juntura terminal ascendente es propia de un enunciado que espera continuación o complementación: es el caso, evidentemente, de la pregunta; en ella, la realización de la juntura es ascendente; pero también en casos como *sobre el caballo, con el sombrero en la mano*, de [38] y de un sujeto, muchas veces, la juntura terminal es ascendente, con realización ascendente o suspensiva, porque el sentido es incompleto y esperan que se complete de algún modo.

14.5.1.3.2.4. En la *coordinación*, hay que distinguir:

14.5.1.3.2.4.1. La *coordinación de primer grado*, que es la que se forma por medio de las conjunciones copulativas o disyuntivas. El primer elemento de la coordinación presenta juntura terminal ascendente, y el segundo, descendente.

[39] *Dijo que venía y nos quedamos esperando.*
Todos los días lee o escribe.
Ni come ni bebe.

[38] *Sobre el caballo, con el sombrero en la mano, cabalga el jinete.*

[38] sobrelkabáʎ o konelsombré roenlamáno

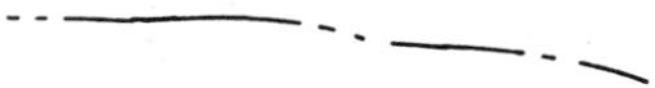

kabálgael x iné te

[39] *Dijo que venía y nos quedamos esperando.*

[39] dí xokeb en í a inoskedámo sespe rá ndo

[40] *No podía hacer nada, pero se estaba quieto.*

[40] nó podíaθ érnáda perosestaba kiét o

14.5.1.3.2.4.2. La *coordinación de segundo grado*, que viene señalada por las conjunciones adversativas. El primer término puede acabar tanto en juntura terminal ascendente como descendente. El último, siempre en descendente.

[40] *No podía hacer nada, pero se estaba quieto.*
No te lo doy, aunque llores.
Viene todas las tardes, a pesar del frío.

14.5.1.3.2.5. El *enunciado parentético* presenta un comportamiento semejante al de los complementos hiperbatizados, con la peculiaridad de que el fundamental aparece, en general, con una frecuencia más baja. En

Cuando venía, me contaba Juan, amaneció,

el enunciado *me contaba Juan* tiene juntura terminal ascendente y un fundamental más bajo que el resto de la frase.

14.5.1.3.2.6. En la *subordinación*, suele aparecer una delimitación entre la principal y la subordinada. Esta delimitación aparece siempre que la subordinada se antepone a la subordinante.

14.5.2. FUNCIONES DE LA ENTONACIÓN EN EL NIVEL EXPRESIVO

La entonación es uno de los más importantes vehículos de la expresión afectiva del discurso [36], sola o combinada con otros elementos, como el tempo, la pronunciación, etc.

La entonación expresiva no interfiere normalmente con la entonación comunicativa básica: se superpone a ésta de varias formas: en primer lugar, se aprovecha del principio de tolerancia para modificar, en ciertos puntos, la estructura variable de los contornos, especialmente en lo que se refiere a la forma de los intervalos, al grado de intensidad, a la duración, etc., modificaciones que no afectan a la función lingüística propiamente dicha de la entonación. En segundo lugar, puede realizar una cierta modificación del patrón fonológico básico de la entonación y dar lugar a una modifica-

[36] Como decía Zwirner, *1932*, 38.

ción expresiva del enunciado. En tercer lugar, existen patrones entonativos especiales distintos de los patrones fonológicos básicos de un contorno puramente comunicativo. En cuarto lugar, una forma especial de expresividad puede aparecer cuando se realiza la transposición funcional de los contornos de entonación: si un contorno que tiene una función primaria *A*, se usa secundariamente en otra función *B*, este uso secundario tiene un carácter distintivo de expresividad y es marcado estilísticamente. Por ejemplo, en español, y en otras lenguas, como el checo, el contorno interrogativo se usa también en mandatos muy expresivos con verbos en indicativo [37].

¿Qué factores intervienen en el reconocimiento de la función expresiva de la entonación? ¿La misma entonación, el contexto o la estructura léxico gramatical?

Algunas experiencias muestran que en textos de elección binaria, el 50% de los oyentes reconocen siempre el tipo de emoción sólo a través de la entonación. Por el contrario, otras investigaciones indican que las respuestas de los oyentes son incorrectas cuando se les hace oír únicamente las curvas de entonación. También se ha señalado que la emoción atribuida por los oyentes a las curvas de entonación depende en gran parte del tipo de léxico que aparece en la frase [38].

En la realización de esta función expresiva, intervienen varios parámetros, tales como las modificaciones en el timbre y tensión de la voz, la frecuencia del fundamental, la intensidad, el tempo, la duración, etc. P. R. Léon *(1970, 1972)* sistematizó, aunque fuese

---

[37] Véase F. Daneš, *1960*, § 3.5.

[38] Véase, por ejemplo, Magdics *(1965)*, quien estableció para el húngaro una correlación entre la expresión de las emociones en la palabra y los límites de frecuencia de las curvas de entonación.

P. Delattre *(1967* y *1969)* opinaba que cuando la entonación se desvía del sentido esperado por el contexto es cuando expresa más claramente los sentimientos y las emociones; coincide con la teoría de L. S. Hultzén *(1957* y *1962)*, según la cual, la entonación desempeña una verdadera función sólo cuando se desvía del sentido atribuido a las palabras y a la sintaxis.

en un primer intento, estos parámetros en los siguientes rasgos expresivos:

1) El *registro* del patrón melódico tiene un valor simbólico directo: un registro alto evoca alegría, intimidad, ligereza; un registro bajo tristeza, seguridad, gravedad.

2) La *desviación* entre los puntos extremos del patrón melódico sugiere la acuidad del sentimiento expresado: cuanto mayor es la separación, más acusada es la expresión de alegría, de cólera, etc.; por el contrario, cuanto menos acusada sea esta desviación, más tendencia hay hacia la expresión de la tristeza.

3) El *contorno* del patrón melódico es importante para el reconocimiento del sentimiento expresado, pero es insuficiente, porque un mismo contorno puede realizar muchas funciones.

4) La *intensidad* del patrón melódico tiene también un valor simbólico directo con la intensidad del sentimiento expresado.

5) La *duración* del patrón melódico sirve tanto para la evocación del sentimiento como para toda una serie de connotaciones poéticas.

Estos rasgos configuran, de un modo u otro, las realizaciones prosódicas de determinadas emociones. Así, la expresión de la *tristeza* estaría integrada por: [registro grave + contorno plano + duración considerable + tempo lento]. La de la *cólera* por: [registro alto + contorno ascendente-descendente inestable + intensidad fuerte + tempo rápido]. La *sorpresa* por: [registro alto + contorno descendente-ascendente + intensidad media + tempo lento], etc.

En la función expresiva, es donde normalmente aparece el nivel tonal /3/.

Los *patrones de entonación expresiva* más frecuentes en español son los siguientes:

14.5.2.1. La *afirmación enfática*, en la que aparece el nivel tonal /3/ en algún punto del enunciado; la juntura terminal es descendente:

3 2 1 2 1
/nó kiéro náda ↓ / *No quiero nada.*

1 2 3 1 2 1
[41] /está múi koNtéNto ↓ / *Está muy contento.*

Si se compara este enunciado con los del [1] al [4], dados más arriba, se percibe claramente que el fundamental tiene una frecuencia más alta en el punto correspondiente al nivel /3/.

14.5.2.2. La *pregunta pronominal enfática*; también tiene juntura terminal descendente:

1 3 2 1 2 1
[42] /poR ké nó me lo díθes ↓ / *¿Por qué no me lo dices?*

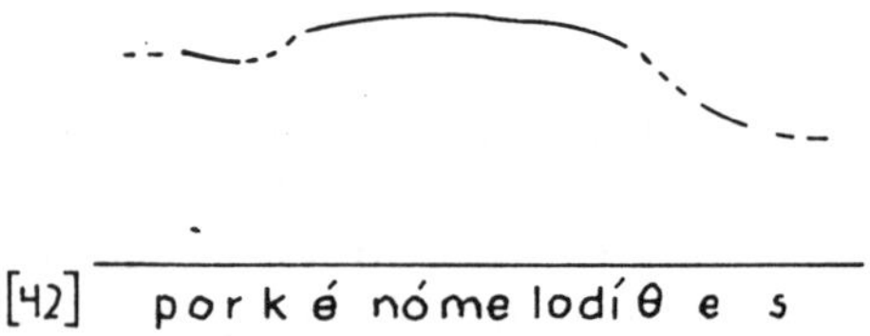

1 2 1 3 1
[43] /poR ké moléstas ↓ / *¿Por qué molestas?*

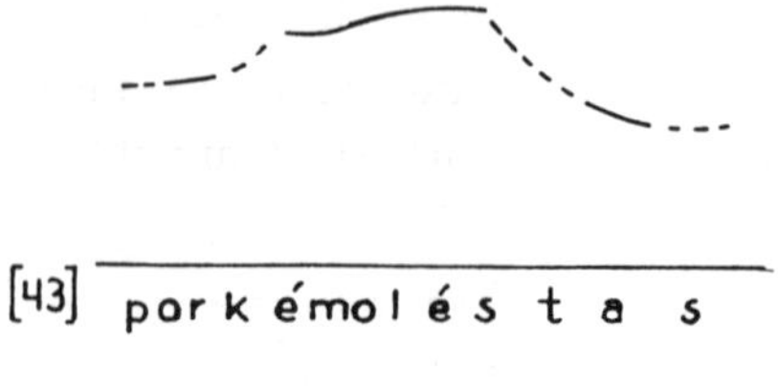

3 1 21

[44] /dóNde bás ↓ / *¿Dónde vas?*

[44] dóndebá s

Al comparar estos enunciados interrogativos pronominales enfáticos con los del [9] al [14], se advierte, como en el caso anterior, un nivel tonal más elevado: el nivel /3/. Como en la afirmación enfática, hay que tener en cuenta, además, el suplemento de intensidad (de sonía) en estos casos.

El patrón entonativo de la pregunta pronominal enfática coincide con el de la afirmación enfática: La distinción entre ambas entonaciones viene dada únicamente por la estructura gramatical: presencia de palabras gramaticales interrogativas frente a ausencia de las mismas.

14.5.2.3. La *pregunta pronominal con matiz de cortesía*

Es un enunciado que tiene dos marcas para la misma función: *a)* la palabra gramatical interrogativa: *dónde*, *cuándo*, *por qué*, etc.; *b)* juntura terminal ascendente:

1 2 2 1 1 2

[45] /poR ké nó me lo díθes ↑ / *¿Por qué no me lo dices?*

[45] p or k é nóme lod í θ e s

2 1 1 2
[46] /kuáNto kuésta ↑/ *¿Cuánto cuesta?*

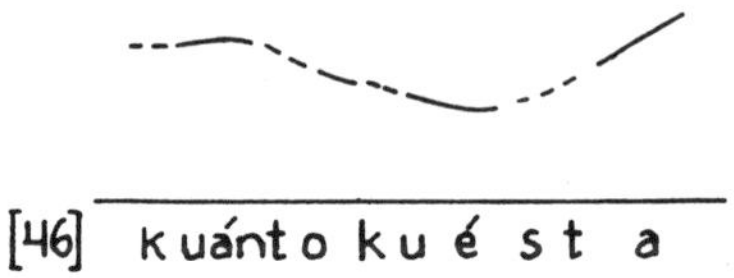

14.5.2.4. *Pregunta con matiz de cortesía*

En el español europeo sobre todo, ha aparecido en los últimos años una entonación para el enunciado interrogativo absoluto que da a la pregunta un matiz peculiar de cortesía. Es lo que representa

2 1 2 12
[47] /ás teRminádo ↑/ *¿Has terminado?*

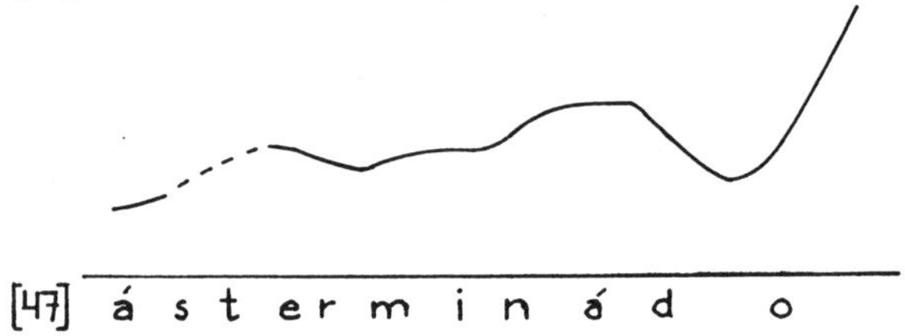

En la gráfica, se puede ver el fuerte descenso y luego ascenso del fundamental a partir de la sílaba tónica *ná*.

14.5.2.5. La *pregunta reiterativa*, también llamada de «tipo eco», en la que nuevamente aparece el nivel /3/; presenta juntura terminal descendente, y alguna palabra gramatical interrogativa:

1 3 2 1 2 1
[48] /ke poR ké nó me lo díθes ↓/ *¿Que por qué no me lo dices?*

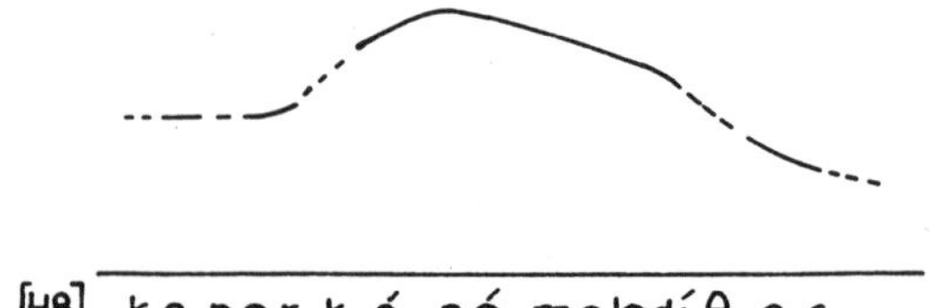

3 2 1 2 1
[49] /kómo díθe ke se λáma ↓ / *¿Cómo dice que se llama?*

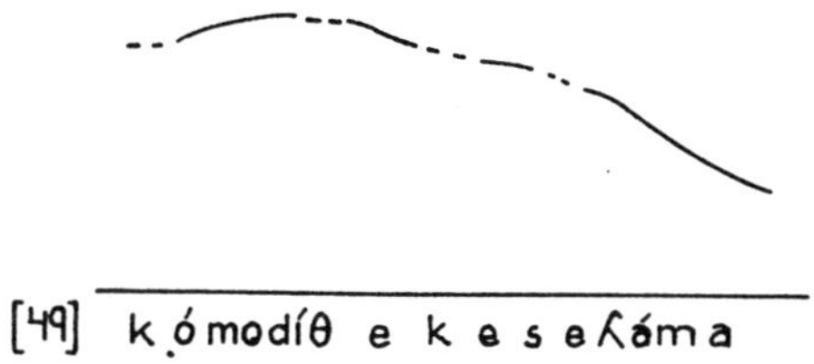

14.5.2.6. La *pregunta relativa* se utiliza para cerciorarse de algo de lo que sólo se tiene una idea. Tiene nivel tonal /3/ y juntura terminal descendente. El fundamental suele presentar un descenso muy rápido:

1 2 1 3 1
[50] /estúdia mút͡ʃo ↓ / *¿Estudia mucho?*

1 2 1 3 1
[51] /está koNtéNto ↓ / *¿Está contento?*

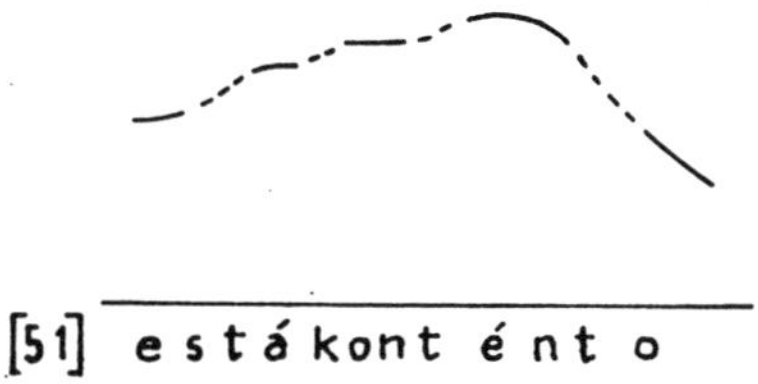

14.5.2.7. La *pregunta confirmativa* se caracteriza por la presencia en el final del enunciado de una palabra prácticamente lexicalizada (*no*, *verdad*) con fundamental ascendente; el final del enunciado que precede a esta palabra tiene fundamental descendente:

2 1 21 1 2
[52] /és boníta ↓ beRdáD ↑/ *Es bonita, ¿verdad?*

[52] é sbon í t a b e r d á d

2 2 2 1 12
[53] /és más gránde ↓ nó ↑/ *Es más grande, ¿no?*

[53] é s másgránde n ó

2 2 1 21 1 2
[54] /nó és boníta ↓ beRdáD ↑/ *No es bonita, ¿verdad?*

[54] nóé sbo n í t a berd á d

2 2 2 2 1 12
[55] /nó és más gránde ↓ nó ↑/ *No es más grande, ¿no?*

[55] nóé smásgr ánde n ó

14.5.2.8. La *pregunta imperativa*, caracterizada por mantener un fundamental muy alto:

2 2 3
[56] /kiéres beníR ↑/ *¿Quieres venir?*

14.5.2.9. La *exclamación*, caracterizada por un descenso muy acusado del fundamental desde la primera sílaba acentuada, o por un fundamental muy bajo y plano:

3 2 1 21
[57] /ké bás a aθéR ↓ / *¡Qué vas a hacer!*

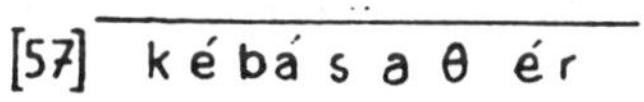

Compárese este enunciado con el [13].

14.5.3. Funciones de la entonación en el nivel sociolingüístico

En el nivel sociolingüístico, la entonación comunica dos tipos de información: *a)* la relacionada con el propio individuo, es decir, la que pone de manifiesto sus características personales, como la edad, el sexo, el temperamento, el carácter; *b)* la información propiamente sociolingüística, que es la que comunica las características del grupo al que pertenece el individuo, como el origen geográfico, el medio social, el grado de cultura, etc.

14.5.3.1. Los estudios sobre *entonaciones regionales* escasean en todas las lenguas, y la nuestra, no es una excepción: dada la extensión geográfica de la Lengua española y el número de sus hablantes, los trabajos existentes en la actualidad sobre aspectos entonativos constituyen una insignificancia [39].

Dejando a un lado, lógicamente, el clásico libro de Navarro Tomás *(1948)* sobre la entonación española, y el artículo de Matluck *(1965)*, de alcance general, las investigaciones más representativas en este terreno son las siguientes:

En el español europeo, hay que señalar, en primer lugar, el trabajo, pionero e importante, de María Josefa Canellada *(1941)*, sobre entonación extremeña, realizado con el quimógrafo.

El trabajo de López Jiménez *(1977)* presenta algunas características, de escasa importancia, sobre el habla de Hellín (Murcia) [40].

El estudio de Quilis *(1989)*, sobre la entonación de Gran Canaria, se basa en el análisis de conversaciones entre estudiantes grancanarios. Estos materiales fueron analizados siguiendo el método lingüístico que ofrecemos en este capítulo, y utilizando como procedimiento instrumental el Sona-Graph de la Kay Elemetrics Co. Además, se comparan estos esquemas entonativos canarios con los de otros dialectos hispánicos.

En Hispanoamérica, tampoco son muy abundantes los estudios de entonación. Hay que señalar, para la Argentina, los de M.ª Beatriz Fontanella de Weinberg sobre Tucumán y Buenos Aires *(1966)*, sobre Córdoba *(1971)*, y el dedicado a comparar conjuntamente las tres ciudades mencionadas *(1980)*. Estos trabajos son, en nuestra opinión, muy importantes. Se basan en el análisis de niveles. El único punto débil es que están realizados a oído, sin el auxilio instrumental.

---

[39] Para una visión de conjunto, véase Kvavik y Olsen *(1974)* y Kvavik *(1978)*.

[40] El libro de Py *(1971)* se ocupa de la estructura sintáctica de distintas frases interrogativas del español hablado en Madrid, sin tener en cuenta el componente prosódico.

Sobre la entonación del español de Venezuela, es interesante el trabajo de Hugo Obregón Muñoz *(1981)*, en el que se establecen primero los criterios funcionales de las construcciones entonativas y a continuación los tipos más importantes de realizaciones fonéticas. Utiliza el análisis de niveles, establecidos sin base instrumental.

Sobre el español de Puerto Rico, sólo conocemos el análisis sonográfico de quince curvas de entonación del estudio sobre el habla de Loiza Aldea, que realizó Maunleón Benítez *(1974)*, y un breve, aunque minucioso análisis, debido a Kvavik *(1978)*.

Son materiales fundamentalmente cubanos los que contiene el importante trabajo de García Riverón *(1987)*, y el de García Riverón, Pérez Casal y Dimitrieva sobre la interrogación absoluta en el español de Cuba.

También hay que señalar el artículo de H. Urrutia *(1987)* sobre la entonación del Sur de Chile, realizado instrumentalmente.

La entonación del español de Méjico ha sido objeto de dos artículos importantes realizados por Karen Kvavik: en el de *(1974)*, analiza instrumentalmente los datos entonativos del principio y del final de un enunciado en el español de Méjico y en el de España; en el de *(1975)*, examina, también instrumentalmente, las terminaciones de los grupos de sentido en el mismo dialecto americano.

A. Quilis estudió y comparó en un artículo *(1985a)* las entonaciones de Puerto Rico y de Méjico con las de Madrid, y en el ya citado de *(1989)*, la de Gran Canaria con las de las zonas anteriormente mencionadas. Sus materiales, analizados instrumentalmente, proceden de conversaciones espontáneas, entre hablantes universitarios, recogidas en las cuatro capitales [41].

---

[41] De menor entidad, son los trabajos siguientes, referidos a Méjico: E. Wallis *(1951)*; Harold V. King *(1952)*; R. M. Gutiérrez Eskildsen *(1937)*; Delattre, Olsen y Poenack *(1962)*.

Sobre el español del Perú, existe el estudio comparativo de E. Zierer *(1963)* entre la entonación peruana, la inglesa, y la alemana.

En lo que sigue, vamos a examinar algunos datos entonativos de Puerto Rico, Méjico, Madrid y Gran Canaria [42].

14.5.3.2. El *enunciado declarativo*, con sus dos modalidades: el enunciado declarativo con sentido completo y el enunciado declarativo con sentido incompleto.

14.5.3.2.1. En el *enunciado declarativo con sentido completo*, estos dialectos ofrecen las siguientes configuraciones melódicas:

a) Puerto Rico, Méjico y Gran Canaria coinciden en presentar como una de las formas de este enunciado un movimiento circunflejo del fundamental en la parte final del enunciado; evidentemente, el contorno terminal es descendente, como puede verse en los siguientes ejemplos:

Puerto Rico:

[58] «*y creo que fue una experiencia bastante buena*» [43].
[59] «*preparado para la competencia*» [44].

Méjico:

[60] «*trabajamos en lo mismo*» [45].
[61] «*exclusivamente a los novelistas*» [46].

Gran Canaria:

[62] «juven*tud de esa manera*» [47].
[63] «por *sentido del ridículo*».

---

[42] Datos tomados de Quilis, *1985a* y *1989*.

[43] La frase completa es: «Bueno, yo la terminé el semestre pasado *y creo que fue una experiencia bastante buena*».

[44] La frase es: «Hay que estar mejor *preparado para la competencia*».

[45] «Las personas que estamos allí *trabajamos en lo mismo*».

[46] «Está dedicada *exclusivamente a los novelistas*».

[47] «Conectar con la juven*tud de esa manera*».

[58] «*y creo que fue una experiencia bastante buena*»[43].

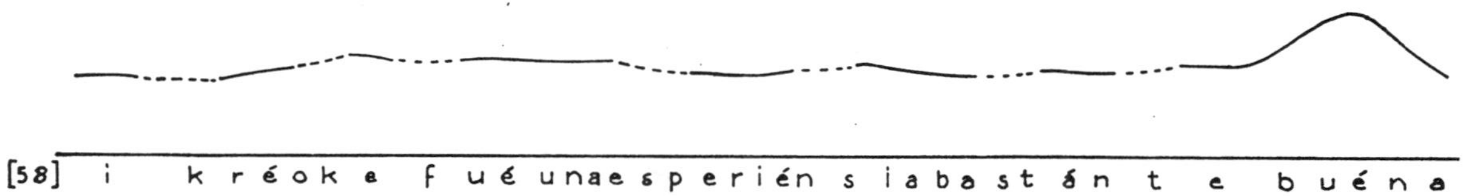

[59] «*preparado para la competencia*»[44].

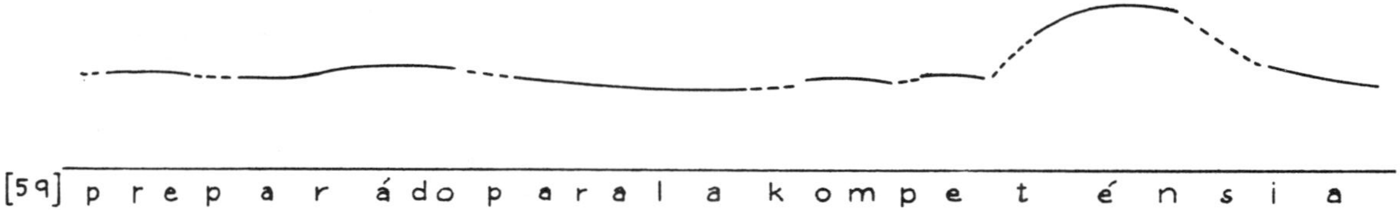

[60] «*trabajamos en lo mismo*»[45].

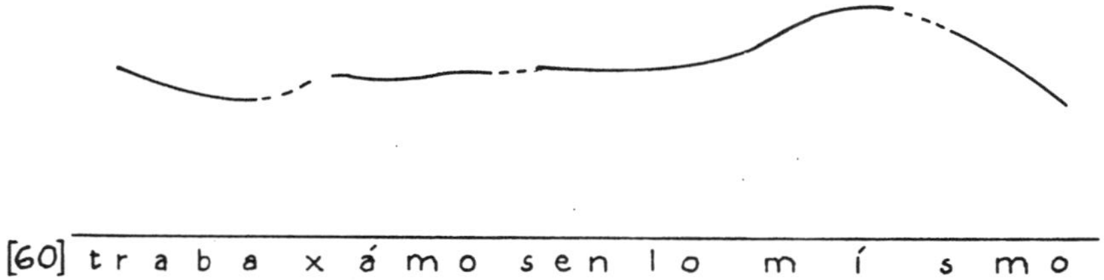

[61] «*exclusivamente a los novelistas*» 46.

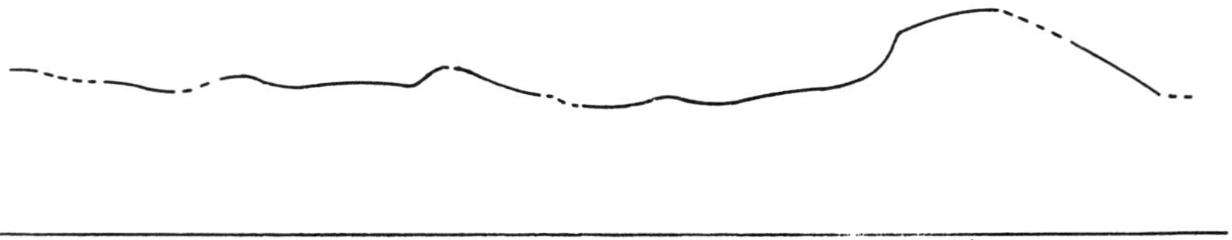

[61] esk lus íbam é n t e a losnobe l í s t a s

[62] «juven*tud de esa manera*» 47.

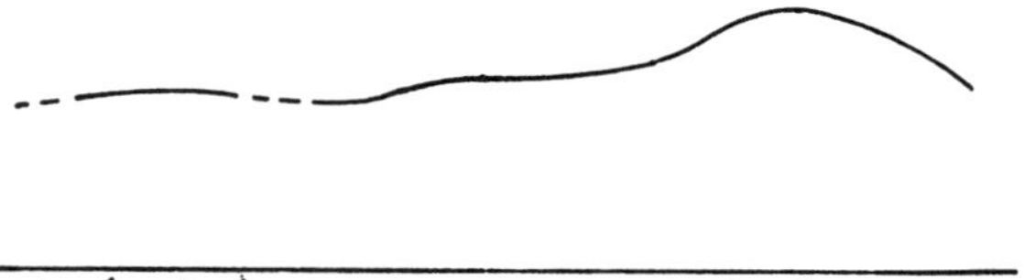

[62] t ú d é s a m a n é 'r a

[63] «por *sentido del ridículo*».

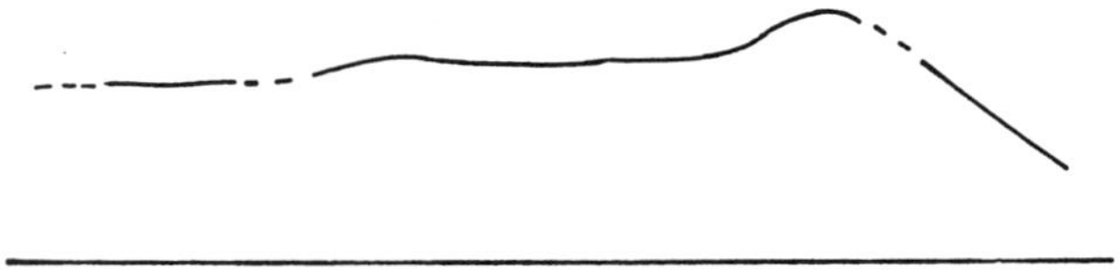

[63] s e n t í dodel r̄ i d í k u l o

Si se comparan las seis configuraciones entonativas anteriores con las

[64] «entonces *no lo era*».

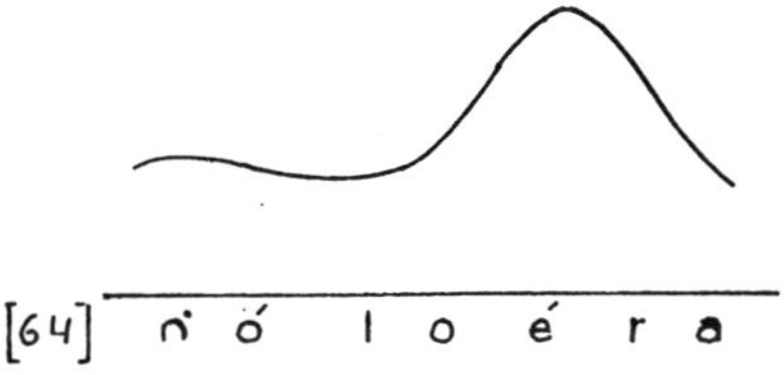

[65] «*pues nada*».

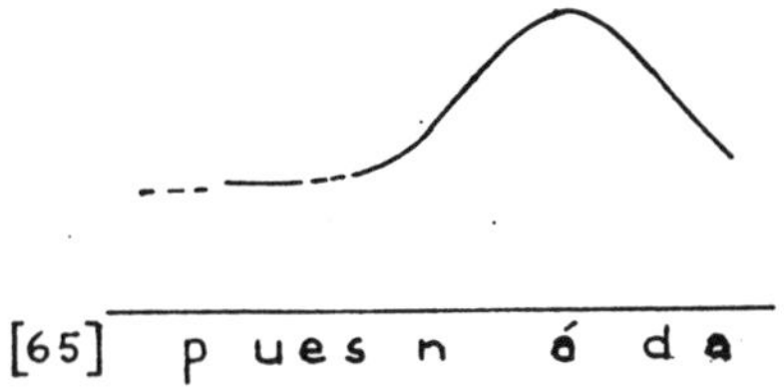

correspondientes a un enunciado declarativo enfático (en el sentido de no dejar lugar a dudas sobre la afirmación, correspondiente, por lo tanto a la función expresiva de la entonación) de un informante madrileño, se puede observar la gran semejanza que existe en la inflexión final.

De aquí se deduce que, a veces, se produce la transposición de patrones melódicos con funciones distintas: lo que es una función normal en Puerto Rico, Méjico y Gran Canaria (gráficas [58] a [63]) lo utiliza Madrid como función expresiva (gráficas [64] y [65]).

b) La otra variante del enunciado declarativo con sentido completo responde, en los cuatro dialectos, al patrón general del español: un fundamental descendente, con mayor o menor inclinación.

Puerto Rico:

[66] «*pocos maestros varones*» [48].

---

[48] «Que hay muy *pocos maestros varones*».

Méjico:

[67] «*dificultad, con el doctor Lope Blanch*» [49].

Gran Canaria:

[68] «*segundo con dos de primero*» [50].

Del dialecto castellano, ya hemos dado ejemplos más arriba, en las gráficas [1] a [4].

Como vemos, los cuatro dialectos, con las variantes entonativas de este tipo de enunciado, coinciden en la presencia de un contorno terminal descendente.

14.5.3.2.2. Los *enunciados declarativos incompletos*, de sentido no acabado, que requieren una complementación para expresar un sentido finito, presentan en nuestros materiales tres configuraciones fundamentales: dos ascendentes y una horizontal. Recordemos que existe un cierto paralelismo entre el enunciado interrogativo y el declarativo incompleto: la pregunta representa un enunciado con sentido incompleto, no finito, mientras que la afirmación posee un sentido completo, finito: la pregunta espera respuesta, mientras que el enunciado completo no la espera; de ahí que un movimiento tonal ascendente puede servir, en cuanto indicador de sentido no terminado, para expresar relaciones entre distintas partes de un enunciado.

En el enunciado declarativo con sentido incompleto, los cuatro dialectos coinciden en presentar un fundamental en suspensión o ascendente, con varias realizaciones:

a) La configuración ascendente cóncava, que es la que coincide con el español general, como la de los ejemplos

---

[49] «¡Ah!, y por la *dificultad, con el doctor Lope Blanch*».

[50] «Bueno, en *segundo con dos de primero*».

[66] «*pocos maestros varones*» [48].

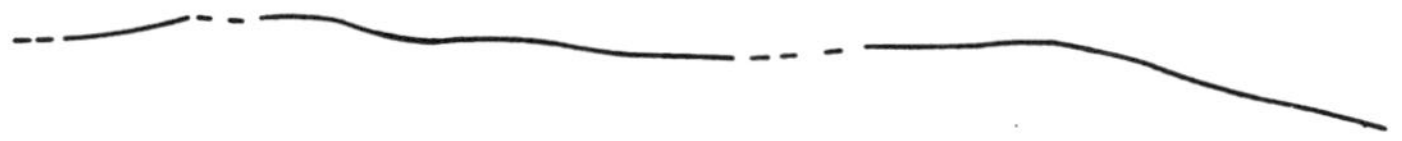

[66] p ó k o m a é t r o b a r ó n e

[67] «*dificultad, con el doctor Lope Blanch*» [49].

[67] d i f i k u l t á k o n e l d o k t o r l ó p e b l ḁ ṇ t̂ʃ

[68] «*segundo con dos de primero*» [50].

[68] s e g ú n d o k o n: d ó d e p r i m é r o

Puerto Rico:

[69] «el cual no me *gustó*».

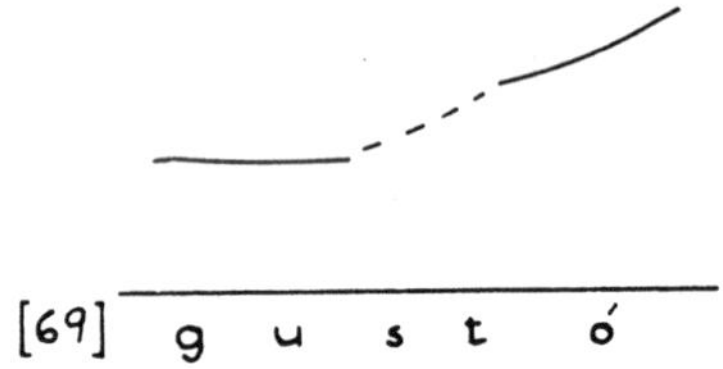

[70] «en cuanto a método, *en general*».

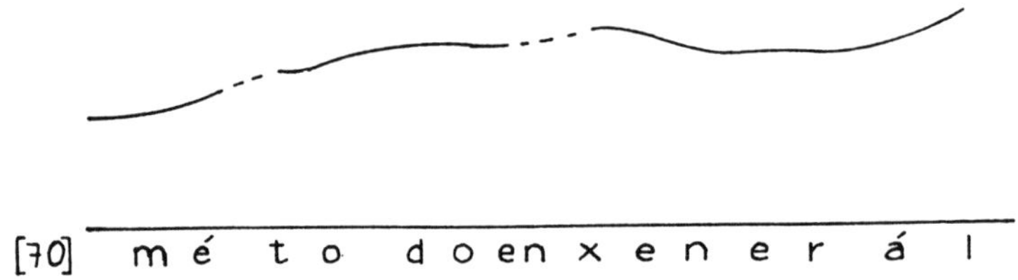

Méjico:

[71] «en el Centro de *estudios literarios*»[51].

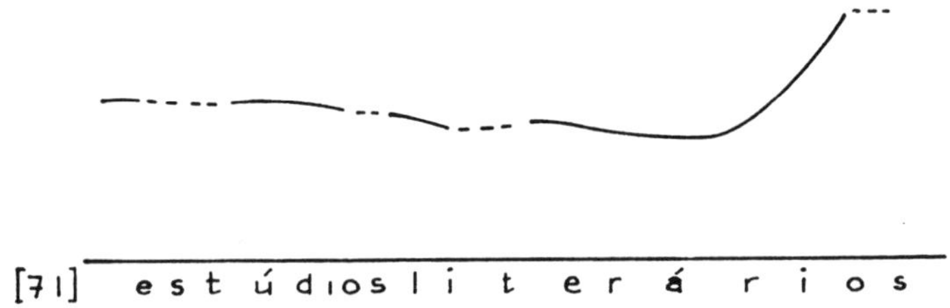

[72] «y éste, *entonces*, en eso estoy».

Gran Canaria:

[73] «*para empezar*, m, me gusta».

---

[51] Corresponde a la siguiente frase: «No, yo estoy trabajando aquí, en el Centro de *estudios literarios*».

[72] «y éste, *entonces*, en eso estoy».

[72] i é s t e n t ó n s e s e n é s o s t ó i

[73] «*para empezar*, m, me gusta».

[73] p a m p e s á r m̩ m e g ú h t a

[74] «hasta donde *tenemos información*».

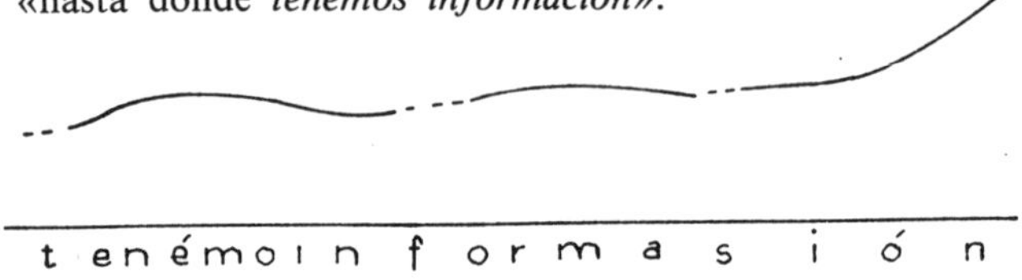

[74]

[75] «y a nivel, vamos *a llamar, de porrito*».

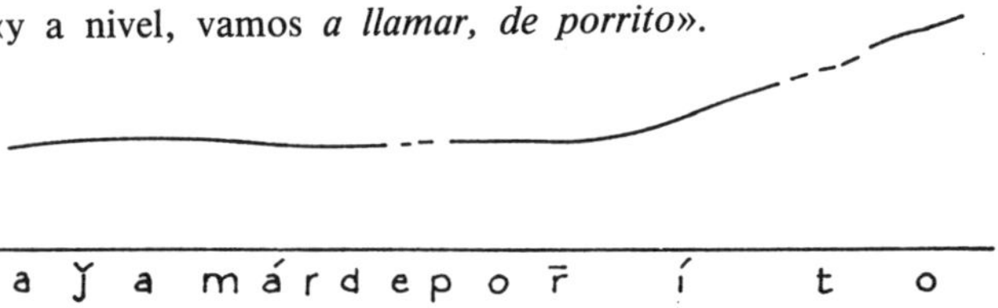

[75]

Para el dialecto castellano, véanse las gráficas [15] y [26].

Una modalidad de esta variante es la que presenta un fundamental ascendente en su parte final precedido de un movimiento circunflejo (ascendente-descendente); la hemos encontrado en Puerto Rico:

[76] «*número uno*».

[76]

[77] «*desarrollo*».

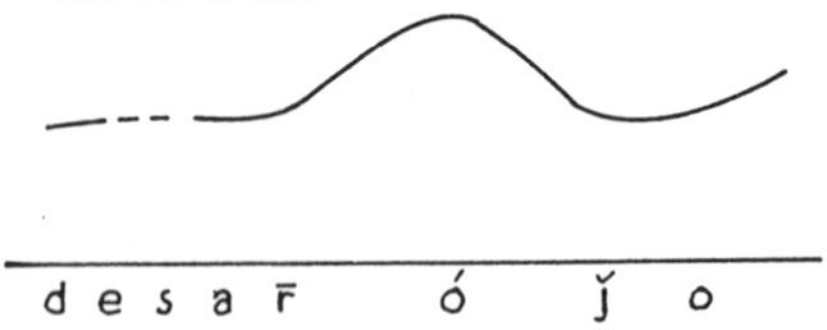

[77]

b) Otra variante es la que tiene un fundamental lentamente ascendente y convexo, terminando en suspensión (a veces, ligeramente ascendente):

[78] «*pasé a Bayamón*».

[78]

[70] «en cuanto a *método*, en general».

[79] «*cuando había acabado la carrera*».

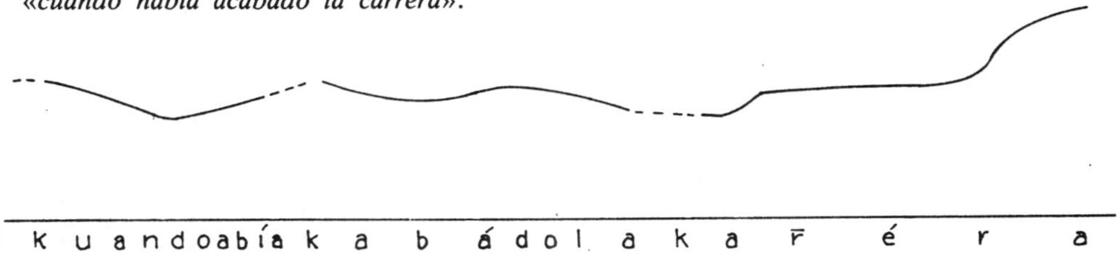

[79]

[80] «durante dos *años danza moderna*».

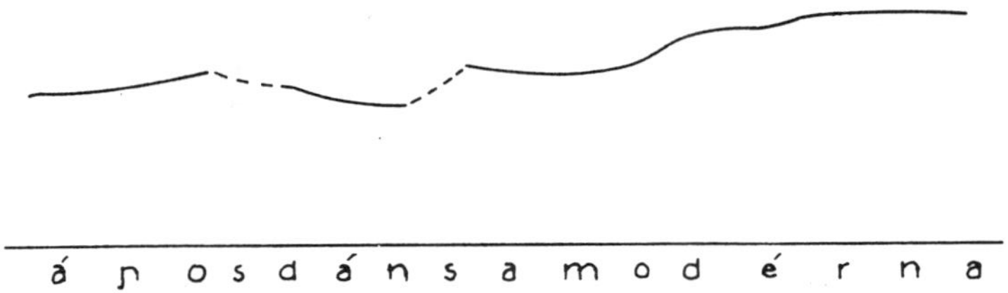

[80]

Puerto Rico:

[78] «*pasé a Bayamón*».

[70] «en cuanto a *método*, en general».

Méjico:

[79] «*cuando había acabado la carrera*».

[80] «durante dos *años danza moderna*».

Gran Canaria:

[81] «*le veo un valor*».

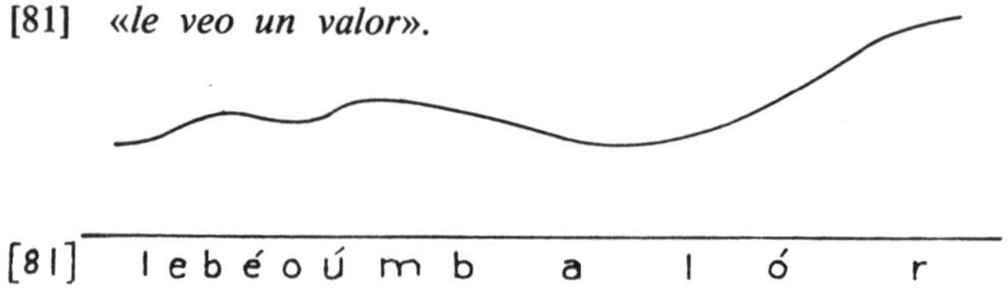

[82] «*de un tema*».

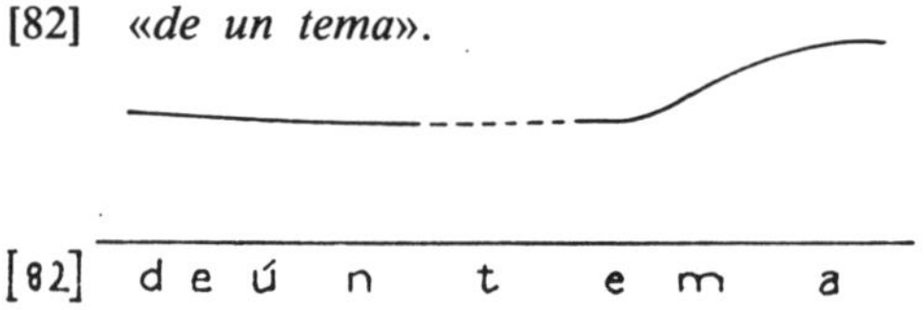

[83] «*a un símbolo*».

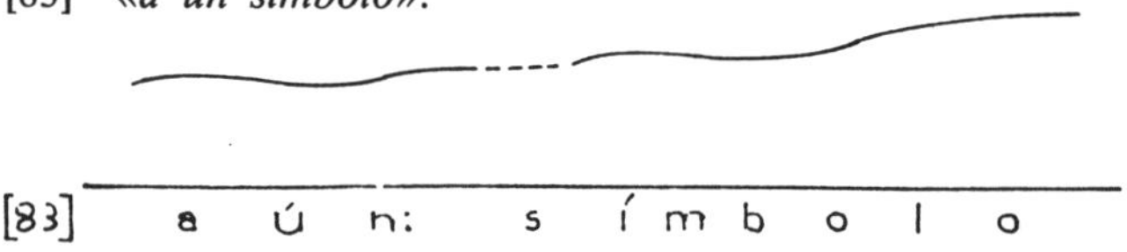

Para el dialecto castellano, véanse las configuraciones [16], [18], [22], [23], etc.

c) Y por último, el enunciado que termina con un fundamental en suspensión: se produce siempre que los informantes dudan o no saben cómo terminar la frase, o son interrumpidos; esta configuración es general en español:

Puerto Rico:

[84] «en el *sentido de...*».

[84] «en el *sentido de...*».

[84] 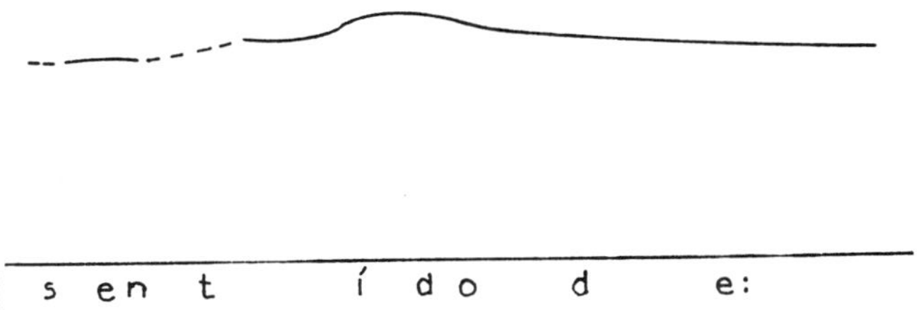

[85] «*digamos*...diez años».

[85] 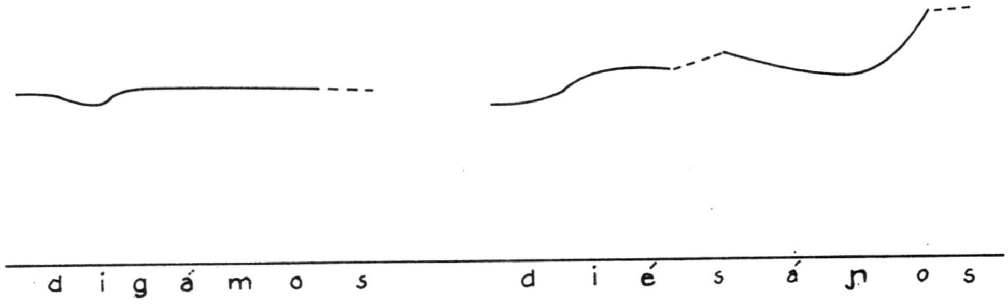

[86] «*de enjuiciar y de...*».

[86] denhui si á r i de

[87] «*y adquisición de unas destrezas*».

[87] ak i s i s i óndeúnad e s t r é s a

[88] «*que me ayudan*».

[88] k e m e a ǰ ú d.a n

Méjico:

[85] «*digamos*...diez años».

Gran Canaria:

[86] «*de enjuiciar y de*...».

Una variante de esta configuración es la que se produce en Puerto Rico: aparece con un fundamental ascendente-descendente sobre la última sílaba tónica, que suele prolongar su duración, con final en suspensión:

[87] «*y adquisición de unas destrezas*».

[88] «*que me ayudan*».

Este movimiento circunflejo del fundamental en la parte final del enunciado recuerda a las anteriores gráficas [76] y [77].

14.5.3.3. El *enunciado interrogativo*, con sus dos modalidades: el absoluto y el pronominal.

14.5.3.3.1. En el *enunciado interrogativo absoluto*, aparecen las siguientes variantes:

a) La más frecuente en Puerto Rico y Gran Canaria es la que aparece con un amplio movimiento circunflejo del fundamental, que puede comprender todo el enunciado o parte de él:

Puerto Rico:

[89] «*¿Tiene la llave?*».

[90] «*¿Le gusta viajar en avión?*».

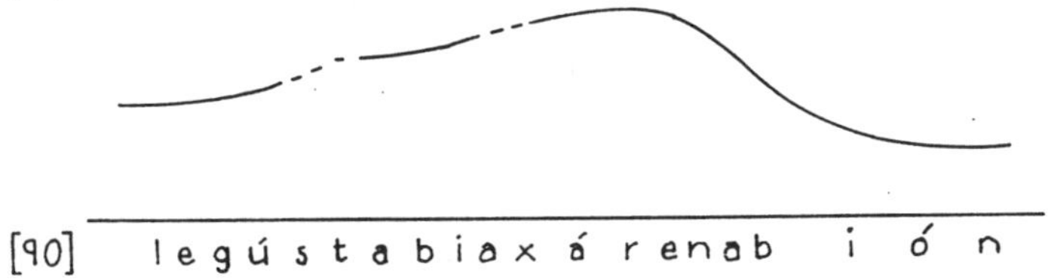

[91] «¿*Tú tienes fuego?*».

[91] túti éne f u é g o

[92] «¿*Tú crees que se debía legalizar el porro?*».

[92] túkr ék e s e d e b í a l e g a l i s á r e l p ó r̄ o

[93] «*tomar vacaciones?*»[52].

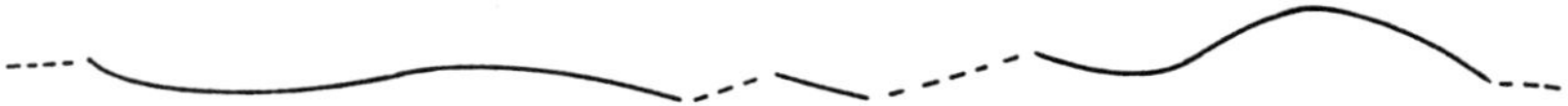

[93] t o m á r b a k a s i ó n e s

Gran Canaria:

[91] *«¿Tú tienes fuego?».*

[92] *«¿Tú crees que se debía legalizar el porro?».*

Ocasionalmente, apareció en nuestros materiales de Méjico:

[93] *«tomar vacaciones?»* [52].

Estas configuraciones entonativas recuerdan a las que se utilizan en el español de Madrid para las preguntas relativas, es decir, las que se enuncian para cerciorarse de algo de lo que sólo se tiene una idea, como vimos anteriormente, en el § 5.2.5., gráficas [56] *¿Estudia mucho?* y [57] *¿Está contento?* De nuevo, una función que es utilizada en el nivel de la lengua en unos dialectos, pasa a tener una función expresiva en otro.

b) El segundo contorno melódico es el corriente en el español de Méjico, en el de Madrid y aparece en Gran Canaria con un porcentaje del 23%: el fundamental termina con movimiento claramente ascendente:

Méjico:

[94] «¿Tú estás trabajando en la Facultad de *Filosofía y Letras*?».

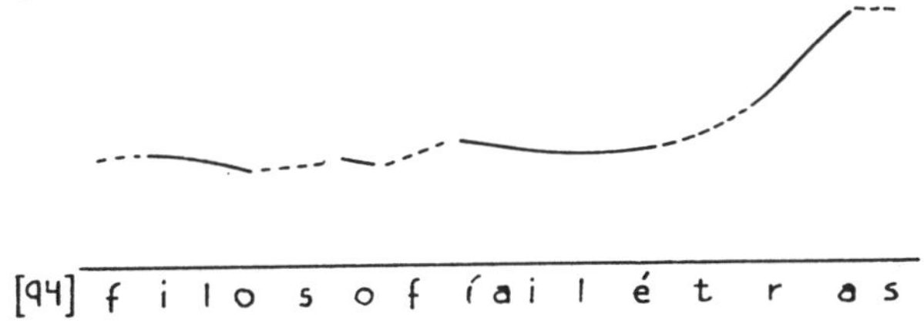

[95] *«¿Ves el retrato?».*

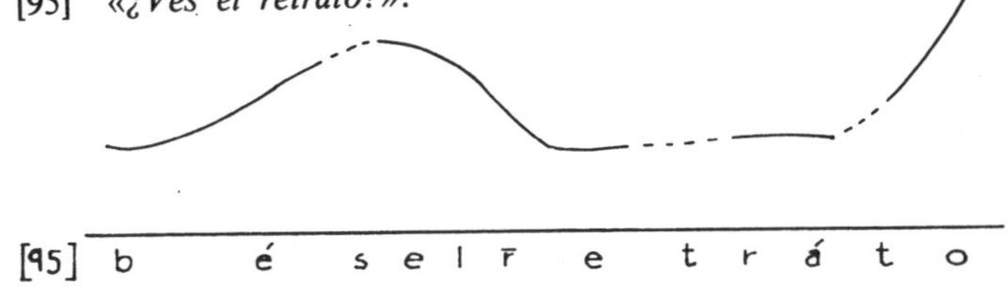

[52] Corresponde a la frase: «Y tú acostumbras regularmente *tomar vacaciones?*».

[96] *«¿Se presta al diálogo?».*

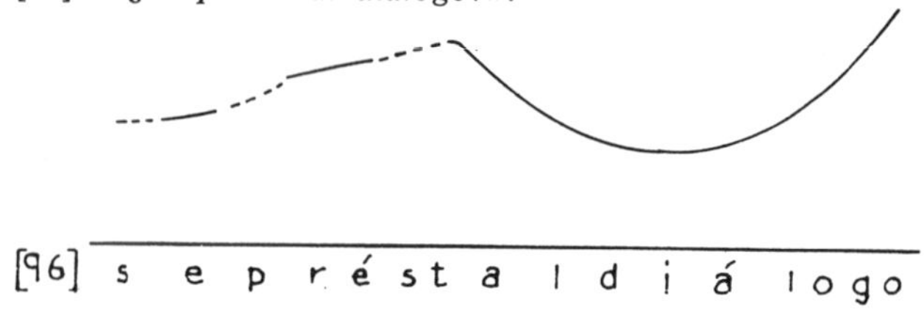

Gran Canaria:

[97] *«¿Y con la carrera?».*

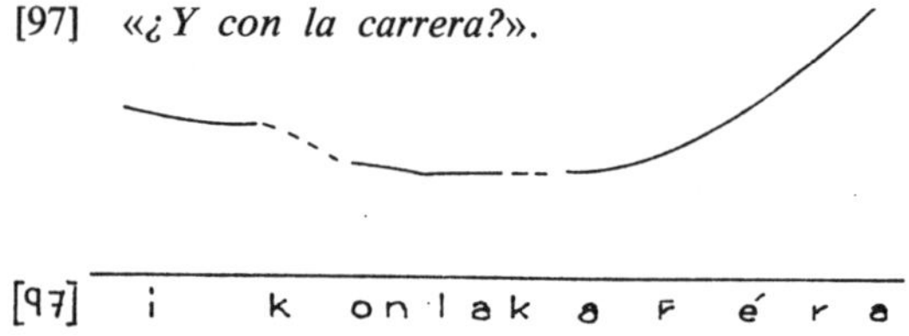

[98] *«¿en la Universidad?».*

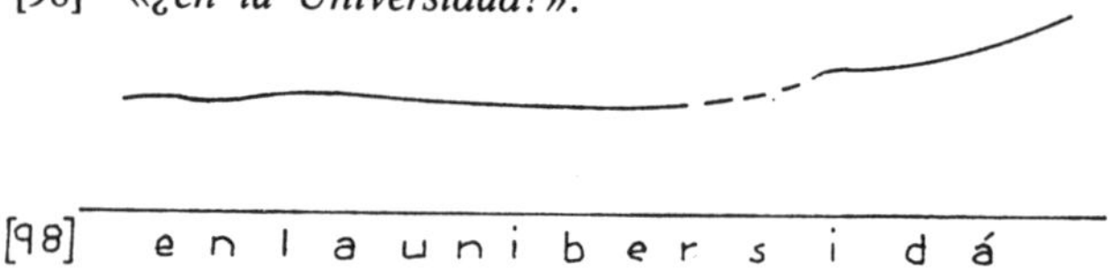

Para el dialecto madrileño, véanse las gráficas [5] a [8].

c) La tercera modalidad es la de aquellos enunciados cuyo fundamental termina en suspensión, en ligero ascenso y suspensión o en ligero descenso y suspensión. Son casos como los siguientes: Méjico:

[99] *«Oye, ¿y a ti te gusta Guanajuato?».*

[100] *«¿Y te lo pasas bien cuando vas?»* [53].

---

[53] Antes indicamos que cuando la estructura gramatical, el contexto, o ambos señalan el significado de la pregunta la entonación pierde su función. Es el caso de la pregunta sobre Guanajuato. Su contorno melódico es casi el de un enunciado declarativo, pero su estructura es clara: un vocativo y el introductor *y*; el contexto, por otro lado, no da lugar a equívocos: los dos locutores conocen la ciudad; uno de ellos está contando cosas de Guanajuato y formula la pregunta indicada.

[99] «*Oye, ¿y a ti te gusta Guanajuato?*».

[99] ó ǰ e i a t í t e gú s t a guanaxu á t o̥

[100] «*¿Y te lo pasas bien cuando vas?*» [53].

[100] i t e l o p á s a s̬ b i é n k uando b á s

[101] «*¿Le gusta viajar en avión?*».

[101] l e gú ht a bi a h á r e n a b i ó n

[102] «*¿Tú coges muchas asignaturas aquí?*».

[103] «*¿Tú viste "Un hombre y una mujer"?*».

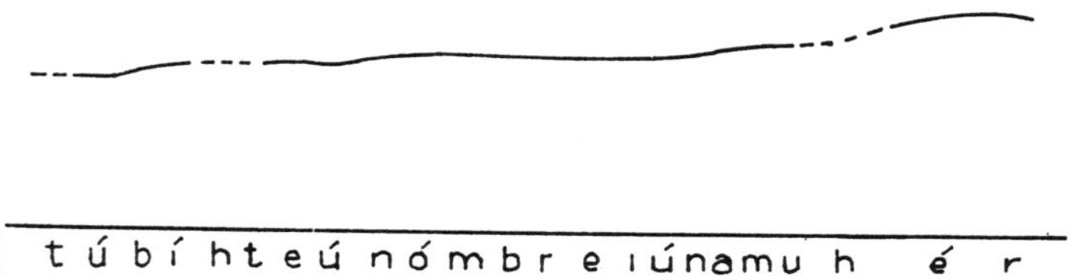

[104] «*¿Cuándo se va de vacaciones?*».

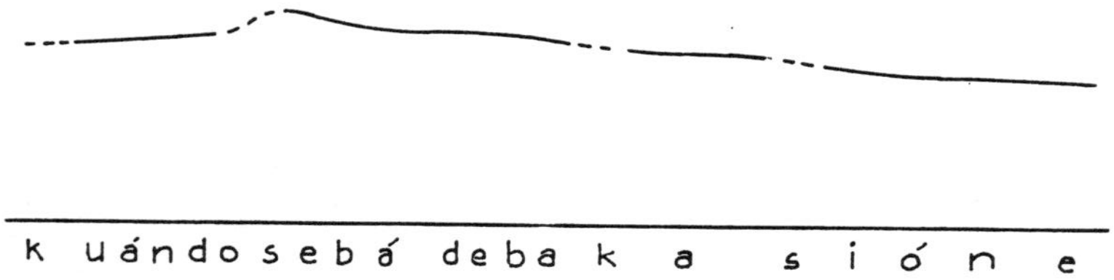

Gran Canaria:

[101] «*¿Le gusta viajar en avión?*».
[102] «*¿Tú coges muchas asignaturas aquí?*».
[103] «*¿Tú viste "Un hombre y una mujer"?*».

14.5.3.3.2. El *enunciado interrogativo pronominal*, es decir, el que tiene un elemento gramatical interrogativo, presenta un fundamental descendente en todos los dialectos examinados:

Puerto Rico:

[104] «*¿Cuándo se va de vacaciones?*».
[105] «*¿Qué otra cosa te gusta hacer?*».

Méjico:

[106] «*¿Cuándo te vas de vacaciones?*».
[107] «*Y tú, ¿qué vas a hacer?*».

Como ejemplo de pregunta compleja, puede verse el siguiente enunciado mejicano:

[108] «¿Qué me puedes decir acerca de las cuestiones de la Universidad: *por ejemplo: ¿Qué asignatura te gusta más, cuál menos, y por qué?*»,

donde los contornos terminales descendentes y ascendentes concuerdan con los del español europeo.

Gran Canaria:

[109] «*¿Cuándo te vas de vacaciones?*».
[110] «*¿Qué país te gustaría irte a vivir?*».

Para el dialecto madrileño, véanse las gráficas [9] a [14].

14.5.3.4. En las *enumeraciones*, el dialecto grancanario manifiesta preferencia por el fundamental ascendente en los casos normales, o suspensivo, cuando el informante duda o no le viene a la mente con rapidez el siguiente término de la enumeración. Por lo menos, así se produce en nuestros materiales. En los otros dialectos, además, aparece el contorno descendente en las enumeraciones

[105] «*¿Qué otra cosa te gusta hacer?*».

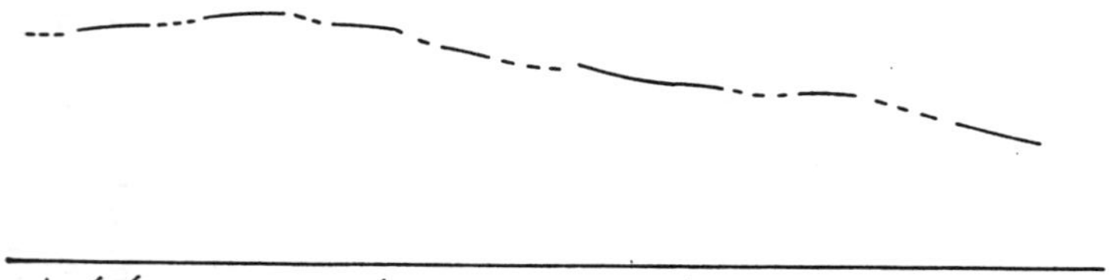

[105] k é ó t r a k ó s a t e g ú s t a s é r

[106] «*¿Cuándo te vas de vacaciones?*».

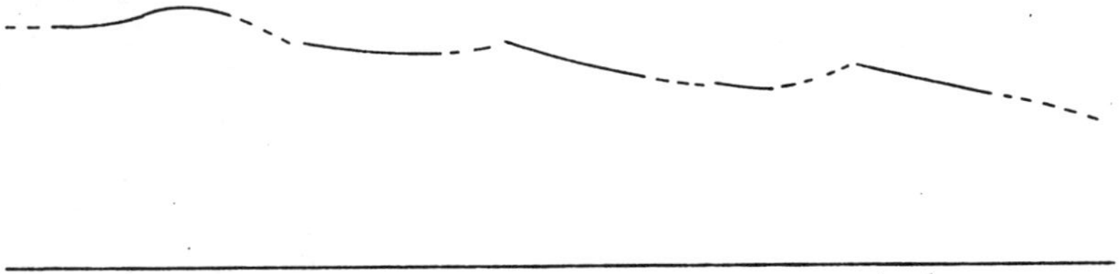

[106] k u á n d o t e b á s d e b a k a s i ó n e̥ s

[107] «*Y tú, ¿qué vas a hacer?*».

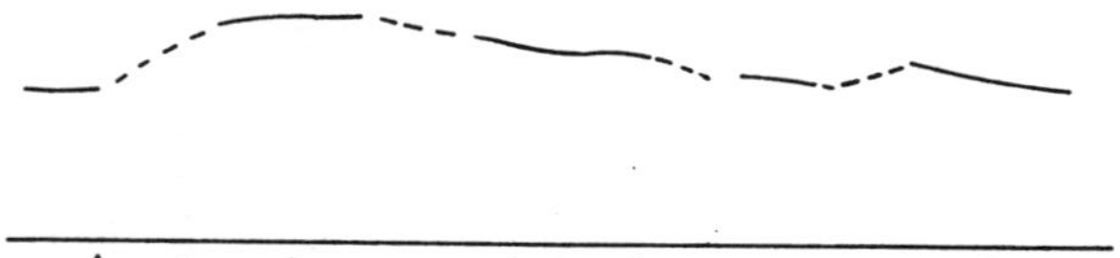

[107] i t ú k é b á s a s é r

[108] «¿Qué me puedes decir acerca de las cuestiones de la Universidad: *por ejemplo: ¿Qué asignatura te gusta más, cuál menos, y por qué?»,*

[108] 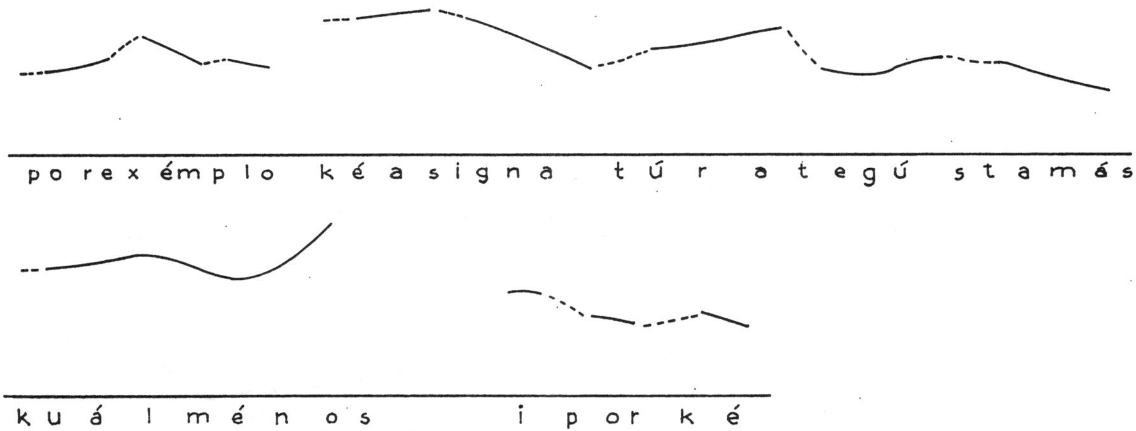

[109] «*¿Cuándo te vas de vacaciones?*».

[109] 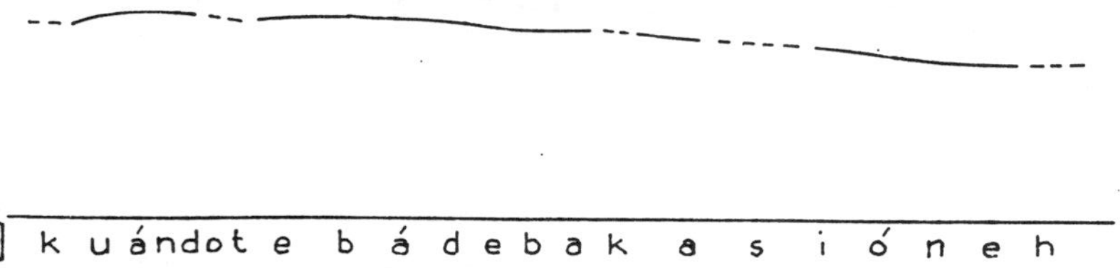

[110] *«¿Qué país te gustaría irte a vivir?».*

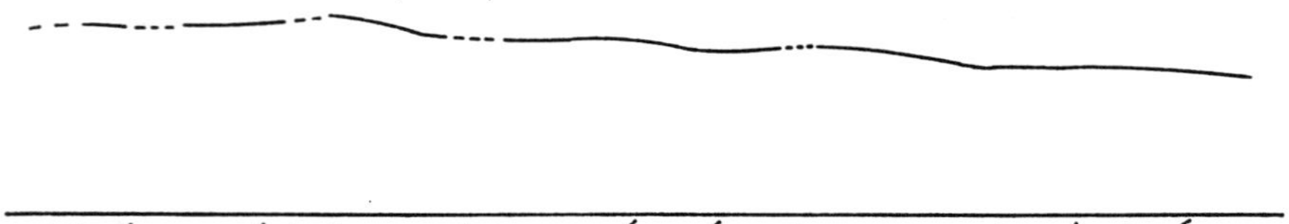

[110] k é p a í h t e g u h t a r í a í r t e a b i b í r

[111] *«primero de comunicación, de aceptación»,*

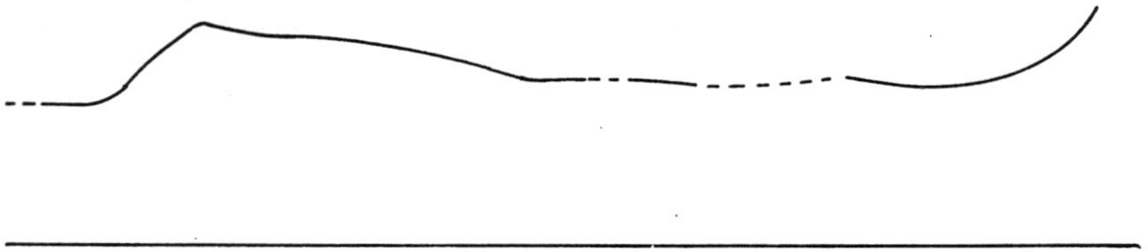

[111] p r i m é r o d e k o m u n i k a s i ó n

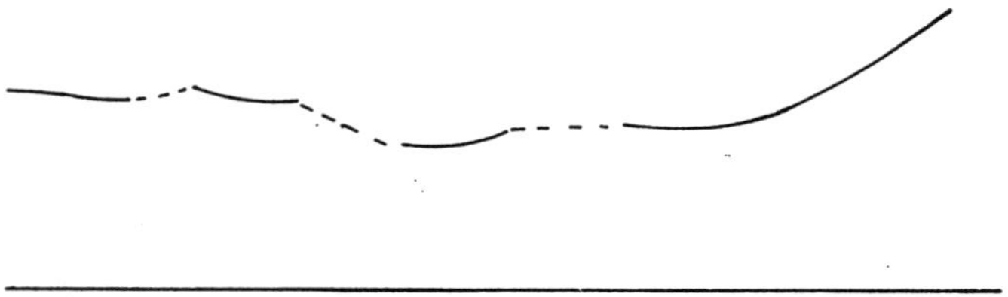

d e a s e p t a s i ó n

[112] «*de playa, de veraneo y de fes*tival»,

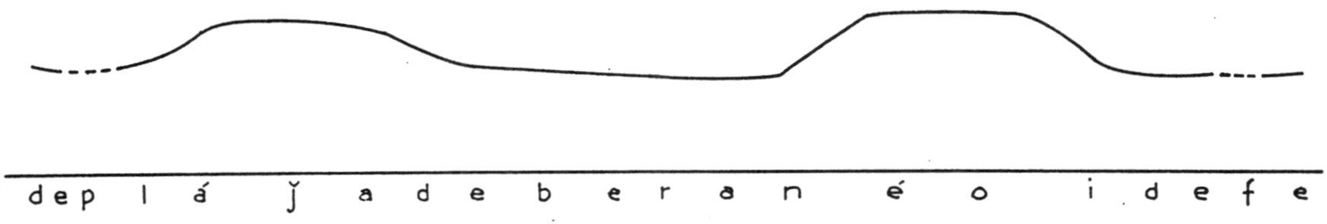

[113] «los *cómicos, los magos, los cantantes*»,

[114] «*cine, teatro*»

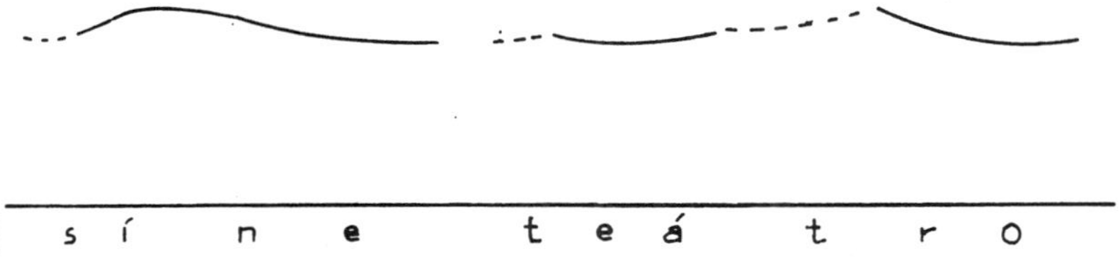

[115] *«hay calidad, hay, hay variedad y»,*

[115] á i k a l i d á á i a i b a r i é d á i

[116] *«diversión, cine, teatro».*

[116] d i b e r s i ó n: s í n e t e á t r o

[117] *«antropología»*

[117] a n t r o p o l o x í a

incompletas o en los miembros de la enumeración que no preceden al nexo final de relación.

Puerto Rico:

Como ejemplo de enumeración incompleta de este dialecto, puede verse:

[111] «*primero de comunicación, de aceptación*»,

donde los contornos terminales son cóncavos ascendentes.

Como ejemplo de enumeración completa del mismo dialecto puede verse:

[112] «*de playa, de veraneo y de f*estival»,

con contornos ascendentes convexos.

Méjico:

Como ejemplo de enumeración incompleta del español de Méjico puede verse:

[113] «los *cómicos, los magos, los cantantes*»,

donde *cómicos* termina en suspensión algo descendente, *magos* en suspensión y *cantantes* con movimiento ascendente. En el caso de:

[114] «*cine, teatro*»

las dos palabras terminan en suspensión.

Y, por último, como caso de enumeración completa, puede verse:

[115] «*hay calidad, hay, hay variedad y*»,

donde el contorno terminal de *calidad* es descendente, mientras que el de *variedad* se mantiene en suspensión, después de un movimiento ascendente del fundamental.

Gran Canaria:

Ejemplo de enunciado incompleto:

[116] «*diversión, cine, teatro*».

Los enunciados

[117] «*antropología*»

[118] «*la pedagogía*»

[118] «*la pedagogía*»

[118] l a p e d a g o x í a

[119] «*Eres un degenerado*»,

[119] é r e s ú n d e x e n e r á d o

[120] «*¡Huy, que si qué!*».

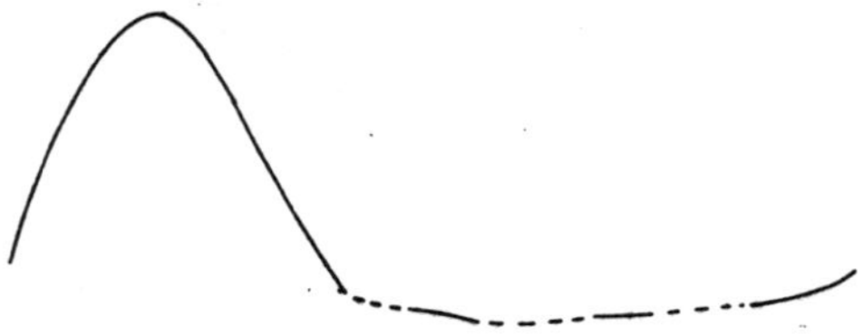

[120] ú i k e s i k é

son elementos de una enumeración en la que el informante utiliza un tempo lento porque busca o selecciona cada elemento de la enumeración; por eso, el fundamental finaliza en suspensión.

Como vemos, en las enumeraciones, los grupos que las conforman pueden presentar en los dialectos señalados un contorno terminal ascendente, descendente o suspensivo, pero en la enumeración completa, el que precede al nexo siempre es ascendente.

14.5.3.5. *Función expresiva de la entonación*

En la función expresiva, vamos a mencionar, a guisa de ejemplo, algunos casos.

14.5.3.5.1. *Enunciados exclamativos*. Veamos dos ejemplos: uno de Méjico:

[119] «*Eres un degenerado*»,

y otro de Puerto Rico:

[120] «*¡Huy, que si qué!*».

Obsérvese en este último el movimiento circunflejo en *¡Huy!* En el [119] es notoria la monotonía en el movimiento del fundamental, monotonía que contrasta con la movilidad de un enunciado normal mejicano.

14.5.3.5.2. La *pregunta relativa* presenta un contorno melódico diferente según los dialectos:

Gran Canaria:

[121] «*¿Me entiendes?*».

[121]
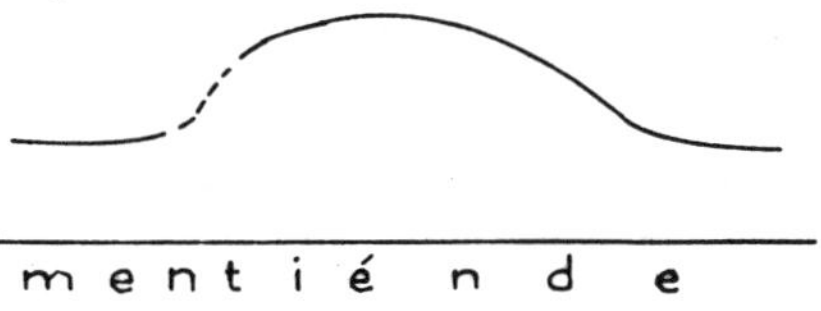

Su fundamental termina en suspensión, después de un amplio movimiento circunflejo.

Puerto Rico: el enunciado [122] es la respuesta que da el informante a la siguiente pregunta formulada por su interlocutor: «¿Cómo se puede comparar su experiencia del extranjero con la de aquí?»

[122] «*¿En cuanto a bachillerato*?»;

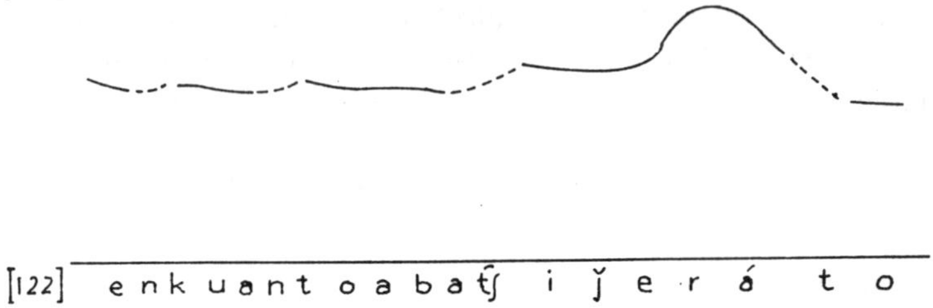

el fundamental termina en suspensión, como en [125], precedida de un pequeño movimiento circunflejo en la última sílaba tónica.

Por contraposición, el dialecto castellano, después de un amplio movimiento ascendente-descendente, acaba, como muestran los ejemplos [56] y [57], con un fundamental descendente.

14.5.3.5.3. Otro tipo es la *pregunta confirmativa*, en la que se produce la presencia de un elemento gramatical interrogativo y, en el español de Puerto Rico, la anteposición al verbo del pronombre personal sujeto. El ejemplo:

[123] «*¿Qué yo pienso hacer?*»

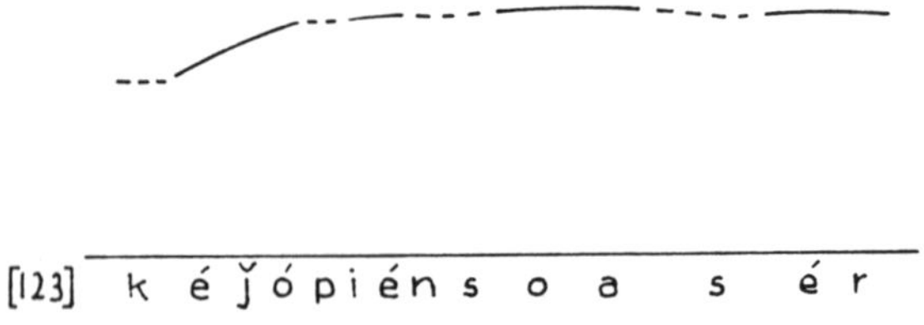

muestra un fundamental con un fuerte movimiento ascendente que termina en suspensión.

14.5.3.5.4. También de Puerto Rico son los siguientes contornos entonativos, pertenecientes a *preguntas con matiz de extrañeza*:

[124] «*¿Es maestra?*».

[124] é m a é t r a

[125] «*¿De dónde?*» [54].

[125] d e d ó n d e

14.5.3.5.5. La *pregunta negativa* presenta en Puerto Rico un contorno especial: el fundamental sube después del adverbio de negación y se mantiene en suspensión hasta el final, donde desciende ligerísimamente, como puede verse en:

[126] «*¿No te gusta la la natación?*».
[127] «*¿No la practicas aquí?*».

14.5.3.5.6. Todos los dialectos examinados coinciden en presentar un fundamental ascendente en el caso de las *preguntas pronominales* con matiz de cortesía. Véase, como ejemplo, la siguiente pregunta del español de Gran Canaria:

[128] «*¿Y qué curso estás?*».

---

[54] El emisor, alumno de la Facultad, se queda sorprendido de que su interlocutora, a la que tuteaba hasta ese momento, fuese profesora. Obsérvese en *¿Es maestra?* el fundamental monótono y fuertemente descendente. En *¿De dónde?*, la sílaba *dón* ocupa la parte más baja de la curva.

[126] *«¿No te gusta la la natación?».*

[126] nó t egúhta l a l a n a t a s i ó n

[127] *«¿No la practicas aquí?».*

[127] nó la p r a t í k a h a k í

[128] *«¿Y qué curso estás?».*

[128] i k é k ú r soes t á s

14.5.3.5.7. La expresividad también se puede manifestar por medio de un cambio de timbre, un fundamental monótono, una subida fuerte del fundamental, un tempo lento o rápido, etc.; son factores que pueden aparecer solos o combinados. Por ejemplo, en el enunciado

[129] «*habíamos cambiado*»,

de Gran Canaria, un tempo muy lento y una considerable distancia entre las frecuencias más altas y las más bajas del fundamental imprimen un aire de amistosa protesta a la frase.

En el enunciado de Gran Canaria

[130] «*y esa es la poesía de la gente joven*»

un cambio de timbre, la disminución de la intensidad, la elevación del fundamental y un tempo marcadamente lento en *esa*, *poesía* y *joven*, con los cambios en la dirección del fundamental, dotan de una expresividad especial al enunciado.

Por el contrario, en el enunciado grancanario

[131] «porque yo no tengo *cuerpo para vestirme como se visten las niñas de hoy*»

un fundamental bastante monótono y progresivamente ascendente, un tempo rápido en el cuerpo de la frase, que termina con un doble movimiento circunflejo del fundamental y con un tempo marcadamente lento, ponen de relieve el desacuerdo con lo dicho por el otro informante.

14.5.3.5.8. Otra cuestión importante es la diferencia que puede existir en el empleo de los rasgos prosódicos entre hombres y mujeres. Por ejemplo, el discurso de la mujer grancanaria se caracteriza: *a)* por el empleo de un tempo más rápido que el hombre; *b)* por ser más acusada la diferencia en la duración de las sílabas entre los fragmentos de enunciados de tempo rápido y lento; *c)* por utilizar intervalos de fundamental mucho más amplios que el hombre; *d)* por movimientos del fundamental más acusados (frente

[129] «*habíamos cambiado*»,

[129] a b í a m o h k a m b i á o

[130] «*y esa es la poesía de la gente joven*»

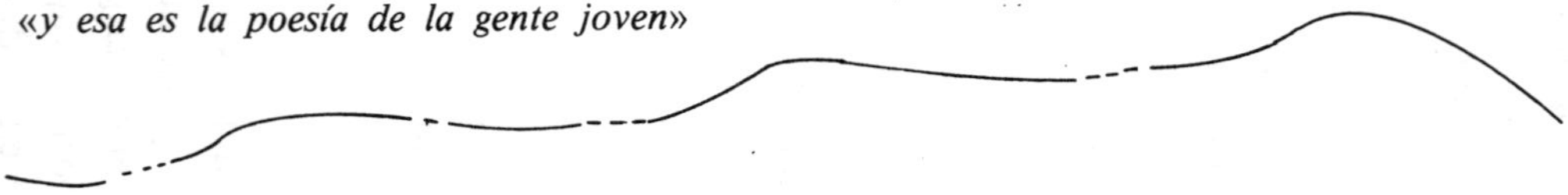

[130] i é s a é h l a p o e s í a d e l a h é n t e h ó b e n

[131] «porque yo no tengo *cuerpo para vestirme como se visten las niñas de hoy*»

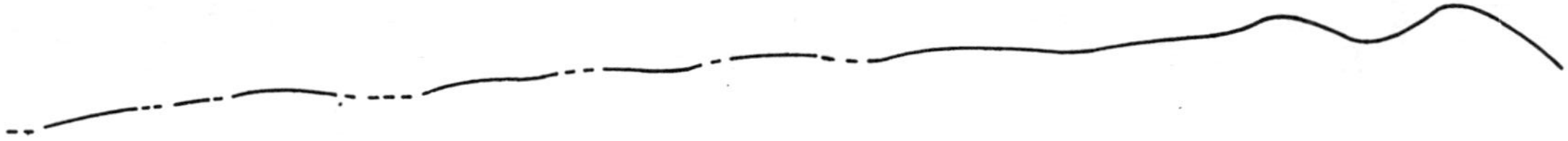

[131] k u é r p o p a b e h t í r m e k o m o s e b í h t e n l a n í ɲ a d e ó i

a una relativa monotonía en el hombre) y *e*) por cambios de timbre más frecuentes y más acusados. La combinación de dos o más de estos factores es también más frecuente en la mujer.

14.5.4. Como conclusión, podemos afirmar que frente a la multiplicidad de variantes entonativas, los patrones fundamentales de lo que es el funcionamiento de la entonación en el plano de la lengua se mantiene constante y en pleno rendimiento. Este sería un ejemplo más de una hermosa variedad dentro de la unidad de nuestra Lengua Española.

BIBLIOGRAFÍA

SIGLAS

ALEA *Atlas lingüístico y Etnográfico de Andalucía.* Univ. de Granada, C.S.I.C.

ALEANR *Atlas Lingüístico y Etnográfico de Aragón, Navarra y Rioja.* Madrid, C.S.I.C.

ALEC *Atlas Lingüístico-Etnográfico de Colombia.* Bogotá, Instituto Caro y Cuervo.

ALECant *Atlas Lingüístico y Etnográfico de Cantabria.* Madrid.

ALEICan *Atlas Lingüístico y Etnográfico de las Islas Canarias (1975-1978).*

ALFAL *Asociación de Lingüística y Filología de la América Latina.*

ALH *Atlas Lingüístico de Hispanoamérica.* Madrid, C.S.I.C.

ALM *Anuario de Letras.* Universidad Nacional Autónoma de México, México.

ALPI *Atlas Lingüístico de la Península Ibérica.* Madrid, C.S.I.C.

ANPhE *Archives Néerlandaises de Phonétique Expérimentale.* La Haya.

AO *Archivum.* Universidad de Oviedo.

BAE *Boletín de la Real Academia Española.* Madrid.

BAPLE *Boletín de la Academia Puertorriqueña de la Lengua Española.*

BDH *Biblioteca de Dialectología Hispanoamericana.* Buenos Aires.

BFM *Boletín de Filología.* Montevideo.

BFUSCh *Boletín de Filología.* Universidad de Santiago de Chile.

BICC *Thesaurus. Boletín del Instituto Caro y Cuervo.* Bogotá.

BSLP	*Bulletin de la Société Linguistique de Paris.*
CPh	*Collectanea Phonetica.* Madrid, C.S.I.C.
C.S.I.C.	*Consejo Superior de Investigaciones Científicas.* España.
ELH	*Enciclopedia Lingüística Hispánica.* Madrid, C.S.I.C.
FR	*The French Review.* Baltimore.
Hispanaia	*A Teachers Journal, devoted to the Teaching of Spanish and Portuguese.* Washington, D.C.
HR	*Hispanic Review.* Pennsylvania.
Ib	*Ibero-Romania.* Munich.
JASA	*Journal of the Acoustical Society of America.* Pennsylvania.
L and S	*Language and Speech.* Hamton Hill, Middlesex, Inglaterra.
LEA	*Lingüística española actual.* Instituto de Cooperación Iberoamericana, Madrid.
NRFH	*Nueva Revista de Filología Hispánica.* El Colegio de México, México.
P 4th ICPhS	*Proc. of the Fourth Int. Congr. of Phonetic Sciences.* Helsinki, 1961, The Hague, 1962.
P 9th ICL	*Proc. of the Ninth Int. Congr. of Linguists.* Mass., 1962, The Hague, Mouton, 1964.
PALA	*Publicaciones del Atlas lingüístico de Andalucía.* Granada.
PFLE	*Presente y Futuro de la Lengua Española.* Madrid, Instituto de Cultura Hispánica, 1964.
PMLA	*Publications of the Modern Language Association.* New York.
RDTP	*Revista de Dialectología y Tradiciones Populares.* Madrid, C.S.I.C.
REH	*Revista de Estudios Hispánicos.* Universidad de Puerto Rico.
REL	*Revista Española de Lingüística.* Madrid, Gredos.
RFE	*Revista de Filología Española.* Madrid, C.S.I.C.
RFH	*Revista de Filología Hispánica.* Buenos Aires.
RI	*Revista Iberoamericana.* Iowa.
RLA	*Revista de Lingüística Teórica y Aplicada.* Concepción, Chile.
RLiR	*Revue de Linguistique Romane.* Paris.
RLR	*Revue des Langues Romanes.* Paris.
Signos	*Instituto de Literatura y Ciencias del Lenguaje.* Valparaíso (Chile).
SL	*Studia Linguistica.* Lund, Suecia.
S o I	*Symposium on Intonology.* Praga.

SPh	*Studia Phonetica*. Montreal, Paris, Didier.
TCLC	*Travaux du Cercle Linguistique de Copenhague.*
TCLP	*Travaux du Cercle Linguistique de Prague.*
TrLiLi	*Travaux de Linguistique et de Littérature*. Strasbourg.
UCMM	*Universidad Católica Madre y Maestra*. Santiago, República Dominicana.
UNAM	*Universidad Nacional Autónoma de México.*
URUI	*Universidad: Revista de la Universidad Interamericana.*
ZfPh	*Zeitschrift für Phonetik und Allgemeine Sprachwissenschaft.* Berlin.

Academia Española, Real *(1959): Gramática de la lengua española,* Madrid.

Agüero, Arturo (1962): *El español de América y Costa Rica,* San José, Costa Rica, Imprenta Antonio Lehman.

— *(1964):* «El español de Costa Rica y su atlas lingüístico», *PFLE,* I, 135-152.

Aguilar, Lourdes *(1999):* «Hiatus and diphthong: Acoustic cues and speech situation differences», *Speech Communication,* 28, 57-74.

Alarcos Llorach, E. *(1949):* «El sistema fonológico español», *RFE,* XXXIII, 265-296.

— *(1958):* «Fonología y fonética (a propósito de las vocales andaluzas)», *AO,* V, 191-203.

— *(1959):* «Semivocales y semiconsonantes españolas», *AO,* IX, 179-188.

— *(1964):* «Algunas cuestiones fonológicas del español de hoy», *PFLE,* II, 151-161.

— *(1967):* «Los rasgos prosódicos», en *Problemas y principios del estructuralismo lingüístico,* Madrid, C.S.I.C.

— *(1981): Fonología española,* Madrid, Gredos, 4.ª ed., 5.ª reimpresión.

— *(1983):* «Más sobre vocales andaluzas», *Philologica Hispaniensia in honorem Manuel Alvar,* I, 49-55.

Alba, Orlando *(1990): Estudios sobre el español dominicano,* Santiago, República Dominicana, U.C.M.M.

Albalá, M.ª José *(1991):* «Análisis y síntesis de las consonantes nasales en español», *RFE,* LXXII, 37-56.

Albalá, M.ª José y Marrero, Victoria *(1995):* «La intensidad de los sonidos españoles», *RFE,* LXXV, 105-132.

Alonso, A. *(1925):* «El grupo *tr* en *España* y América», *HMP,* II, 167-191.
— *(1930): Problemas de Dialectología Hispanoamericana, BDH,* I, 314-472.
— *(1940):* «La interpretación araucana de Lenz», *BDH,* VI, 286.
— *(1945):* «Una ley fonológica del español. Variabilidad de las consonantes en la tensión y distensión de la sílaba», *HR,* XIII, 91-101. Recogido en Alonso, *1954,* 288-307.
— *(1954): Estudios lingüísticos. Temas españoles,* Madrid, Gredos.
— *(1961): Estudios lingüísticos. Temas hispanoamericanos,* Madrid, Gredos, 2.ª ed.
— *(1961a):* «La "ll" y sus alteraciones en España y América». En A. Alonso, *1961,* 159-212.
— *(1961b):* «La pronunciación de "rr" y de "tr" en España y en América». Recogido en A. Alonso, *1961,* 122-158.
— y Lida, R. *(1945):* «Geografía fonética: -L y -R implosivas en español», *RFH,* VII, 313-345. Recogido en A. Alonso, *1961,* 213-267.
Alonso, D. *(1956): En la Andalucía de la E. Dialectología pintoresca,* Madrid, Gredos.
— *(1962):* «Sobre la *-s* final de sílaba en el mundo Hispánico». *La fragmentación fonética peninsular, ELH,* I, C.S.I.C., 47-53.
Alonso, D., Zamora Vicente, A. y Canellada, M. J. *(1950):* «Vocales andaluzas. Contribución al estudio de la fonología peninsular», *NRFH,* IV, 209-230.
Alvar, Carlos *(1975): Encuestas en Playa Santiago,* Las Palmas de Gran Canaria, Ediciones del Excemo. Cabildo Insular de Gran Canaria.
Alvar, M. *(1955):* «Las encuestas del *Atlas lingüístico de Andalucía», RDTP,* 1955, 231-274 y también en *PALA,* I, 1, Granada, 1955.
— *(1955):* «Las hablas meridionales de España y su interés para la lingüística comparada», *RFE,* XXXIX, 284-313, y *PALA,* I, 2, Granada, 1956.
— *(1958-59):* «El cambio *al, ar* > e en andaluz», *RFE,* XLIII, 279-282.
— *(1959): El español hablado en Tenerife,* Madrid, C.S.I.C., anejo LXIX de la *RFE.*
— *(1965):* «Notas sobre el español hablado en la isla de La Graciosa (Canarias Orientales)», *RFE,* XLVIII, 295-319.
— *(1960-1973): Atlas Lingüístico y Etnográfico de Andalucía,* con la colaboración de Antonio Llorente Maldonado de Guevara y Gregorio Salvador, Universidad de Granada, C.S.I.C., seis volúmenes.

— *(1966-67):* «Polimorfismo y otros aspectos fonéticos en el habla de Santo Tomás Ajusco, México», *ALM,* 6, 11-41.

— *(1968): Estudios canarios,* I, Las Palmas de Gran Canaria, Casa de Colón.

— *(1969):* «Nuevas notas sobre el español de Yucatán», *Ib,* 1, 159-189.

— *(1969):* «Algunas cuestiones fonéticas del español hablado en Oaxaca», *NRFH,* 18, 353-377.

— *(1970):* «La articulación de la *s* herreña (Canarias Occidentales)», *Phonétique et Linguistique Romane. Mélanges offerts a M. Georges Straka,* 1970, I, 105-114.

— *(1971):* «Sociología de un microcosmos lingüístico (El Roque de las Bodegas, Tenerife)», *Prohemio,* II, 5-24.

— *(1972): Niveles socioculturales en el habla de las Palmas de Gran Canaria,* Las Palmas de Gran Canaria. Publicaciones del Excmo. Cabildo Insular.

— *(1972a):* «Notas de asedio al habla de Málaga», *Málaga,* Boletín de Información Municipal, 16-17, 7-13.

— *(1975-1978): Atlas Lingüístico y Etnográfico de las Islas Canarias.* Ediciones del Excmo. Cabildo Insular de Gran Canaria. Tomo I, 1975; Tomo II, 1976; Tomo III, 1978.

— *(1977): Leticia. Estudios lingüísticos sobre la amazonia colombiana,* Bogotá, Instituto Caro y Cuervo.

— *(1977a):* «El Atlas Lingüístico y Etnográfico de la Provincia de Santander (España)», *RFE,* LIX, 81-118.

— *(1979-1983): Atlas Lingüístico y Etnográfico de Aragón, Navarra y Rioja (ALEANR),* Madrid, Departamento de Geografía Lingüística del C.S.I.C.- Instituto «Fernando el Católico». En colaboración con Tomás Buesa, Antonio Llorente Maldonado de Guevara y Elena Alvar, 12 vols.

— *(1980):* «Encuestas fonéticas en el Suroccidente de Guatemala», *LEA,* II, 245-298.

— *(1995): Atlas Lingüístico y Etnográfico de Cantabria.* Madrid, 2 vols.

— y Quilis, A. *(1966):* «Datos acústicos y geográficos sobre la "ch" adherente de Canarias», *Anuario de Estudios Atlánticos,* 12, 337-343.

Álvarez González, J. Antonio *(1979): Vocalismo español y vocalismo inglés,* tesis doct., Universidad Complutense.

Álvarez Nazario, M. *(1972): La herencia lingüística de Canarias en Puerto Rico. Estudio histórico-dialectal,* San Juan. Instituto de Cultura Puertorriqueña.

— *(1991): Historia de la Lengua española en Puerto Rico,* Puerto Rico, Academia Puertorriqueña de la Lengua Española.

Araujo, Fernando *(1894): Estudios de fonética castellana,* Toledo.

Artemov, V. A. *(1962):* «Tone and intonation», *P 4th ICPhS,* 403-406.

Ayala Gauna, B. Velmiro *(1963-1964):* «El español de Corrientes [Argentina]», *BFM,* 10, 115-126.

Bally, Charles *(1952): Le langage et la vie,* Ginebra.

Barbón, Rodríguez, J. A. *(1975):* «El rehilamiento», *Phonetica,* 31, 81-120.

— *(1978):* «El rehilamiento: descripción», *Phonetica,* 35, 185-215.

Bello, Andrés *(1949): Gramática de la lengua castellana,* Buenos Aires.

Benoliel, José *(1927):* «Dialecto hispano-marroquí o Hakitía», *BAE,* XIV, 196-234.

Benveniste, E. *(1966): Problèmes de linguistique générale,* Paris.

Benvenutto Murrieta, Pedro M. *(1936): El lenguaje peruano.* Vol. I, Lima.

Bernales, M. *(1978):* «Sobre la palatal africada en el español de la ciudad de Valdivia», *RLA,* 16, 41-51.

Bès, G. *(1964):* «Examen del concepto de rehilamiento», BICC, XIX, 1-27.

Bloch, Bernard; *vid.* Trager, George K. y — *(1942).*

Bolinger, D. L. y Hodapp, M. *(1961):* «Acento melódico. Acento de intensidad», *BFUCh,* XIII, 33-48.

Bowen, J. Donald; *vid.* Stockwell, Robert P.; — y Silva-Fuensalida, I. *(1956).*

Boyd-Bowman, P. *(1952):* «La pérdida de las vocales átonas en la altiplanicie mexicana», *NRFH,* VI, 138-140.

— *(1953):* «Sobre la pronunciación del español en el Ecuador», *NRFH,* 7, 221-233.

— *(1960): El habla de Guanajuato,* México, U.N.A.M.

Brosnahan, L. F. y Malmberg, Bertil *(1970): Introduction to Phonetics.* Cambridge, W. Heffer y Sons Ltd.

Buesa, T.; *vid.* Alvar, M. *(1979-1983).*

Canellada, M.ª Josefa *(1941):* «Notas de entonación extremeña», *RFE,* XXV, 79-91.

Canellada, M.ª J. y Zamora Vicente, A. *(1960):* «Vocales caducas en el español mexicano», *NRFH,* XIV, 221-224.

Canellada, M.ª J.; *vid.* Alonso, D., Zamora Vicente, A. y — *(1950).*

Canfield, D. Lincoln *(1960):* «Observaciones sobre el español salvadoreño», *Filología,* 6, 29-76.

— *(1960):* «Lima Castilian: the pronunciation of Spanish in the City of Kings», *Rom.* 2, 1-4.

— *(1962): La pronunciación del español en América. Ensayo histórico descriptivo.* Prólogo de Tomás Navarro. Publicaciones del Instituto Caro y Cuervo, XVII, Bogotá.

— *(1962a):* «Observaciones sobre la pronunciación del castellano en Colombia», *Hispania,* 45, 247-248.

— *(1964):* «The diachronic dimension of 'synchronic' Hispanic dialectology», *Linguistics,* 7, 5-9.

— *(1981): Spanish pronunciation in the Americas,* The University of Chicago Press, Chicago, Illinois. Trad. española de J. Llisterri Boix y D. Poch Olivé: *El español de América,* Barcelona, Editorial Crítica, 1988.

Cantarero, M.; *vid.* Quilis, A.; Esgueva, M.; Gutiérrez Araus, M. L., y — *(1979).*

Caravedo, Rocío *(1992):* «Espacio geográfico y modalidades lingüísticas en el español del Perú». En Hernández Alonso, C., coordinador *(1992,* 719-741).

Cárdenas, D. N. *(1958):* «The geographic distribution of the assibilated *r, rr* in Spanish America», *Orbis,* VII, 407-414.

— *(1960):* «Acoustic vowel loops of two Spanish idiolects», *Phonetica,* 5, 19-34.

— *(1967): El español de Jalisco,* Madrid, C.S.I.C., anejo LXXXV de la *RFE.*

Carril, R. B.; *vid.* Quilis, A. y — *(1971).*

Carrillo, R. *(1971):* «Estudio lingüístico de Vieques», *REH,* I, 75-84.

Casado, Celia; *vid.* Enríquez, Emilia; — y Santos, Andrés *(1989).*

Casado-Fresnillo, C.; *vid.* Quilis, A. y — *(1992).*

Casiano, L. *(1973): Estudio lingüístico de Caguas,* Mayagüez, Univer. de Puerto Rico.

Cassano, P. V. *(1972):* «The alveolarization of /n/, /t/, /d/ and /rt/ in the Spanish of Paraguay», *Linguistics,* 93, 22-26.

— *(1972a):* «The falls of syllable —and word— final /s/ in Argentina and Paraguay», *Revue de Langues Vivantes* (Bruselas), 38, 282-283.

Catalán, D. *(1964):* «El español en Canarias», *PFLE,* I, 239-280.

— *(1971):* «En torno a la estructura silábica del español de ayer y del español de mañana», *Sprache und Geschichte. Festschrift Harri Meier,* Munich, Fink-Verlag, 1971, 78-110.

Cerezo de Ponce, Engracia *(1971)*: «La zona lingüística de Aguadilla», *REH,* 1, 13-22.

Contreras, Heles *(1963)*: «Sobre el acento en español», *BFUCh,* XV, 223-237.

Contreras Jurado, A. *(1975-76)*: «Vocales abiertas del plural en andaluz oriental. ¿Fonemas o prosodemas?», *Yelmo,* 26, 23-25.

Cooper, Franklin, S.; *vid.* Delattre, P.; Liberman, Alvin M.; — y Gerstman, Louis, J. *(1952)*.

Cooper, Franklin, S.; *vid.* Delattre, P.; Liberman, A. M. y — *(1962)*.

Cooper, F. S.; *vid.* Liberman, A. M.; Delattre, P.; — y Gerstman, L. *(1954)*.

Cooper, F. S.; *vid.* O'Connor, J. D.; Gerstman, L.; Liberman, A. M.; Delattre, P.; — *(1957)*.

Corominas, J. *(1953)*: «Para la fecha del yeísmo y del lleísmo», *NRFH,* VII *(Homenaje a Amado Alonso),* 81-87.

Coseriu, E. (1954): «Forma y sustancia de los sonidos del lenguaje», Montevideo. Recogido en Coseriu, *1967,* 115-234.

— *(1967)*: *Teoría del Lenguaje y lingüística general,* 2.ª ed., Madrid, Gredos.

— *(1977)*: «Para una semántica diacrónica estructural». En *Principios de semántica estructural,* Madrid, Gredos, págs. 11-86. Publicado anteriormente en los *TrLiLi,* II, 1964, 139-186.

Coupal, Lysanne; Germozen, Paula Isabel y Jiménez Sabater, Max Arturo *(1988)*: «La /-R/ y la /-L/ en la costa norte dominicana. Nuevos aportes para la delimitación del subdialecto cibaeño», *Anuario de Lingüística Hispánica,* IV, 43-79.

Crystal, David *(1969)*: *Prosodic systems and intonation in English,* Cambridge, Cambridge University Press.

Cuervo, R. J. *(1954)*: «Notas a la *Gramática* de Bello», en *Obras,* I, Bogotá.

Cummins, John S. *(1974)*: *El habla de Coria y sus cercanías,* Londres, Tamesis Books Ltd.

Chavarría-Aguilar, O. L. *(1951)*: «The phonemes of Costa Rican Spanish», *Language,* 27, 248-253.

Cherry, Colin *(1961)*: *On human communication. A review, a survey, and a criticism,* Nueva York, Science Ed. Inc.

Chlumský, J. *(1934)*: «La question des sons tels que *c, č,* etc., et des aspirées», *Slavia,* 12, 594-596.

— *(1935)*: «Analyse du Traité de Phonétique de M. Grammont», *ANPhE,* XI, 73-106.

— *(1956):* «La *-s* andaluza y la suerte de la *-s* indoeuropea en eslavo», *Publicaciones del ALEA.* Tomo III, núm. 2, Granada. [Traducción del artículo del mismo título publicado en *Slavia,* Praga, VIII, 1928-1929, 750-753.]

Daneš František *(1960):* «Sentence intonation from a functional point of view», *Word,* 16, 34-54.

Delattre, Pierre *(1948),* «Un triangle acoustique des voyelles orales du français», *FR,* 21, 477-484. Recogido en Delattre, *1966,* 236-242.

— *(1951):* «The physiological interpretation of sounds spectrograms», *PMLA,* 66, 864-876. Recogido en Delattre, *1966,* 225-235.

— *(1951a): Principes de Phonétique française à l'usage des étudiants angloamericains,* Middlebury, 2.ª ed.

— *(1958):* «Les indices acoustiques de la parole», *Phonetica,* 2, 108-118 y 226- 251. Recogido en Delattre, *1966,* 248-275.

— *(1962):* «Le jeu des transitions de formants et la perception des consonnes», *Proc. of the Fourth Int. Congr. of Phonetic Sciences,* Helsinki, 1961, 407-417. Recogido en Delattre, *1966,* 276-286.

— *(1964):* «Change as a correlate of the vowel-consonant distinction», *Studia Linguistica,* XVIII, págs. 12-25.

— *(1966): Studies in French and comparative phonetics: selected papers in French and English,* The Hague, Mouton.

— *(1967):* «La nuance de sens par l'intonation», *FR,* 41, 326-339.

— *(1967a):* «Acoustic or articulatory invariance». En *The general characteristics of Languages,* Univ. of California, Santa Bárbara, 176-219.

— *(1969):* «L'intonation par les oppositions», *Le Français dans le Monde,* 64, 6-13.

Delattre, Pierre; Liberman, A. M. y Cooper, F. S. *(1962):* «Formant transitions and loci as acoustic correlates of place of articulation in American fricatives», *SL,* XVI, 104-121.

Delattre, P.; Liberman, Alvin M.; Cooper, Franklin S. y Gerstman, Louis J. *(1952):* «An experimental study of the acoustic determinants of vowel color; observations on one-and two-formant vowels synthesized from spectrographic patterns», *Word,* 8, 195-210. Recogido en Fry ed., *1976,* 221-238.

Delattre, P., Olsen, C. y Poenack, E. *(1962):* «A comparative study of declarative intonation in American English and Spanish», *Hispania,* XLV, 233-241.

Delattre, P.; *vid.* Liberman, A. M.; —; Cooper, F. S. y Gerstman, L. *(1954).*

Delattre, P.; *vid.* O'Connor, J. D., Gerstman, L.; Liberman, A. M.; —; Cooper, F. S. *(1957).*

Denes, P. *(1959):* «A preliminary investigation of certain aspects of intonation», *L and S,* 2, 106-122.

Denes, P. y Milton-Williams, J. *(1962):* «Further studies in intonation», *L and S,* 5, 1-14.

Denes, P. y Pinson, Elliot N. *(1963): The speech chain. The physics and biology of spoken language,* Baltimore, Waverly Press.

Dimitrieva, T.; *vid.* García Riverón, R.; Pérez Casal, V.; — (s.a).

D'Introno, Francesco; Rojas, N. y Sosa, J. *(1979):* «Estudio sociolingüístico de las líquidas en posición final de sílaba y final de palabra en el español de Caracas», *BAPLE,* VII, 59-100.

Donni de Mirande, Nélida E. *(1968): El español hablado en Rosario,* Rosario, Universidad Nacional del Litoral.

— *(1980):* «Aspectos del español hablado en la Argentina», *LEA,* II, 299-346.

Dubois, J.; Giacomo, M.; Guespin, U.; Marcellesi, Ch.; Marcellesi, J. B.; Mevel, J. P. *(1973): Dictionnaire de Linguistique,* París, Larousse.

Duque T., Carlos y Tassara Ch., Gilda *(1976):* «Análisis acústico de las realizaciones de /ĉ/ en Valparaíso», *Signos,* IX, 5-31.

Enríquez, Emilia; Casado, Celia, y Santos, Andrés *(1989):* «La percepción del acento en español», *LEA,* XI, 241-269.

Esgueva, M.; *vid.* Quilis, A. y — *(1980)* y *(1983).*

Esgueva; M.; *vid.* Quilis, A.; —; Gutiérrez Araus, M. L.; Cantarero, M. *(1979).*

Espinosa, A. M. *(1930): Sobre el español de Nuevo Méjico, BDH,* I, 19-313.

Fant, C. G. M. *(1960): Acoustic theory of speech production,* 2.ª ed., The Hague, Mouton, 1970. Citamos por esta edición.

— *(1968):* «Analysis and synthesis of speech processes». En Malmberg, ed., *1968,* 173-277.

Fant, C. G. M.; *vid.* Jakobson, R.; — y Halle, M. *(1952).*

Faure, G. *(1970):* «Contribution à l'étude du statut phonologique des structures prosodématiques», *SPh,* 3, 93-108.

Fernández, Joseph A. *(1985):* «The allophones of /b, d, g/ in Costa Rican Spanish», *Orbis,* XXXI, 1982, 121-146.

Figueroa, E. *(1971):* «Habla y folklore en Ponce», *REH,* I, 53-74.

Figueroa Lorza, Jennie; *vid.* Flórez, L.; Montes Giraldo, J. J.; — *(1969).*

Fischer-Jørgensen, Eli *(1949):* **«Remarques sur les príncipes de l'analyse** phonémique», *TCLC,* V, 214-234.

— *(1952):* «On the definition of phoneme categories on a distributional basis», *Acta Linguistica,* VII, 8-39. Reimpreso en *Readings in Linguistics,* II, Nueva York, Londres (1966), 299-321 y en *Langages* (París), 20 (1970), 35-60.

Flórez, Luis *(1951): La pronunciación del español en Bogotá,* Bogotá, Instituto Caro y Cuervo.

— *(1964):* «El español hablado en Colombia y su atlas lingüístico», *PFLE,* I, 5-77. (Publicado también en *BICC,* XVIII, 1963 y, como libro, en Bogotá, Instituto Caro y Cuervo, 1963.)

Flórez, L.; Montes Giraldo, J. J.; Figueroa Lorza, Jennie *(1969): El español hablado en el Departamento del Norte de Santander: datos y observaciones,* Bogotá, Instituto Caro y Cuervo.

Fontanella de Weinberg, M.ª Beatriz *(1966):* «Comparación de dos entonaciones regionales argentinas», *BICC,* XXI, 19-29.

— *(1971):* «La entonación del español de Córdoba (Argentina)», *BICC,* XXVI, 11-21.

— *(1980):* «Three intonational systems of Argentinian Spanish». En *The melody of language. Intonation and Prosody.* Ed. por L. R. Waugh y C. H. van Schooneveld, University Park Press, Baltimore.

Fry, D. B. (ed.) *(1976): Acoustic phonetics. A course of basic readings,* Cambridge, University Press.

Fujimura, O.; vid. Mijawaki, K.; Liberman, A. M.; —; Strange, W. y Jenkins, J. J. *(1973).*

Galmés de Fuentes, Álvaro *(1951):* «Lle-yeísmo y otras cuestiones fonéticas en un relato morisco del siglo XVII», *Estudios dedicados a Menéndez Pidal,* VII, 273-307.

Gandolfo, Adriana *(1964):* «Spanish *ll, y* and *rr* in Buenos Aires y Corrientes», *Proc. Ninth Int. Congress of Linguistics,* Mouton, La Haya, 212-215.

García de Diego, V. *(1961): Gramática histórica española,* Madrid, Gredos.

García Riverón, Raquel *(1987): La interrogación,* La Habana, Editorial Científico-Técnica.

García Riverón, R.; Pérez Casal, V.; Dimitrieva, T. (s.a): «La entonación de la *interrogativa absoluta* en el español de Cuba», *Anuario L/L,* núm. 19, 50-88.

Gay Doman, Mary *(1969): «H* aspirada y *f* moderna en el español americano», *BICC,* XXIV, 426-458.

Germozen, Paula Isabel; *vid.* Caupal, Lysanne; — y Jiménez Sabater, Max Arturo *(1988).*

Gerstman, Louis J.; *vid.* Delattre, P.; Liberman, Alvin M.; Cooper, Franklin S. y — *(1952).*

Gerstman, L.; *vid.* Liberman, A. M.; Delattre, P.; Cooper, F. S. y — *(1954).*

Gerstman, L.; *vid.* O'Connor, J. D.; —; Liberman, A. M.; Delattre, P.; Cooper, F. S. *(1957).*

Giacomo, M.; *vid.* Dubois, J.; —; Guespin, U.; Marcellesi, Ch.; Marcellesi, J. B.; Mevel, J. P. *(1973).*

Gili Gaya, Samuel *(1921):* «La *r* simple en la pronunciación española», *RFE,* VIII, 271-280.

— *(1924):* «Influencia del acento y de las consonantes en las curvas de entonación», *RFE,* XI, 154-177.

Gleason, H. A. *(1967): Introduction à la linguistique,* París, Larousse.

González Ollé, Fernando *(1972):* «La sonorización de las consonantes sordas iniciales en vascuence y en romance y la neutralización de *k-* / *g-* en español», *AO,* XXII, 253-274.

Gordon, Alan M. *(1979):* «Notas sobre la fonética del castellano en Bolivia», *Actas del Congreso Internacional de Hispanistas. Toronto,* 349-352.

Graell Stanziola, M. y Quilis, A. *(1991):* «Datos sobre la lengua española en Panamá», *Actas del III Congreso Internacional del español de América,* II, 997-1005.

Graell Stanziola, M.; *vid.* Quilis, A. y — *(1992).*

Granda, Germán de *(1966): La estructura silábica y su influencia en la evolución fonética del dominio ibero-románico,* Madrid, C.S.I.C.

— *(1988): Sociedad, historia y lengua en el Paraguay,* Bogotá, Instituto Caro y Cuervo.

Guerra, Rafael *(1981): La constitución fonológica de la sílaba y de la palabra en español.* Tesis doctoral, Universidad de Valladolid.

— *(1983):* «Estudio estadístico de la sílaba en español». *Estudios de Fonética,* I, Madrid, C.S.I.C. Collectanea Phonetica, VII, págs. 9-112.

Guespin, U.; *vid.* Dubois, J.; Giacomo, M.; —; Marcellesi, Ch.; Marcellesi, J. B.; Mevel, J. P. *(1973).*

Guitarte, G. L. *(1955):* «El ensordecimiento del žeísmo porteño. Fonética y fonología», *RFE,* XXXIX, 261-283.

— *(1971)*: «Notas para la historia del yeísmo», *Sprache und Geschichte,* Festschrift für Harri Meier zum 65 Geburtstag, Munich, 179-198.

Gutiérrez Araus, M. L.; *vid.* Quilis, A.; Esgueva, M.; —; Cantarero, M. *(1979)*.

Gutiérrez Eskildsen, R. M. *(1937)*: «La entonación en el lenguaje afectivo», *Investigaciones Lingüísticas,* IV, 78-85.

Hadding-Koch, K. *(1961)*: *Acoustic-phonetic studies in the intonation of southern Swedish,* Lund: C. W. K. Gleerup.

Hadding-Koch, K. y Studdert-Kennedy, M. *(1963)*: «A study of semantic and psychophysical test responses to controled variations in fundamental frequency», *SL,* 17, 65-76.

Haden, E. y Matluck, J. *(1973)*: «El habla culta de La Habana; análisis fonológico preliminar», *ALM,* 11 (1973), 5-33.

Hála, B. *(1952)*: «Une contribution à l'éclaircissement de la nature phonétique des affriquées», *ZfPh,* 6, 77-93.

— *(1973)*: *La sílaba. Su naturaleza, su origen y sus transformaciones,* Madrid, C.S.I.C., Collectanea Phonetica, III, 2.ª ed.

— *(1975)*: *Fonetika v teorii a praxi,* SPN, Praga.

Halle, M. *(1957)*: «In defense of the number two». *Studies Presented to I. Whatmough on his 60th Birthday,* The Hague, Mouton.

— *(1959)*: *The sound pattern of Russian.* 'S-Gravenhague, Mouton, 2.ª ed., 1971.

Halle, M.; *vid.* Jakobson, R. y — *(1967)*.

Halle, M.; *vid.* Jakobson, R.; Fant, C. G. M. y — *(1952)*.

Halliday, M. A. K. *(1967)*: *Intonation and grammar in British English,* The Hague.

Harris, Katherin S. *(1958)*: «Cues for the discrimination of American English fricatives in spoken Syllables», *L and S,* I, 1-7. Recogido en Fry, ed., 1976, 284-297.

Haugen, E. *(1949)*: «Phoneme or prosodeme?», *Language,* XXV, 278-282.

Henríquez Ureña, P. *(1921)*: «Observaciones sobre el español de América», *RFE,* VIII, 357-390.

— *(1938)*: «Datos sobre el habla popular de Méjico», *BDH,* IV, 300-301.

— *(1940)*: *El español en Santo Domingo, BDH,* V, Buenos Aires.

Hernández, C.; *vid.* Quilis, A. y — *(1990)*.

Hernández Alonso, César, coordinador *(1992)*: *Historia y presente del español de América,* s. l. Junta de Castilla y León.

Herrero Fuentes, Ignacio *(1944)*: «El castellano en Panamá», *URUI,* 22, 81-101.
Hidalgo Caballero, Manuel *(1977)*: «Pervivencia actual de la "ll" en el Suroeste de España», *RFE,* LIX, 119-143.
Hill, Archibald A. *(1961)*: «Suprasegmentals, prosodies, prosodemes», *Language,* XXXVII, 457-468.
Hills, E. C. *(1938)*: «El español de Nuevo Méjico», *BDH,* IV, 1-73.
Hjelmslev, L. *(1966)*: *Le langage,* París, Les Éditions de Minuit. Versión española de M. V. Catalina: *El lenguaje,* Madrid, Gredos, 1968.
— *(1971)*: *Prolégomènes à une théorie du langage,* París, Ed. de Minuit. Trad. española del danés de J. L. Díaz de Liaño: *Prolegómenos a una teoría del lenguaje,* Madrid, Gredos, 1971.
— *(1972)*: *Ensayos lingüísticos,* trad. española de A. Cánovas, Madrid, Gredos, 1987.
Honsa, Vladimir *(1965)*: «The Phonemic systems of Argentinian Spanish», *Hispania,* 48, 275-283.
Hultzén, L. S. *(1957)*: «Communication in intonation: general American», *Study and Sounds,* 317-333.
— *(1962)*: «Significant and Nonsignificant in the intonation», *P 4th ICPS,* 658-661.
Isačenko, A. V. y Schädlich, H. J. *(1970)*: *A model of standard German intonation,* The Hague, Mouton.
Isbăşescu, Cristina *(1968)*: *El español de Cuba. Observaciones fonéticas y fonológicas,* Bucarest.
Jakobson, R. *(1929)*: «Remarques sur l'évolution phonologique du russe», *TCLP,* II. Recogido en Jakobson *(1962),* 117-136.
— *(1931)*: «Projet de terminologie phonologique standardisée», *TCLP,* IV, 309-323.
— *(1939)*: Reseña a la *Phonologie* de N. van Wijk, *Acta Linguistica,* I, 123-129.
— *(1962)*: *Selected Writings I, Phonological Studies,* The Hague, Mouton.
— *(1963)*: *Essais de linguistique générale,* París, Ed. de Minuit.
Jakobson, R.; Fant, C. G. M. y Halle, M. *(1952)*: *Preliminaries to speech analysis. The distinctive features and their correlates,* Massachusetts.
Jakobson, R. y Halle, M. *(1967)*: *Fundamentos del lenguaje.* Trad. de Carlos Piera, Madrid, Ciencia Nueva.
Jenkins, J. J.; *vid.* Mijawaki, K.; Liberman, A. M.; Fujimura, O.; Strange, W. y — *(1973)*.

Jiménez Sabater, Max A. *(1975): Más datos sobre el español de la República Dominicana,* Santo Domingo, Ediciones Intec.

— *(1986):* «La neutralización de /-r/ y /-l/ en el dialecto dominicano. Puesta al día sobre un tema en debate», *Anuario de Lingüística Hispánica,* II, 119-152.

Jiménez Sabater, Max Arturo; *vid.* Coupal, Lysanne; Germozen, Paula Isabel y — *(1988).*

Jones, Daniel *(1909): Intonation Curves,* Leipzig-Berlín.

— *(1950): The Phoneme: its nature and use,* Cambridge.

— *(1952): An Outline of English Phonetics,* Cambridge, 8.ª ed.

Josselyn, F. M. *(1907): Études de Phonétique espagnole,* París.

Kany, Charles E. *(1940):* «Rounded vowel *e* in the Spanish dipthongue *ue*», *Publications in Modern Philology,* XXI, 257-276.

Kelz, H. P. *(1971):* «Articulatory basis and second language teaching», *Phonetica,* 24, 193-211.

— *(1974):* «Artikulations basis und phonetische Beschreibungs parameter», *Kommunikation und Forschung,* 4, 220-229.

Kent, Raymond, D.; *vid.* Perkins, William, H. y — *(1986).*

King, Harold, V. *(1952):* «Outline of Mexican Spanish Phonology», *Studies in Linguistics* (Buffalo), 10, 51-62.

— *(1953):* «Sketch of Guayaquil Phonology», *Studies in Linguistics* (Buffalo), 11, 26-30.

Konopczynski, Grabrielle *(1973):* «La distinction voyelle-consonne reconsiderée à partir de quelques théories phonologiques et de recherches récentes sur la perception des sons du langage», *Travaux de l'Institut de Phonétique de Strasbourg,* 5, 129-149.

Kramský, J. *(1974): The Phoneme. Introduction to the History and Theories of a Concept,* Munich, Wilhelm Fink Verlag.

Kvavik, Karen *(1974):* «An analysis of sentence-initial and final intonation data in two Spanish dialects», *Journal of Phonetics,* 2, 351-361.

— *(1975):* «Sense group terminations in Mexican Spanish», *Studies in Honour of Lloyd A. Kasten,* Madison, 101-115.

— *(1978):* «Directions in recent Spanish intonation analysis», *Corrientes actuales en la dialectología del Caribe hispánico,* 181-197.

Kvavik, K. y Olsen, C. L. *(1974):* «Theories and methods in Spanish intonational studies. Survey», *Phonetica,* 30, 65-100.

Lacayo, Heberto *(1962): Cómo pronuncian el español en Nicaragua,* México, Universidad Iberoamericana.

Lapesa, R. *(1964):* «El andaluz y el español de América», *PFLE,* II, 173-182.

Laver, J. *(1980): The phonetic description of voice quality,* Cambridge University Press, Cambridge.

Laziczius, J. von *(1947):* «Phonétique et phonologie», *Lingua,* I, 293-305.

Lehiste, Ilse *(1960):* «An acoustic-phonetic study of internal open juncture». Suplemento al vol. V de *Phonetica.*

— *(1970): Suprasegmentals,* Cambridge, Mass., M.I.T. Press.

Lehiste, I. y Peterson, G. E. *(1961a):* «Some basic considerations in the Analysis of intonation», *JASA,* 33, 419-425.

Lenz, R. *(1891):* «Chilenische Studien, I, R und L», *Phonetische Studien,* V, 288 y 289.

Léon, P. R. *(1970):* «Systématique des fonctions expressives de l'intonation», *SPh,* 3, 57-74.

— *(1972):* «Patrons expressifs de l'intonation», *S o I,* 149-155.

Léon, P. R. y Martin, Ph. *(1969): Prolégomènes à l'etude des structures intonatives. Studia Phonetica,* 2, Didier.

Liberman, A. M. *(1957):* «Some results of research on speech perception», *JASA,* 29, 117-123.

Liberman, A. M.; *vid.* Delattre, Pierre; — y Cooper, F. S. *(1962).*

Liberman, Alvin M.; *vid.* Delattre, P.; —; Cooper, Franklin S.; Gerstman, Louis J. *(1952).*

Liberman, A. M.; *vid.* Mijawaki, K.; —; Fujimura, O.; Strange, W. y Jenkins, J. J. *(1973).*

Liberman, A. M.; *vid.* O'Connor, J. D.; Gerstman, L.; —; Delattre, P.; Cooper, F. S. *(1957).*

Liberman, A. M.; Delattre, P.; Cooper, F. S. y Gerstman, L. *(1954):* «The role of consonant-vowel transitions in the perception of the stop and nasal consonants», *Psychol., Monogr.* 379, 1-14. Recogido en Fry, ed., *1976,* 315-331.

Lida, R.; *vid.* Alonso, A. y — *(1945).*

Lieberman, P. *(1965):* «On the acoustic basis of the perception of intonation by linguists», *Word,* 21, 40-54.

Lipski, J. M. *(1987): Fonética y fonología del español de Honduras,* Tegucigalpa, Editorial Guaymuras.

Lope Blanch, J. M. *(1963-64):* «En torno a las vocales caedizas del español mexicano», *NRFH,* XVII, 1-19.

— *(1964):* «Estado actual del español en México», *PFLE,* I, 79-91.

— *(1966-1967):* «Sobre el rehilamiento de *ll/y* en México», *ALM,* VI-VII, 43-60.

Lopéz Jiménez, R. *(1977):* «Entonación del habla de Hellín», *Homenaje al Prof. Muñoz Cortés,* Murcia, 351-356.

López Morales, H. *(1971): Estudios sobre el español de Cuba,* Nueva York, Las Américas Publishing Co.

— *(1979): Dialectología y sociolingüística. Temas puertorriqueños,* Hispanova de ediciones, S. A., Madrid, Miami, N. York, San Juan.

— *(1979a):* «Velarización de /rr/ en el español de Puerto Rico: índices de actitud y creencias». En López Morales, *1979,* 106-130.

— *(1979):* «Desdoblamiento fonológico de /e, a, o/ en el español de Cuba», *Estudios ofrecidos a Emilio Alarcos Llorach,* 4, 153-165.

— *(1980):* «Velarización de /N/ en el español de Puerto Rico», *LEA,* II, 203-217. Recogido en López Morales, *1983,* 105-122.

— *(1983): Estratificación social del español de San Juan de Puerto Rico,* México, U.N.A.M.

— *(1983a):* «Lateralización de /-R/ en el español de Puerto Rico: sociolectos y estilos», *Philologica Hispaniensia in Honorem Manuel Alvar,* I, 387-397.

— *(1984):* «El fenómeno de lateralización en las Antillas y en Canarias», *Actas del II Simposio Internacional de Lengua Española,* Las Palmas, Ediciones del Excmo. Cabildo Insular de Gran Canaria, 215-228.

Lorenzo Criado, Emilio *(1948):* «El habla de Albalá. Contribución al estudio de la dialectología extremeña». En *Rev. del Centro de Estudios Extremeños,* IV, 398-407.

Lorenzo Ramos, Antonio *(1976): El habla de Los Silos,* Santa Cruz de Tenerife, Caja General de Ahorros.

Lyons, J. *(1973): Introducción en la lingüística teórica.* Trad. de R. Cerdà, Barcelona, Teide, 2.ª ed.

Llorente Maldonado de Guevara, A. *(1947): Estudio sobre el habla de la Ribera,* Salamanca, C.S.I.C. y Colegio trilingüe de la Universidad.

— *(1958-1959):* «Importancia para la historia del español de la aspiración y otros rasgos fonéticos del salmantino occidental», *RFE,* XLIII, 151-165.

— *(1962):* «Fonética y fonología andaluzas», *RFE,* XLV, 227-240.

— *(1965):* «Algunas características lingüísticas de la Rioja en el marco de las hablas del Valle del Ebro y de las comarcas vecinas de Castilla y Vasconia», *RFE,* XLVIII, 321-350.

Llorente Maldonado de Guevara; *vid.* Alvar, M. *(1979-1983).*

Mac Curdy, Raymond R. *(1950): The Spanish dialect in St. Bernard Parish, Louisiana,* University of New Mexico Publications in Language and Literature, 6, Alburquerque.

Magdics, K *(1965):* «Acoustic correlates of Some Hungarian emotive intonation patterns», *P 5th ICPS,* 392-396.

Malmberg, B. *(1947):* «Notas sobre la fonética del español en el Paraguay». Year book of the New Society of Letters at Lund, Lund, C. W. K. Gleerup.

— *(1948):* «Notes sur les groupes de consonnes en espagnol», *ZfPh,* II, 239-255. Recogido en Malmberg, *1965,* 29-49.

— *(1949):* «La structure syllabique de l'espagnol», *B d F,* IX, 99-120. Recogido en Malmberg, *1965,* 3-28.

— *(1950): Études sur la phonétique de l'espagnol parlé en Argentine,* Lund, Études Romanes, X.

— *(1952):* «Occlusion et spirance dans le système consonantique de l'espagnol», *Mélanges de Philologie Romane offerts à M. Karl Michaëlsson,* Lund, 356- 365. Recogido en Malmberg, *1965,* 51-65.

— *(1952a):* «Le problème du classement des sons du langage», *SL,* VI, 1-58.

— *(1955):* «The phonetic basis for syllable division», *SL,* IX, 80-87.

— *(1956):* «Questions de méthode en phonétique synchronique», *SL,* 10, 1-44.

— *(1962):* «Analyse instrumentale et structurale des faits d'accents», *P 4th ICPhS,* 456-475. Recogido en Malmberg, *1971,* 211-221.

— *(1965): Estudios de fonética hispánica,* Madrid, C.S.I.C., Collectanea Phonetica, I.

— *(1965a): «Obtativo y sujuntivo.* A propósito de dos grafías», *RFE,* XLVIII, 185-187.

— *(1966):* «Analyse des faits prosodiques. Problèmes et méthodes», *Cahiers de Linguistique Théorique et Appliquée,* 1, 99-107. Recogido en Malmberg, *1971,* 222-230.

— *(1967):* «Fenómenos de juntura en castellano», *Lengua, Literatura, Folklore.* Estudios dedicados a Rodolfo Oroz, Santiago de Chile, Facultad de Filosofía y Educación, Universidad de Chile, 285-289.

— *(1967a):* «Analyse prosodique et analyse grammaticale», *Word,* 23, 374-378.

— *(1967b):* «Ton et intonation à différents niveaux de la communication linguistique», *BSLP,* 62, VIII-XII.

— ed. *(1968): Manual of Phonetics,* Amsterdam, North-Holland, Publ. Co.

— *(1971): Phonétique générale et romane,* The Hague, Mouton.

— *(1971a): Les domaines de la phonétique,* París, P.U.F.

— *(1974): Manuel de Phonétique générale.* París, Éditions Picard.

Martin, Ph.; *vid.* Léon, P. R. y — *(1969).*

Martinet, A. *(1939):* «Un ou deux phonèmes?», *Acta Linguistica,* 1, 94-103.

— *(1960): Éléments de linguistique générale,* París. Trad. esp. de J. Calonge, Madrid, Gredos, 1965.

— *(1965): La linguistique synchronique,* París, P.U.F. Trad. esp. de F. Marcos, Madrid, Gredos, 1968.

Martínez Álvarez, J. *(1969):* «Datos espectrográficos sobre las consonantes africadas del bable de Quirós», *Archivum,* XIX, 343-348.

Marrero Aguiar Victoria *(1988): Fonética estática y fonética dinámica,* Madrid, Universidad Complutense.

— *(1990):* «Estudio acústico de la aspiración en español», *RFE,* LXX, 345-397.

— *Vid.* Albalá, M.ª José y — *(1993).*

Matluck, Joseph H. *(1951): La pronunciación en el español del Valle de México,* México City.

— *(1952):* «La pronunciación del español en el Valle de México», *NRFH,* VI, 109-120.

— *(1961):* «Fonemas finales en el consonantismo puertorriqueño», *NRFH,* XV, 332-342.

— *(1963):* «La *é* trabada en la ciudad de México: estudio experimental», *ALM,* III, 5-34.

— *(1965):* «Entonación hispánica», *ALM,* V, 5, 32.

Matluck, J.; *vid.* Haden, E. y — *(1973).*

Maunleón Benítez, C. C. *(1974): El español de Loiza Aldea,* Madrid, Ed. Partenón.

Mendoza, José G. *(1992):* «Aspectos del castellano hablado en Bolivia». En Hernández Alonso, C., coordinador, *1992,* 437-499.

Menéndez Pidal, Ramón *(1958): Manual de Gramática Histórica de la lengua española,* Madrid, Espasa-Calpe, 10.ª ed.

— *(1964): Orígenes del español.* Quinta edición, Madrid, Espasa-Calpe.

Marcellesi, J. B.; *vid.* Dubois, J.; Giacomo, M.; Guespin, U.; Marcellesi, Ch.; —; Mevel, J. P. *(1973).*

Marcellesi, Ch.; *vid.* Dubois, J.; Giacomo, M.; Guespin, U.; —; Marcellesi, J. B.; Mevel, J. P. *(1973).*

Mevel, J. P.; *vid.* Dubois, J.; Giacomo, M.; Guespin, U.; Marcellesi, Ch.; Marcellesi, J. B.; — *(1973).*

Mijawaki, K.; Liberman, A. M.; Fujimura, O.; Strange, W. y Jenkins, J. J. *(1973):* «Gross-language study of the perception of the F_2 cue for [r] versus [l] in speech and non-speech-like patterns», *Haskins Laboratories, Status Report on Speech Research,* 33, 67-77.

Milton-Williams, J.; *vid.* Denes, P. y — *(1962).*

Mondéjar, J. *(1970): El verbo andaluz. Formas y estructuras,* Madrid, C.S.I.C., anejo XC de la *RFE.*

— *(1979):* «Diacronía y sincronía en las hablas andaluzas», *LEA,* 1, 375-402. Recogido en Mondéjar *(1991).*

— *(1991): Dialectología andaluza. Estudios,* Granada, Editorial Don Quijote.

Montes Giraldo, José Joaquín *(1966):* «Observaciones sobre el español en Montevideo», *Noticias Culturales,* 65, 1-4.

Montes Giraldo, J. J.; *vid.* Flórez, L., —; Figueroa Lorza, Jennie *(1969).*

Moreno Fernández, Francisco *(1988):* «Despalatalización de ñ en español», *LEA,* X, 61-72.

Navarro Tomás, Tomás *(1918):* «Diferencias de duración entre las consonantes españolas», *RFE,* V, 367-393.

— *(1923):* «La metafonía vocálica y otras teorías del señor Colton», *RFE,* X, 26-56.

— *(1939):* «Dédoublement de phonèmes dans la dialecte andalou», *TCLP,* VIII, 184-186. Publicado también bajo el título: «Desdoblamiento de fonemas vocálicos», *RFH,* 1939, 165-167.

— *(1939a):* «Desdoblamiento de fonemas vocálicos», *RFH,* I, 165-167.

— *(1939b):* «El grupo fónico como unidad melódica», *RFH,* I, 3-19.

— *(1948): Manual de entonación española,* Nueva York, Hispanic Institute, 2.ª ed.

— *(1948b): El español en Puerto Rico. Contribución a la geografía lingüística hispanoamericana,* Universidad de Puerto Rico. Segunda edición, 1966. Edición conmemorativa, con estudio preliminar de María Vaquero, 1998.

— *(1956):* «Apuntes sobre el español dominicano», *RI,* 21, 417-429.

— *(1957): Manual de pronunciación española,* Madrid, C.S.I.C. Es la reproducción en fotograbado de la 4.ª ed. de 1932.

— *(1964):* «Nuevos datos sobre el yeísmo en España», *BICC,* XIX, 1-17. Recogido en Navarro, *1975,* 129-148.

— *(1975): Capítulos de Geografía lingüística de la Península Ibérica,* Bogotá, Instituto Caro y Cuervo.

Nebrija, Antonio de *(1492): Gramática de la Lengua castellana,* Salamanca. Estudio y edición de Antonio Quilis, Madrid, Centro de Estudios Universitarios Ramón Areces, 3.ª ed., 1989.

Obregón Muñoz, Hugo *(1981): Hacia el estudio de la entonación dialectal de Venezuela,* Maracay.

O'Connor, J. D.; Gerstman, K.; Liberman, A. M.; Delattre, P.; Cooper, F. S. *(1957):* «Acoustic cues for the perception of initial /w, j, r, l/ in English», *Word,* 13, 24-44. Recogido en Fry, ed., *1976,* 298-314.

O'Connor, J. D. y Trim; J. L. M. *(1953):* «Vowel, consonant and syllable: a phonological definition», *Word,* IX, 103-122.

Olsen, C.; *vid.* Delattre, P.; — y Poenack, E. *(1962).*

Olsen, C. L.; *vid.* Kvavik, K. y — *(1974).*

Olson, D.; *vid.* Saporta, Sol y — *(1958).*

Oroz, Rodolfo *(1964):* «El español de Chile», *PFLE,* I, 93-109.

— *(1966): La lengua castellana en Chile,* Santiago, Univ. de Chile.

Palacio, A.; *vid.* Rodríguez Castellano y — *(1948).*

Parodi, C. *(1977):* «El yeísmo en América durante el siglo XVI», *ALM,* XV, 241-248.

Pérez Casal, V.; *vid.* García Riverón, R.; —; Dimitrieva, T. (s.a.).

Pérez Sala, P. *(1971): Estudio lingüístico de Humacao,* Madrid, Ed. Partenón.

Perkins, William H. y Kent, Raymond D. *(1986): Textbook of functional anatomy of speech, language, and hearing,* Londres, Taylor and Francis Ltd.

Peterson, G. E.; *vid.* Lehiste, I. y — *(1961a).*

Pinson, Elliot N.; *vid.* Denes, P. y — *(1963).*

Poenack, E.; *vid.* Delattre, P.; Olsen, C. y — *(1962).*

Post, Anita C. *(1933):* «Some Aspects of Arizona Spanish», *Hispania,* XVI, 35-42.

Py, B. *(1971): La interrogación en el español hablado en Madrid,* Bruselas.

Quilis, Antonio *(1964):* «La juntura en español, un problema de fonología», *Presente y futuro de la lengua española,* Madrid, Instituto de Cultura Hispánica, II, 1964, págs. 163-171.

— *(1964a)*: «Datos fisiológico-acústicos para el estudio de las oclusivas españolas y de sus correspondientes alófonos fricativos», *Homenajes. Estudios de Filología Española*, I, 35-42.
— *(1965)*: «Phonologie de la quantité en espagnol», *Proceedings of the V International Congress of Phonetic Sciences*, Münster, 1964, *Phonetica*, XIII, págs. 82-85.
— *(1965a)*: «Description phonétique du parler madrilène actuel», *Phonetica*, XII, 19-24.
— *(1966)*: «Sobre los alófonos dentales de /s/», *RFE*, XLIX, 335-343.
— *(1966a)*: «Datos para el estudio de las africadas españolas». *TrLiLi*, IV, 403-412.
— *(1967)*: «Hacia un nuevo concepto de la ciencia fonética española», *Principios y problemas del estructuralismo lingüístico*, Madrid, C.S.I.C., 29-42.
— *(1968)*: «Morfología del número en el sintagma nominal español», *TrLiLi*, VI, 131-140.
— *(1970)*: «El elemento esvarabático en los grupos [pr, br, tr...]», *Phonétique et Linguistique Romane (Mélanges G. Straka)*, I, 99-104.
— *(1971)*: «Caracterización fonética del acento español», *TrLiLi*, IX, 53-72.
— *(1972)*: «Neutralización a nivel ortográfico de consonantes postnucleares en el español de Madrid», *Festschrift Michael de Ferdinandy*, Guido Pressler Verlag, Wiesbaden, 1972, 575-580.
— *(1973)*: *Fonética española en imágenes*, 2.ª ed. revisada, Madrid, La Muralla.
— *(1975)*: «Las unidades de entonación», *REL*, 5, 261-279.
— *(1975)*: «Caracterización acústica de /x/ en Chile», *Studia Hispanica in Honorem R. Lapesa*, III, 387-390.
— *(1977)*: «La pronunciación andaluza en las obras literarias», *Homenajes. Estudios de Filología Española*, III, 53-70.
— *(1981)*: *El acento español.* México, U.N.A.M.
— *(1981a)*: «Sobre Manuel Alvar: *Atlas Lingüístico y Etnográfico de las Islas Canarias*», *RFE*, LXI, 259-263.
— *(1983)*: «Frecuencia de los esquemas acentuales en español», *Estudios ofrecidos a E. Alarcos Llorach*, 5, 113-126.
— *(1984)*: *Bibliografía de fonética y fonología españolas*, Madrid, C.S.I.C., C.Ph., IX.
— *(1985)*: *El comentario fonológico y fonético de textos. Teoría y práctica*, Madrid, Arco/Libros, 2.ª ed., 1988.

— *(1985a):* «Entonación dialectal hispánica», *LEA,* VII, 145-190.

— *(1988): Fonética acústica de la Lengua española,* Madrid, Gredos, 1.ª reimpresión de la 1.ª edición, 1981.

— *(1988a): Métrica española,* Barcelona, Ariel, 10.ª ed.

— *(1988b):* «Resultados de algunas encuestas lingüísticas recientes en el Ecuador», *Hommage a Bernard Pottier,* París, Klincksieck, 1988, II, 649-658.

— *(1989):* «La entonación de Gran Canaria en el marco de la entonación española», *LEA,* XI, 55-87.

— *(1992):* «Rasgos generales sobre la lengua española en el Ecuador». En Hernández Alonso, C., coordinador, *1992,* 593-606.

— *(1997):* «Caracterización acústica de la realización africada de [tr]», en *Contribuciones al estudio de la Lingüística Hispánica.* [Homenaje al Prof. Ramón Trujillo]. Barcelona, Cabildo de Tenerife y Montesinos, 97-101.

— *(1999):* «Reconocimiento de la voz en la investigación judicial. La experiencia del lingüista», *Lengua y discurso: estudios dedicados al Profesor Vidal Lamíquiz,* Madrid, Arco/Libros, 745-751.

Quilis, A. y Carril, R. B. *(1971):* «Análisis acústico de [ř] en algunas zonas de Hispanoamérica», *RFE,* LIV, 271-316.

Quilis, A. y Casado-Fresnillo, C. *(1992):* «Fonología y fonética de la lengua española hablada en Guinea Ecuatorial», *Revue de Linguistique Romane,* 56, 71-89.

Quilis, A. y Esgueva, M. *(1980):* «Frecuencia de los fonemas en el español hablado», *LEA,* II, 1-25.

— *(1983):* «Realización de los fonemas vocálicos españoles en posición fonética normal». En *Estudios de Fonética,* I, C.Ph., VII, Madrid, C.S.I.C., 159-252.

Quilis, A.; Esgueva, M.; Gutiérrez Araus, M. L.; Cantarero, M. *(1979):* «Caraterísticas acústicas de las consonantes laterales españolas», *LEA,* I, 233-343.

Quilis, A. y Graell Stanziola, M. *(1992):* «La Lengua española en Panamá», *RFE,* LXXII, 1992, 583-638.

Quilis, A. y Hernández, C. *(1990): Lingüística española aplicada a la terapia del lenguaje,* Madrid, Gredos.

Quilis, A. y Vaquero, María *(1973):* «Realizaciones de /ĉ/ en el área metropolitana de San Juan de Puerto Rico», *RFE,* LVI, 1-52.

Quilis, A.; *vid.* Alvar, M. y — *(1966).*

Quilis, A.; *vid.* Graell Stanziola, M. y — *(1991).*

Quilis, A.; *vid.* Vaquero, María y — *(1990).*

Quilis-Sanz, María José *(1998):* «Las consonantes [-r] y [-l] implosivas en Andalucía», *RFE,* LXXVIII, 125-156.

Régulo Pérez, Juan *(1970):* «Notas acerca del habla de La Palma», *Revista de Historia Canaria,* XXXII.

Resnick, Melvyn C. *(1975): Phonological variants and dialect identification in Latin American Spanish,* Mouton, The Hague-París.

Rigault, A. *(1964):* «Réflexions sur le statut phonologique de l'intonation», *P 9th ICL,* 849-856.

Robe, Stanley L. *(1960): The Spanish of rural Panamá,* Berkeley y Los Ángeles, Univ. of California Press.

Rodríguez Castellano, L. y Palacio, A. *(1948): Contribución al estudio del dialecto andaluz: El habla de Cabra, RDTP,* IV, 387-418 y 570-599.

Rodríguez González, María Ángeles *(1992): Lenguaje de signos,* Madrid, Confederación Nacional de Sordos de España y Fundación Once.

Rodríguez de Montes, M.ª Luisa *(1972):* «Oclusivas aspiradas en el español colombiano», *BICC,* XXVII, 583-586.

Rojas, Nelson *(1982):* «Sobre la semivocalización de las líquidas en el español cibaeño». En *El español del Caribe,* editado por Orlando Alba, Santiago, UCMM, 271-287.

Rojas, N.; *vid.* D'Introno, Francesco; — y Sosa J. *(1979).*

Rona, J. Pedro *(1964):* «El problema de la división del español americano en zonas dialectales», *PFLE,* I, 215-226.

Rosario, Rubén del *(1962): La lengua de Puerto Rico: Ensayos,* Nueva York, Las Américas Publishing Co. 1.ª ed., 1955.

— *(1964):* «Estado actual del español en Puerto Rico», *PFLE,* I, 153-160.

— *(1970): El español de América,* Sharon, Conn., Troutman Press.

Roudet, Léonce *(1910): Éléments de phonétique générale,* París, Librairie Universitaire, H. Welter, éditeur.

Sala, M. *(1974):* «Un fenómeno dialectal del español: ñ > n», *ALM,* XII, 189-196.

Salvador, G. *(1957):* «El habla de Cúllar-Baza», *RFE,* XLI, 161-252.

— *(1968):* «Neutralización de G-/K- en español», *Actas del XI Congreso Int. de Lingüística y Filología Románicas,* Madrid, C.S.I.C., 1739-1752.

— *(1977):* «Unidades fonológicas vocálicas en andaluz oriental», *REL,* VII, 1-23.

— *(1989):* «Las otras vocales andaluzas», *Philologica* (Homenaje a D. Antonio Llorente), Salamanca, Universidad de Salamanca, Vol. I, 115-123.

— *(1989a):* «El juego fonológico y la articulación de las llamadas vocales andaluzas», *Homenaje a Alonso Zamora Vicente,* II, 279-297.

Salvador Salvador, Francisco *(1978): La neutralización l/r explosivas agrupadas y su área andaluza,* Granada, Facultad de Filosofía y Letras.

Sánchez Corrales, Víctor *(1986):* «Escisión fonológica de /r/ en el español de Costa Rica», *Actas del II Congreso Internacional sobre el Español de América,* México, UNAM, 1986, 211-214.

Santos, Andrés; *vid.* Enríquez, Emilia; Casado, Celia y — *(1989).*

Sanz, Carmen *(1979):* «El encuentro de fonemas homólogos en español», *Lingüística Española Actual,* I, págs. 345-364.

Saporta, Sol *(1955):* «Frequency of Consonant Clusters», *Language,* XXXI, 1955, 25-30.

Saporta, Sol y Olson, D. *(1958):* «Classification of intervocalic cluster», *Language,* XXXIV, 1958, 261-266.

Saussure, F. de *(1945): Curso de lingüística general.* Traducción, prólogo y notas de A. Alonso, Buenos Aires, Ed. Losada. (Este libro vio la luz por primera vez en 1916.)

Schädlich, H. J.; *vid.* Isačenko, A. V. y — *(1970).*

Silva-Fuenzalida, I. *(1953):* «Estudio fonológico del español de Chile», *BFUSCh,* VII, 153-176.

— *(1956-57):* «La entonación en el español y su morfología», *BFUSCh,* IX, 177-187.

Silva-Fuenzalida, I.; *vid.* Stockwell, Robert P.; Bowen, J. Donald y — *(1956).*

Skelton, R. B. *(1950): A spectrographic analysis of Spanish vowel sounds.* Tesis doct., University of Michigan.

Sosa, J.; *vid.* D'Introno, Francesco; Rojas, N. y — *(1979).*

Stevens, S. S. (1950): «Introduction: a definition of communication», *JASA,* 6, 689-690.

Stockwell, Robert, P.; Bowen, J. Donald y Silva-Fuenzalida, I. *(1956):* «Spanish juncture and intonation», *Language,* XXXII, 641-665.

Strange, W.; *vid.* Mijawaki, K.; Liberman, A. M.; Fujimura, O.; — y Jenkins, J. J. (1973).

Straka, G. *(1955):* «Remarques sur les voyelles nasales, leur origine et leur évolution en français», *RLiR,* XIX, 1955, 245-274. Recogido en Straka, *1979,* 501-531.

— *(1956)*: «Notes de Phonétique générale et française», *Bulletin de la Faculté des Lettres de Strasbourg,* Marzo.
— *(1957)*: «Respiration et phonation. Deux chapitres d'introduction phonétique à l'étude des langues». *Bulletin de la Faculté des Lettres de Strasbourg,* Mai-Juin.
— *(1963)*: «La division des sons du langage en voyelles et consonnes peut-elle être jutifiée?», *TrLiLi,* I, págs. 17-99. Recogido en Straka *(1979,* 59-141).
— *(1964)*: «Remarques sur la "désarticulation" et l'amuïssement de l'*s* implosive». *Mélanges... Maurice Delbouille,* págs. 641-665. Recogido en Straka, *1979,* 443-464.
— *(1965)*: «Naissance et disparition des consonnes palatales dans l'évolution du latin au français», *TrLiLi,* III, 117-167. Recogido en Straka, *1979,* 295-345.
— *(1965a)*: «Contribution à l'histoire de la consonne *r* en français», *Neuphilologische Mitteillungen,* 66 (Mélanges Veikko Väänänen), 572-606. Recogido en Straka, *1979,* 464-499.
— *(1968)*: «Contribution à la description et à l'histoire des consonnes L», *TrLiLi,* 6, 267-326. Recogido en Straka, *1979,* 363-422.
— *(1956b)*: *Album phonétique,* Québec. Les Presses de l'Université Laval.
— *(1979)*: *Les sons et les mots,* París, Librairie C. Klincksieck.
— *(1989)*: «Base articulatoire. Essai d'une mise au point», *Mélanges de phonétique générale et expérimentale offerts à Péla Simon.* Publications de l'Institut de Phonétique de Strasbourg, 757-768.
Studdert-Kennedy, M.; *vid.* Hadding-Kock, K. y — *(1963).*
Tassara Ch., Gilda.; *vid.* Duque T., Carlos y — *(1976).*
Tiscornia, E. F. *(1930)*: *La lengua de Martín Fierro, BDH,* III.
Torreblanca, Máximo *(1976)*: «La sonorización de las oclusivas sordas en el habla toledana», *BAE,* LVI, 117-145.
— *(1978)*: «Sobre la estructura fonosintáctica de la lengua española», *NRFH,* XXVII, 1978, 1-23.
— *(1980)*: «La sílaba española y su evolución fonética», *BICC,* XXXV, 1980, 506-515.
— *(1989)*: «El paso de /l/ a /r/ postconsonántica en español», *Hispania,* 72, 692-699.
Toscano Mateus, Humberto *(1953)*: *El español en el Ecuador,* Madrid, C.S.I.C., Anejo LXI de la RFE.

— *(1964)*: «El español hablado en el Ecuador», *PFLE*, I, 111-125.

Trager, George L. y Bloch, Bernard *(1942)*: *Outline of Linguistics Analysis*, Baltimore, Linguistics Society of America.

Trim, J. L. M.; *vid.* O'Connor, J. D. y — *(1953)*.

Trubetzkoy, N. S. *(1964)*: *Principes de Phonologie*. Trad. de J. Cantineau, París, C. Klincksiek (reimpresión de la 1.ª ed. de 1949).

Trujillo, R. *(1980)*: *Lenguaje y cultura en Masca. Dos estudios*, La Laguna, Instituto Universitario de Lingüística Andrés Bello.

Twaddell, W. Freeman *(1935)*: *On defining the phoneme*. Suplemento de *Language*, Baltimore.

Tzusaki, Stanley M. *(1970)*: *English influences on Mexican Spanish in Detroit*, The Hague, Mouton.

Ungeheuer, Gerold *(1967)*: «El lenguaje estudiado a la luz de la teoría de la información». En *Lingüística y Comunicación*, Buenos Aires, Ed. Nueva Visión.

Urrutia, Hernán *(1987)*: «Aproximación a la entonación del Sur de Chile», *Actas del I Congreso Internacional sobre el español de América*, 331-337.

Vaquero, María *(1971)*: «Estudio lingüístico de Barranquitas», *REH*, I, 23-38.

— *(1972)*: «Algunos fenómenos fonéticos señalados por Navarro Tomás en *El español en Puerto Rico* a la luz de las investigaciones posteriores», *REH*, II, 243-251.

Vaquero de Ramírez, María T. *(1978)*: «Hacia una espectrografía dialectal: el fonema /ĉ/ en Puerto Rico», *Corrientes actuales en la Dialectología del Caribe Hispánico*, 239-247.

Vaquero, María y Quilis, Antonio *(1990)*: «Datos acústicos de /r̄/ en el español de Puerto Rico», *Actas del VII Congreso de la ALFAL* (Santo Domingo, 1984), Santo Domingo, ALFAL, s.a., vol. II, 115-142.

Vaquero, María; *vid.* Quilis, A. y — *(1973)*.

Varas Reyes, Víctor *(1960)*: *El castellano popular en Tarija* [La Paz].

Vasquez, W. *(1953)*: «El fonema /s/ en el español del Uruguay», *Revista de la Facultad de Humanidades y Ciencias* (Montevideo), X.

Vidal de Battini, Berta Elena *(1949)*: *El habla rural de San Luis. Parte I: Fonética, Morfología, Sintaxis*, Buenos Aires, *BDH*, 7.

— *(1964)*: «El español de la Argentina», *PFLE*, I, 183-192.

Wagner, Max L. *(1931)*: «Zum judenspanischen von Marokko», *Volksum und Kultur der Romanen*, IV, 221-245.

Wallis, E. *(1951):* Intonational stress patterns in contemporary Spanish», *Hispania,* XXXIV, 143-147.

Wolf, C. y Jiménez, E. *(1979):* «El ensordecimiento del yeísmo porteño, un cambio fonológico en marcha». En A. M.ª Barrenechea *et al., Estudios lingüísticos y dialectológicos. Temas hispánicos,* Buenos Aires, páginas 115-144.

Wulff, F. *(1889): Un chapitre de phonétique avec une transcription d'un texte andalou.* Extrait du Recueuil offert à M. Gaston Paris, le 9 août, 1989, Estocolmo.

Zamora Vicente, A. *(1943): El habla de Mérida y sus cercanías,* Madrid, C.S.I.C., Anejo XXIX de la *RFE.*

— *(1949):* «Rehilamiento porteño», *Filología,* I, 5-22.

— *(1967): Dialectología española,* Madrid, Gredos.

Zamora Vicente, A.; *vid.* Alonso, D.; — y Canellada, M.ª J. *(1950).*

Zamora Vicente, A.; *vid.* Canellada, M.ª J. y — *(1960).*

Zierer, E. *(1963):* «A comparison of some basic intonation patterns in American English, German and Peruvian Spanish», *Lenguaje y Ciencias,* 7, 1-16.

Zwirner, E. *(1932):* «A contribution to the theory of pitch curves», *ANPhE,* 7, 38-51.

ÍNDICE DE MATERIAS

ÍNDICE DE FIGURAS

Págs.

ÍNDICE GENERAL

Págs.

2.2. *Cavidades infraglóticas* 57

Págs.

Págs.